[MIRROR]
理想国译丛

imaginist

046

想象另一种可能

理
想
国

imaginist

理想国译丛序

“如果没有翻译，”批评家乔治·斯坦纳（George Steiner）曾写道，“我们无异于住在彼此沉默、言语不通的省份。”而作家安东尼·伯吉斯（Anthony Burgess）回应说，“翻译不仅仅是言词之事，它让整个文化变得可以理解。”

这两句话或许比任何复杂的阐述都更清晰地定义了理想国译丛的初衷。

自从严复与林琴南缔造中国近代翻译传统以来，译介就被两种趋势支配。

它是开放的，中国必须向外部学习；它又有某种封闭性，被一种强烈的功利主义所影响。严复期望赫伯特·斯宾塞、孟德斯鸠的思想能帮助中国获得富强之道，林琴南则希望茶花女的故事能改变国人的情感世界。他人的思想与故事，必须以我们期待的视角来呈现。

在很大程度上，这套译丛仍延续着这个传统。此刻的中国与一个世纪前不同，但她仍面临诸多崭新的挑战。我们迫切需要他人的经验来帮助我们应对难题，保持思想的开放性是面对复杂与高速变化的时代的唯一方案。但更重要的是，我们希望保持一种非功利的兴趣：对世界的丰富性、复杂性本身充满兴趣，真诚地渴望理解他人的经验。

理想国译丛主编

梁文道　刘瑜　熊培云　许知远

[英] 西蒙 · 沙玛 著　　李鹏程 译

风雨横渡：

英国、奴隶和美国革命

SIMON SCHAMA

ROUGH CROSSINGS:

BRITAIN, THE SLAVES

AND THE AMERICAN REVOLUTION

南京大学出版社

江苏省版权局著作权合同登记 图字：10-2020-471号

图书在版编目(CIP)数据

风雨横渡：英国、奴隶和美国革命 / (英) 西蒙·沙玛著；李鹏程译. -- 南京：南京大学出版社，2020.12（2024.7重印）
书名原文：Rough Crossings: Britain, the Slaves and the American Revolution
ISBN 978-7-305-23959-5

Ⅰ. ①风… Ⅱ. ①西… ②李… Ⅲ. ①美国独立战争–历史 Ⅳ. ①K712.41

中国版本图书馆CIP数据核字(2020)第222940号

出版发行　南京大学出版社
社　　址　南京市汉口路22号　邮编：210093
发行热线　(025)83594756
网　　址　www.njupco.com

责任编辑：石　旻
特约编辑：魏钊凌
装帧设计：陆智昌
内文制作：李丹华

全国新华书店经销
山东临沂新华印刷物流集团有限责任公司
临沂高新技术产业开发区新华路　邮政编码：276017

开本：965mm × 635mm　1/16
印张：34　彩插印张：1　字数：457千字
2020年12月第1版　2024年7月第3次印刷
定价：115.00元

献给丽莎·雅尔丁

我心目中真正的历史学家

目 录

图片列表

主要人物 8

艾萨克·安德森（Isaac Anderson），来自查尔斯顿的自由黑人木匠，后移民塞拉利昂（Sierra Leone），成为黑人权利的激进活动家。

艾萨克·杜布瓦（Isaac Dubois），美国保皇党、卡罗来纳棉花种植园主，后移民塞拉利昂，克拉克森的朋友。

安东尼·贝内泽（Anthony Benezet），美国人*，费城（Philadelphia）的贵格会教徒，曾与格兰维尔·夏普通信。

安娜·玛利亚·福尔肯布里奇（Anna Maria Falconbridge），亚历山大的妻子，著有《1791—1793 年到塞拉利昂河的两次航行记事》（*A Narrative of Two Voyages to the River Sierra Leone in the Years 1791–3*）。

保罗·卡夫（Paul Cuffe），自由黑人、地主、贵格会教徒、废奴主义者，曾到塞拉利昂经商。

---

* 美国独立于 1776 年 7 月 4 日，但在本书中，作者常用 America（n）来指代十三个英属北美殖民地（及其人口）。为使行文流畅，中文版统一将其译为“美国（人）”。请读者在阅读时留心甄别。（本书脚注均为译者所加）

本杰明·富兰克林（Benjamin Franklin），美国开国元勋、发明家、废奴主义者。

本杰明·怀特卡夫（Benjamin Whitecuffe），长岛（Long Island）的黑人农民、保皇党，曾为英军担任间谍。

本杰明·马斯顿（Benjamin Marston），毕业于哈佛学院，曾为商人，后担任新斯科舍省谢尔本市（Shelburne）的土地测量员。

波士顿·金（Boston King），及妻子维奥莱特（Violet），逃跑奴隶、保皇党，后移民新斯科舍和塞拉利昂。

查尔斯·贾金斯船长（Captain Charles Judkins），曾为奴隶，后成为废奴主义者，冠达邮轮“坎布里亚号”的船长。

查尔斯·米德尔顿爵士（Sir Charles Middleton），议员、废奴主义者、皇家海军审计官。

查尔斯·泰勒医生（Dr Charles Taylor），塞拉利昂公司为前往非洲的黑人船队委派的医生。

大卫·乔治（David George），非洲裔美国人、浸礼宗牧师、逃亡奴隶，后获得自由，与妻子菲莉丝（Phyllis）移民新斯科舍和塞拉利昂。

弗雷德里克·道格拉斯（Frederick Douglass），逃亡奴隶，后成为废奴主义演说家。

盖伊·卡尔顿爵士（Sir Guy Carleton），英军在美国的最后一位总司令，后任加拿大总督。

格兰维尔·夏普（Granville Sharp），主要的英国废奴主义者，力促在塞拉利昂建立第一个自由黑人定居地。

哈钦森家族的歌手（The Hutchinson Family singers）：杰西（Jesse）、艾比（Abby）、贾德森（Judson）、阿莎（Asa），白人宗教歌曲、民歌演唱者，均为废奴主义者，曾与道格拉斯一同乘坐“坎布里亚号”轮船。

亨利·华盛顿（Henry Washington），曾是乔治·华盛顿（George Washington）的奴隶，逃跑后被英国解放，先后定居新斯科舍（New Scotia）和塞拉利昂。

亨利·劳伦思（Henry Laurens），南卡罗来纳（South Carolina）的爱国者、商人，曾任大陆会议代表，后担任会议主席。

亨利·桑顿（Henry Thornton），福音派银行家、废奴主义者，塞拉利昂公司的首任主席。

亨利·史密斯曼（Henry Smeathman），英国科学家，性情古怪，最先提出了将塞拉利昂作为黑人移居地的计划。

吉米王（King Jimmy），塞拉利昂的腾内人（Temne）酋长，毁掉了格兰维尔镇（Granville Town）。

凯托·珀金斯（Cato Perkins），黑人、循道宗牧师，先后移民新斯科舍和塞拉利昂。

劳伦斯·哈茨霍恩（Lawrence Hartshorne），贵格会商人，克拉克森在新斯科舍的朋友。

卢克·科林伍德海军上校（Captain Luke Collingwood），一桩 9
残酷虐奴案件的负责人，这起案件引起了广泛的关注。

陆军上将查尔斯·康沃利斯侯爵（General Lord Charles Cornwallis），英军在北美的指挥官。

陆军上将亨利·克林顿爵士（General Sir Henry Clinton），英军在北美的总司令、黑人先锋连的支持者和保护者。

玛丽·珀斯（Mary Perth），从弗吉尼亚逃跑的奴隶，被英国人解放后移民塞拉利昂。

迈克尔·华莱士（Michael Wallace），新斯科舍省哈利法克斯（Halifax）的商贾、地主和议员。

摩西·威尔金森（Moses Wilkinson），新斯科舍省伯奇镇（Birchtown）的循道宗牧师，先天失明。

墨菲·斯蒂尔（Murphy Steele），黑人先锋连的中士，托马斯·彼得斯的朋友。

纳撒尼尔·万齐（Nathaniel Wansey），与艾萨克·安德森一同领导了塞拉利昂的反政府起义。

奈姆巴纳（The Naimbana），塞拉利昂罗巴纳（Robana）的最高酋长。

欧拉达·伊奎亚诺（Olaudah Equiano），又名古斯塔夫斯·瓦萨（Gustavus Vassa），伦敦废奴主义者，著有《非洲人欧拉达·伊奎亚诺的趣味记事》（*The Interesting Narrative of Olaudah Equiano the African*，1789）。

乔纳森·考芬海军上校（Captain Jonathan Coffin），约翰·克拉克森的旗舰“卢克丽霞号”的船长。

乔纳森·斯特朗（Jonathan Strong）、**托马斯·刘易斯**（Thomas Lewis）、**詹姆斯·萨默塞特**（James Somerset），三人是逃跑到伦敦（London）的奴隶、绑架案的受害者、格兰维尔·夏普提起的诉讼案原告。

乔纳斯·汉威（Jonas Hanway），英国废奴主义者、改革家、慈善家。

萨缪尔·伯奇准将（Brigadier Samuel Birch），纽约（New York）的英军卫戍部队指挥官，签署了确认黑人保皇党自由的证明。

斯蒂芬·布拉克（Stephen Blucke），自由的非洲裔美国人，后移民新斯科舍。

斯蒂芬·斯金纳（Stephen Skinner），新泽西（New Jersey）的保皇党，后移居谢尔本。

泰上校（Colonel Tye），曾为新泽西蒙茅斯县（Monmouth County）的奴隶，后成为保皇党游击队领导人。

汤姆王（King Tom），塞拉利昂的腾内人酋长。

托马斯·彼得斯（Thomas Peters），英国黑人先锋连（British Black Pioneers）中士，先后移民新斯科舍和塞拉利昂。

托马斯·博尔登·汤普森（Thomas Boulden Thompson），往塞拉利昂运送第一批移居者的船队指挥官。

托马斯·克拉克森（Thomas Clarkson），重要的英国废奴主义者。

托马斯·拉德兰姆（Thomas Ludlam），塞拉利昂第四任总督。

托马斯·耶利米（Thomas Jeremiah），查尔斯顿（Charleston）的非洲裔美国自由人，被控密谋煽动奴隶造反而获绞刑。

威廉·道斯（William Dawes），约翰·克拉克森之后的塞拉利昂代理总督。

威廉·坎贝尔勋爵（Lord William Campbell），南卡罗来纳的最后一任英国总督。

威廉·默里（William Murray），首席大法官曼斯菲尔德伯爵，对奴隶在英国的法律地位做出了影响深远的裁决。

威廉·威尔伯福斯（William Wilberforce），赫尔市（Hull）议员、珍妮·拉文达奴隶贸易运动的议会领导人。

威廉·夏普（William Sharp），格兰维尔的哥哥、国王乔治三世的外科医生，也为伦敦的穷人看病。

亚历山大·福尔肯布里奇（Alexander Falconbridge），曾在奴隶船上当过医生，后担任圣乔治湾公司（后更名为塞拉利昂公司）在非洲的代理人。

约翰·基泽尔（John Kizell），歇尔布罗人酋长之子、逃跑奴隶、北卡罗来纳（Northern Carolina）的保皇党志愿兵，后移民塞拉利昂。

约翰·克拉克森海军上尉（Lieutenant John Clarkson），英国海军军官，后成为废奴主义者，曾担任塞拉利昂第二个黑人移居地的总督。

约翰·劳伦思（John Laurens），亨利之子，乔治·华盛顿的副官、大陆军中的废奴主义军官。

约翰·默里（John Murray），即邓莫尔伯爵大人，弗吉尼亚（Virginia）最后一任英国总督，于1775年向爱国者的奴隶发表宣言，提出他们可以通过到皇家军队服役来换取自由。

约翰·帕尔爵士（Sir John Parr），新斯科舍总督。

扎卡里·麦考莱（Zachary Macaulay），塞拉利昂总督、历史学家托马斯·巴宾顿·麦考莱（Thomas Babington Macaulay）的父亲。

詹姆斯·拉姆齐（James Ramsay），英国海军医生，后成为牧师、废奴主义者。

詹姆斯·芒克利夫（James Moncrief），围攻萨凡纳（Savanna）时指挥黑人保皇党士兵和工兵的英国军官。

“英国·自由”的希望

乔治三世（George III）的军队在约克镇（York）向华盛顿将军投降十年之后，英国·自由（British Freedom）还在北美坚持着。同西庇阿·耶曼（Scipio Yearman）、菲比·巴雷特（Phoebe Barrett）、耶利米·皮吉（Jeremiah Piggie）、斯玛特·费勒（Smart Feller）等在内的几百人一样，他正在普雷斯顿（Preston）——新斯科舍省哈利法克斯市东北几英里处的一个小镇——附近的贫瘠土地上讨生活。[1]

就像普雷斯顿的大部分人那样，英国·自由也是黑人，出生在某个较为温暖的地方。可现在，他成了一介贫民，困在蓝云杉林和大海之间那个飞沙走石的角落里。不过，英国·自由要比大部分人都幸运。因为他的名下有四十英亩地，以及一英亩半被哈利法克斯的律师助理欣然称作“城镇地皮”的土地。[2] 那里看起来不像是个镇子，只是一片空地中间立着几间简陋的小屋，几只鸡趾高气昂地转来转去，偶尔还有一两只浑身是泥的阉猪。有些人设法搞来了几头牛，把地上光秃秃的灰石头清理干净，种上了一片片的豆子、玉米和卷心菜，然后同建筑木材一起拉到哈利法克斯的市场上去卖。但就算那些日子过得红红火火的人——以普雷斯顿的标准来衡量——也经常得跑到野外打两只环羽松鸡，或者去村子南边的咸水湖上碰运气。[3]

他们在那里干什么？不光是活命。英国·自由和其他村民在坚守的，除了新斯科舍的一隅，还有一份承诺。他们中的一些人甚至还把承诺打印出来，让英国军官代表国王本人签了字，说持有者
14 某某某可自由去他或她想去的任何地方，从事他或她选择的任何职业。这对曾经为奴的人来说意义重大。而国王金口玉言，当然不可能反悔。“黑人先锋连”及其他人用他们在美国战争末期的忠诚服务，换来了两份价值难以想象的恩赐：自由和土地。他们告诉自己，这是他们应得的。他们干的是最险、最脏、最累的活儿：在美国人中间当过间谍；在佐治亚（Georgia）的沼泽里当过向导；在危险的沙洲里当过船只领航员；在查尔斯顿的护城墙上当过工兵，身边不断有人被法国的加农炮炸得缺胳膊少腿。他们挖过战壕；埋葬过浑身是痘的尸体；给军官们的假发扑过粉；还曾敲着军鼓机智地行军，带领兵团在灾难中进进出出。女人则煮过饭、洗过衣、照顾过病号，给士兵身上的伤口涂过药，还要努力保护子女们不受伤害，其中一些还打过仗，当过南卡罗来纳的黑人骑兵和哈得孙河上的国王死忠水兵团伙，还做过黑人游击队员，袭击新泽西的爱国者*农场，能抢什么抢什么，蒙主保佑的时候，甚至还俘虏过一些美国白人。

所以，他们有功。所以，他们被赋予了自由，其中一些还得到了土地。但因为土壤贫瘠、乱石遍地，大多数人黑人都没办法自己清理、耕种这样的土地，所以他们和他们的家人只得受雇于白人保

---

* Patriot，美国独立战争时期北美十三个英属殖民地反抗英国统治之人的自称，对应的是拥护英国统治的“保皇党”（Loyalist）。

皇党。而这就意味着煮更多饭，洗更多衣，在餐桌旁伺候更多人，给更多的粉嫩下巴刮胡子，为了修路造桥而凿更多石头。可他们还是负债累累，有些人痛苦得无以复加，止不住抱怨他们的自由并不是真正的自由，而是另一种奴隶制，就差名称不同。

但名称还是有意义的。英国·自由的名字就表达了很重要的东西：他已经不再是供人买卖的财产。尽管荒凉、艰苦，但普雷斯顿不是佐治亚的种植园。其他普雷斯顿人——德西莫斯·墨菲（Decimus Murphy）、凯撒·史密斯（Caesar Smith）——获得自由后，显然还保留了自己的奴隶名。但英国·自由出生或者被买来时肯定叫别的名字。在 1783 年，共有三万名保皇党（黑人白人都有）分八十一批坐船从纽约去了新斯科舍，而他可能就在某一次航行 15
中，把原来的名字像脚镣一样甩掉了，因为在《黑人名册》（Book of Negroes）中——里面记录着所有男女自由人的名字，他们可以想去哪儿就去哪儿——没有人叫英国·自由这个名字。毫无疑问，有些人改了名字，以反映自己的新身份：如詹姆斯·拉戈里（James Lagree），他曾经是查尔斯顿的托马斯·拉戈里的私人财产，去了新斯科舍后，把名字改成了解放·拉戈里（Liberty Lagree）。当然，英国·自由也有可能是在早期的某次保皇党大转移中——1776 年从波士顿（Boston）或者 1782 年从查尔斯顿——去了新斯科舍。在战争结束和英国舰队离开之间那可怕的几个月里，美国的种植园主曾努力搜寻逃跑奴隶的下落，所以他们中的很多人为了避免被发现而改换了姓名。英国·自由可能更进一步，给自己取了一个同时还可以表达爱国自豪感的假名。但无论他走的是哪条路线，无论他此刻在承受什么样的磨难，英国·自由给自己选的名字，都宣扬了一个令人震惊的信念：将非洲人从奴隶制中解放出来的，更有可能是君主立宪制的英国，而非美国这个新生的共和制国家。尽管托马斯·杰斐逊（Thomas Jefferson）在《独立宣言》（Declaration of

Independence）中曾把美国的奴隶制归咎于“基督教国王”乔治三世，但英国·自由这样的黑人对国王却不是那么看的。恰恰相反，国王是敌人的敌人，所以是他们的朋友、解放者和捍卫者。

视英国国王为恩人的传统由来已久。比如1730年在新泽西的拉里顿县（Raritan County），一场奴隶起义的计划被发现后，一名黑人告发者对一个叫雷诺兹（Reynolds）医生的人说，起义原因是“一群恶棍”违抗“乔治国王让纽约总督解放他们的积极命令”。[4]三十多年之后，那些被公然排除在美国自由的庇佑之外的黑人曾嘲讽“他们在这个国家所谓的那种自由”（塔沃斯·贝尔［Towers Bell］语）。在战争结束时，贝尔以“真正的英国人”署名写信给英
16 国军队的领导，说他从英国被强掳到巴尔的摩（Baltimore）“卖为奴隶，在这个造反的国家遭受了四年最可怕的野蛮行为”。现在战争结束了，他别无所求，只想回到“亲爱的故乡英国”。[5]

成千上万的非洲裔美国人，尽管很清楚英国人在奴隶制的问题上远非圣人，但依然坚持非理性地相信英国式自由。到英国法庭在1800年明确裁定奴隶制不合法之前，新斯科舍一直有奴隶和自由黑人，英属加勒比地区更是有成千上万。但即便如此，1829年，早期激进的废奴主义者之一、非洲裔美国人大卫·沃克尔（David Walker）还是在波士顿发表了他的《告世界有色公民书》（“Appeal to the Colored Citizens of the World”），宣称“英国人”是“有色人种在地球上最好的朋友。虽然他们曾经多少压迫过我们，而且现在在西印度群岛（West Indies）上建立了殖民地，严重压迫着我们——但撇开这些不说，他们（英国人）为改善我们的状况所付出的努力，是地球上所有其他国家加起来的一百倍”。相比之下，那些美国白人故作虔诚信教之态，伪善地呼喊着空洞的自由口号，所以被他冠以最卑鄙的虚伪恶名。[6]而英国国会废除奴隶制的法令在1834年正式生效，以及英国皇家海军一直在非洲西海岸追剿贩奴船

只，更有利于这种英国人待非洲人很仁慈的慷慨评价。1845—1847年间，黑人演说家弗雷德里克·道格拉斯到英国进行巡回演讲，批判美国奴隶制度的邪恶时，便附和了沃克尔的恭维，将"英国人"视作解放者。后来的1852年，他又在独立纪念日的演讲中自问道："7月4日国庆日对奴隶有何意义？"然后自答曰："你们崇高无比的独立，仅仅揭示了我们之间无法估量的距离……你们可以欢庆，但我必须哀悼。"[7]

英国是否有资格称得上在所有民族和帝国中拥有最开明的种族观念？实话实说，这个问题有待商榷。比如在1861—1865年的南北战争期间，英国的政策和英国人就更倾向于支持蓄奴的南方邦联，17
而非北方的联邦政府，原因则主要是为了遏制共和国气势汹汹的扩张。但毫无疑问的一点是，在革命战争期间，确实有成千上万被美国南方奴役的非洲人将英国视为他们的拯救者，甚至甘愿冒生命危险奔赴皇家军队的前线。因此，要还这个惊人史实一个公道，就必须从全新而复杂的角度，来讲述英美两国在革命期间和之后的冲突历史。

诚然，有很多黑人听说或读到爱国者的战争是一场解放战争后，虽然心中有所怀疑，但还是愿意相信他们。因此，如果说那边有一个英国·自由，那么这边就会有一个迪克·自由（Dick Freedom）——和一个杰弗里·解放（Jeffery Liberty）——在康涅狄格（Connecticut）的兵团为美国打仗。[8]黑人曾在康科德（Concord）、邦克山（Bunker Hill）、罗德岛（Rhode Island）以及最后的约克镇为美国的革命事业奋战捐躯（在约克镇战役中，他们还被安排到了最前线，但这到底是赞扬他们的勇气，还是把他们当成了无足轻重的牺牲品，我们不得而知）。在新泽西发生的蒙茅斯战役中，交战双方的黑人军队相互残杀。但其实，直到英国开始在1775年和1776年声势浩大地征募黑奴之前，各殖民地（包括北方那些殖民地）的议会，以及它们组成的大陆会议，都不愿意让黑人参军。比如新罕布什尔（New Hampshire）便很有代表性，禁止疯子、傻子和黑人参加该州的民兵组织。1775 年秋天，那些已经在爱国者民兵组织服役的黑人被勒令退伍。在剑桥（Cambridge）的营地，乔治 · 华盛顿虽然听到了其他军官和平民代表的强烈反对，但却不愿意放走那些黑人志愿兵，于是他把这个问题交给了大陆会议来决定。不出所料，在大会上，爱德华 · 拉特利奇（Edward Rutledge）等南方代表对于武装黑人奴隶的强烈恐惧，盖过了对黑人服役的冷淡感谢。就连武装的自由黑人也是个麻烦。我们敢相信他们不会把造反的种子播撒到那些黑人奴隶中间吗？1776 年 2 月，会议指示华盛顿，现有的自由黑人可以留下，但不要再征募新人了。当然，该会议创建的大陆军则完全禁止黑人奴隶参加。[9]

18 相反，1775 年 11 月 7 日，弗吉尼亚最后一任英国总督、邓莫尔伯爵约翰 · 默里却在皇家海军“威廉号”上发表宣言，斩钉截铁地承诺，所有逃离叛军种植园的奴隶到达英国前线，并在军中担任一定职务后，都可以彻底获得自由。这个承诺更多是出于军事考虑，而非人道主义动机，有一个能活着看到诺言兑现的英国 · 自由，就有更多的人会遭到无耻的背叛。不过，这种机会主义策略也带来了一些好处。邓莫尔伯爵的承诺得到了英国政府的认可和豪将军（General Howe）、克林顿将军的重申（他们扩大了有权获得自由之人的定义，将黑人女性和儿童也包括进来），传遍了奴隶世界，很快，成千上万的黑人便行动起来。在黑人奴隶的眼中，美国独立战争的意义完全被颠覆了。从 1775 年春天到 1776 年夏末，那场被吹嘘成解放的战争，在佐治亚、南北卡罗来纳和弗吉尼亚的很多地方，成了一场为延续奴役制度而打的战争。这之中的逻辑歪曲到了有悖常理的程度，但人们又对之习以为常，连乔治 · 华盛顿都将承诺解放奴隶和契约劳工的邓莫尔伯爵说成是“人权的头号叛徒”，而那些致力于维持这种奴役状态的人却是为自由而战的豪杰。

对于黑人而言，“英国人要来了”这条消息给了他们一个希望、庆祝和行动的理由。比如，宾夕法尼亚（Pennsylvania）的一位路德派牧师亨利 · 梅尔基奥尔 · 米伦伯格（Henry Melchior Muhlenberg）就很清楚这一点，他曾写道，黑人“心中暗自希望英国军队会打胜仗，因为那样的话，所有黑奴都将获得自由。据说，这种情绪普遍存在于美国的所有黑奴中”。[10] 偶尔，真话也会从爱国者的诡辩护甲中戳出来。比如 1775 年 12 月，隆德 · 华盛顿（Lund Washington）在给远房堂兄乔治写信时就曾说，黑人和契约劳工正在飞速逃离华盛顿家的庄园，“要是他们觉得自己有机会逃跑，就没有一个会不愿意离开我们……自由的滋味太甜了”。[11]

各位国父对于自家奴隶的失踪情况直言不讳，主要原因之一 19
是他们中有很多人都遭受了严重的个人损失。比如，托马斯 · 杰斐逊虽然曾试图在《独立宣言》中加入一段抨击奴隶制的内容（被大陆会议删去了），但在 1781 年春季的几个星期中，他也损失了三十名家奴，当时康沃利斯侯爵的部队离杰斐逊的庄园蒙蒂塞洛（Monticello）不远。杰斐逊认为，至少有三万奴隶逃离了弗吉尼亚的种植园，企图前往英军前线——这一数字与本杰明 · 夸尔斯（Benjamin Quarles）、加里 · 纳什（Gary Nash）、西尔维亚 · 弗雷（Sylvia Frey）、艾伦 · 吉布森 · 威尔逊（Ellen Gibson Wilson）、詹姆斯 · 沃克尔（James Walker）等大部分近代历史学家的判断相符。[12] 南方其他地区的情况如出一辙。早在 1858 年时，历史学家大卫 · 拉姆齐（David Ramsay）就估算，南卡罗来纳三分之二的奴隶都逃跑了；而且其中有很多向英方投诚，虽然肯定不是全部。总的算下来，独立战争期间逃离种植园的奴隶约有八万到十万人。[13] 爱国领袖们越是义正词严地谴责万恶的汉诺威（Hanover）暴君对北美的奴役，他们自己的奴隶便越是用脚投票。比如，拉尔夫 · 亨利（Ralph Henry）就把主人帕特里克 · 亨利（Patrick Henry）那装腔作势的宣言“不自由，毋宁死”牢牢记在了心上，只不过与其作者的原本意图有所差别：一有机会，他便逃往了英军前线。[14]（讽刺的是，这句话后来被 19 世纪的黑人废奴主义者和马尔科姆 · 艾克斯［Malcom X］等 20 世纪的黑人解放者当作里了他们的战斗口号！）其他签署过那份断言“人人生而自由平等”的文件*且损失了奴隶的人，还包括詹姆斯 · 麦迪逊（James Madison）和本杰明 · 哈里森五世（Benjamin Harrison，第九任总统威廉 · 亨利 · 哈里森［William Henry Harrison］的父亲），后者损失了二十名奴隶，其中包括安娜 · 奇斯（Anna Cheese）和庞培 · 奇斯（Pompey Cheese）夫妇，这两人一路逃到纽约、新斯科舍和塞拉利昂，以及来自南卡罗来纳的签署人阿瑟 · 米德尔顿（Arthur Middleton）损失了五十名奴隶。后来成为州长的约翰 · 拉特利奇（John Rutledge）的奴隶庞培（Pompey Rutledge）和弗洛拉（Flora Rutledge）投靠了英国人，《独立宣言》最年轻的签署者、激烈反对黑人参军的爱德华 · 拉特利奇也损失了奴隶。来自南卡罗来纳、绰号为“沼泽狐狸”的弗朗西斯 · 马里恩将军（General Francis Marion）——他的种植园黑奴曾在梅尔 · 吉布森（Mel Gibson）的电影幻想《爱国者》（*The Patriot*）中被刻画成了热切地追随主人、为争取自由而战的人——也至少有一名奴隶投靠了英军：这个叫亚伯拉罕 · 马利安（Abraham Marrian）的人很可能加入了 1782 年夏天被动员起来的一支小型黑人骑兵连，在南卡罗来纳的瓦德布种植园攻打过马里恩（这样更能说得通），而非同他并肩作战。[15] 此外，不得不提的还有，1776 年初，当乔治 · 华盛顿驻扎在剑桥公地绞尽脑汁地掂量征募黑人入伍

---

* 此处作者有误。这里的文件指的显然是《独立宣言》，但这句话在《宣言》中的原文是“all men are created equal”（人人生而平等），没有提到“自由”。此外，《宣言》的五十六名签署人中并没有下文提到的詹姆斯 · 麦迪逊、约翰 · 拉特利奇和弗朗西斯 · 马里恩。

的利弊时，他自己的奴隶、出生在西非的亨利 · 华盛顿也逃到了英军的大后方。和其他黑人保皇党一起在新斯科舍的伯奇镇流亡的亨利 · 华盛顿会动人地说自己是一个“农民”，但为他的四十英亩土地和自由提供保护的其实是英国国旗。[16]

这段大规模逃跑的历史固然令人震惊，曾被加里 · 纳什贴切地描述为独立战争中的“肮脏小秘密”，但它又是那种最佳意义上的震惊，迫使人们对那场战争进行了一场姗姗来迟的诚恳反思，那就是美国独立战争从根本上而言其实还牵涉了第三方。[17] 而且这个由非洲裔美国人组成的第三方占到了殖民地二百五十万总人口的百分之二十，具体到弗吉尼亚的话，更是占到了百分之四十。当然，在对待卷入那场斗争中的黑人时，无论是英方还是美方，表现都不怎么好。但到最后，英国 · 自由以及和他一样的很多人意识到（即便当时他们已经是自由黑人了），皇家的路似乎能为他们提供更可靠的解放机会，共和国的路不行。黑人的孤注一掷与英国的父爱主义纠葛在一起后呈现出的这段历史，虽然结果往往充满了惨痛的悲剧色彩，但仍然是非洲裔美国人争取自由的历史中一个影响深远的时刻。比如，它催生了被认可为第一位非洲裔美国人政治领袖的托马斯 · 彼得斯中士。[18]

彼得斯曾是尼日利亚埃贝族（Egbe）的王子，被法国的奴隶贩子俘虏后卖到了路易斯安那（Louisiana），曾因屡次试图逃跑而遭受鞭笞和烙刑，接着，被卖给北卡罗来纳威尔明顿（Wilmington）
的一位种植园主后，他最终逃到了英国人那边。在乔治 · 马丁上校 21
（Captain George Martin）的主持下，彼得斯宣誓加入先锋连，在战斗中两次负伤，被提拔为中士。后来，他先是定居在新斯科舍的北岸，接着又去了新不伦瑞克（New Brunswick），并代表他的黑人同胞前往伦敦，向国王请愿。彼得斯是一位名副其实的人民领袖：顽强、英勇，虽然大字不识，但有一连串白人曾被他的傲慢态度触怒，间接证明他显然能说会道。他明显没有被作为非洲裔美国英雄而为人敬仰（不过倒是有几个令人尊敬的例外情况），他的名字在美国高中历史课本中更是完全未被提及，这样的丑闻只能有一个解释：彼得斯不巧是为错误的一方而战的。无独有偶，波士顿那些选择加入英国而非美国革命事业的黑人得到的也是这种待遇。1770年，英军枪杀暴乱者，制造了波士顿大屠杀，遇害者之一的克里斯珀斯 · 阿塔克斯（Crispus Attucks）被奉为阵亡英雄。但为英军作证的黑人理发师牛顿 · 普林斯（Newton Prince）的故事却毫不意外地鲜为人知。这样的冒失行为惹恼了爱国者后，普林斯被施以“涂柏油、粘羽毛”的私刑，所以也难怪他会在 1776 年选择投奔豪将军，并随英军撤离。同样，另一位理发师布莱克 · 伦敦（Black London），在 1776 年曾告诉战后成立的保皇党索赔委员会的委员，他加入爱国者的民兵组织是受雇主胁迫，后来一有机会便开了小差，跑到亨利 · 克林顿爵士的手下当了四年兵，后又在两艘战舰上服过役。[19]

无论这对国父们及其革命的正统历史来说有多尴尬，非洲裔美国人解放的起源都与他们在战时及战后同英国的关系密不可分。不独自由黑人的政治诞生于那场战争的炮火中，他们的基督教集会的独特形式也是如此。正是保皇党的非洲人在新斯科舍的谢尔本镇及附近创建了最早一批自由的浸礼宗和循道宗教会；也是在那里，第一批白人在黑人牧师的主持下改宗，在那些红色的河水中接受了魅力超凡的牧师大卫 · 乔治为他们施行的洗礼。第一批专门为自由
22 黑人的子女开办的学校也是在保皇党大批移居到新斯科舍后开设的，而给孩子们上课的老师，比如普雷斯顿的凯瑟琳 · 阿伯内西（Catherine Abernathy）、伯奇镇的斯蒂芬 · 布拉克，同样是黑人。在一千多名“新斯科舍人”横跨大西洋，重返非洲（这次是以人的身份，而非财产）最终抵达塞拉利昂后，美国黑人有史以来第一次

（只是太过短暂）体验了一定意义上的地方法治和自治。还有一个第一次，则是曾为黑奴的西蒙·普鲁弗（Simon Proof）当选警官后，对一名被判玩忽职守的白人水手执行了鞭刑。

但是，黑人保皇党的历史远远不只是一系列的“第一次”。这段历史也揭穿了一个谎言，证明了黑人并非像人们以为的那样，只是美国或英国战争策略中被动、轻信的棋子。无论是选择站在爱国者那边还是保皇党这边，无论识文断字与否，很多黑人都十分清楚自己在干什么，虽然他们根本不可能预料到自己的决定会造成多么严重的危险、不幸和欺骗。通常情况下，他们的决定取决于这样一种判断：且不论早晚，一个自由的美国是否会被迫信守《独立宣言》中的原则，承认自由和平等是所有人与生俱来的权利；或者（尤其在南方），鉴于逃跑者遭到追捕，并被送到铅矿或者硝石厂做苦工的惨状，那些华丽动听的承诺是否可能被无限期地推迟兑现。毕竟，佐治亚和南卡罗来纳为鼓励白人入伍而提供的激励措施，还包括在战争结束后可获得一名自由奴隶，这可不是什么好兆头。

当然，有些爱国者还是值得赞许的，早在革命以前便意识到了自由的说辞同蓄奴的现实之间那种令人难堪的差异。英国政府对美国人的“奴役”是爱国者（尤其在波士顿）抨击 1766 年的印花税和 1773 年的茶叶税时最为冠冕堂皇的惯常用语。茶党时代的一份典型小册子曾怒斥道：“邪恶的（茶叶）箱中装着……比死亡更可
怕的东西——奴隶制的种子。”[20] 波士顿煽动闹事的律师中最狂热 23
的詹姆斯 · 奥提斯（James Otis）同其他人一样也严厉抨击了这类奴役计划的邪恶阴险；但在马萨诸塞（Massachusetts）的爱国者中，只有他一个把这种论证的逻辑延伸到了黑人身上，异乎寻常地坚持认为自由不能用种族来划分。“根据自然法则，殖民地居民生来自由，甚至所有人都是如此，无论是白人还是黑人。‘仅仅因为一个人是黑人，便奴役他’，这合理吗？”奥提斯在他那本充满煽动性

的小册子《英属殖民地居民之权利的维护与证明》(*The Rights of the British Colonists Asserted and Proved*)中写道,“从一个塌鼻子、一张长脸或者短脸上,能得出什么支持蓄奴的逻辑推论吗?这种令人发指的生意违反了自然法则,可能直接贬损自由那不可估量的价值理念,关于它找不出任何可供支持的溢美之词……”[21] 而且,他还警告说,“那些日日拿他人的自由做交易的人,很快也会对自己的自由漠不关心”。[22] 但奥提斯的直白,反而让那些不太敢冒险的人更为相信,他是出了名的轻率鲁莽,甚至精神不稳定。比他年轻一点,但头脑更冷静(而且显然不是什么平均主义者)的约翰·亚当斯(John Adams),后来评价道:“一想到他倡导的主义,我就不寒而栗,我平生一直对此类前提有可能造成的后果感到不寒而栗,现在依然如此。”[23]

其他一些美国爱国者聪明绝顶,无法不注意到其中的矛盾之处,且又太过诚实,无法完全回避问题,于是便想通过直面有关伪善的指责来将之化解,他们总会将奴隶制度的原罪怪到英国人自己的头上,尤其是国王的皇家非洲公司——该公司在 1662 年获得了进行奴隶、贵重金属和木材贸易的特许权。这种“哼,是你先挑起来的”学校操场上的开脱之词,在杰斐逊的《独立宣言》中被转换成了气势汹汹的控诉,但早在他这份伪善的杰作以前,其他人便已经能炉火纯青地把自我辩护变成道貌岸然的义愤——愤怒于自己竟遭如此误解。而在这方面,无人能及本杰明·富兰克林,他曾向费城的贵
24 格会教徒安东尼·贝内泽、伦敦的格兰维尔·夏普等蓄奴的友人透露说,他自己其实很不赞成这种邪恶的人口贩卖,巴不得它赶快终结。[24]

1770 年,也就是富兰克林代表其他想要独立的美国同胞在伦敦游说的最后一年,对格兰维尔·夏普抨击美国人的虚伪感到刺痛的他,在《公共广告报》(*Public Advertiser*)上发表了《一个英格兰人、

一个苏格兰人和一个美国人有关奴隶制的对谈》(“A Conversation between an Englishman, a Scotchman and an American on the Subject of Slavery”)一文。“你们美国人啊，只要你们自以为的自由受到一丁点儿的侵犯，哪怕是假想出来的，也会大呼小叫，可世界上没有哪个民族比你们更是自由的敌人，更是彻头彻尾的暴君。”富兰克林让他笔下的英国人如此说道，以引导受到侮辱的美国人去阅读夏普的文章。当然，这个控诉有些言过其实，目的是让文中的美国人回应，夏普觉得美国人都是一丘之貉，犯了侮辱美国人的严重错误，实际上，殖民地有很多人，或者说至少有和英国一样多的人，都真心痛恨邪恶的人口贩卖，正在致力于终结这种情况。然而，美国人伤心地抱怨说，“这个时候为了把我们搞臭，为了怂恿那些压迫我们的人，竟说我们没资格享有我们正在争取的那种自由，实在是对我们的恶意中伤”，这种受伤的口吻却不经意间暴露出，有关双重标准的指责往往正中目标。[25] 而美国人接下来的反唇相讥，更是让这种辩解里明显流露出的不自在感有增无减，他指责道，英国人其实也在某种程度上奴役着他们自己的“贫穷阶层”，即便这些人“不是真正的奴隶，似乎也存在某种类似奴隶制度的情况，法律强迫他们为主人长时间地工作，工资却低得可怜，让他们根本没有自由去要求或者讨要更多的东西，要是他们拒绝接受这样的工作条件，便只能被困在劳动救济院里”。而当英国人提出奴隶法律，尤其是其中有关惩罚的规定有多么惨无人道时，美国人回道，在一些殖民地，比如弗吉尼亚，黑人远远多于白人，这样的法律也是事出无奈：“或许你会认为，黑人性情温和、易于管教……有些黑人确 25
实是这样。但大部分黑人都诡计多端，内心黑暗、阴沉、恶毒，报复心重，残忍至极。”更奇怪的是，面对苏格兰人的批评，美国人竟然回答，苏格兰也有奴隶，这些人在煤矿里做着苦工，“连同煤矿一起被买卖，要说我们的黑人没有离开主人种植园的自由，那他们也没有多少离开煤矿的自由。要说是脸黑让人沦为奴隶，那你还可能有一些让可怜的煤矿工人身陷其境的借口；但是别忘了，在那黑乎乎的煤灰之下，他们的皮肤可是白色的”。[26]

富兰克林竟然认为加倍的肤色歧视能为他的论点提供更多的支持，着实令人惊讶。但双重思想是标配，就连那些欣然承认奴隶制度有错的人也是如此，而其中最厚颜无耻的莫过于弗吉尼亚的帕特里克·亨利。1773 年 1 月，亨利从弗吉尼亚的汉诺威写信给罗伯特·普莱曾茨（Robert Pleasante）*，在信中，他义愤填膺地抨击了奴隶制的残暴，更何况还是“在一个人权得到了精确定义和理解的时代，在一个最为推崇自由的国家里”持续存在着。但是，抒发完内心对这种邪恶竟在开明时代依然顽固存在的震惊之情后，亨利又以令人放松的坦率说道：“有谁会相信我自己也是奴隶主，购买了奴隶呢？”不过，对于他违背自己公开表明的原则，亨利却只能拿出一个蹩脚但也算坦率的借口：“我之所以这么做，是因为没有他们的话，生活里事事都不方便。我不会也无法为此做出辩护；无论我的行为有多么该受到责备，我还是要向美德致敬，承认其（自然）规则的卓越与正直，并为我没有能遵守它们而哀叹。”亨利祈祷有一天这些都会改变，但在这种伟大变革到来之前，他希望自己至少能“以慈悲为怀”，来对待他的奴隶。因此，也难怪陷入了自欺泥
26 淖中的亨利，在信的末尾只能以无法令人信服的夸张辞藻对普莱曾茨说道：“我不知道该在哪儿停笔，在这个话题上我可以谈很多东西，给出一个会让未来看起来前景惨淡的严肃回顾；请原谅我的潦草笔迹，心怀敬意地请您相信我，云云……”[27]

可以想见良心甚严的约翰和阿比盖尔·亚当斯（Abigail Adams）

---

* 此处原文中说收信人是安东尼·贝内泽，系作者的错误。罗伯特·普莱曾茨是弗吉尼亚废奴协会的创始人。该信在贵格会教徒群体中流传广泛，但它的真实收件人却常常被错认为贝内泽。

夫妇在这个大矛盾的罪恶问题上绝对不会允许自己像帕特里克·亨利那样轻松、淡然。1773 年和 1774 年间，有关一场黑人暴动被消灭在萌芽状态的传闻甚嚣尘上，阿比盖尔在向丈夫报告其中一则时，虽不想火上浇油，但仍向丈夫坦陈，她“发自内心地”希望“(马萨诸塞湾)省*里没有一个奴隶”，因为“我总觉得，这是一个极其不公的制度……我们自己正在奋力争取的东西，正是我们日日从别人身上剥夺、掳掠的东西，可这些人同我们一样，完全有权利享受自由”。[28]

阿比盖尔·亚当斯觉得，爱国者一边宣扬着人人生而自由，一边却不愿意给予黑人自由的权利，如此的两面三刀可能会被北美黑人拿来大做文章。她的担心绝非空穴来风：1773 年和 1774 年，马萨诸塞湾的最后两任总督托马斯·哈钦森（Thomas Hutchinson）和托马斯·盖奇（Thomas Gage）上将至少收到过五封由黑人撰写的“毕恭毕敬”的请愿书；而报纸上登载的一系列文章，虽然急切和愤怒程度各有差异，但也全都呼吁，对于非洲人被当成财产对待的问题，不能再坐视不管了。1774 年 8 月，《埃塞克斯日报和梅里马克邮船报》(*Essex Journal and Merrimac Packet*) 刊登了一篇激情澎湃的文章，一个名叫凯撒·萨特（Caesar Sarter）、“曾背负了二十多年屈辱的奴役枷锁”的自由人在文中控诉道，奴隶制度是“人世间最深重、后果最可怕的灾难”，而“与之相对的自由，则是你能在世间被赐予的最伟大的善”。你虽被迫与“那些围绕在你身边”的亲爱的朋友分开，却不能掉一滴泪，而是“必须被那个名叫

* Province of Massachusetts Bay，英属北美殖民地，不同于今天的美国马萨诸塞州。北美殖民者最早于 1628 年经英国议会获准正式建立了马萨诸塞湾殖民地（Colony of Massachusetts Bay）。1691 年，英国政府将马萨诸塞湾、普利茅斯殖民地（Plymouth Colony）、马萨葡萄园岛（Martha's Vineyard）、楠塔基特岛（Nantucket）以及大致包括今天的加拿大新不伦瑞克省、新斯科舍省和美国缅因州的部分地区合并起来，建立了马萨诸塞湾省。

九尾鞭的决定性论据不断说服，被迫恢复你那惨无人道的主人所谓的理智”。“那么，”凯撒·萨特对他的爱国者读者说道，“你愿意这
27 种事发生在你身上吗？如果你能把手放在胸口，庄严地申明你愿意，那请吧，祝你成功！说到底，你们对非洲人的待遇，完全符合上述惯例。”

这些请愿书通常饱含痛苦。比如，1773 年 1 月写给哈钦森总督的一封请愿书，署名为“菲利克斯”（Felix，可能是反讽）[*]——代表“很多生活在波士顿”以及马萨诸塞其他城镇的奴隶，控诉这种“让人无法忍受的境遇”：我们“没有财产！没有老婆！没有子女！我们没有城市！没有国家……甚至连生活都没有，活得就如死亡的畜类一样[†]”。同年 4 月，由桑博·弗里曼（Sambo Freeman）、彼得·贝斯提斯（Peter Bestes）、切斯特·茹瓦（Chester Joie）、菲利克斯·霍尔布鲁克（Felix Holbrook）这四名奴隶共同签署的第二份请愿书，则期望“那些在同胞企图奴役自己时站起来英勇反抗的人们做出伟大的决定”：众议院应该允许他们每周至少有偿工作一天，好让他们能攒些钱，寄给远在非洲祖国的家人。两个月后，又一封请愿书出现了，代表“所有……在一个自由国度的腹地被迫沦为奴隶的人们”，坚持要求“同其他人一样拥有天赋的自由权，让他们凭借自身的勤奋，可以不受干扰地享受这样的属性”。[29] 一年之后，一份类似的文件也宣布：“我们是生而自由的人，从未丧失过这种天然的权利。”

当然，这些陈情书，无论是呼唤言行一致，还是诉诸天地良心，基本上都未得到最后一批英属殖民地的总督和马萨诸塞湾省会议的爱国者政客们重视。不过，从弗吉尼亚到马萨诸塞，请愿书依

* Felix 的意思是幸福、幸运。

† 原文为 Beasts that perish，典出《圣经》（诗篇 49:20）：“人的显贵不能使他不死；他跟禽兽一样都要死亡。”

然在各殖民地被不断地起草和传播着——贝内泽、本杰明·拉什（Benjamin Rush）以及请愿运动的其他同道希望以此来遏制更多的奴隶进口，或者至少能对每个新买卖的奴隶强制征收二十英镑的重税，打击贩奴的积极性。（罗德岛因为在奴隶贸易中有大量投资，不在此次禁止进口运动之列。）但是，每个殖民地的皇家总督都根据英国的指示拒不同意。他们辩白说，这太不公平了，西印度群岛 28
的种植园主来美国是为了休养病体，竟然还得为带到疗养地的贴身仆人支付特殊的进口税，岂有此理？官方拒绝同意，给了杰斐逊和南方的爱国者机会，让他们把伪善的指责又弹回了王国政府那头，并坚称王国政府如此唯唯诺诺是因为收了西印度甘蔗种植园游说团体的好处。

这项指控十分公允。但杰斐逊等人绝不会承认的一点是，南方这种情操高尚的批评，并不是因为种植园主阶级转而开始非人道地蓄奴了，而是因为1772年之后，南方人慌了，担心那些黑人数量已经超过白人的地区即将发生异常的奴隶大暴动。这并非妄加揣测。三场凶残、血腥的起义正在苏里南（Surinam）、圣文森特（St Vincent）、牙买加（Jamaica）发生，且全都在北美地区的媒体上被当作末日一般大肆报道。在南美大陆的苏里南，一支欧洲的小军队被黑人和美洲印第安人的军队打得落花流水，而且这群荷枪实弹的亡命之徒可能有万人之多。据报道，这群强盗控制了庄园甚至城镇，并付之一炬，还抢劫和杀害了无数基本上毫无还击之力的荷兰殖民者。而在圣文森特和牙买加，逃亡黑奴（Maroons，生活在内陆的自由黑人和黑人混血人）以及该地区被解放的黑奴发起了一场如野火般迅速蔓延的起义，从北美撤到这里的英国兵团只是想控制起义势头，却被牵制得无法动弹了。

因此，在美国白人发动革命前，黑色和棕色革命已经席卷了南美洲和加勒比地区。尽管有关美国革命的历史著作中极少谈论苏里南或圣文森特的起义，但就爱国者在南方的动员时机而言，二者之间有着至关重要的联系。美国白人的武装抵抗如此突然急切，显然不是为了支持西半球其他地方被奴役的人们，恰恰相反，他们生怕
29 这些暴动会星火燎原，烧到北方去。让爱国者最焦虑不安的噩梦是，英国人真去煽动黑人造反，借此来威胁他们。

当然，这些猜疑不全是杞人忧天。1775 年初，在邓莫尔伯爵于“威廉号”上发表宣言的几个月前，北美殖民地的王室官员和首相诺斯勋爵（Lord North）的政府内部确实都曾提议，要对付放肆的殖民地，或许应该考虑打一下“黑鬼”牌——虽然诺斯自己（有些欲盖弥彰地）承认被这个提议吓到了。随着越来越多的证据表明造反思想已经刮遍黑人世界，再加上从马萨诸塞传来的那些黑人请愿的声音，原本就紧张兮兮的爱国者已是寝食难安。1774 年夏天，阿比盖尔·亚当斯曾和丈夫谈论过爱国者该如何选择表述自由的方式，当时，有消息称“黑人正在策划一起阴谋”：据传，一些黑人竟敢向总督索要武器，表示愿意为国王而战，并以此来换取他们的自由。

逃亡现在被当成了集体起义的前奏。从 1773 年到 1774 年，从纽约到佐治亚，报告奴隶逃亡的频率越来越高，让人有一种不祥之感。在纽约，人们对于黑人非法“集会”甚是忧虑，以至于官方还下达指示，逮捕任何天黑之后在外聚集的黑人，无论人数多少。对于提心吊胆的美国人来说，黑人要是真的开始认为旧英国那套被大肆吹嘘的自由也适用于他们，而且就如 1730 年报道的那样，还认为王室给了他们反抗的许可，那接下来会发生什么是想都不用多想的。波士顿的桑博·弗里曼早就在一封请愿书中拐弯抹角地提过“英国人那些崇高的自由理念”，并拿美国的黑人同西班牙殖民地那些与他们处境类似的人做了对比，他们这些黑人还有盼头，可西班牙殖民地的人却除了专制什么也盼不到。如果那些受到影响的蓄奴者可信的话，那么有关英国式自由的迷人妄想确实已经蔓延到了南方。

观念受影响的黑人开始逃跑了。比如,《弗吉尼亚公报》(*Virginia* 30
Gazette)上发布了众多捉拿逃跑奴隶的悬赏启事,其中有一条提到了一个叫加布里埃尔·琼斯(Gabriel Jones)的人和他的妻子,据说二人正逃往沿海地区,准备坐船去英国,"他们认为自己在那里会获得自由(这样的想法如今在黑人中间很普遍,让奴隶的主人产生了极大的焦虑和成见)"。[30] 奴隶们是从哪儿了解到这些荒唐想法的?另一条启事提供了答案。佐治亚奥古斯塔县(Augusta County)一个叫巴克斯的人逃跑后,他的主人认为,此人的目的地可能也是港口,到那儿"坐船,驶往大不列颠,因为他了解到了近来英国那个萨默塞特诉讼案的判决结果"。[31]

什么情况?难道奴隶还阅读判例汇编?一份1772年6月在王座法院的法庭上,由首席大法官曼斯菲尔德伯爵针对一个叫詹姆斯·萨默塞特的逃跑黑奴被主人抓回去的案件做出的判决,怎么会在美国的种植园里点了一把火?曼斯菲尔德伯爵是赋予了萨默塞特自由,但他也煞费苦心地避免了对奴隶制在英格兰的合法性做出一般性裁决。然而,伦敦"黑人兴高采烈地"庆祝法庭判决的消息,把法律上的细枝末节通通撂到一边,并迅速把它传过大西洋,说英国已宣布奴隶制非法了。1774年,一个叫弗里曼*的人在费城发布了一份传单,他告诉美国的奴隶,他们只要"踏上那片奴隶制已经被禁止的乐土",便可以拥有自由。就这样,爱国者还没反应过来,鸟儿便已经开始偷偷飞离巢穴了。[32]

* Freeman,字面意思是"自由人"。

第一部分

格里尼

第一章

1765年的齐普区修女巷，既不是伦敦城最差的地址，也不是最好的地址。被称为“Minchen”的圣海伦教堂的修女们被当作这条小巷的名字，但这里早已没了她们的踪影，而虔诚也毫不意外地被利益取代了。街道两旁，坚固的商业会所和仓库鳞次栉比，其中很多都与殖民贸易有关系。每天上午，每隔一段时间，一辆辆马车便会驮着一箱箱从东印度和西印度的码头运来的蔗糖和茶叶，沿着大塔街轰轰隆隆地开来，在熙熙攘攘的馅饼摊、啤酒车、卖花姑娘、乞丐、卖唱的人中间劈出一条路，穿过一扇扇大门，把货物卸在铺满鹅卵石的内院里，简言之，除了离街面有段距离的纺织工人礼堂，以及其正面内墙上一排隆重壮观的科林斯壁柱外，附近没有多少特别让好奇的游客们流连忘返的东西。一切都是那么平淡无奇。不过，有一样不平淡无奇的东西：一条由身形悲惨之人组成的队伍，正从修女巷北头的芬丘奇街上的一个门口，一路往南排到了巷里。他们都是病恹恹的穷人：浑身是血的人，身形佝偻的人，憔悴柔弱的女人，肮脏污秽、干咳不止的醉鬼，身上刚刚起了痘的小孩。他们的住所当然不在修女巷。巷口门前的这些人来自一个肮脏不堪的帝国。这个帝国延绵到了伦敦塔之外，穿过阿尔德门和主教门，直到东圣乔治教区、沙德韦尔、沃平地区的贫民窟里。在这些地方，臭气熏天的街巷上到处是人畜留下的垃圾，廉价的妓女撩着裙子招揽水手，小偷和惨叫的猫则在一旁观察。

巷口的门打开后，一个瘦骨嶙峋的男人走了出来。他只有三十
36 多岁，但面相有些显老。高大瘦削的身形、凹陷的脸颊、突出的下巴、短卷的假发，让人觉得他要么是一位收入很低的文员，要么是一位淡泊钱财的文员。事实上，这两者格兰维尔·夏普可以说各占一半。他在伦敦塔里的军需局工作，每天要花五六个小时来管理硝石供应和行为不端的军校学员。傍晚下班后，他会习惯性地走去哥哥威廉的诊所。不过，夏普的脑子里通常装的是一些更为紧要的事情：比如，肯尼科特博士擅自发表的一份目录罗列了先知尼希米时代的居鲁士大帝归还给犹太人的圣殿器皿，但他对此有严重的意见分歧。[1]

大多数晚上，夏普家的兄弟姐妹都会聚在威廉家，为他们星期天举办的音乐会排练。这家人出身平凡，来自外郡，父亲是诺森伯兰（Northumberland）副主教。但自从1750年来到伦敦后，格兰维尔的两位哥哥詹姆斯（James Sharp）和威廉发展得却很不错。由于父亲经济能力有限，只能送另外两个注定会当牧师的哥哥去剑桥念书，所以詹姆斯和威廉不得不早早开始闯荡人生。詹姆斯成了一名五金商人，威廉则投身了医学。对大多数人来说，行医就是把断骨接好，给头骨打孔，给染了瘟疫的人分发药品，但威廉的医术十分高超，现在已被拔擢为国王身边的御医。不过，他自诩并没有忘记那些卑微之人，为了显示这一点，他会向伦敦贫民提供免费诊疗。

总之，威廉·夏普是个小有名气的人，毕竟，伦敦城方圆几里内，有几个会弹管风琴、吹圆号的外科医生，更别说还是一位堪称基督教仁爱楷模的医者？举办音乐会的星期天晚上，他位于修女巷

的家里基本上挤满了各种有头有脸的人物：大卫·加里克（David Garrick）、詹姆斯·鲍斯威尔（James Boswell）、约书亚·雷诺兹爵士（Sir Joshua Reynolds）。吸引他们来的是夏普家展现出来的那种无与伦比的和谐：詹姆斯吹蛇号，一些音部通常是他从大提琴改编而来的；妹妹朱迪斯（Judith Sharp）演奏鲁特琴和西奥伯琴；伊 37
莱莎（Eliza Sharp，在她嫁给北安普顿郡［Northamptonshire］威肯庄园的普劳斯先生前）是弹羽管键琴的好手；弗朗西丝（Frances Sharp）唱起歌来则像百灵鸟一样悦耳。格兰维尔——他有时候会以“G♯”* 来署名（或盖章），而且他正在写一本书，叫《供有音乐鉴赏能力且愿意为负起吟唱赞美诗的伟大责任而接受指导的儿童使用的音乐入门读本》（*A Short Introduction to Musick for the use of such Children as have a Musical Ear and are Willing to be Instructed in the Great Duty of Singing Psalms*）——则是吹奏长笛，修长又灵活的手指在笛身上飞舞着。国王御用音乐家威廉·希尔德（William Shield）曾说起过，有时候，格兰维尔还会同时演奏两支长笛，“让那些原本以为这种才艺不太可能实现的人感到心悦诚服”。[2] 夏普一家对于他们自己的表演很自豪，每天晚上都会和若干他们招募的乐师和歌手排练。不过，这些聚会也是其乐融融的家庭活动，有茶，有点心，有坊间的八卦传闻，还有从达勒姆（Durham）传来的家族消息。城外的家族成员则会收到一封公开传阅的家信作为回应，里面不但会介绍伦敦发生的各种新鲜事，还会事无巨细地记录晚餐时享用过的每一道菜品以及音乐会上演奏的曲目——他们把这视为一件颇有面子的事。夏普一家人一直保持着亲近。“不管有什么别的活动，”伊莱莎回忆说，“我们的聚会都是最重要的。”

所以，当格兰维尔从威廉的诊所出来，遇见一个身体状况糟糕

---

* G♯ 是音名，格兰维尔的首字母为 G。

到甚至会让那些对不幸已见怪不怪的人也吓一跳的黑人，并了解了这个可怜人的遭遇后，他的第一反应便是调转脚跟，马上请哥哥出来帮忙。在伦敦的大街上看到黑人，其实并不是什么怪事。散布在这座大都市各个角落的黑人，至少有五千，至多可能有七千。其中一些生活在豪宅里，穿着体面的绣花上衣、丝质马裤，戴着扑了粉的假发，就像装饰品一样，为上流社会的人当侍从或贴身仆人。[3]还有一些人，比如塞缪尔·约翰逊博士（Dr Samuel Johnson）的仆人弗朗西斯·巴伯（Francis Barber），是小有名气的人物，被当成“深褐色”的迷人珍宝，画在了素描或者油画中。运气差一些的，在柯
38 芬园的酒馆或妓院里当乐师或使者谋生，下班后回到附近的圣吉尔斯地区——他们在这里被称作“黑鸟”——在一个徒有四壁的房间里与虫鼠为伴。但更多的人则聚集在东圣乔治教区的码头附近，以及一条条从尼古拉斯·霍克斯摩尔（Nicholas Hawksmoor）修筑的那座风格怪异的教堂延伸出来且肮脏不堪的大街上。他们中的大部分人是水手、驳船船员、马车夫、装卸工；有些为了几便士，会参加拳斗，或者在大街或广场上打鼓、吹小横笛。鉴于大部分的“黑鸟”都是贫民，惹是生非是常有的事，所以1765年的那个晚上，看到其中一个出现在威廉·夏普诊所前的队伍中，一点都不算奇怪……只是，这个黑人的脸已经没了大半。

夏普兄弟了解到，这个人名叫乔纳森·斯特朗，曾几何时，他或许确实很强壮。*但他的主人大卫·莱尔（David Lisle），一个来自巴巴多斯（Barbados）的律师，总是习惯抓住点小事便借题发挥，把他打个半死。现在，斯特朗已经成了残疾。惨象在伦敦处处可见。无精打采的拉车马被鞭子无情地抽打，最终倒地身亡；流浪的乞丐被鞭子直打到后背变成牛排；在颈手枷上示众的重罪犯被人用石头

* “斯特朗”（Strong）意为强壮。

砸，有时候当场就死去了；仆人们，无论男女，在公共场合被拳打脚踢；学童因为不听话或者调皮捣蛋而挨打；被抓丁队抓住的男人，先是遭到一顿棍棒毒打，然后被拖到等着的船上。但是，莱尔对乔纳森·斯特朗所做的一切，即便照当时的大致标准来看，也显得太过野蛮。这个黑人的脸被主人无情地用手枪枪柄反复殴打，打到枪口都从枪身上脱落了，脸已经成了一团猩红色的肉酱，眼睛也被血糊得什么都看不见了。最后，主人见他遍体鳞伤，没地方再下手，便把他扔到了街上，任其自生自灭。这个黑人一瘸一拐地来到威廉·夏普的诊所，加入了修女巷那条充满了疾病与伤痛的队伍，开始耐心地排队。后来，斯特朗自己回忆道：

> 我几乎没法走路，也看不清眼前的路。见到那位绅士（威廉）
> 之后，他看我那副样子，很可怜我，给了我东西让我擦洗眼睛， 39
> 还给了些钱，叫我先买点儿生活必需品。第二天，我又来找先生，
> 他送我去了医院，我在那里住了四个半月。住院期间，先生给
> 了我衣服、鞋子和袜子；出院后，他帮我付了房租，又给了我
> 一点钱，叫我先买点生活用品，他再帮我找个安置的地方。[4]

斯特朗离开圣巴多罗买医院后，夏普给他在药剂师布朗（Brown）那儿找了份工作——他做手术的大部分药、夹板和绷带都是这个人提供的。虽然腿被打瘸了，视力也再未恢复正常，但斯特朗的身体还算不错，能为药剂师四处跑腿，去城里的诊所和医院取送医药用品。有的时候，他也会在布朗家当侍从或仆人。1767 年 9 月的一天，此时离夏普兄弟遇见他已经过了两年，正当他跟在布朗夫人的马车后面服侍时，却不幸被曾经折磨他的那个大卫·莱尔撞了个正着。

莱尔注意到，眼前的这个乔纳森·斯特朗已经不是那个被他

扔进阴沟里的废人，反而干净整洁到让他难堪，莫名其妙地被修理好了。怒火——恨自己竟然扔掉了一笔投资；恨斯特朗竟然活了下来；恨不知道哪个人竟然抢了他的财产（他已经想到了这层上）——在他心中涌动着，同时还掺杂着一股突然冒出来的贪欲。或许，还能想想办法挽回他的损失。毕竟，这是1767年。四年前，英国刚刚同法国缔结和平协定，加勒比地区是财富的引擎。西印度群岛地区的蔗糖种植园，尤其是繁荣的岛国牙买加，对奴隶有着前所未有的市场需求，即便是斯特朗这类残废也不嫌弃。伦敦的黑人人口中，有很多最初是被美国或西印度群岛的奴隶主带到这里的。被带来的奴隶主只要足够富有，便在帝国的首都置有住所，在某些季节
40 过来居住。被带来的奴隶有的是贴身仆人，有的是侍从，有的是乐师，都享有一定程度的自由。其中一些在忠心耿耿地服务多年之后，还会被赐予完全的自由，比如约翰逊博士的弗朗西斯·巴伯，或者蒙塔古公爵（Lord Montagu）的伊格内修斯·桑丘（Ignatius Sancho）。另一些则通过逃到齐普赛街或者沃平地区而获得了自由，在那里做工赚钱，以避免被强制送回美国或西印度。抓捕这些逃亡奴隶的"捕奴人"会出没于咖啡店和旅馆，急切地想要领取伦敦和美国报纸上登载的抓捕赏金。一旦被抓住后，这些黑人便会被监禁起来，再次遭到变卖（伦敦有定期的奴隶销售和拍卖活动），然后被捆着送上停泊在格雷夫森德（Gravesend）的船上，前往牙买加、哈瓦那（Havana）、圣克鲁兹（St Cruz）或查尔斯顿。

这就是莱尔为乔纳森·斯特朗所做的打算。而且，他还没有抓到斯特朗，便已经先把他卖给了牙买加一位名叫詹姆斯·克尔（James Kerr）的种植园主。莱尔可能一反常态地坦率承认了斯特朗或许状况欠佳，所以才在"粗壮黑人"平均能卖出五十英镑的卖方市场中，以三十英镑的价格把他卖给了克尔。亦或许莱尔只是急需钱用，因为他还接受了克尔开出的另一项条件，那就是被买卖的这个黑人安

全上船之后，钱才会给到他手里。

当然，在这之前，莱尔得先把他的财产弄到手。他躲在远处跟着斯特朗，一直跟到了一家酒馆。接着，在街上第一次见到斯特朗服侍布朗夫人的两天之后，莱尔雇了市长大人的两名手下去酒吧找他，然后跟他说，某位先生希望与他聊聊。不知是因为享受了两年自由而变得太过殷勤，还是因为太容易被吓住，反正乔纳森·斯特朗跟着那俩人走了，根本没料到他见到的是那个曾虐待自己的主人。所有虚情假意都被抛到了一边，斯特朗被扭送到了齐普区吉尔茨珀大街上的普尔垂监牢。这个牢房关押着治安官的手下抓来的罪犯和流浪汉，而拘禁在这里后，他很有可能被当成追回的财产送上船。当然，故事不是到这里就结束了。过了两年人的生活后，乔纳森·斯特朗拥有了一定程度的斗志和自尊，而且更重要的是，他还接受了 41
一定程度的教育。英国（和美国）黑人的命运，现在正维系在一个微不足道但又难以置信的事实上：瘸腿、半瞎的乔纳森·斯特朗能读会写。他接连递出去了一些字条，先是写给药剂师布朗，向他表明了自己的困境。布朗立即派遣一名仆人过来，结果牢房不放他进去，也不让他同乔纳森·斯特朗有任何交流。

于是，布朗亲自来到普尔垂监牢。但莱尔举着一份卖契，咆哮着说自己的财产被人抢了，把布朗吓得够呛。这位药剂师担心自己会像莱尔威胁的那样被抓起来，只好退了出去。走投无路的斯特朗又递出了第二张字条，这次是写给曾经的救命恩人格兰维尔·夏普。但夏普的脑子里当时装的全是更迫切的事情。比如，在普鲁士王国推行英国国教的计划；筹备他的"音乐入门读本"；第二篇论文较短，题为《论英语的发音》（"On the Pronunciation of the English Tongue"）。所以他一时没有记起斯特朗这个名字的重要性。但很快，他便怀着急迫的内疚想了起来。这下，轮到夏普派信使去监狱了，在没有收到任何回复后，他亲自去见了斯特朗。到了监牢，看着前厅和空无一物的牢房，听着光秃秃的木头和铁器嘎吱作响，时不时演奏出阴森的音乐，他回想起了一切，并且有生以来第一次在与基督教会、军事、音乐无关的事情上采取了行动。格兰维尔·夏普虽然不是法律权威，但却凭直觉坚持认为，鉴于斯特朗没有犯任何罪，所以对他的拘留不可能是合法的。凭借足够的博学绅士气质，他成功劝服了狱吏，说他们要是胆敢在斯特朗的案子未经市长大人审理的情况下便把他交给第三方，他们自身就会有被牵连的风险。

虽然机会渺茫，乔纳森·斯特朗还是获得了庭审机会。同18世纪六七十年代的大部分市长大人一样，罗伯特·凯特爵士（Sir Robert Kite）若没有蔗糖业贵族商人的支持，是不大可能当上市长
42 的。不过，虽然他怎么都不会认为自己是黑人的盟友，但这位市长却对正当法律程序有一种根深蒂固的尊重；加上当时的伦敦市还不算很大，他对夏普兄弟是谁一清二楚。毕竟，詹姆斯·夏普可是伦敦市议会的议员。所以，当格兰维尔来拜访他，并陈述案件事实时，罗伯特爵士的反应相当公正，甚至还有一丝同情。9月18日，庭审在市长官邸举行，出庭的人有夏普兄弟、运送斯特朗的那艘船的船长莱尔德、斯特朗的新主人詹姆斯·克尔的律师麦克宾。随着夏普和麦克宾的争论越来越激烈，本就不信会有好结果的斯特朗也越来越心焦，开始痛哭流涕。听过双方的陈词后，罗伯特·凯特爵士做出了决定，他的话被夏普记在了案例记录中：“这个家伙什么都没偷，什么罪都没犯，因此可以自由离开了。”[5]但很显然，莱尔德船长没听进去，因为市长宣判后，他一把抓住斯特朗，粗野地宣称他是克尔先生的财产。此事发生得太过突然，也太令人困惑，差一点儿就成功了——就连格兰维尔·夏普也呆若木鸡。但当时仍然在场的伦敦市法医托马斯·比奇（Thomas Beech）迅速走到夏普身旁，急切地告诉他：“控告他！”尽管在法律问题上还是个菜鸟，但夏普做出了反应：“先生！”他用洪亮清晰的声音向莱尔德船长喊道，这

幅嗓子此后将成为格兰维尔·夏普的新特征：“我控告你侵犯人身。”[6]

在那个时刻，这句话就足够了。贩奴船的船长停了下来，仍然
在哭的斯特朗则挣脱了他的手。几天之后，拒不接受裁决的莱尔一
纸状书将格兰维尔 · 夏普和哥哥詹姆斯告到法庭，指控他们偷了他
的奴隶。但出乎莱尔所料的是，法律似乎并不站在他的利益那边。
他专门挑了夏普兄弟都在修女巷的一天下午去了威廉家。通报姓名
之后，他获准入内，然后向格兰维尔发起私人挑战，要求和他进行“绅
士的决斗，因为我（格兰维尔）为他的奴隶乔纳森 · 斯特朗争到了 43
自由。我告诉他，既然他研究了这么多年的法律，应该不会想要法
律能给予他的任何处理意见*”。[7]

这句话正中莱尔的要害。斯特朗的身上很可能还有遭到莱尔殴打后留下的伤痕，但更沉重的打击是，身为律师的莱尔被法律打败了。不过，被兄弟姐妹亲切地称为“格里尼”的夏普，在法庭程序方面已经不再像以前那样稚嫩†，所以万一莱尔和克尔坚持要打官司的话，他不会幼稚到不找律师来协助。借助哥哥们的人脉，他聘请了伦敦市法官詹姆斯·爱尔爵士（Sir James Eyre）来给他出谋划策。格兰维尔之所以将乔纳森 · 斯特朗从莱尔的魔爪下英勇救出，是因为他本能地确信，无论是基督教的行为规范还是庄严的英国普通法，都不可能支持这种将一个人降格为个人财产的行为。所以，当詹姆斯爵士把前任大法官菲利普 · 约克（Philip Yorke）和副检察长查尔斯 · 塔尔博特（Charles Talbot）在 1729 年撰写的意见书给他时，夏普感到既惊讶又失望。这二人认为：无论从什么地方被带到英国，如果一个人在那个地方曾是奴隶，即便在接受浸礼之后，也仍然是奴隶身份。1749 年，该意见经约克批准后，成了一条指导原则，那

* 此处夏普搞了个文字游戏，将“绅士的决斗”（gentlemanlike satisfaction）中的 satisfaction 一词偷换了概念，理解成了该词的另一个含义，即“妥善的处理或赔偿”。

† 格里尼（Greeny）是格兰维尔的昵称，同时 green 有“稚嫩、缺乏经验”的意思。

些想要夺回自己奴隶财产的奴隶主提出的诉讼请求，通常都会据此获得支持。虽然现在的大法官换了人，但据闻这类案件大部分都由王座法院的首席大法官曼斯菲尔德伯爵大人审理，而他认同约克和塔尔博特的意见。夏普得到的忠告是，他认为普通法不支持在英格兰蓄奴的想法只是感情用事罢了。

不光是夏普的律师这么看，从 1767 年到 1768 年，他还征求过许多人的意见，可他们几乎都不认为他有可能在即将到来的偷窃诉讼中成功为自己辩护。虽然这些权威的意见很有分量，但夏普依然不相信。无论是上帝还是英国的古老传统（在他看来，二者几乎就是一回事），都不可能允许这种罪恶之事发生在这片上帝亲选的土
44 地上。于是，他决心让自己成为英国奴隶法律史方面的专家："就这样，被那些专业的辩护律师抛弃后，我在缺乏正规法律援助的情况下，不得不无望地尝试自我辩护，虽然在此之前，我这辈子都没翻开过一本法律方面的书籍（除了《圣经》）。"[8] 历史翻开了新的一页，而英国以及大洋彼岸所有黑人的人生也将从此被永远地改变。

没有多少迹象表明，在托马斯 · 夏普（Thomas Sharp）副主教的十四名子女中，最终会是格兰维尔脱颖而出，以自由信徒的身份闻名于世。是，他确实从小就是个专心致志的孩子，曾坐在一棵苹果树下面读完了莎士比亚全集。但家里能在经济上提供多少帮助，直接取决于你排行老几。就算格兰维尔才华横溢（但他并不是），身为第十二个孩子的事实也在很大程度上排除了副主教提供经济支援的可能。因此，他在达勒姆文法学校学了些基础的东西，又跟着家庭教师学了一段时间后，在十五岁那年便去了伦敦，给一位经营亚麻布的贵格会教徒当学徒；这个贵格会教徒去世后，他接着又去给一个长老会教徒当学徒。再后来是一个罗马天主教徒，全是同一个贸易行当的。这些教派像走马灯一样在年轻又无比好奇的格里尼面前闪过，给他上了一堂虽有压缩但却十分宝贵的比较神学课，并

且还派上了很好的用场：他的一位学徒同伴是犹太人，发现夏普不懂希伯来语后，便大胆地取笑他竟然敢标榜自己懂《圣经》的训诂。受伤的格兰维尔随即开始自学这门古老的语言，而且学得相当好，不仅让他那位犹太辩友大吃一惊，还转败为胜，在十六岁那年发表了一篇（应该不是很长的）论文，驳斥了伊莱亚斯拉比（Rabbi Elias）针对希伯来语中的辅音 Vav 的起源及用法提出的观点。

夏普对《塔木德经》越来越熟悉，对麻纱和棉布则越来越没兴趣。1757 年，他父亲过世后，他的哥哥们决定，是时候来看看已经二十二岁的格兰维尔有没有当一名批发兼制造商的资质了。然而，
干了几个月，夏普既不开心也不称职，而他们也有了答案：格兰维 45
尔注定无法像詹姆斯在五金行业那样，在纺织行业大展宏图。于是，伦敦塔内的军需局向他敞开了镶着饰钉的大门。当时的英国正同法国在三块大洲上打仗，每天上班的六个小时中，他要整理库存，还要就有关擦靴子和假发粉的问题给下级军官撰写和派送信件，这个时候他的思绪经常会游离到希西家的作为和哈巴谷的名言上。[*] 而到了晚上，他像往常一样去参加修女巷的家庭聚会。

修女巷的夏普府第就像一座小型学院，住在里面的那群音乐爱好者同时碰巧也是一群有涵养、有学识且小有名气的男男女女。因此，尽管格兰维尔在法律方面毫无经验，但在他该从哪儿开始研究的问题上，一定不会没人给他指点。而且，他本人也是一个天生的古文物研究者，不仅深受有关暗利和巴珊王的那些故事的影响，还同他所处的汉诺威王朝的许多同代人一样，也染上了当时正浪漫流行的盎格鲁–撒克逊好古癖。《统治吧，不列颠尼亚！》（“Rule,

---

* 希西家、哈巴谷以及后文中的暗利、巴珊王都是犹太历史上的人物。希西家是犹太王国的末代君主，尊敬上帝，被犹太人奉为明君；哈巴谷是犹太先知，《圣经》中有《哈巴谷书》，据传就是哈巴谷所作；暗利是古以色列的君王；巴珊王是古代外约旦地区北部王国巴珊的君主，名叫“噩”。

Britannia!”）原本是为假面剧《阿尔弗雷德》（*Alfred*）创作的歌曲，曾在威尔士亲王面前表演过；人们对阿尔弗雷德大帝的狂热崇拜也达到了其在 18 世纪的顶峰，认为他彰显了一切与帝国有关，但又充满自由的东西。格兰维尔 · 夏普坚信，古老的英国蒙受的福祉之一便是“十户联保制度”（Frankpledge），而且他至死都认为，这是有史以来构想出的最完美、最得民心、最负责任的管理制度。十户联保以十个家庭为基础单位，即所谓的“十户区”，然后十个十户区组成一个“百户区”。每个十户区选举一名十户长，十个十户长再选出一个百户长。夏普还认为，《圣经》中的希伯来人采用的管理制度就是十户联保（由摩西的岳父杰斯罗推荐），因而是直接受到了万能的神首肯——不用说，这样的想法当然不会削减该制度的吸引力。

众所周知，“诺曼征服”野蛮地破坏了十户联保制和盎格鲁–撒克逊式自由，在古老而自由的英国土地上推行起了异族的专制和奴
46 役形式。但在夏普想来，英国精神并没有被完全掐灭；实际上，它一直继续存在于这个岛国对事实上的奴隶制度那种亘古不变的厌恶之中。隶农制（隶农就是承租土地的佃户）当然存在过，如果没有领主的许可，隶农都无法自由离开庄园甚至结婚。夏普发现，虽然这种制度早已灭亡了，可是至少根据他对法律历史的研究来看，就连隶农也从来都不是可以通过买卖来转让的财产。1547 年，即爱德华六世（Edward VI）统治期间，一部遏制人们流浪的法律获得了通过，其中确实规定了累犯会被罚为奴；但这部法规实在有悖英国精神，两年之后便废除了。不过，在伊丽莎白治下（说到底，非洲奴隶贸易正是在此期间得到推动，并受到了约翰 · 霍金斯［John Hawkins］这类船长的大力实践），夏普还是找到了他想要的东西。1569 年，根据约翰 · 拉什沃斯（John Rushworth）的《历史集》（*Historical Collections*）所载，一位姓卡特赖特的船长把一名俄国

农奴带回英国后，因无故“鞭打”这名奴隶而遭到立案调查，审理此案的法官告诉他：“英国的空气太洁净了，不适合奴隶呼吸。”这个判例完全契合了夏普自己对英国式自由的坚定看法：英国土地上的所有臣民，无论地位，都一样要服从国王之法，一样有权受国王保护。

更重要的是，尽管有约克和塔尔博特的意见（且夏普还发现，他们的意见并非是在法庭上的判决，而不过是这两位先生在林肯律师学院吃过晚饭后，抽着烟斗，喝着红酒，表达的非正式看法罢了），但法律史显然还有另一面，而这一面彰显了奴隶制与英国普通法的传统和实践格格不入。比如，1679 年，即查理二世（Charles II）统治期间，一部“为了更好地确保臣民之自由”而颁布的法律白纸黑字地写着，只有在所有者能证明奴隶“不是男人，不是女人，也不是孩子”的情况下，将黑人视作财产才会受到法律的支持。但该法还说，将人斥为兽类是“不自然、不公正的”。遵循这 47 一传统，1706 年，首席大法官霍尔特裁定，“黑人只要踏上英国的土地，就自由了”，还有更近一些的 1762 年，大法官亨利在一起（尚利诉哈维）财产争夺案里援引了卡特赖特案件的判例，驳回了控方将黑人视为个人财产的要求。以及仿佛是为了解决争议似的，有关英国普通法的最权威著作，牛津大学的英国法瓦伊纳教授威廉·布莱克斯通（William Blackstone）在 1765 年出版的《英国法释义》（*Commentaries on the Laws of England*）中也明确指出，“自由之精神深嵌在我国宪法之中，植根于我国大地之中，任何奴隶或黑人，一踏上英国的土地，便会受到法律的保护，就其所有天赋权利而言，他们从那一刻起就成了自由人。”

因此，夏普很有理由认为，无论是布莱克斯通的书还是他本人，都可以借以用在这项已被他称为“伟大事业”的诉讼上，于是便写信求布莱克斯通支持。但让夏普难过的是，布莱克斯通非但一点儿不支持，还附和了约克和塔尔博特的意见。原来，格兰维尔买的那本《释义》是首版，完全没注意到在第二版和第三版中，所有可能被理解成会危害那些碰巧将奴隶带回英国的奴隶主权益的内容，都被布莱克斯通删掉了。1769 年，布莱克斯通精心地以客气的口吻回了一封信，（就像在其著作的后续版本中那样）谨慎地坚称，他并不是在评判奴隶主蓄奴的权利是否合理甚至合法；他只是在讨论，如果主人在其他地方行使了该权利，那不能仅仅因为奴隶和主人都到了英国，就将之抛诸脑后。他说，非自由人要长期服从主人，在性质上无异于学徒要服从师傅，无论他们住在什么地方，都必须遵守。

他这么一改主意，更让夏普气馁了，因为布莱克斯通是第一代曼斯菲尔德伯爵威廉 · 默里的门生，而默里作为王座法院的首席大法官，代表着普通法的最高司法权。当初似乎在法律行业不会有所
48 建树的布莱克斯通最终能获得牛津大学的瓦伊纳教授一职，曼斯菲尔德伯爵默里功不可没。出生在苏格兰珀斯郡（Perthshire）的默里，虽然在西敏公学和牛津大学基督学院这类十分英格兰的系统中接受了教育，但却是苏格兰式实用主义的鲜活化身。当时，一些仇视苏格兰的报刊不断攻击他，怀疑他在暗地里支持詹姆斯二世党，于是，他便决定检举该党的支持者（其中包括他自己家族的一些成员）。他的检举热情实在无可指摘，所以在担任国会议员期间，他先是被提拔为副检察长，随后又迅速升为总检察长。作为首相纽卡斯尔公爵（Duke of Newcastle）同议会打交道时一位可信赖的委托人，“有着三寸不烂之舌的默里”思维敏捷，说话随和，还与蒲柏（Pope）、雷诺兹、约翰逊博士以及苏格兰同胞詹姆斯·鲍斯威尔是密友，用“审慎明智”这个词来形容他再恰当不过。18 世纪 60 年代，由于乔治三世把自己的老师，也是他最喜欢的比特伯爵（Earl of Bute）[*] 任命

---

* 原文为比特侯爵（Marquis of Bute），系作者讹误。乔治三世时期的首相约翰·斯图尔特（John Stuart）是第三代比特伯爵，生于 1713 年；比特侯爵是他的长子，也叫约翰 · 斯图尔特，生于 1744 年。

为首相，新一波对苏格兰的仇视又爆发了，但曼斯菲尔德伯爵凭借着政治上的务实、社交上的友善和司法上的智慧巧妙地躲过了一劫。在法庭上，他像往常一样装出一副事不关己的样子，总是打断律师们矫揉造作的争论，言简意赅地总结出争议的核心问题，表明自己的见解，然后一边埋头看报纸，一边继续主持诉讼。不过，他的怪异举止非但没有激怒他人，反倒引来了钦佩。关于他的成功，最好的体现便是，大多数人都毫无争议地认为，是一个苏格兰人作为王座法院的首席大法官在捍卫着英国普通法。

既然三寸不烂之舌时时刻刻都被一个务实的头脑掌控着，那他又能有什么理由跟财大气粗的蔗糖业对着干，就因为有一个心怀好意、会同时吹奏两支长笛的怪人（其实不过是个职员）请求他，便裁定无数当仆人、侍从、门卫、乐师等的黑人，和英国其他的男男女女没有差别？而且，曼斯菲尔德伯爵本人不也在弗吉尼亚拥有地产吗？黑人在那里受到的待遇，总比被丢到非洲的荒郊野地自寻生路好一些吧？哎，感情用事造成的悲痛和灾难可是无法设想的啊。 49
据曼斯菲尔德伯爵所知，仅在英国就至少有一万五千名黑奴，要是一下子把他们全解放了，那估计会造成七八十万英镑的经济损失。所以，曼斯菲尔德伯爵很可能是出于这些担忧，才劝说威廉·布莱克斯通在《释义》的后续版本中删除了那些有关蓄奴不符合普通法的段落。

但是，正如夏普一家人也应该知道的，曼斯菲尔德伯爵还有另一面。在他那座位于汉普斯特德荒野（Hampstead Heath）、由罗伯特·亚当（Robert Adam）设计的肯伍德府第里，有一位家庭成员叫狄多·伊丽莎白·蓓尔·林赛（Dido Elizabeth Belle Lindsay），而曼斯菲尔德伯爵正是这位黑人姑娘如赐福一般的监护人。狄多是曼斯菲尔德伯爵的外甥、海军上校约翰·林赛（Captain John Lindsay）的女儿，她母亲（现在去向不明）在七年战争期间作为打败西班牙的战利品被奖给了上校，这在当时算是一种惯例。而上校在外为海军大臣们打造帝国时，膝下无子的首席大法官和夫人便担起了照顾狄多的任务，将她视为己出，并让她做了夫妇二人的侄女伊丽莎白·默里（Elizabeth Murrey）小姐的女伴（伊丽莎白的父亲是英国驻维也纳御前大使）。这两个姑娘，一个黝黑如咖啡，一个金黄如小麦，在肯伍德府的一幅幅庚斯博罗作品以及荷兰画家的小型绘画中间（默里不但有三寸不烂之舌，还有敏锐的好眼光）形影不离地成长着，一起照料奶牛，去草地里采摘风铃草，在汉弗莱·雷普顿（Humphry Repton，就是那个以《红皮书》[*]而闻名的景观建筑师）为大法官设计的人工湖旁野餐，还有戴着可爱的包头帽和围裙，给他那些好到能得奖的下蛋鸡撒食。让有钱人趋之若鹜的约翰·佐法尼（Johan Zoffany）——还能有谁？——受雇为狄多和伊丽莎白画了一幅双人肖像[†]：水灵灵的花骨朵穿着粉色波纹绸蓬裙，黑皮肤的小姐则包着头巾，穿着白缎裙，脖子上还有一条乳白色的珍珠项链。一条纱巾温柔地将她们连成一体，伊丽莎白的手搁在狄多的腿上，扶着她的胳膊肘，而狄多则面带微笑，调皮地用食指指着自己
50 的下巴。来访的人，包括不苟言笑的马萨诸塞湾省总督托马斯·哈钦森，看到两个女孩挽着胳膊，无不大惊失色。

那么，这样一位贵人有可能裁定国王的黑人臣民不能算人，而是财产，因此永远不受国王的保护吗？这个问题让格兰维尔·夏普好奇得不得了，迫不及待想要试探一下。

---

* Red Books，指汉弗莱·雷普顿为向客户展示设计方案编订的两本小画册，内含水彩绘制的景观图样和手写的文字说明，因为画册是以红色的摩洛哥革装订的，故得名“红皮书”。

† 这幅画的作者一度被认为是约翰·佐法尼，但近年来的研究表明作者另有其人，一说为戴维·马丁（David Martin）。

第二章

听！哎嘿，你好！格兰维尔正歌唱泰晤士河，而且天哪，就在泰晤士河上！

可爱的小河——人生易逝
夏日的镜子映照出
天真与爱的场景。
一样的歌声抚慰人心，
一样的小河慢慢流。

爱好音乐的夏普一家正在他们的驳船上。船的名字起得很贴切，叫“阿波罗号”，上面宽敞得能安置一间大木屋。春夏的夜晚，当驳船停泊在富勒姆（Fulham）时，詹姆斯可能会在船上过夜，伴着飘满浮渣的海浪轻轻摇动。而格兰维尔对于河水的情况十分忧虑，在塔里的办公室时，把本该为国王效力的很多时间，都耗费在了撰写《评达勒姆场附近的泰晤士河被侵占》（“Remarks on the

Encroachments on the River Thames near Durham Yard”）上。[1]

佐法尼曾画过夏普一家的音乐会，却因为所画的船上的人和乐器数量与事实不符而受到了批评。[2] 他原本是受聘画一幅一家人兴致勃勃、和谐共处的全家福，所以把远在诺森布里亚、忙于打理牧场的哥哥约翰·夏普博士（Dr John Sharp）也画了进去，这完全符合艺术自由。在其他方面，佐法尼精准地捕捉到了夏普一家人的欢庆场面。格兰维尔的一份筹备备忘录上记下了要带上船的东西：若干小提琴、定音鼓、号、詹姆斯的蛇号、格兰维尔的双簧管、单簧管和羽管键琴，以及充足的茶、面包、奶油和蜂蜜，还有长大衣（因
52 为免不了会下雨）和两匹给“阿波罗”拉纤的大马的装备（装饰蹄子的流苏和沉重的牵鞍兜带），而且没猜错的话，还包括给爱狗鲁马准备的一根骨头——亨德尔的曲子演奏完之前，它可是很少会叫呢。船上极可能还会有威廉的那架小管风琴，家里人都很熟悉这架买来之后被他们的哥哥取名为“摩根小姐”的琴。

在水上，夏普一家要比在修女巷上演音乐会时更受赞扬，更受追捧。1767 年，伊莱莎的丈夫去世，随后，这位羽管键琴演奏家返回伦敦。她在日记中记录，威尔士亲王、他的三个兄弟和随从们在河边站了半个小时，聆听音乐会，点歌让他们表演（当然会得偿所愿），音乐会结束后，还彬彬有礼地鞠躬致意。对夏普一家的颂歌和集体表演的欣赏，可能是亲王与其父在审美情趣上唯一的相同之处，因为几个星期后，国王坐在邱园的一棵老橡树下，也聆听了这家人的表演。曲目单基本上就是那些脍炙人口的曲子，如亨德尔的一首 G 调协奏曲（这还用说），格兰维尔吹双倍加长的长笛，而詹姆斯则在一旁吹蛇号。乔治三世十分喜欢这样的娱乐。在表演一首“佐丹尼尔先生”的歌曲时，阴暗的天空（说到底，这是英国的夏天）下起了雨，眼看就要把国王浇成落汤鸡。兄弟几人和驳船工当即把为他们自己遮风挡雨的可移动帆布天棚扯下来，跳到岸上，搭在了

国王头顶那棵枝叶繁茂但却不足以遮挡大雨的橡树上。音乐表演结束后，夏普兄弟还没来得及鞠躬，他们的君主便优雅地举起帽子挥了挥，向他们表达谢意。

但是天堂也会有烦恼。几个星期后的 1770 年 7 月某天，切尔西市（Chelsea）天堂街图雷特府的威廉 · 班克斯夫人（Mrs William Banks）——她儿子是自然学家约瑟夫 · 班克斯（Joseph Banks），其时正和库克船长（Captain Cook）在澳大利亚昆士兰一起品尝大砗磲和袋鼠腰肉——突然被一阵吓人的惊叫声惊醒。通向河边的那条绿草茵茵的斜堤上传来叫骂声、掌掴声和斗殴声。她听到有个口音很重的人正拼命狂喊她的名字："班克斯夫人，看在上帝的分上， 53
快来救救我，他们给我设下圈套，要把我骗上船。"[3]她出于担心（但也很审慎），便派了仆人出去一探究竟：不出所料，正是黑人托马斯 · 刘易斯，他躺在地上，正被三个人往水边拖，其中两人一人拽着他的一条腿。

遭到质问后，其中一人拿出一片从报纸上撕下来的纸说，他们有抓捕逃跑奴隶的启事，并且发誓他们有市长大人下达的拘捕令。仆人最好别管闲事，他们吼道，否则就是知法犯法。听到这话，仆人们有些怕了，便退到一旁，只能看着手脚被绑但仍在挣扎的刘易斯被推进水里。刘易斯已经筋疲力尽，又差点儿淹死，被扔上小船后，不住地哀叫。于是，那三人找来些小棍，塞进这个黑人的嘴里，一直塞到了喉咙处，阻止他再叫。他们把船推向深水里，划往下游，消失在黑漆漆的河面上。这艘小船经过切尔西学院和药材园时，除了船桨轻轻的划水声，再也没有传出别的声音。

了解到绑架的种种细节后，班克斯夫人立即去见了格兰维尔·夏普。到 1770 年，夏普的名声已经远不止会同时吹奏两根长笛。在乔纳森 · 斯特朗案子之后的三年里，他已经从军需局一名默默无闻的职员，变成一位虽然有些古怪，但却人人皆知、代表英国奴隶作斗争的坚定勇士。1768 年，从斯特朗那里得知另一个案子后，他帮助一名女奴起诉了她的主人。这名女奴当时已经同一名自由黑人结婚，但仍被运回了西印度群岛。夏普与律师诉诸强制运输的不合法性，成功争取到了一份送这个女人返回英国（且费用由对方出）的判决。

次年，夏普出版了自己有关英国奴隶状况的详尽研究成果：《谈英国容许奴隶制甚或仅是认可个人可作为私有财产而造成的不公正与危险倾向》（“A Representation of the Injustice and Dangerous Tendency of Tolerating Slavery or Even Admitting the Least Claim of Private Property in the Persons of Men in England”）。在这本册
54 子付梓前，夏普寄了二十份手稿给布莱克斯通和坎特伯雷大主教等位高权重之人供他们审阅，希望能将他们的批评意见纳入最终的印刷版中。且不论对他的诸位通信人有没有影响，这本册子传开后在伦敦社会引发的反响反正是让克尔和莱尔的律师们（还在告夏普兄弟偷窃他们的财产）心里打起了鼓，开始认真考虑官司如果打下去是否明智的问题。耽搁一段时间后，他们最终撤了诉。而让斯特朗的解放者们更满足的是，由于未能将此案提交审判，莱尔和克尔还被处罚支付三倍的诉讼费。

到 1769 年，夏普的心中已经对人口贸易产生了一种强烈的厌恶感，称之为“当灭的物”，仿佛它都可恶到了不能直接说出口一样。他写信给坎特伯雷大主教，敦促他参与到废除残酷的种植园法规运动中去，因为这些法律用“最黑暗的罪孽”玷污了英国和英国政府。（夏普曾撰文研究过《圣经》中的天谴，坚信如若坐视不管，奴隶贸易这类邪恶至极的东西终有一天会引来上帝的暴怒，让他降罪于罪孽深重的英国人。）不过，这本被他过分谦虚地称为“小册子”的书，有意避免了笼统而夸张的道德评判，转而诉诸其目标读者在法律和历史上的严谨态度，以及无可争辩的判例法记录。他坚

定地指出，霍尔特法官的判决——也就是在英国，只有非人才能被剥夺王法的保护——本身就植根于英国的古老传统之中，所以约克和塔尔博特的意见已经被这一判决淘汰了。英国对真正的奴隶制深恶痛绝，已经清除了爱德华六世时代的严法酷律；由此，伊丽莎白时代的那条空气太洁净了，不适合奴隶呼吸的判决意见才得以长存。而对于奴隶订立了类似学徒拜师那种契约的说法，夏普则斥之为荒唐至极。他的册子首先要传达的是一种司法上的爱国主义，而对此，夏普丝毫不用假装就能说出来，因为他是全心全意地相信这一点。英国普通法是这个国家收到的最珍贵的馈赠，是英国式自由的基石， 55
据此，“当灭的物”一定会被消灭。

格兰维尔·夏普成了一只不知疲倦的“公共蠹虫”：没有什么能逃过他自命不凡、投机取巧的双眼。看到一位“蓓尔美尔街的贝克福德先生”在《每日广告报》（*Daily Advertiser*）刊登启事，悬赏捉拿一个逃跑的“可怜又可悲的黑人男孩”或征集相关线索后，他当即联系了威廉·贝克福德（William Beckford）。此人虽是伦敦市最有钱有势的市政官和西印度群岛游说团体的核心人物，但同时也爱口无遮拦地发表一些极端观点，捍卫自由之神圣。夏普“揣测，蓓尔美尔街的贝克福德先生可能是您的一个亲戚”，于是便将这则令人不齿的启事告知了威廉·贝克福德，因为“我相信，您心里装着这个王国真正的利益、宪法和自由，打心底里盼它们好”。他还大胆地附送了一份他的“小册子”，期望能促使贝克福德用“前所未有的严肃态度”，思考一下奴隶制度和奴隶贸易问题。[4] 他似乎认为自己可以给这些有权有势之人找难堪，迫使他们向善——一项很英国的策略。看到《公共广告报》上刊登的另一则启事后，他给卡姆登大法官大人（Lord Chancellor Camden）寄了一份报纸。该启事说：“欲售一名黑人女孩，J. B. 的私人财产——年方十一，手脚麻利，女红尚可，英语极佳，性情温和，任劳任怨——有意者请到斯特兰德大街圣克莱门特教堂后面的天使客栈，找欧文先生咨询。”[5]鉴于“此类公开信息之频繁，定会容易摧毁种种本应为一个信奉基督教的国家增光添彩的仁慈与人道原则……我完全有理由相信，尊敬的法官大人也一定注意到了此类行为严重违反了自然法则，违反了人性与公正的原则，违反了英国既定的法律、传统和宪法，因为这才符合您一贯对这些事物秉承的那种严格且坚定的尊重，而这种尊重向来都是法官大人您的品质中最杰出的部分”。一位“来自马里兰（Maryland）的先生”写信说，他目睹了种植园主们“用牛皮或其他野蛮的武器”“鞭台”*奴隶的后背。复写之后，这些信件被分发给了夏普那份越来越长的名单上的人。他这位来自马里兰的通信
56 人宣称，“他们在烈日下往这些人的背上倒加了盐水或菜酱的热朗姆酒，并且用玉米皮在上面揉搓”，还写了几句后来英国人攻击美国人伪善时常用的爱国辞藻：“如果我有孩子的话，我宁愿看他在伦敦的大街上当一个最卑贱的拾荒者，也不愿让他在美国做一个高高在上的暴君，背后拖着一千名奴隶。”美国以及美国人，现在被列为了暴君。

所以，托马斯·刘易斯被绑架的那天早上，班克斯夫人去格兰维尔·夏普在伦敦的寓所拜访他时，显然清楚自己在做什么。听了她的讲述后，二人一起去找威尔士法官，获得了一份释放刘易斯的令状。接着，他们去了格雷夫森德，取得市长对令状的认可后，班克斯夫人的仆人试图把令状交给那艘准备把刘易斯押往牙买加、名为“雪号”船的船长，但此人粗暴地拒绝了令状，并准备起航。拒绝承认失败的夏普随即挨个去找治安法官，并纠缠着市长大人，直到他得到了该得的东西：一份人身保护令。因为逆风，“雪号”船

---

* 原文为“flea”，作者特意加了引号，该词的原意是“跳蚤”，放在这里并不通顺。英语中拼写相近的词有 flay，意为“毒打至皮开肉绽”，意思与这里的语境更契合。推断此处是这位“来自马里兰的先生”的笔误，因此译文做了相应的特别处理。

被迫滞留在唐斯丘陵（The Downs），班克斯夫人的仆人彼得快马加鞭地带着保护令来到了南海岸的斯皮特海德（Spithead）。从斯皮特海德划着船登上“雪号”后，彼得发现托马斯·刘易斯“被绑在主桅杆上，泪流满面，悲痛地最后看了一眼那片迅速从视线中消失的自由大地”。[6]保护令被及时送到了船长手里，但接到之后，他“愤怒得无以复加”，以海员们那种惯有的诅咒方式破口大骂，“不过，他最终意识到了反抗国法会带来的严重后果，只得放人。传令的彼得这才把喜极而泣的俘虏安全带上了岸”。[7]

回到伦敦后，刘易斯向夏普讲述了自己的经历。他出生在西非的黄金海岸（Gold Coast），原本是个自由人，父亲去世后，同叔叔一起生活。有一天，一个英国军官和他搭讪，问他愿不愿意去别国学英语。托马斯便跟着那位军官去了，结果却发现自己要被送去的地方是圣克鲁兹，而英文根本不是那里的通用语。后来，他给一系列的雇主做过工，其中一个叫罗伯特·斯塔皮尔顿（Robert Stapylton）的，把他带到了波士顿和纽约。但在这些过程中，无 57
论是当贴身仆人，还是服务员或者理发师的助手，刘易斯都领过工资，单凭这个情况就足以证明他从来都不是财产奴隶。在一次海难中，刘易斯被一名西班牙船长抓住，带到了哈瓦那。在那里，他又机缘巧合地遇到了罗伯特·斯塔皮尔顿，便向他求救。斯塔皮尔顿宣称刘易斯是他的财产，并带着他先后去了费城、纽约和伦敦。现在，情况已经显而易见，他在哈瓦那被救的代价，就是永久地成为斯塔皮尔顿的奴隶。斯塔皮尔顿说自己是个仁慈的雇主，而证据是他曾把刘易斯送到圣乔治医院治病，但外科医生作证时却说，斯塔皮尔顿向他询问刘易斯的治疗进展，是为了等刘易斯病好后，可以被“送走”。刘易斯很清楚自己的危险处境，生怕被卖到加勒比海地区，曾先后逃跑过两次，但两次都被抓回来了。

第二次绑架发生在 7 月 2 日晚上。斯塔皮尔顿显然知道该去哪儿找刘易斯，见到他后，坚持说自己绝无恶意。看到雇主现在已经又老又盲，刘易斯就相信了他。但实际情况是，可能正是因为斯塔皮尔顿越来越老态龙钟，急需钱用，所以才想赶紧把刘易斯卖掉。不管是何原因，他反正是精心布下了绑架刘易斯的罗网。斯塔皮尔顿说，他怕引起海关人员的注意，把若干箱茶叶和杜松子酒存放在了切尔西学院码头，但现在有点儿担心，想让刘易斯把它们弄回来——可能还答应了会给他一笔酬金。斯塔皮尔顿又告诉刘易斯，自己的手下的船工理查德·科尔曼（Richard Coleman）会带他去码头，但为了保险起见，需要绕远路去。（科尔曼后来作证说，斯塔皮尔顿找到他，要他“带那个黑人去”。）走到药材园和天堂街中间的一条小巷里后，另外两个船工阿伦·阿姆斯特朗（Aaron Armstrong）和约翰·马洛尼（John Malony）偷袭了刘易斯，他的尖叫传到天堂街的图雷特府，最终使事件败露。

五天之后，在指控斯塔皮尔顿侵犯人身的自诉中，刘易斯、格
58 兰维尔·夏普、班克斯夫人向大陪审团讲述了事情的经过。夏普担心大陪审团不可能为了一个黑人的侵犯指控而做出正式控告的决定。但托马斯·刘易斯获得解放的机会，一直以来都是许多的白人男性和女性共同努力的成果：班克斯夫人；将事件经过一五一十告诉她的仆人们；为了追“雪号”船，策马先去格雷夫森德，又去斯皮特海德的彼得；当然最重要的，还有自告奋勇为黑人解放事业奔走的夏普一家。事实上，从陪审团宣布控告到法庭正式审理的七个月里，班克斯夫人和格兰维尔·夏普一直都十分关心托马斯·刘易斯的福祉，而这种关心既是出于保住主要证人的需要，也是因为他们确实在为这个人本身的安全着想。为了保证刘易斯的安全，班克斯夫人想安排他住进一个名叫约翰·托马斯（John Thomas）的黑人仆人家，但托马斯随主人去了殖民地后，她忧虑地告诉夏普，自己很担心现在刘易斯既失去了保护，又会失业。显然，他们还很忧

心刘易斯和他的案子能否在庭审上经得住检验，尤其是据他们所知，刘易斯一直在逃避被派来指导他的教员，一想到要出庭便焦虑不已。班克斯夫人和夏普后来实在担心得厉害，就去找斯塔皮尔顿，提出如果他愿意就绑架刘易斯公开道歉，并郑重签署一份经过公证的誓言，保证刘易斯的人身安全和自由，他们就可以撤诉。但是，斯塔皮尔顿察觉到对手不太看好此案的审判结果，因此不仅拒绝妥协，而且通过律师表明，自己一定要到王座法院上打这场官司——显然，他推测自己在那儿获得无罪判决的可能性最大。

就这样，1771 年 2 月 21 日，刘易斯诉斯塔皮尔顿及两名船工的案子开审了。主审法官是曼斯菲尔德伯爵，而且不同寻常的是，这位习惯上不采用陪审制度的首席大法官，这次却召集了陪审团。或许是陪审团的出现突然使那位老船长对判决结果感到更悲观吧，所以在开庭前一天，他打算先下手为强，带着一帮抓丁队的人去抓 59
托马斯 · 刘易斯。当时，刘易斯正在法庭附近的一家咖啡屋坐着等待传唤。但抓人计划明显思虑不周，因为刘易斯的律师就在近旁，正好拦下了这场抓捕，并威胁那些参与者，如果继续抓人的话，将面临严重后果。

对于托马斯 · 刘易斯的命运，夏普当然是全力以赴要扭转，但他也把这场审判当成了对他那本“小册子”的一次等待已久的司法检验。这本册子里的基本原则是，根据英国普通法，任何人都不能被视作财产；所有男人、女人、儿童，不论肤色，都受到王法的同等保护。起诉方的律师约翰 · 邓宁（John Dunning）特别忠实于夏普的册子，在法庭上一边举着它，一边用手指着其中的核心论点，反反复复地引用。

但是，曼斯菲尔德伯爵却拒绝被带到沟里。他告知陪审团，此案的核心问题并非像邓宁强调的那样，是英国究竟是否将个人视为财产，而是具体到刘易斯身上的话，能否证明他在被绑架时是斯塔皮尔顿的财产。原告律师选择在法庭上陈述刘易斯的生平经历——他在黄金海岸出生时是自由人；父亲死后，他和叔叔生活在一起；1762 年左右，他签订契约，成为当时还是船长的斯塔皮尔顿的仆人，并随他去了美国——这种做法只能让人更加觉得，本案是针对个人的，而非针对法律制度本身，因而无论结果如何，它都不会决定英国式自由能否与奴隶制度相容这一更具普遍性的问题。曼斯菲尔德伯爵本来是希望班克斯夫人可以为刘易斯赎身，好让这个棘手的案子和解，所以现在，他以那种要裁决两个任性学生打架的校长的教训口吻说道：“也许这个问题最好永远都不会有定论……因为我宁愿所有的奴隶主都认为他们（奴隶）是自由的，所有黑人都认为自己是奴隶，因为这样的话他们就都会规矩一些。”

陪审团认为刘易斯不能被强制送走，但至少在首席大法官看来，他们之所以如此裁决，并不是因为他们认同夏普的假设，即根据普
60 通法，所有被带到英国的奴隶会自动恢复自由身，而是因为被告拿不出正当的卖契。曼斯菲尔德伯爵认为，斯塔皮尔顿和那俩船工被判有罪，已经足够让班克斯夫人、格兰维尔·夏普和刘易斯本人都满意了，所以并没有对这几个获罪之人做出惩罚。但是，夏普坚信，陪审团原本就支持他的那本小册子所表达的思想，并不是因为找到了一个技术性细则才做出那样的裁决，于是，他和班克斯夫人请求法庭做出最终判决。结果，他们双双因为行为冒失而受到了训斥。首席大法官坦陈自己很吃惊，竟然被逼做出裁决；而且，要知道，回头再想，他倒更想宣布陪审团的判决无效，因为他现在对起诉方提供的一些证据起了疑心。他明确地告诉班克斯夫人，她想要的自由黑人，现在已经给她了，现在应该见好就收，别把法庭的善意耗尽了。

对于刘易斯一案的结果，格兰维尔·夏普和曼斯菲尔德伯爵一样感到恼火，所以他可没心情就这么放过首席大法官。他在私人笔

记本中义愤填膺地评论道：“本案拒绝做出合理的判决，根本称不上一个正当的判例，这是在公开藐视司法制度，严重违反和扭曲了法律。”在夏普看来，曼斯菲尔德伯爵成了下一轮纠纷的焦点，他写道：“我现在更渴望抗议这一判例了，因为在那场审判中，听到那位法官援引他自己做出的一些同样违背了英国法律之精神和意义的判例，让我感到屈辱难当。”[8] 曼斯菲尔德伯爵是不是还认为夏普只是个放肆无礼的无名之辈，如果他不总是表现出一副自以为是的恼人样儿的话，或许还挺好玩儿的？呵，首席大法官的权力和权威还没有无法动摇到在错得如此离谱的情况下都无懈可击的程度吧！

就这样，公案变了私怨，成了两个男人之间的司法决斗；曼斯
菲尔德伯爵当初一定觉得对方根本不是自己的对手，也正因此，最 61
终的结果才更让人感到意外。对夏普而言，危在旦夕的不仅仅是奴隶的命运，更是英国的自由权。18 世纪 70 年代，“自由权”一词是大西洋两岸的战场：波士顿人和弗吉尼亚人动不动就抛出这个词，宣称他们生而自由，但他们的英国式自由权却被伦敦那个专制政府的统治锁得死死的；而伦敦的激进分子，如约翰 · 威尔克斯（John Wilkes），认为自己因寡头统治集团的阴谋而无法获得议会的席位时，也喜欢甩出这个词；还有约克郡的激进分子，比如克里斯托弗·怀威尔（Christopher Wyvill），在痛斥“由来已久的腐败”，要求进行改革时，同样爱用这个词。但对于夏普而言，这件事还要更重大。他深知，作为一名副主教的后代，一个约克郡清教徒家族的后代，他继承了一种宗教义务，必须把英国式自由当成一份意在赐予全人类的遗产来捍卫。而在他自告奋勇承担起该义务的重大时刻，圣典与历史也交汇了。在军需局工作时，夏普常常在百无聊赖的下午苦苦思索《旧约》中某位先知的话语，而现在，同他们一样，夏普成了一个新不列颠帝国的传神谕者——这个崭新的帝国会变得言行正

直，抹去“当灭的物”给她带来的污点。只有这样的重生，才能助她逃过一劫，免得同米底、波斯、西班牙、葡萄牙等先前的所有帝国一样，受到上帝的严惩。

夏普开始留心那些能考验曼斯菲尔德伯爵的案子，没过多久，一个完美的机会便自己送上门来。1771 年 11 月 26 日，距离曼斯菲尔德伯爵在刘易斯一案中怒不可遏地啰唆完“回头再想”还不到半年，一个叫詹姆斯 · 萨默塞特的人在柯芬园附近遭到绑架，并被铁链拴在“安与玛丽号”的甲板下面，等待被运往牙买加。[9] 萨默塞特曾是查尔斯 · 斯图尔特（Charles Stewart）的奴隶，重获自由还不到两个月，而且和托马斯 · 刘易斯的情况不一样的是，他先前归谁所有毫无争议，因此，首席大法官也没法再借口说这样的案子仅是针对个人案件，而非一般原则。詹姆斯 · 萨默塞特被曾是海关官员的斯图尔特购得后，最早在 1749 年被带到了弗吉尼亚，此后一
62 直在他手下服务。后来，斯图尔特搬到北边的马萨诸塞湾省当出纳，萨默塞特也跟着去了；1769 年，也就是格兰维尔 · 夏普的那本小册子出版的那一年，两人来到伦敦时，萨默赛特已经给斯图尔特当了二十年贴身仆人。颇具讽刺意味的是，斯图尔特住到了齐普赛街，离夏普兄弟不远，确切地说，离很多伦敦黑人经常光顾的场所都很近，而斯特朗和刘易斯的案子早已在他们中间传遍。萨默塞特知道，主人只是在英国逗留一段时间，他也知道自己可能会被卖掉，于是便决定，逃跑是避免自己被送回加勒比地区的唯一机会。如果他真想获得自由的话，此时不跑，更待何时。所以，在 1771 年 9 月的一天，他消失了。

追捕奴隶这种事在当时的伦敦很普遍，绑架者也不怕被人看到。詹姆斯 · 萨默塞特被抓时，目击者有三个，其中一位叫伊丽莎白 · 凯德（Elizabeth Cade）的女士，似乎主动申请到了一份人身保护令（就像班克斯夫人为刘易斯做的那样），最终使萨默塞特的“人身”

在 12 月 9 日被带到了治安法官面前。不过，因为接到令状的人有“回应令状”的权利，所以斯图尔特和“安与玛丽号”的船长诺尔斯（Knowles）便充分利用这项权利，投诉说他们的财产遭窃：詹姆斯 · 萨默塞特逃跑，等于抢了他们的财产。曼斯菲尔德伯爵的举止可能助长了诺尔斯（他得对非法拘禁的指控进行自我辩护）和斯图尔特的气焰。因为潜逃而受严惩，被要求严格具保的人是萨默塞特，而不是船长或者奴隶主。组织绑架的人未被要求出庭接受质询，而且只要放弃萨默塞特的酬金，他们便可随时免于起诉。

听闻斯图尔特和诺尔斯没什么事，但萨默塞特倒被搞得像犯了罪一样之后，夏普被自己那位处事圆滑、面带微笑的对手曼斯菲尔德伯爵气得火冒三丈。1772 年 1 月 13 日，他在自己位于老犹太街的住所见到萨默塞特后，决定介入此事，并且很有把握地认为，这 63
次无论曼斯菲尔德伯爵再怎么狡辩，奴隶制在英国的合法性都终将在王座法院上接受考验。他办的第一件事是拿出六基尼给詹姆斯·萨默塞特请了两名律师。山雨欲来之势，不仅格兰维尔 · 夏普及家人感觉到了，更多义愤填膺之人也察觉到了，他们要么密切关注过刘易斯一案的新闻报道，要么便是通过切尔西的班克斯夫人传给自己的朋友以及同样痛恨奴隶制的约翰逊博士、雷诺兹和加里克的小道消息听说过此案。总之，在英国历史上，个体的义愤第一次汇聚到一起，准备协力向奴隶贸易发起进攻了。

新加入废奴事业的人中有一个名叫弗朗西斯·哈格雷夫（Francis Hargrave）的年轻律师，刚从林肯律师学院毕业没多久。1 月 25 日，他写信给夏普，表示愿意提供自己的专业服务。他说在信中，自己曾在刘易斯一案期间给夏普寄过一些他对黑人奴隶制度的看法，可没收到回信；不过，他对那些意见不太满意，觉得它们思考得还不够充分，所以没回信也无妨。但夏普先生若还留着那些信的话，他恳求道，请把它们销毁吧，这样他会感激不尽。自那些不成熟的观点后，他又进行了更为细致的研究（哈格雷夫的父亲是古文物研究者），大量证据表明，奴隶制确实不符合英国的普通法，对于这一点，他没有任何怀疑。他很愿意说说这些见解，无论是私下出谋划策，还是正式作为萨默塞特的律师，都可以，不过他也十分清楚，“鉴于我从未做过公开辩护，所以我不太相信自己有能力胜任这样一份事业”。第二天，夏普热情地回信，接受了哈格雷夫的提议，让他协助已经被聘为首席律师的高级律师威廉·戴维（William Davy），并且告诉哈格雷夫，他这么做，“既是在行一项伟大的私人善举，也是在做一件利国利民的好事”。说到底，还有什么事业能比这更重要？因为“我认为，目前的问题将决定人性是光辉的，还是堕落的”。

64 夏普送去了聘用定金，但哈格雷夫拒绝收取任何服务费——萨默塞特的其他四名律师也一样。能在威斯敏斯特厅里那些理查二世时期的悬臂托梁顶棚之下，陪同绰号为“公牛”的威廉·戴维和约翰·格林（John Glynn）这两名高级律师，站在曼斯菲尔德伯爵法官大人及其三位陪审法官面前，便已经是足够的酬劳，毕竟，并不是每个初出茅庐，还没辩过一个案子的律师，都能即刻得到有机会享受这样的无上荣光。两位戴着精致假发的律师（他们法律办公室的标志是一种古怪而古老的头饰）都是性格不羁之人，因为在法庭上恣肆张扬的表演而深受新闻界的宠爱。“公牛”戴维曾在埃克塞特（Exeter）做过药材商，失败后转行做了律师，1757年，他为一伙穷凶极恶的拦路强盗担任辩护律师，虽未胜诉，但却因此名声大振。约翰·格林则是两人中更有明显政治倾向的那个，毫不掩饰自己是个资深的激进分子，他是权利法案学会的重要成员，曾为约翰·威尔克斯辩护，并同他这位委托人兼偶像一同被选入了米德尔塞克斯（Middlesex）议会。格林还强烈反对英国政府在北美的政策，曾被指控几乎一手煽动了殖民地起义。组成这个令人望而生畏的团队的最后两名成员，一位也是名不见经传的年轻律师，名叫约翰·阿莱恩(John Alleyne)，事实证明，他同样是一位激情四射的雄辩律师，丝毫不逊于戴维和哈格雷夫；另一位叫詹姆斯·曼斯菲尔德（James Mansfield，后获封勋爵），曾是那个特立独行的约翰·威尔克斯的法律顾问。此人原名詹姆斯·曼菲尔德，但在剑桥大学国王学院的本科部读书期间，往姓里加了个“斯”字。当然，他是希望被人误认为同威风凛凛的首席大法官有关系，还是故意搞恶作剧，给大法官添乱，就不得而知了。

各大报纸自 2 月份的预审甚至更早的时候便开始如饥似渴地报道此案，将之视为司法界的一场顶级表演；更让他们喜不自胜的是，斯图尔特和诺尔斯的首席律师竟然正是一年以前曾在刘易斯一案中信誓旦旦地宣称奴隶制度不合法的那个约翰·邓宁！夏普对于邓宁的背叛感到错愕不已，认为这进一步证明了“律师在工作时的卑劣 65
与可恶行径，一面宣扬着对于法律和普遍正义的看法，一面又接手与自己的意见直接相悖的案子”。[10] 不过，奇怪的是，夏普并没有出席任何审判，而他对邓宁的背叛表现出的不满，也似乎给这位向来口齿伶俐、自信满满的年轻律师造成了一定影响，因为邓宁在申辩查尔斯·斯图尔特的财产权受到侵犯时，即便往好了说，也有点儿敷衍了事。在案件的后期，邓宁曾有些过分乐观地辩护道：“我真心希望那些把自己的正直热情对准了奴隶制的人不会对我有什么不好的看法。”面对那些来威斯敏斯特厅旁听的人（无疑大部分都是黑人），邓宁似乎一直在被动防守，似乎是害怕遭到公开辱骂。“我很不走运，”他悲伤地哀叹道，“要在一群在我看来更希望我失败的旁听者面前进行辩护。”斯图尔特对于自己的律师明显缺乏信心感到很失望，他写信给一位波士顿的朋友说，对方“站在自由的一边，越辩越勇”，“挣足了面子”，可他自己的律师却“迟钝懒散”，他感觉（他的感觉没错）此人更愿意代表被告出庭。

不论是在伦敦还是在利物浦(Liverpool)和布里斯托尔(Bristol)这类西印度蔗糖业和奴隶贸易的重镇，这些风云人物的表演全都逃不过媒体的眼睛，也不免成了咖啡屋里的谈资。一般说来，报纸不会直接评论正在审理的案子，但那些最重要的报纸，如《伦敦纪事报》(*London Chronicle*)、《大众晚邮报》(*General Evening Post*)、《公报》(*Gazetteer*)，以及《匠人》(*Craftsman*)这类论战味很浓的周刊，都不想错过这样的天赐良机。[11] 从2月初第一次开庭到6月22日曼斯菲尔德伯爵做出最终判决，这些报刊不仅报道庭上的发言，还刊载了来信和文章，评论英国和美洲地区的奴隶制情况，探讨奴隶贸易的罪恶或必要性。登载的来信有的介绍了由美国记者发来的种
66 植园奴隶遭受的非人待遇，有的激情澎湃地批判了种种可能导致英国臣民因肤色不同而受到区别对待的偏见，有的则费尽心机为奴隶制辩护，宣称比起非洲丛林勇士的残酷世界，加勒比地区和北美南部的种植园简直是田园生活。这些言辞打响了一场论战的第一炮，这场论战在英国将至少持续到五十多年后整个奴隶制度完全被废除时才会偃旗息鼓。

虽然格兰维尔·夏普本人没出庭，可没有谁比他煽动憎恶之火的劲头更大。除了音乐大师外，他现在又多了一个斗士的新名声，于是，他干脆利用自己在音乐方面的人脉，开始向那些大人物宣传他的斗争事业。比如，1772年2月中旬，经常借“阿波罗号”举办音乐活动的首相诺斯伯爵就收到了一封措辞极为激烈的信，信中扬言，要是他没能尽职尽责为这项邪恶的贸易做点什么，他一定会遭天谴：“一个人身居要职，哪怕只有一天疏忽大意(毕竟人生无常)，未能尽力阻止这种可怕的不公与滔天的罪恶，那无论他在现世有多高尚，多能干，永生的福祉也必然会岌岌可危。”为了进一步讲清利害，夏普还冒昧地附上了自己那本小书，他尤其希望诺斯伯爵能着重看一下其中的“两三页”，为了方便伯爵注意到，他已经专门

用小纸旗标了出来，“因为我猜大人没有闲工夫把整本书看完”。诺斯伯爵或许正忙着阻止北美殖民地脱离英国统治，但夏普觉得，如果他用红墨水把那些段落标出来的话，这位政治家一定会对巴巴多斯的法律感到惊骇：该法规定，奴隶主“肆意或故意”杀死自己的奴隶，只会被处以十五先令的罚款。然后，他又无端加了一句，这绝对“可以算得上立法机构所能犯下的最彻底的罪恶了吧”。[12]

夏普还同样不遗余力地为萨默塞特的律师提供了他们可能在
庭审中需要的一切东西。对戴维律师那边，他不仅送去了自己有关 67
中世纪隶农制度的大量研究成果和普通法中有关奴隶制度的过往判例，还送去了一个用来防止奴隶在田里干活儿时偷吃甘蔗的铁嚼子样品。他可能是通过哥哥詹姆斯获得的这个东西，因为它直接来自专门给殖民地制作类似器具的铁匠。此外还有一件用途刚好相反的装置，可以撬开那些绝食奴隶的嘴。经过加热，这些可怕的工具就可以当成刑具使用，烫伤奴隶的牙龈和嘴；夏普说，它们有时被用来防止极度抑郁或“愠怒”的奴隶通过可悲地往嘴里塞土来自我了断。

不过，自诉讼开始，戴维律师似乎不需要这些鼓励措施就可以确保案件会转到奴隶制在英国是否合法这个直接的问题，而非曼斯菲尔德伯爵为了回避主要问题而不断提出的细枝末节上。曼斯菲尔德伯爵一如既往，建议萨默塞特被绑架时的目击者伊丽莎白·凯德说，只要她给他赎了身，这些麻烦事就都解决了。但值得赞许的是，这位寡妇回绝了首席大法官，语带讥讽地回道，要是那么做，“就等于承认了被告在这个国家有权袭击、囚禁一个无辜之人，她绝不愿犯下树立这种反面教材的罪过”。不过，在着手对隶农制度和奴隶制的判例法进行漫长而深入的研究前，戴维便已经明确表示，萨默塞特的律师将主张“一个人一旦来到英国，就不能再是奴隶，他呼吸的空气让他成了自由人，（而且）他有权利”在同其他任何人一样的基础上，“受国法管辖”。伊丽莎白时代的那件俄国农奴案在审理时，“被判定英国的空气太洁净了，不适合奴隶呼吸”。然后，戴维可能听说了各种针对“旧腐败”（Old Corruption）提出的激进控诉，而曼斯菲尔德伯爵对这里面涉及的人可是再熟悉不过了，所以还补充了一句：“大人，但愿自那以后，空气没有变差。”就算那些不如英国幸运的地方承认奴隶制又如何？即便在巴巴多斯或美国
68 殖民地这种完全创造了“一种新的专制制度”的地方，奴隶制是合法的，又能如何？（这只是诸多批评中的头一个，是在暗示批评者，要是想找个专制政府来攻击的话，他们最好往大西洋的西边看，别在东边找。）这类法律的制定者不是英国议会，而是其他机构，“凭什么它比日本的法律在这个国家有更大的影响、权力或者威信”？[13]

三个小时后（另一位律师葛林因患有痛风，陈词简短些），曼斯菲尔德伯爵法官沉重地叹了口气，说鉴于“从这些论点来看，此案可能会很漫长……所以将其延至下一（开庭）期吧”。但是，如果曼斯菲尔德伯爵以为他们的热情会在接下来的三个月里慢慢褪去的话，那他就大错特错了。5 月 7 日，他的“另一个自己”詹姆斯·曼斯菲尔德发表了可能是整场诉讼中最夸张、最张扬的辩词。詹姆斯 · 曼斯菲尔德假装自己是詹姆斯 · 萨默塞特，说道：“确实，我曾经是一名奴隶，在非洲被役为奴。铁链加身，我被送上一艘英国的船，从非洲去了美洲……从人生的第一刻到现在，我从没有在一个我能维护自身基本人权的国家生活过。现在，我终于来到一个以尊重法律、保障自由而闻名的国家，你们能告诉我为什么我不受这些法律保护，而是要再一次被送走、卖掉吗？”谁都说不出来。黑皮肤的萨默塞特也是人，不是吗？那么，除非是英国背着国家宪法出台了什么新的财产法，否则他在英国便永远不可能是奴隶。

一个星期后，轮到弗朗西斯 · 哈格雷夫和约翰 · 阿莱恩组成的年轻梯队上场了，而他们打起爱国的鼓点来也一点儿都不难为情。虽不如詹姆斯 · 曼斯菲尔德那么会演，但哈格雷夫足够精明，迎合

公众的爱国情绪，大谈英国普通法作为自由的基石有多么无与伦比。历史上的隶农制度不管是什么样子，和现代奴隶制都没什么共同点， 69 因为后者是胁迫奴隶无条件地永远劳动，这种契约关系只能由主人一方主动解除，因而给予了奴隶主任意惩罚的绝对权力，且可以世代承袭，把活人变成了交易品。哈格雷夫越讲越起劲，又增加了一小段训诫，谈论奴隶制度会对奴隶主自己造成的伤害：他们的道德会被腐化；因为被奴隶恨之入骨，他们的安全会受到威胁；如同勤劳与独特的创新精神这类有益的动力一样，奴隶制也会潜移默化地影响社会，但却是让整个社会变得堕落。简言之，奴隶制同英国和不列颠代表的一切格格不入。允许英国执行外国的法律，且不论是弗吉尼亚、土耳其的，还是波兰、俄国的，无异于引狼入室，让新驯化的“奴隶制度”扑到这个自由国度的怀抱中。不管古代的帝国、君主专制国，或者当今的美洲殖民地是什么情况，“准许除皇家法庭之外的任何力量在我国强制执行任何协定或契约，都与英国法律的精神背道而驰”。“英国的法律赐予我们的自由，”哈格雷夫怀着博得同行赞誉的心情（事实证明，他成功了）宣布道，“是一份毫无缺陷、毫无限制的礼物，它不只是名义上的，而是实实在在、真真切切的自由。”

阿莱恩接下来猛地一转话锋，说当务之急是防止外国，也就是美国，玷污英国的法律。“我们难道不应该……捍卫、保留那种把我们和地球上其他地方区分开来的自由吗！……那些骇人听闻的残酷行为，说出来都难以置信，却在美国继续发生着。如果容忍我们中间也出现奴隶，那些暴行就会传到这里来。”除非英国今年，也就是 1772 年，立即宣布司法独立于美国，否则一切都会完蛋，米德尔塞克斯将会变成野蛮、专制的弗吉尼亚！“难道大人您……愿意在城外的田地里，看到某个可怜人因为什么鸡毛蒜皮的小事被绑在树上，被鞭子打得皮开肉绽、痛不欲生……？”话说到这个份上，

70 也难怪挤在人群中的本杰明·富兰克林在威斯敏斯特厅旁听时，会先觉得困惑，后来有些不高兴，最后感到愤慨不已。

在这个节骨眼儿上，曼斯菲尔德伯爵仿佛是在有意给辩护不力的一方台阶下似的，自言自语道，如果英国的所有黑奴都认为自己像萨默塞特那样获得了自由，会造成什么样的社会和经济影响。邓宁感激地接过话茬，顺着这种忧虑，进一步危言耸听地描绘道，殖民地天下大乱，受英国式自由的吸引，“他们会成群结队地跑到这里，横行我国，而种植园将空无一人”。邓宁拉响这个警铃的动机，纯粹是策略上的，但他无法料到，仅仅在三年之后，正当北美战争如火如荼之时，他的预言竟然在一定程度上成了现实。

为萨默塞特做总结陈词时，戴维尤其像一头无所畏惧的公牛。但曼斯菲尔德伯爵打断了他，拒绝再听他援引各种裁定奴隶制不被普通法采信的判例（与约克和塔尔博特恰好相反），评价道：“如果事情真如你所说，那我还是烧掉我所有的法律书籍吧。”“大人，”戴维冷静地回道，“最好还是先读一下再烧。”[14]

* * *

又一个月过去了。在此期间，北美弥漫着一股愤懑的犹豫气氛，波士顿的爱国者，如萨姆·亚当斯（Sam Adams），在企图收取微不足道的消费税时，曾痛斥英国倾销东印度公司廉价茶叶的阴险行为是“奴隶制”！

而在自己的法官室里，曼斯菲尔德伯爵却难以在他的私敌格兰维尔·夏普所谓的“事业”上做出最终的判决。他坐立不安，想尽了各种避免判决的办法，因为比起可能伸张的正义，他更担心自己的判决会带来的损害。试着劝服各方赎回萨默塞特的自由无果后，他抓住了年轻的哈格雷夫递给他的一根稻草（这些新人真聪明，又激情澎湃到令人着迷；他不得不赞赏他们）。哈格雷夫指出，无论一个人来到英国时是不是奴隶，如此公然违背他的意愿，迫使他离开这片自由的土地，把他送到别的地方，即便可以认为奴隶制事实上在英国存在，这么做也完全不符合法律的正确惯例和习惯。所以， 71
首席大法官大人有没有可能只裁定这次流放不合法，而不必认为自己是在对整个奴隶制问题做判决？

1772 年 6 月 22 日星期一上午 11 点，伦敦城内外的人似乎都来到了威斯敏斯特厅附近，人们有的坐着马车或轿子，有的骑马或步行，从西面整洁一新的广场和东边熙熙攘攘的大街来到这里，把咖啡屋、酒吧、法庭、商业机构、商店、展览厅挤得水泄不通。自 1740 年之后，这座古老建筑的内部便一直被一架精致的木屏风隔成了两半。一边是王座法院和大法官法庭的两个审判庭；另一边则是一块很大的公共空间，人们在石头铺就的地上或站或坐，或在墙边的商店闲逛，如果有判决下达时，还会驻足聆听。这一天，同曼斯菲尔德伯爵、阿什顿（Ashton）、威尔斯（Willes）、阿什赫斯特（Ashurst）法官打招呼的人里出现了许多黑人面孔。他们四人戴着长长的假发，穿过屏风，走进王座法院，小心翼翼地踩着低矮的台阶——正是在这里，查理一世的法官们曾经威吓过那位被罢免的国王——坐到了他们的高背座椅上。大法官曼斯菲尔德伯爵素有“三寸不烂之舌”的美誉，此刻他的舌头却仿佛打了结，他的表情异常冷峻，往日的随和性格似乎也被历史的厚望压制住了。更不同往常的是，整个大厅似乎已经不仅仅是一个法庭，不再是他的法庭，而是变成了几个世纪前那种真正的 curia regis——王国和王国的法庭。在这个凉爽的夏日，整个英国都在睁大眼睛看着，而且这一次，首席大法官似乎在为自己众所周知的渊博学识感到闷闷不乐。[15]

不过，在昏暗、沉默的法庭上，他开始继续审理案件。起初，他那抑扬顿挫的珀斯郡口音透过木屏风，传到外面灰暗的空间里，

被人们在大厅外围那些卖笔和假发的小摊边闲逛的喧嚣声淹没了。但是，大家逐渐意识到法庭准备宣判后，开始安静下来。曼斯菲尔
72 德伯爵继续道，并不是有些人或者说很多人认为的那样，我们在这里要裁判的，不是什么重要的一般性问题，而是是否有足够的理由支持“回应”——指诺尔斯船长在回应人身保护令时，提出他和斯图尔特先生才是非法行为的受害者，而不是那个黑人。如果有理由，那么，黑人必须被拘留；如果没有，则不拘留；问题就这么简单。不安的情绪如涟漪一般传遍了整个大厅。首席大法官大人讲了讲这个案子后，又花时间介绍了一下类似的逃跑和拘禁案件，而且在听过法庭上所有反对观点之后，仍然令人难以置信地声称，约克和塔尔博特都指出，无论是奴隶来到英国，还是他或她受了洗礼的事实，都无法抹去奴隶主的权利。可眼看结论就要出来时，他话锋一转，继续道，然而（公众都听到了这个转折），尽管奴隶制在“不同时代、不同国家”有过各种各样的形态，但是“主人对奴隶行使权力，必须受到具体国家的法律支持；可在英国，没有哪个外国人可以对另一个人提出这样的权利要求；这样的要求不受英国法律认可……所要求的权力从未在本国行使过，也不被法律承认……鉴于从来没有哪个奴隶主可以以某个奴隶擅离职守或别的原因强行带走他，并将其在外国卖掉，我们无法宣称‘回应’中给出的理由受本王国法律的许可或赞同；因此”——首席法官故意没做停顿——“被告必须被释放。”[16]

他站起来后，阿什顿、威尔斯、阿什赫斯特也一并起身，但他们还没来得及消失在大厅边上那扇通往更衣室的矮门后面，大厅里便开始骚动起来，连《公报》《纪事报》《邮报》（早间与晚间）和《每日广告报》那些喝着红酒、抽着烟斗、看惯了世事的职业写手也按捺不住了。曼斯菲尔德伯爵和同事们从屏风后走出来时，公共空间里的黑人“弯腰鞠躬，向法官们表达了最深的敬意”。然后，他们

激动地互相握起手来，祝贺自己“重新获得了人权，并且有福气呼吸英国的自由空气”。“地球上没有什么情景，”《晨报》（*Morning* 73
Chronicle）的记者写道，“能比这些可怜人黝黑的面孔在那一刻流露出的喜悦，更能让有血有肉之人动容。”[17]

可惜，夏普本人竟然错过了这个场面。不过，快接近中午的时候，他位于老犹太街的住所响起了敲门声。七年前，正是在这里，他的人生突然调转了新方向。“詹姆斯·萨默塞特来告诉我，”他在日记中有些过于简洁地写道，“判决今天下来了，他胜诉了。”然后，就好像在写什么其他名人的生平故事一样，他接着说：“由此，1772年6月22日，夏普与曼斯菲尔德伯爵的漫长斗争结束了。”[18]

或许，夏普应该亲自到威斯敏斯特厅，因为那样的话，他或许不会这么早就宣布胜利。确实，从是非分明的道德和法庭事件来讲，伦敦的媒体和民意都认为萨默塞特获得自由，充分证明了戴维律师引用的那句名言，“任何奴隶只要踏上英国的土地，就自由了”，但是事实上，曼斯菲尔德伯爵并没有这么说；相反，他一直在拐弯抹角地避免这么说。他在法庭上说的是，奴隶主违背奴隶意志，把他从英国运到别的地方卖掉，这种权力在普通法中从来没有，也不受认可。因此，这才是萨默塞特被解放的依据。

不过，除了最细心的人外，无论是西印度蔗糖业（现在愤怒地开始游说议员，要求立法承认他们在英国的财产权），还是那些兴高采烈的黑人自由斗士，双方都没能掂量出曼斯菲尔德伯爵严谨的用词意味着什么。事实上，双方都认为他已经判定奴隶制在英国违法。但即便如此，很多奴隶主还是装作萨默塞特的判决从来没发生过一样，继续登广告，举行拍卖、销售活动，而且不光是在伦敦，地方上的殖民贸易中枢也是如此。逃跑的奴隶仍然遭到追捕。1773
年5月，某报纸报道了这样一条新闻：“奥丁顿船长的黑人仆人几 74
天前逃跑了，为娶一个白人女仆接受了洗礼；被抓后，带到了船长停在泰晤士河上的船上，结果趁机夺枪，爆头自杀。”后来将会成为道德小说家、乌托邦教育家的托马斯·戴（Thomas Day），当时还是一位二十四岁的法学专业学生，看到这条报道后悲痛异常、深受震动，与朋友约翰·比克奈尔（John Bicknell）一起创作了一首诗，名为《将死的黑人》（“The Dying Negro”）——实质上是一段用韵文写成的长篇自杀遗言：

以汝之可悲的最后礼物，死的权力，作为武器，
现在，我可以藐视汝之长矛，及严酷的命运……
最后在坟墓里烂掉，
忘记世界与其残酷，
也好过被拖着跨过西方的大洋，
在卑鄙种植园主的铁链下呻吟。

戴和比克奈尔无疑没什么诗人天赋，但好在他们在编织脆弱而伤感的故事情节上很有一手，直接击中了萨默塞特案之后一代人的心灵。《将死的黑人》追随着这个非洲人，回到了他最初被绑架的地方，然后又讲述了种植园奴隶的可怕遭遇，“被鞭子叫起来，开始了惨淡的一天”。戴大量借用了《奥赛罗》的故事架构，让黑人追求白人女孩，并赢得了她的爱（“不过，在我讲述自己的痛苦经历时 / 汝深深地叹着气，美丽的胸部耸起来”），然后将故事引向了悲惨的大结局。误以为接受洗礼便能救自己性命的黑人，愤怒地质问上帝，为什么上帝抛弃了他，却似乎保全了那些抓走他的人，然后在自杀前，他又诅咒那艘奴隶船，祈祷它在海上失事，要“他们在下沉时，向你张开双臂 / 然后让他们畏惧的心记住我！”

比克奈尔和戴的这首诗在1773年发表后立即引起轰动。1774年，该诗的第二版还附加了一篇文章，痛斥美国的虚伪——虽然和

夏普一样，戴也自认为是美国的盟友，反对诺斯伯爵政府对美国的 75
胁迫。“人类就是这样矛盾”，戴在文中喊道，“那些人争取自由和独立的呼声，在大西洋这边都能听到”，可他们又坚持要蓄奴。不过，他所要表达的意思，至少被一位美国年轻人听进了心里，这个人就是：约翰·劳仑思，他的父亲是南卡罗来纳商人、水稻种植园主、后来成为大陆会议主席的亨利·劳仑思。约翰先是到伦敦的中殿律师学院学习法律，后来被安排在了查尔斯·比克奈尔（Charles Bicknell）位于法院巷的律师事务所。律师查尔斯是共同创作《将死的黑人》那首诗的约翰·比尔奈克的弟弟，此人或许“就是一台机器，是我认识的人里，最少言寡语、最不可能有所改变的人”，但约翰·比克奈尔却是另一回事。[19] 年轻的劳仑思正是从约翰那儿听说了格兰维尔·夏普的斗争事业，而这将改变他的一生，且在五年之后，也几乎改变了美国。

没有多少美国人听得进去说教，就算（或者尤其是）被宣布是黑人的朋友时也一样。比如，萨默塞特一案审理期间，身在伦敦的本杰明·富兰克林就认为，真正虚伪的不是美国人，而是英国人，只是“释放了一个黑人”，就敢大言不惭地称颂自己是多么“道德，热爱自由和平等”[20]，却对殖民地的恳求充耳不闻，比如宾夕法尼亚就曾向政府请愿终止奴隶进口。还有贵格会教徒安东尼·贝内泽，他曾给格兰维尔·夏普写信，祝贺他的努力成果，而且信恰好是在萨默塞特案宣判当天上午寄到的，可他只是希望黑人的英国和美国朋友能联合起来，不要让这项共同事业因为互相指责而毁于一旦。事实上，夏普后来还会被英国要在美国打仗的决定而搞得痛苦不堪，最终辞去了在军需局的工作。

但是，撇开英美互相指责对方更虚伪不谈，撇开曼斯菲尔德伯爵绞尽脑汁想要回避大问题不谈的话，詹姆斯·萨默塞特获得自由，确实给大西洋两岸的自由人和奴隶社会带来了某种惊人的东西：让

76 英国式自由理念成了希望的萌芽。1772 年 6 月 22 日晚，伦敦的黑人丝毫不怀疑自己有理由庆祝，而且他们确实也这样做了，二百多人在伦敦的一家酒吧“狂嗨”。至于查尔斯 · 斯图尔特，萨默塞特曾经的主人，也更加确信（如果他还需要确信的话）曼斯菲尔德伯爵判决的影响：他听说自己剩下的奴隶中有一个“收到了萨默塞特叔叔的来信，得知曼斯菲尔德伯爵已经赐予了他们自由，并决定等我［斯图尔特］从伦敦一回来，他就逃走，而且他真这么做了，话都没跟我说一句。我看了看，他倒是没拿走我的什么东西，只带走了他自己的衣服，但我不知道他有没有权利这么做。我觉得，我也不想再自寻烦恼，去抓这个忘恩负义的恶棍了”。[21]

这种忘恩负义的逃跑，在接下来的日子里还会发生更多次。

第三章

查尔斯顿的雨停了一会儿，等那个刚吊起来的黑人被焚烧得差不多之后，才又开始下。[1] 这一天是 1775 年 8 月 18 日。一周前，一个叫托马斯 · 耶利米的渔民、领航员、有产者遭到审判，被指控犯了南卡罗来纳所能想象的最恶劣的罪行：煽动黑人暴动。但爱国者认为，更邪恶的是他伙同英国人一起策划了这桩恶行。毕竟，为了阻止南方的革命，王国政府什么卑鄙的事都做得出来，包括解放奴隶。

南方殖民地的王国总督迫切想要稳住国王和议会岌岌可危的权力，但又没有多少士兵可用（原因是盖奇将军受困于波士顿，拨不出兵力），于是打出了这张野蛮的牌——反正查尔斯顿的街角俱乐部这类地方的传言是这样。英国人打算把秘密藏匿的武器从舰船上卸下，送到印第安人和黑人那里。而奴隶们杀掉他们的主人，烧掉他们的房子后,便会被授予自由。托马斯·杰斐逊在《独立宣言》中，颇有些隐晦地提到国王“煽动内乱”时，所指的就是这个噩梦。在蓄奴者看来，没有什么能比武装奴隶的阴谋更能充分地证明王国的父爱主义已经转变为粗暴的专制统治；而闹革命、争独立，也没有比这更不言自明的理由。

> **南卡罗来纳，查尔斯顿地区**
>
> 我是约翰·科拉姆（John Coram）先生，王国陛下在上述
> 78 地区的治安法官。彼得·克罗夫特先生的私产、黑奴杰米亲自来到我面前，郑重发誓说，一个叫托马斯·耶利米的自由黑人，来到查尔斯顿，在普雷奥利亚先生的码头干了大约十个星期前后，宣布他有东西要给杜瓦（一个逃跑的奴隶，原为特威特先生所有），希望见见他们，并要求杰米给杜瓦带几支枪过去，交给黑人，让他们反抗本省的居民，而他，耶利米，会担任这些黑人的总指挥；而且，耶利米还说，他已经有了足够的火药，但还想要更多的武器，他会尽力弄到更多。
>
> 于 1775 年 6 月 16 日在我面前宣誓
>
> 约翰·科拉姆[2]

这还没完。

> 桑博说，在西蒙先生的码头干了两三个月后，杰里（托马斯·耶利米）对他说，桑博，你听没听说马上要打仗了，桑博回答没有，杰里回答，是的，很快就要打一场大仗了。桑博问道，我们这些在纵帆船上做工的穷黑人能干什么。杰里说，放火烧了船，跳上岸，加入那些士兵，这场仗就是为帮助穷黑人而打的。[3]

不是每个人都相信“杰里”有罪；南卡罗来纳最后一任总督威廉·坎贝尔大人就不信，因为他自己也受到了各种含沙射影的指责，但面对谣言，他既没有权力禁止，也无法抵制。1775 年 6 月，

威廉大人乘坐皇家单桅帆船“天蝎号”抵达查尔斯顿后，发现美国派驻伦敦的代表阿瑟·李（Arthur Lee）已经先他一步，写信给亨利·劳仑思（即将就任南卡罗来纳省议会主席）称，英国政府已决意煽动印第安人和黑人反抗爱国者。李声称，“天蝎号”上装载着一万四千件武器，就是为了干这件罪恶的事。虽然一万四千支枪的 79
说法纯属编造，但李的信在查尔斯顿激起了极大的愤怒。坎贝尔写信给殖民地事务大臣、第二代达特茅斯伯爵(Earl of Dartmouth)称：“语言无法描述此事在各阶层引发的全部怒火；大家都在谈论这个阴谋是多么残酷、野蛮的行径，而且没人敢站出来反驳如此正经的权威传达的这条情报。”[4]

坎贝尔认为，“美国人原本就对国王陛下的大臣们印象极差”，只是怀疑还不足以让这些人大惊小怪。换句话说，这些大臣已经成为无情至极的敌人，会毫无顾忌地鼓动非洲人谋杀他们，但要将英国政权妖魔化，还需要证据来证明有这样的阴谋，于是，不走运的托马斯·耶利米便沦为了“这个国家卑鄙的政治”的牺牲品。6月18日，当总督大人搬进他的府邸，开始他极为短暂又不幸的任期时，耶利米已经被关进了该城的济贫院，而起诉他的人则正在忙着寻找他的罪证。但威廉大人坚信，耶利米受到的那些指控毫无事实根据。

威廉·坎贝尔系出名门，是阿盖尔地区（Argyll）坎贝尔家族的后裔。几百年来，这个家族一直统治着苏格兰西部的高地和岛屿，维护着新教的利益。对于南卡罗来纳的阿什利河（Ashley）、库珀河（Cooper）沿岸那些水稻种植区，他并不陌生。在1756—1763年的七年战争期间，他曾指挥皇家海军“夜莺号”抗击法国人，而查尔斯顿正是他的母港。而且，他同蓄奴的种植园主们关系也不错，并且在1763年快打完仗时迎娶了萨拉·伊泽德（Sarah Izard），其中一位种植园主的千金。之后，二人一同回到英国，坎贝尔则如同无数坎贝尔家族的前辈一样，担任了阿盖尔地区的议员。再后来，他离开老的斯科舍*，去了新斯科舍担任总督，并以铁面无私而自豪。但他的苏格兰血统（和弗吉尼亚的最后一任总督、第四代邓莫尔伯
80 爵约翰·默里一样）反而让杰斐逊这类仇视苏格兰的英裔美国人确信，苏格兰人只是雇佣兵的又一个品种。（1775年12月，杰斐逊曾历数了英国国王及其大臣犯下的罪行，其中之一便是往美国派驻"苏格兰人"和其他"外国雇佣兵"。）坎贝尔的妻子萨拉觉得哈利法克斯太冷，为此，他才使了点儿手腕，调任南卡罗来纳，可惜时机不巧。

美国的危机在英国不算是什么秘密，但同很多英国人一样，坎贝尔也只是把这当成了新英格兰地区的内务。他自认为了解南卡罗来纳人，觉得他们对国王忠贞不贰。当然，他并不了解。到了查尔斯顿后，他才发现省、市的行政权力早已落入安全委员会的十三名委员手里，而其中操纵大权的正是威廉·亨利·德雷顿（William Henry Drayton）这类激进的爱国者。同弗吉尼亚一样，这里的委员会和省议会也认为，1775年在莱克星顿（Lextington）和康科德发生的流血冲突，意味着王国决意要通过军事胁迫，来解决与美国殖民地之间的分歧（事实上也确实如此），一场准战争已经开打了。因此，议会和委员会赶在军队到来，同黑人和印第安人结成邪恶同盟前，批准了通过征税来筹集费用，组建民兵队伍。1775年的春季和夏季，威廉·坎贝尔大人同其他的南方总督一样，发现自己陷入了最终将无力防守的艰难境地。由于没有军队可用，无法执行王国的意志，他不得不仰仗皇家的舰船，比如正停泊在查尔斯顿港之外、暂时无法越过沙洲的单桅战船"塔玛号"。

而这就是托马斯·耶利米一案会引发如此焦虑的原因。因为"杰里"是领航员，而且绝对是查尔斯顿最独立可能也最好的一位。同时，杰里还是自由黑人，其实他自己就拥有七名奴隶，和价值接近

* 斯科舍（Scotia）这个词来自拉丁语，指苏格兰。

一千英镑的财产，可以说是一笔巨资。亨利·劳仑思虽不是城里最仇视黑人的人，但对耶米利厌恶至极，曾向他当时正在伦敦的儿子 81
约翰描述说，此人“因为有点儿钱便不可一世，被奢侈享乐娇惯坏了，虚荣心和野心达到了无以复加的程度；简直就是纨绔子弟”。[5] 但在坎贝尔总督眼中，托马斯·耶利米的真正罪行似乎是他在为人处世方面太鲁莽。耶利米曾因为和一名白人船长打架而戴过刑枷，这在查尔斯顿绝对是一种可怕的煎熬，因为在这里，对傲慢自大的黑人进行有益的改造，可以称得上是公民义务了。在这样的情况下，杰里就是一个即将发生的灾祸。他曾帮忙灭过查尔斯顿的很多火，大家都看到了；所以他为什么不可能在时机凑巧的时候，自己纵火呢？既然大家都知道，他曾表达过领着“塔玛号”越过沙洲的意愿（事实上，皇家当局曾明确说过，领航员在此事上别无选择），那杰里对于议会和安全委员会，以及他们所代表的一切而言，显然就构成了极大的威胁。

坎贝尔相信，耶利米的指控者捏造了莫须有的罪名，所以他们才会忙不迭地以《黑人法案》（Negro Act）中的条款给他治罪。该法案在乔治二世统治时期（r.1727—1760）开始实行，根据规定，被控煽动或参与叛乱的奴隶，会接受三到五位房产终身保有者及三位法官，而不仅仅是皇家法官的审判。但耶利米是自由黑人，本应只被皇家法官审判，而且他所受的指控只是言语而非行为上的，处罚本应从轻。可这个重要的程序差别却被忽略了，而原因则如审理该案的一位法官承认的那样：“如果这些黑人相信，根据《（黑人）法案》，自由黑人犯下如此严重的罪行可以不必遭受惩罚的话，那么白人居民的生命和财产都将受到致命的威胁。”[6]

同样，总督大人也不怎么相信指证耶利米的那些人提供的证词。因为他们自己也被吓得不轻。黑人家仆们听到主人在餐桌前谈论奴隶的暴动阴谋，生怕自己也牵连进去，自然巴不得将矛头对准他人。

所以坎贝尔认为，那个叫杰米的奴隶不过是个倒霉鬼，被控告为同
82 谋后受到诱使，认为自己逃过绞刑的唯一机会便是指证耶利米，最后也确实这么做了。但后来，他又改变证词，坚称耶利米其实是清白的。再有就是一个叫史密斯的牧师到监狱和耶利米会面后，向总督提供的描述。这位牧师（以及另一位教士）原本以为耶利米会忏悔，但听到的却恰恰相反；犯人仍然坚持自己无罪，而且“他的举止谦恭，谈吐理智，让他们都颇为惊讶，但与此同时，对于自己不幸和冤屈，他也完全认命了。他宣布自己不想活了，现在心情很愉快，已经做好了死的准备”。

随着行刑日期的临近，总督也一日比一日心烦意乱，一面担忧耶利米的命运，一面也为自己无力把他从绞刑架上救下来而沮丧。最后，他又有些窝囊地去求劳仑思插手此事。“先生，我作为国王的代表，被派到这个不幸的省份，希望您能对我有所同情，先生，请想想鲜血的分量吧，我被告知，我要是企图救此人，定会给这个国家带来我想都想不到多严重的罪过。”[7] 在写给达特茅斯伯爵的信中，他进一步承认了自己的压力有多大：“我就让大人您自己来想象我的痛苦程度吧……我甚至都心神不定到希望自己能飞到地球上最遥远的角落，远离这群野蛮人（指安全委员会的成员），历史上没有谁比他们更无情、更残忍。”[8]

但可惜，事情已经无可挽回了。查尔斯顿的街头党正忙着恐吓任何被他们怀疑对爱国者反应冷淡或者公开反抗的人。约翰斯顿堡（Fort Johnston）的一名炮兵因被人听到辱骂美国的革命事业，立即遭受了涂柏油、粘羽毛的刑罚，然后被拖到了总督的门口。要是他胆敢下达耶利米的赦免令，“那群现在掌控查尔斯顿的可怕暴徒”，总检察长写道，就会“在大人的门前竖起一个绞刑架，迫使他亲自

把那个人绞死”*。对于这个令人心碎的故事，坎贝尔最后写道：“我只能说，那个人是被谋杀的，他至死都坚持自己的清白，表现得既 83
无畏又体面，并且告诉那些坚决要置他于死地的迫害者，他们的手上沾满了他的无辜鲜血，上帝的审判终有一天会降临到他们身上。”

在写给达特茅斯的信中，坎贝尔预言道：“情势正急转直下，极有可能迫使我离开查尔斯顿，避免更多的羞辱。”托马斯 · 耶利米的案子让他强烈地意识到了自己有多么容易受到攻击，同时也实在无法理解本国政府为什么不愿意派军队到南卡罗来纳彰显自己的权威。由于英国人没有抓住机会，耶利米被处决一个月后，安全委员会控制了约翰斯顿堡。或许是风闻激进的爱国者威廉 · 亨利 · 德雷顿担心他会纠集南卡边远地区的保皇党，因而提议将他扣为人质，坎贝尔便找机会逃跑了，带着妻子和幼小的儿子躲到“塔玛号”上。天气又闷又热，滂沱的大雨像霰弹一样密集地砸向港口碧绿的水面。

亨利 · 劳伦思认为，坎贝尔确实发自心底地怀疑耶利米真的有罪。但劳伦思自己没有任何怀疑。另一名奴隶“桑博”并没有撤销自己的证言，而且还有一个疑点是，耶利米宣称并不认识指控他的杰米，可此人实际上是他的妹夫。且不论耶利米有罪与否，威廉大人无疑有些过于着急，或者说太天真了，都没有认真考虑一下英国政府或许真的会同意煽动武装奴隶起义这种事。但事实是，几个月来，弗吉尼亚的总督邓莫尔伯爵、北卡罗来纳的总督约西亚 · 马

---

* 此处作者的叙述有误。这句引文出自南卡罗来纳皇家军队外科主任乔治 · 米利根（George Milligen）于 1775 年 9 月 15 日所写的报告。在 William R. Ryan 所著 *The World of Thomas Jeremiah: Charles Town on the Eve of the American Revolution*（Oxford University Press, 2010）中可见到包含这句引文的节选内容（第 173—175 页），并注有精确的文献来源。根据本章开头第一段所述的行刑时间、这份报告的撰写时间和节选内容，米利根写下这句话时，耶利米已被执行死刑。报告中这句完整的引文是：“坎贝尔大人竭尽全力利用职权想要挽救这个可怜人的性命，但那群现在掌握查尔斯敦的暴徒扬言要在大人的门前竖起一个绞刑架，迫使他亲自把那个人绞死。”

丁（Josiah Martin），连同马萨诸塞的托马斯·盖奇将军，正在和伦敦的诺斯伯爵政府磋商，考虑这一策略。除了黑人外，对于相关各方而言，这是非常情况下的非常应对措施。从 1775 年春天到夏天，英国军队在极短的时间内便从自信沦为了受惊与悲观。

84 4 月在马萨诸塞的莱克星顿和康科德发生的战斗，致使该省开始大规模征募民兵，并且改变了省议会和代表大会内部的争论。5 月在费城举行的第二次大陆会议，仍在彻底争取独立与通过反抗来实现有尊严的和解之间摇摆不定。诺斯伯爵政府为先发制人，阻止爱国者获得彻底胜利，做出了最后一次真心实意的妥协努力，提出只要他们同意分担共同防御的支出，英国会大度地“克制”向殖民地征税。然而，这项“和解”举措同时又禁止殖民地同大英帝国之外的任何地方进行贸易活动，因此除了激怒爱国者外，并没有满足议会最大的愿望：承认他们拥有自己征收赋税的专有权利。但英国政府拒绝在这一点上让步，因为议会中的大多数——包括一些美国最忠实的朋友，如查塔姆伯爵（Earl of Chatham）——仍坚持要求征税权和管理帝国贸易的权力最终属于他们自己。

因此，大陆会议中更激进的一方不可避免地占据了上风，大陆军队获准集结。1775 年 6 月，乔治·华盛顿在马萨诸塞的剑桥被任命为总司令。结果，约一千一百名英国正规军和黑森佣兵[*]事实上便被两万名美国士兵困在了波士顿。7 月，邦克山的激战导致英军伤亡惨重，任何有关叛军打不过英军的念头也随之烟消云散了。现在，大部分英军都被牵制在马萨诸塞湾，魁北克（Quebec）和下加拿大地区（Lower Canada）也需要更多军队来抗击突袭，英国如何能控制或者阻止南方的反叛？帕特里克·亨利在弗吉尼亚的里士满

---

* 英国在美国独立战争期间雇佣的德国士兵，共计约三万人，占英军兵力的四分之一。当时的美国人习惯用这个名称指代所有在北美大陆上的德国士兵，但他们并非全部来自黑森。

（Richmond，如果可以相信第一个给他作传的人的话）发表了那篇著名的演讲，宣称不管他那些不太愿意打仗的同胞们怎么想，战争实际上已经开始了。在这种情况下，无论集结黑人军队能带来多大的好处，哪怕再小，盖奇等英国将领和弗吉尼亚的邓莫尔伯爵、北卡罗来纳的约西亚 · 马丁、佐治亚的詹姆斯 · 赖特爵士（Sir James 85
Wright）等总督也不得不利用一下了。

但即便如此，让美国南方的奴隶涌起暴动念头的始作俑者，也并非如爱国者认为的那样，是英国人；这些念头早就有了。《弗吉尼亚公报》上刊登的那些逃亡启事已经清楚表明，无论是在马里兰到南北卡罗来纳之间的沿海低洼地区，还是在内陆，“萨默塞特叔叔”和他的英国式自由是尽人皆知的事。如此轰动的新闻会传得很快、很远，而且传出去就收不回来了。那年下半年，约翰 · 亚当斯曾在南卡罗来纳待过，他在日记中写道，听说“黑人十分擅长互相传递情报，只消一两个星期，消息就能传到几百英里之外”。[9] 有一点似乎毫无疑问，奴隶们都处在一种高度期待的状态下，每过一个月，都有更多的奴隶逃离种植园。1774 年末，詹姆斯 · 麦迪逊报告说，有些黑人十分期待英国人会给他们带来的解放，所以已经秘密会过面，并且选出了可以带领他们安全找到国王的军队和找到自由的队长。[10] 据威廉 · 亨利 · 德雷顿说，查尔斯顿的奴隶“现在抱着这类幻想：眼下的斗争是为了迫使我们解放他们”，有关威廉 · 坎贝尔大人带来了武器的传言“让他们中的很多人开始莽撞起来”。[11]

1775 年 4 月底，弗吉尼亚总督邓莫尔伯爵命人将一桶桶火药从威廉斯堡（Williamsburg）的“火药桶”，运到约克镇外的皇家海军“富怡号”上保管，以免它们落入那些不愿继续同英国保持关系的势力之手。结果，一群黑人跑到他家里，向他索要武器，用这些武器为王国打仗，来换取他们的自由。当时自己也有奴隶的邓莫尔伯爵，装出一副对这个想法既恐惧又厌恶的样子，命令黑人“去干自己的事儿”，并警告他们“要是敢再擅自行事，别怪他到时大发雷霆”。[12] 但莱克星顿和康科德传来的消息，让邓莫尔伯爵迅速改变了心意。他自己在威廉斯堡的处境，并不比查尔斯顿的坎贝尔大
86 人好多少，因为保护他的士兵也屈指可数。于是，他在 5 月初写信给达特茅斯，说要武装他自己奴隶，“其他奴隶要是来投奔我的话，我也会接收，并且宣布他们获得自由”。[13] 他是这么算计的：无论如何，解放奴隶的威胁至少会让那些一心急着打仗的叛军犹豫一下，而往最坏了想，如果他们不能或者不愿意停战，这么做也能给他召集一支黑人军队，在正规军到来前先抵挡一阵子。

但是，这个计划却适得其反，事实上，在整个南方，结果都差不多。那些蓄奴者非但没有被英国要解放并武装奴隶的威胁吓到，反而开始动员起来准备反抗。无数白人，尤其是弗吉尼亚边远地区那些向来忠于王国的白人，之前一直都不太愿意追随那些鲁莽的爱国者领袖，但在得知英国军队要解放他们的奴隶，还要给这些奴隶武器，并且鼓励他们反抗自己的主人后，许多人开始相信，或许激进的爱国者是对的，英国政府能撕毁文明社会的“契约”（华盛顿语），或许也能干出其他邪恶之事。可以不夸张地说，1775 年夏秋，围绕着这个严重又可怕的问题，南方的革命形势开始明朗起来。不管爱国者演说家和记者所谓的“权利”和“自由”有多么振奋人心，对于弗吉尼亚、南北卡罗来纳、佐治亚的大部分农场主、商人、居民而言（大部分人都拥有一到五个黑奴），一场全面的战争和独立运动，已经从意识形态说辞变成了社会需要。他们的革命，最主要的任务是动员起来保护奴隶制。重要的南卡罗来纳爱国者爱德华·拉特利奇说得很对，“比起其他任何能想到的权宜措施”，英国这种武装奴隶的策略“反而实质上导致了大不列颠同殖民地的永久性分裂”。[14]

到 1775 年夏末秋初，一场全面的恐慌已经从弗吉尼亚的沿海低洼地区蔓延至佐治亚，人们越来越担心，英国武装并支持的黑人

起义已迫在眉睫。7 月,北卡罗来纳的恐惧角(Cape Fear)终于“地 87
如其名”。此处以及恐惧角河上游地区百分之六十的人口都是奴隶,但由于其中很多人从事的都是锯木头、修水车、炼焦油、驾马车、搬货物等与海上贸易有关的工作,所以比在农场工作的奴隶更自由一些,经常聚集在码头,有时甚至还会在威尔明顿投宿。当地的安全委员会对于奴隶从种植园逃跑的速度感到惊慌不已,于是命令街头巡逻队,见到携带武器的黑人一律缴械、逮捕,见到任何参加可疑集会的黑人也一样。而在位于恐惧角河河口的约翰斯顿堡的英国指挥官开始鼓励奴隶逃跑,还答应为他们提供保护之后,奴隶逃往树林的速度几乎变得无法控制。更糟糕的是,威尔明顿和恐惧角那些已经魂飞魄散的白人之间又开始风传:“每个黑人杀死主人及其家人后……(根据英国法令)可以获得主人的种植园。”[15]

威灵顿的许多黑人都想接受英国人的提议,认为这是获得自由的机会,其中有一个叫托马斯·彼得斯的水车匠,巧的是,他的主人也是苏格兰人,也叫威廉·坎贝尔,只不过这个坎贝尔是个爱国者,同时还是激进组织“自由之子”在当地分会的成员。同帕特里克·亨利的奴隶拉尔夫和乔治·华盛顿的奴隶亨利一样,彼得斯没法不注意到主人在餐桌前狠狠地拍着桌子发表的意见,可能也很反感主人以为发表这类观点丝毫不会影响到那些愚蠢的活人财产。但彼得斯一点儿都不蠢;恰恰相反。同很多后来甩掉锁链、投奔英国的人一样,他也有家庭:妻子叫莎莉(Sally),女儿叫克莱丽(Clairy),尽管他的主人并不认为奴隶婚姻是合法的。虽然他还没有完全解放,但彼得斯显然能理解白人革命者认为他无力理解的那些原则具有的含混性质。而且等到时机正确时,他还会践行它们。

但目前,时机还没到来。因为 7 月的第一个星期,一个阴谋被发现了:当月 8 日,奴隶会“袭击并毁掉他们曾生活过的家,然后
挨家挨户(地放火,直到他们)抵达边远地区。在那里,一群由政 88

府任命并武装的人员会张开双臂欢迎他们；作为进一步的奖赏，他们会定居在这里，组建自己的自由政府”。[16] 在这场被挫败的暴乱中，有四十名黑人受牵连并被捕，其中一人被杀，剩下的则在威尔明顿的公众面前遭受了野蛮的鞭刑，或者被削去耳朵。于是，彼得斯同很多人一样，决定再等等。

但是，一场起义刚刚平息，另一场就又被发现了。当月晚些时候，据说在查尔斯顿附近的圣巴多罗买教区，又有人策划了一起“杀掉白人，占领国家”的阴谋。更让人吃惊的是，这次叛乱似乎受到了黑人传道者的鼓励和祝福，其中两名还是女性。人们跑到树林里，举行狂热的秘密宗教集会。信徒们得知，“旧国王”曾被赐予一本神秘之书，并受命“改变世界”。但旧国王忽视了那本书，而他付出的代价便是直接下地狱。但现在，年轻的新国王乔治三世认真倾听了福音，“准备好改变世界，解放黑奴了”。[17] 更让人不安的是，这场神命的大规模逃亡的领导者，几乎全都是一些爱国者的奴隶。比如被认定为主犯并判处绞刑的乔治，就是弗朗西斯·史密斯（Francis Smith）的奴隶。

在大西洋沿岸的低洼地区，从切萨皮克湾（Chesapeake Bay）到波托马克河（Potomac River）、拉帕汉诺克河（Rappahannock River）的河口，再往南至佐治亚的海洋群岛地区，流言四起，说是国王的士兵即将遵从上帝的旨意来解放黑人了。听到这些谣言，再加上奴隶逃亡的速度突然且明显加快，也难怪奴隶主的内心里一半是怒火，一半是恐惧。陆路和水路上加强了巡逻。奴隶的房间遭到突击搜查，四个以上的黑人在非工作时间聚集就会被视为预谋犯罪。1775 年 9 月 24 日，约翰·亚当斯见到两个从佐治亚来的种植园主。
89 这俩人忧心忡忡，“哀伤地讲述了佐治亚和南卡罗来纳的现状。他们说，如果一千名正规军到达佐治亚，且他们的指挥官拥有足够的武器和衣物，可以宣布所有愿意加入其阵营的黑人都获得自由，那么两个星期内，两个省就会有两万名黑人加入”。[18] 当年晚些时候，华盛顿从弗吉尼亚的朋友和邻居那里听说他们的奴隶同意在不断逃跑后，也开始担心解放的黑人和英国士兵联合起来之后可能会造成的威胁。“如果在春天到来前不制住那个人，”他在写信时说起邓莫尔伯爵，“那他就会成为美国有史以来最难对付的敌人；他的力量会像滚雪球一样增长，要是想不出什么应急措施来说服奴隶和仆人（因为华盛顿自己在维农山庄的一些白人契约仆人也失踪了），让他们相信他的计划没有可行性，那么他的力量会增长得更快。”[19]

这大概是第四代邓莫尔伯爵约翰·默里一辈子收到的最不应得、最拐弯抹角的恭维话了。因为尽管他被爱国者的报刊和国会当作天敌一样诋毁，被斥为“我们的魔鬼邓莫尔”，一个戴着假发、穿着彩格呢的马基雅维利式权术家，但实际上，他顶多就是一个标准的苏格兰出生、支持汉诺威王朝的帝国主义者，受制于僵化的责任感、迟钝的政治听觉，以及（事实将会证明）在战术上致命的一知半解。而且，即便被人多势众的黑人包围是南方白人的噩梦，邓莫尔伯爵也很乐意利用这一点，但他绝对不能算什么社会革命家。在邓莫尔伯爵看来，那些邪恶叛乱分子的财产所遭受的损失，连同他们的正确效忠，会在战后一并被纠正、复原。说到底，他从来都没想过要解放保皇党人的奴隶。

1772 年入主威廉斯堡的总督府时，邓莫尔伯爵还不到四十岁，
只是又一个来自苏格兰的小贵族，急于（同曼斯菲尔德伯爵大人威
廉·默里一样）驱散那一点点仍旧悬在家族姓氏头上的詹姆斯二世
党人之嫌——虽然事实是，强烈支持汉诺威王朝的默里们和坚定拥 90
护斯图亚特王朝的人一样多。因此，即便在自己的画像中选择了头
戴苏格兰宽顶羊毛圆帽、身穿苏格兰彩格呢，邓莫尔伯爵也是英国
统一的化身，是乔治三世及其大臣最忠实的仆人。但他抵达美国时，
正值动荡时期。到 1774 年，波士顿在倾茶事件后受到的惩罚，尤

其是港口被迫关闭，即便在那些痛恨财产遭到破坏的人看来也是报复性的，因而（尤其在弗吉尼亚）激起了人们的高度同情和为共同事业而将殖民地联合起来的决心。美国人提议设立通信委员会，协调抗议活动，反对强加在波士顿头上的《不可容忍法案》（Intolerable Acts）后，邓莫尔伯爵被激怒，旋即解散了弗吉尼亚的自由民下议院。而当下议院重新召集会议，投票决定在1774年6月7日禁食、祈祷以支持波士顿后，他再次解散了该议会。但是，被赶出议会的代表们只是换了地方，去罗利酒馆继续发泄他们共同的义愤，计划弗吉尼亚参与抵制英货的运动。

两种此前差异相当明显的政治和社会文化——卡特、波尔兹、李氏等沿海低洼地区的烟草种植园豪门，与皮埃蒙特山区那些更有志于独立、政治上更坚定的农场主乡绅阶层，如杰斐逊、帕特里克·亨利、乔治·梅森（George Mason）、詹姆斯·麦迪逊等——现在开始汇聚到一起，合理抵抗英国政府拙劣的恐吓。而且，让皮埃蒙特人尤为不满的还有邓莫尔伯爵在偏僻山区同肖尼部落战争中表现软弱并突然停战——在他们看来，这再次证明了英国极力限制他们扩张领土的险恶用心。

1775年4月20日，仅在莱克星顿和康科德战役两天之后，盖奇将军在波士顿没能做成的事，邓莫尔伯爵办成了。但他通过抢先收走威廉斯堡的军火而取得的胜利却好景不长，不光在当地引发了激烈的反应，还让整个弗吉尼亚都愤怒起来。邓莫尔伯爵的行为引
91 发的怒火，在很大程度上其实源于美国白人担心一些人——更别提他们的种族了——极有可能得到这些军火。后来，虽然邓莫尔伯爵答应出资三百五十英镑来赔偿火药，让弗吉尼亚人既能用这笔钱再去购买，同时也给他们留些脸面，但他们的恐惧仍然没有平息。

6月8日，十分清楚自己只能召集到三百名左右保皇党志愿者、士兵和水兵的邓莫尔伯爵，同他夺走的火药桶一起转移到了安全的

皇家海军“富怡号”上，并宣布暂时中止处理任何自由民下议院要他处理的事务，除非有人亲自到船上来谈。下议院报之以李，宣布总督大人已经放弃行政权；（就像在查尔斯顿一样）该权力被转授安全委员会，委员会继而开始征税，并武装民兵组织。正如帕特里克·亨利这位向来自证预言的自命先知说过的那样，战争已然打响。

邓莫尔伯爵没有浪费任何时间，立即开打了。在他的流动指挥部“富怡号”上，邓莫尔伯爵派出突袭队，乘着通常用来为战舰运送补给品的小船小艇，沿着拉帕汉诺克河、皮安可坦克河（Piankatank River）、伊丽莎白河（Elizabeth River），烧毁河东岸那些爱国者的农场（尤其是那些不在农场、去参加民兵组织的爱国者），抢走他们的奴隶。不过，那些供应船也接回了许多黑人，从种植园主发出的那些越来越焦急的信件以及《弗吉尼亚公报》上刊登的逃亡奴隶抓捕启事可以明显看出，他们已经开始逃跑了，虽然人数不多，但一直在稳定增长，而目的地就是任何他们觉得英国国旗或者皇家海军军旗会飘扬的地方。

接下来的一年中，尽管英国在弗吉尼亚的奋斗目标屡屡受挫，但切萨皮克湾和弗吉尼亚沿海低地的奴隶们仍然成群结队地跑来。有时候，还有远道而来的奴隶：比如，凯托·温斯洛（Cato Winslow）就是从纽约一路逃过来，加入了邓莫尔伯爵的队伍。[20]有时候，他们则会蜂拥而至：比如，八十七名奴隶集体从诺福克县（Norfolk County）的约翰·威洛比种植园（John Willoughby's plantation）投奔了邓莫尔伯爵——这是该种植园的全部劳力。逃亡的人包括艾比·布朗（Abby Brown，时年二十三岁）、威廉·帕
特里克（William Patrick）、悉帕·西沃斯（Zilpah Cevils，年仅八 92
岁）及其妹汉娜（Hannah，三岁）。而玛丽·珀斯（时年三十六岁）的奥德赛之旅，则始于1775年末从威洛比（Willoughby）的种植园逃离，登上邓莫尔伯爵等待的船只；后来她去了纽约，获得

了自由证明，熬过了新斯科舍的冰雪与贫穷，并在丈夫去世后最终成为塞拉利昂内河贸易的女王。[21]很多时候，奴隶都是趁着夜色，四个或八个一组（家人或朋友、母亲和子女）躺在所谓的“皮拉格”（piragua）里逃跑。这种双桅平底船在沿海低洼地区不标准的英语中被称作 pettiaugers 或者 pettingers，常被用来穿越潮沟和湍急的水湾。由于吃水较深，皮拉格非常适合藏身，而切萨皮克湾和波托马克河南边的奴隶常年在这些地方捕鱼，为种植园运进或运出物资，十分清楚如何安全通过这些支流水域，这也正是种植园主会觉得尤其痛苦的原因：他们大度地赋予了这些河流引航员、渡船夫，还有最熟练的水手、锯木工、箍桶匠、马车夫、铁匠一定程度的自由，可这些人却以偷走他们的船来“报答”。萨宾府的兰登·卡特（Landon Carter）将军就特别愤怒，他至少有十一名最优质的奴隶——他儿子的私人奴隶摩西，以及珀斯迪林*、“穆拉托”†、潘提可夫、乔、比利、约翰、彼得、汤姆、曼努尔、兰卡斯特·萨姆——全都乘坐整修一新的小船，拿着他儿子的枪、子弹、火药，投奔了邓莫尔伯爵。更有甚者，他们还带走了银扣、短裤、马甲和马裤。[22]其他人，比如从诺福克的罗伯特·塔克（Robert Tucker）的种植园逃走的詹姆斯·杰克逊（James Jackson），虽然没偷船，却利用自己对那些河流的了解，想办法找到了邓莫尔伯爵的船队，并欣然当起了英国人的领航员，带着他们沿水路打劫和探险。[23]

当然，1775 年和 1776 年从弗吉尼亚逃跑的奴隶，并非全是成年男性或者“壮硕的黑人”。汉娜·杰克逊（Hannah Jackson）带着只有五岁的儿子鲍勃从托马斯·牛顿（Thomas Newton）的种植园逃走时已经三十二岁。詹姆斯·麦凯·沃克尔（James MacKay

---

* 原文为 Postillion，意为“马夫”。

† 原文为 Mullatto，绰号，意指“混血儿”。

Walker）的奴隶克洛伊 · 沃克尔（Chloẹ Walker）带着六岁的儿子 93
萨缪尔以及仍在襁褓中的女儿莉迪亚逃走时，年仅二十三岁。苏琪 · 史密斯（Sukey Smith）和汉娜 · 布莱尔（Hannah Blair）分别从格洛斯特（Gloucester）的梅杰 · 史密斯（Major Smith）和东岸的雅各布 · 汉考克（Jacob Hancock）的种植园逃走时，都只有十八岁。而帕蒂 · 莫斯利（Patty Mosely）逃离安公主县（Princess Ann County）的爱德华 · 莫斯利（Edward Mosely）种植园时只是个十一岁的小姑娘。有时候，兄弟姐妹会结伴逃亡：比如，萨缪尔·汤姆金和玛丽 · 汤姆金（Samuel and Marry Tomkin）就是一起逃离了小约克的理查德 · 汤姆金（Richard Tomkin）种植园。还有一些人，尽管身体严重残疾，但也设法安全找到了英国人：比如，后来会在三个国家为黑人保皇党教众担任牧师与先知的摩西 · 威尔金森，在二十九岁时历经艰险，终于摆脱了楠瑟蒙德（Nansemond）的迈尔斯 · 威尔金森（Miles Wilkinson）的奴役，虽然他既盲又跛。

从 1775 年后半年到 1776 年初，至少有八百名尚在服役年龄范围内的男性奴隶投奔了邓莫尔伯爵。当然，这个保守的数字并没有包括那些陪同丈夫、父亲逃走的女人和孩子，因此，投奔英国的总逃亡人数，极有可能是该数字的两到三倍。据历史学家顾亚伦（Allan Kulikoff）估算，在整个战争期间，逃亡的成年黑人奴隶约有三千到五千，但要计算出假定的总数，这个数字还需要乘以某个倍数。[24] 如果说杰斐逊给出的数字可信的话（看起来似乎是这样），战争期间，弗吉尼亚逃跑的奴隶有三万，那么，真正找到英国人的奴隶，在最好的情况下，也只能被视作是一个坚决且极为重要的少数群体。其余的数万奴隶，很可能只是借低强度战争之机，趁乱消失在了沼泽地中。

因此，约翰 · 默里这个面颊绯红的趋炎附势之人，虽然没有刻意去争取，也从不认为自己是什么战士，只是时而笨手笨脚，时而威吓咆哮着混过了一个可悲又无法得胜的窘境，但是最终，他却成了一场黑人大逃亡的始作俑者。无论是现在还是将来，他都将永远是“邓莫尔伯爵”，再也不是那个坐在议会上院的长凳上、唯唯诺诺又毫不起眼的无名小卒，而是要么成了一个恶魔，针对毫无防卫
94 能力的美国人，炮制了有史以来最无耻、最邪恶的阴谋，要么成了受苦受难受奴役之人备受推崇的大救星，恶魔或救星取决于你的肤色和政治立场。查尔斯顿和威廉斯堡那些不停在嘲笑和妄想间徘徊的能言善辩之人和雇佣文人创作起讽刺诗，诋毁他，以及他会竟然卑鄙到担任那个“布满斑点的兵团”的将军。费城的政客们则自负地谈论着美国的未来即将到来，认为邓莫尔伯爵是趾高气扬、狂暴残忍的专制统治的化身，终有一天会遭到自由兵团的报应。一个人如果释放非洲蛮族，去反抗那么多正派的爱国者，那他只能是一个又变态、又没人性的恶魔！而与此同时，沿海低洼地区的黑人，或者南卡罗来纳水稻种植园附近河流上的黑人，或者在弗吉尼亚的皮埃蒙特高地上的黑人，只要有谁的肚子大起来，孕育了他们的未来，便一直在想着或许可以给孩子起名叫“邓莫尔”（有些人还真这么做了）。

但是，邓莫尔伯爵其实并非如他们所想。很可惜，这个人是个胆小如鼠之人。

邓莫尔伯爵致达特茅斯伯爵，1775 年 12 月 6 日

过去的几个月里……我时常祈求您能为我指点迷津，但自 5 月 30 日以来，我再没有荣幸收到您的来信。只有上帝知道，自我当初坐船来这儿后，因为精神焦虑而受了多少苦，每天有无数事情，我都不知该如何处理，一会儿对我自己的判断缺乏信心（也没有人来为我出谋划策），一会儿又担心，如果我作壁上观，任由那些叛军胡来，他们或许会软硬兼施，用尽一切手

段去哄骗陛下那些性情温和的臣民，加入他们那边。[25]

当然，公允地讲，确实有许多值得他害怕的事。即便算上他新招募的黑人（得想办法为他们配备衣物、武器）和一百三十四十名从佛罗里达东部的圣奥古斯丁（St Augustine）调来的士兵，邓莫尔 95
伯爵的兵力也只有几百号人，相比之下，到 1775 年 10 月，弗吉尼亚的民兵组织“衫军”的人数则在两千到三千之间。而英国人的舰队规模虽有所增长，多了两艘单桅纵帆船（“水獭号”和“水星号”）和一艘三桅帆船（“威廉号”，现由邓莫尔伯爵指挥），但定期派往汉普顿锚地（Hampton Roads）的突袭小船，现在只要一靠近村庄和城镇，便会遭到越来越猛的火力射击。比如，10 月 27 日的一次偷袭汉普顿的行动便遭到了重挫：躲在朝向河水的房子里放冷枪的弗吉尼亚步枪兵突然现身，袭击了一条领航船，打死了“水獭号”上的两名水手，俘虏了七人。这样的损失，英国实在承担不起。

眼看着形势对自己越来越不利，伦敦那边又毫无音信，而进一步要求支援更是无望，终于到了邓莫尔伯爵抉择的时刻。11 月 7 日，他站在“威廉号”的甲板上，以国王的名义，“为挫败这类叛国企图，将所有叛徒及其教唆者绳之以法，使此殖民地重获靠一般民法无法实现的和平与良好秩序”，发表了那份著名宣言。且无论好坏，自那之后，人们便因为这份宣言记住了他：

国王陛下在弗吉尼亚殖民地和自治领的
陆军中尉、总督及海军中将，
尊敬的邓莫尔伯爵约翰阁下的宣言

他宣布实行戒严，且为了迅速恢复良好的秩序：

> 我现要求每个能当兵的人都聚集到国王陛下的旗帜下，否则即被视为背叛陛下的王权和政府，并受到法律对此类罪行的
> 96 惩罚，如死刑、没收土地等。我还要在此宣布，所有契约仆人、黑人和（与叛军有关的）其他人，只要有能力且愿意当兵，尽快加入国王陛下的军队，以更快的速度迫使这个殖民地真正意识到他们对国王陛下的王位和尊严应尽的义务，则均可获得自由。[26]

那个词出现了，白纸黑字，写给白人和黑人看："自由"现在在宣言中被公布了，再也无法抹去。这个词，从来没有哪个有点儿权威或者担任任何职务的美国人敢印在纸上。这是情势所迫，又怎样；说出它的人心怀叵测，动机显然是出于投机主义，又怎样；没有哪个自由或被迫加入爱国者民兵组织的人（目前正在被清除出大陆军）能做到邓莫尔伯爵所做的事。此事给美国人带来的冲击程度，从他们突然开始愤怒地发泄仇恨便可见一斑：邓莫尔伯爵被咒为"人类的头号叛徒"。但在黑人看来，圣典中的预言应验了。年轻的国王确实意图改变世界。

现在逃往英国舰船的人，已经不能再以十计，而要以百计了。一艘长三十英尺、在萨里（Surry）附近抢得的船，满载着黑人顺詹姆斯河（James River）而下。七名黑人从北安普顿（Northampton）的监狱越狱，坐着一艘小船去找舰队。弗吉尼亚安全委员会的成员约翰·佩吉（John Page）则心慌意乱地写信给杰斐逊道："大量黑人和怯懦的无赖都涌向了他那边。"[27] 而预料到船只和军队将会到达沿海后，南北卡罗来纳、佐治亚，甚至马里兰和纽约的奴隶都开始纷纷逃离种植园。正是在这样的时刻，查尔斯顿、威廉斯堡、威尔明顿、费城等地的革命领导人，如拉特利奇、米德尔顿、哈里森，眼看着奴隶从他们自己的种植园逃走，也是在这样的时刻，亨

利·华盛顿抛弃了将军乔治，奔向了国王乔治。宾夕法尼亚伯克郡的一位铁匠铺主马克·伯德（Mark Bird）在悬赏抓捕逃跑奴隶（“一个技艺精湛的锻工”）卡夫·迪克斯（Cuffe Dix）的启事中也写下 97
了这个众所周知的信息：“鉴于很多黑人都认为邓莫尔伯爵在为他们争取自由，所以该黑奴极有可能准备投奔邓莫尔伯爵，加入他的黑人兵团，在此希望有支持反英的辉格党正直人士能阻止他实现此目的。”[28]

转攻为守的南方种植园主阶级现在很是担心他们会步荷属苏里南的后尘（那里的一支奴隶军仍未被剿灭），同时也很清楚这对民兵组织会造成的人力消耗，所以想尽了一切办法来消除邓莫尔效应。一些报道开始见诸报端（为的是读给仆人听），说提供自由只是邓莫尔伯爵的一个诡计，目的是诱捕奴隶，然后把他们卖到西印度群岛去，好充实他自己的腰包。这类文章指出，无论如何，这种被大肆吹嘘的自由也只是用于能当兵的成年男性，所以可能的后果会是家庭被拆散（不实），女人和儿童被丢下，继续当奴隶，或许还会变成主人的出气筒。邓莫尔伯爵怎么会摇身一变成了解放者，天下谁人不知他自己就有奴隶（确实），而且还残忍地虐待他们（不实）？烟草种植园主罗伯特·卡特（Robert Carter），曾在他的诺米尼庄园召集奴隶，向他们宣读过一连串这类严肃的警告，奴隶们当时确实也听进了他的建议。但到 1781 年，当英国人大举归来时，这群奴隶中至少有三十二人逃跑了。[29]

尽管有了此类消息，但为防止那些可怜又可悲的黑人仍然不明就里，抵挡不住伯爵甜言蜜语的诱惑，弗吉尼亚议会还向准备拿起武器的奴隶发出了郑重警告：限期十天，逃跑奴隶放下武器，回去找主人；如若抗拒，要明白犯上作乱的惩罚将是死刑，且不会有牧师为其进行临终祷告。那些逃跑后被抓（但还没被武装）的人，根据他们是属于爱国者还是保皇党，则会受到区别对待。前者会被

拘禁并遣返，交由主人自行处置；而托利党人的奴隶会被送到地
98 处内陆的芬卡斯尔县（Fincastle County）的铅矿或者蒙哥马利县（Montgomery County）的硝石厂强制劳动。

很多人都被抓住了。九名奴隶（包括两名女性）乘坐一条敞舱船在海上行进时，被弗吉尼亚的一支海上巡逻队抓获。两名逃亡的奴隶高兴得太早，误将美国船只当成了英国人的，结果被吊死在帆桁端。不过，其他人倒是竭尽全力地逃脱了巡逻队的追捕，即便英军作战基地周围的每条重点河流上现在几乎都安排了巡逻船。北安普顿县的十三名奴隶等待时机，偷走了一艘纵帆船，行驶到海湾后，最终被一艘爱国者的捕鲸船追上。

可不管受到怎样的威慑，无论有多少人在逃亡过程中被抓，从各种报纸和私人信件激愤的反映来看，黑人还是在不断投奔邓莫尔。事实上,他们到达的速度,远远超过了邓莫尔伯爵以及“水獭号”（船长是马修·斯夸尔[Matthew Squire],船上还有逃走的奴隶约瑟夫·哈里斯［Joseph Harris］）和“水星号”船长能接纳他们的速度，更不用说给他们提供衣物、食物和武器了。但在他发表宣言之后的几个星期内跑来的奴隶，再加上佛罗里达的正规军，已经足够邓莫尔伯爵在诺福克附近发起小规模攻势了。得知北卡罗来纳的民兵已经出发，准备同弗吉尼亚的民兵会师后，感到时不我待的邓莫尔伯爵认为自己必须迅速行动，将援军阻截在诺福克以南二十英里处的大桥地区。那里有一座横跨伊丽莎白河南部河湾的长桥，桥的两侧都是臭气熏天的沼泽，满是蚊子和蠓虫在嗡嗡嗡地飞；桥的两端则是较为干燥的地面（可以说是小岛），通过堤道与陆地相连。

该桥再往南约十英里处，有个叫凯普口岸（Kemp's Landing）的地方驻扎着约三百名弗吉尼亚步枪兵，这些人正准备向全是托利党的诺福克进发。11 月的一个晚上，一百零九名英国士兵组成的连
99 队，包括诺福克的保皇党志愿者组成的第十四轻型步兵连，以及更

重要的，两个刚刚被武装起来且受过训练的黑人士兵连队（几乎占了全部兵力的一半），袭击了凯普口岸。刚开始的一段时间内，战斗似乎像往常一样，像莱克星顿和康科德战役那样，英国的步兵一边遭受着来自侧面树林里的射击，一边跨过那些被击毙的战友以列队阵形前进。但实际上，保皇党的志愿者们（黑人、白人都有）已经照安排从后方包抄狙击手，所以他们开火之后，弗吉尼亚民兵当即溃逃进了树林中，其中五人被击毙，十八人被俘。有两名战俘是军官，而且抓住他们的保皇党士兵是黑人，估计会感到十分满足吧。这是第一场胜利。[30]不过，后来事实证明，这也会是最后一场胜利。

就眼下来说，邓莫尔伯爵即便没有兴高采烈，也至少恢复了自信，而且更重要的是，诺福克那些具有强烈保皇党倾向的人因为受凯普口岸的武力展示鼓舞而表明了自己的立场。约三千名诺福克居民发誓要效忠国王，与叛军划清界限。这位总督兼指挥官、海军中将现在开始考虑利用这些志愿者来组建一支“王后自己的忠实的弗吉尼亚兵团”。当然，还有一群人也感到凯普口岸的胜仗意义重大，那就是有了武装的黑人。他们现在已经达到了三百多人，经整编后，成为他们长官口中（捎带有些异国情调）的“邓莫尔伯爵的埃塞俄比亚兵团”。他们的军装上文着几个简单明了但在敌人看来又邪恶无比的字：“自由属于奴隶。”戴上这样的徽章，他们心中会有何感想，我们只能想象。除了埃塞俄比亚兵团外，邓莫尔伯爵的小队伍中还有更多的黑人在征收粮秣、充当向导和领航员、刺探敌情、挖掘工事和赶车。几百名黑人在大桥的北端，也就是诺福克的前方，利用木板、圆木、泥土，匆忙修建起了一座临时的工事，即所谓的“默里堡”。它虽然被爱国者蔑称为“猪圈”，且只能扛得住火枪的射击，但对于兵力严重不足的英军而言，却仍然是一座堡垒。至少在几个
星期里，默里堡一直飘扬着国旗，而防御栅栏则由前奴隶把守。无 100
论邓莫尔伯爵是真的信念坚定还是出于投机目的，无论这一切是如

何发生的，英国人和被解放的奴隶之间都已经建立起了一条纽带。

但残酷的是，奴隶战胜主人就像昙花一现。12 月 9 日，一场本应巩固邓莫尔伯爵在弗吉尼亚的阵地，阻截北卡罗来纳往这里输送补给和援军的行动，出了严重的岔子。开始的时候，默里堡还挺立着，但已有些岌岌可危。至少八百名刚到这里的第二弗吉尼亚兵团和库尔佩珀（Culpeper）民兵组织的士兵将这里团团围住，每天都乘着木筏发动袭击。在诺福克的指挥部，邓莫尔伯爵郁郁寡欢，因为美国的炮兵部队必然会很快到来，而结果要么是堡垒被炸平，要么是美军强行过桥，切断堡垒的陆路或海路供给。他没有听取他的高级军官萨缪尔 · 莱斯利（Samuel Leslie）的劝告，认为英军唯一的防守办法便是先发制人。弗吉尼亚和北卡罗来纳的士兵在堤道南端建立据点，躲在令人望而却步的防护墙后。邓莫尔伯爵的计策是派遣两个黑人连队，沿着小岛的边缘包抄其侧翼，引开防护墙上的美国步枪兵，如此一来，正规军（包括掷弹兵）从正面攻击时，美军的防守将会严重不足。邓莫尔伯爵还相信了一个佯装是保皇党人的间谍提供的情报，此人告诉他，爱国者的大本营只有区区三百人把守。

可能出岔子的地方全出了。派去做诱饵的黑人连诡异地被派到了一个前一夜已经由美国巡逻兵侦查过的不同区域，而非爱国者驻地的侧翼边缘。美国的守军（人数要比邓莫尔伯爵预想的多很多）虽然很多还留在后方，但全都没有被调离自己的阵地。结果，12 月 9 日清晨，盲目自信的莱斯利上校鲁莽地下令军队往南行进，跨过
101 大桥。然而，整个军队只有来自第十四轻型步兵连的不到一百名掷弹兵和正规兵，加上约六十名保皇党白人志愿者，也就是说，这支军队至少有二百五十名成员来自举着乔治三世旗帜的埃塞俄比亚兵团：一支由自由黑人组成的军队，准备向美国和奴隶制发起进攻。

在暗红色的黎明中，太阳从沼泽地上慢慢升起，而黑人和白人则在那面旗帜下一并遭到了屠杀。美军的总指挥官伍德福德上校

（Colonel Woodford）该冷静的时候十分冷静，一直等到英国的步兵踩着鼓点列队前进（六人并排，因为狭窄的堤道只能容这么多），距离美军据点仅有五十步之遥时，才下令开火。猛烈的射击开始后，区区十分钟内，大桥便上演了大英帝国历史上最为惨烈的自取灭亡式战斗壮举之一：惨叫、尖叫，着猩红色军服的英军应枪声倒地。这场惨剧中甚至还有一位姓名很应景的绅士壮烈牺牲：查尔斯·福代思（Charles Fordyce）上校。他脸颊上的细毛还没刮干净。他的美国对手十分敬畏他那种疯狂但徒劳的勇敢，认为他“十分文雅”，“没有比他更完美无缺的军官了”。福代思领着他的掷弹兵无畏地向前冲，膝盖挨了一枪后，又重新站起来，仿佛只是被蚊子叮了一下，愉快地朝落在他后面的人挥着帽子，乐观地喊道：“今天属于我们！”身中十四颗子弹后，福代思倒地身亡，十二名掷弹兵则死在了他身后。他们距离美国人的防护墙只有十五英尺远。在他之后被步枪密集扫射的是邓莫尔伯爵军队的普通士兵。来自诺福克的托利党志愿者、步兵以及几百名黑人士兵看到前面发生的大屠杀后停了下来。堤道上开始变得拥挤起来，士兵拖着伤员不断往桥上退，因为他们曾听邓莫尔伯爵说，美国人喜欢剥下失败者的头皮。随后，一百多名库尔佩珀民兵火速赶到了半岛东边的炮台，致使英军被两面夹击，迅速溃散，桥上的黑人士兵有如被猎捕的野鸭般一个个被击毙。莱斯利下令向桥北退兵，撤回默里堡。除福代斯外，还有两名军官牺牲：一名是内皮尔中尉（Lieutenant Napier，他的家族会为全盛期和灾难期的大英帝国一次又一次地出生入死），另一位是莱斯利自己的 102
侄子彼得，倒在叔叔的臂弯中后，最终因失血过多而牺牲。邓莫尔伯爵在竭力解释这场骇人的溃败时写道，这两名年轻的军官都是“年轻的功臣……他们的离去对于整个军队而言是巨大的损失”。

战斗顶多持续了半小时；但如此短的时间也可以带来严重的损失。具体到这里，损失就是英国失去了弗吉尼亚，或者说整个美国南部。邓莫尔伯爵的美好愿望——一只由自由奴隶组成的强劲小军队（他认为至少会有两千人以上），或许还可以再加上两倍的白人保皇党——消失在了被血水染红的沼泽地里。一次“小规模战斗”根本无法用来描述大桥战役。米德上校曾写道：“那是一场鲜血的倾泻，可怕到难以形容，看到死去和受伤的士兵被抬下来，简直让人无法忍受；接着，我看到了战争真正的可怖之处，比想象得还要糟糕，很多人都中了十个或十二颗子弹，四肢有两三处断裂，脑浆往外流。上帝啊，那场面太惨了！”[31]

邓莫尔伯爵报告说，只有十七人死亡、四十九人受重伤，但实际上，这些只是英国正规军的死伤人数。牺牲或受重伤的还有八十五名士兵，且大部分是黑人。美军那边则只有一个人手部受伤。溃败后，邓莫尔伯爵的军队先是撤回了默里堡，但由于两台四磅榴弹炮的火门被人用钉子破坏，这里最终也被抛弃了，士气低落的英军撤往诺福克。一周以后，一支两千人的美国军队汇聚在该城外。保皇党人陷入了恐慌，因为愈加明显的一个事实是，邓莫尔伯爵准备重新登上他的战舰，结束这场黑人与白人保皇党在弗吉尼亚发起暴动的短暂美梦。悲伤的托利党人连同剩下的英军和埃塞俄比亚兵团的士兵一起上了船。邓莫尔伯爵向达特茅斯伯爵报告说：“我可以向大人保证，那情景这真是太悲哀了，那么多有钱的绅士携妻带子，
103 被迫在这个季节去坐船，几乎没法带什么日常必需品，还有很多穷人连这些都没有，要不是我给提供的那点面粉，他们估计早就饿死了。”

五天后，邓莫尔伯爵暂时停泊在诺福克外的小舰队，等来了两艘增援船，而他也变得愈加好斗。鉴于该城现已落入美国之手，所以他对炮轰码头、派船袭击仓库这种事毫无愧疚之心。最终，一场大火将诺福克烧成了灰。不过，尽管这一点无人有异议，但谁该为诺福克的损毁负责，就不怎么明确了。大部分美国人在讲述这段历

史时，都认为邓莫尔伯爵在自己的托利党大本营被辉格党占领后，任性地决定将其摧毁。但根据他写给达特茅斯的信件来看（信中的其他细节完全真实），事实真相却完全不同：美军可能因为对大量保皇党宣誓效忠英国感到愤怒，所以放火烧了河两岸的房子。“从种种行为来看，我觉得他们从心底想彻底毁掉这片曾经繁荣一时的土地。”

邓莫尔伯爵坐在船上，忧郁地望着曾经属于皇家的弗吉尼亚如今只剩一片灰烬，提笔向新上任的殖民地大臣乔治·杰曼大人（Lord George Germain）哀叹道，“我真希望当初政府能给这个殖民地调拨些军队”，因为他“敢肯定”，六个星期前，如果他能有五百名士兵的话，没什么可以阻挡他开进弗吉尼亚。但其实据估计，到1776年春天，处于备战状态的美国叛军很可能达到了一万人。最后一根稻草是一条迟到的信息。他从伦敦方面得知，亨利·克林顿爵士的军队原本就没被派往弗吉尼亚，而是去了北卡罗来纳，“一个微不足道的省份，而这块大陆上的第一个殖民地（弗吉尼亚），虽然拥有财富和权力，却完全被忽视了……我承认，在船上被困了八九个月之后，看到我的总督政府被完全忽视，实在让我颜面尽失，现在无论是我，还是同我一起在船上受苦的许多总督政府的倒霉朋友，已经不再心存解围的希望了。我受够了。”[32]

不过，无论是英国人还是美国人，都没有认为黑人起义带来的威胁仅仅因为邓莫尔伯爵撤离了大陆便自动消失了。埃塞俄比亚兵 104
团虽然伤亡惨重，但并没有被完全摧毁，而是转移到了邓莫尔伯爵那座由一百多艘舰船组成的“浮动城镇”之上。弗吉尼亚的报刊发表了许多讽刺黑人军队的文章，但除了不屑外，其中还流露出了一丝焦虑感。《黑鸟齐步走》（“The Blackbird March”，恶搞埃塞俄比亚兵团）一文的作者讥笑道，这曲子很适合“他们那种与生俱来的好斗天赋”，编曲专门配合了“活泼又有生气的非洲木琴‘巴拉风’，该乐器尤其适合演奏《饥饿的黑鬼，晒焦的玉米！》（“Hungry Niger, parch’d Corn!”）这首军乐”。[33]“万岁！强悍的埃塞俄比亚酋长，”《纽约日报》（*New York Journal*）则嘲笑道，“虽然是可耻的黑人酋长 / 但黑人会撑起你坠落的名声 / 让你遗臭万年。”[34]以及理查德·亨利·李（Richard Henry Lee）谈及邓莫尔伯爵是“非洲英雄”时，同许多弗吉尼亚的爱国者一样都对此嗤之以鼻。不过，问题在于，李、华盛顿和其他人都明白，即便在大桥之战以后，他也还是黑人眼中的英雄。比如初春时，三名奴隶误将一艘美国巡逻船当成英国补给船，被抓了起来，但在被美军劝服前，他们曾宣布自己“誓死也要为邓莫尔伯爵效力”。[35]剑桥和费城为应对这种持续不断的危险信号，禁止了所有黑人（不管是自由人还是奴隶）在大陆军中服役；直到华盛顿被赶出纽约和新泽西，陷入危急的军事困境后，这一决定才被撤销。

可当华盛顿在大陆会议上想方设法阻止黑人加入大陆军时，像托马斯·彼得斯这类逃跑的奴隶却吃上了英国国王的俸禄。1776 年 2 月，单桅纵帆船“巡洋号”出现在恐惧角附近的水域；威尔明顿的居民仓皇撤离，该地区包括彼得斯在内的数千名黑人奴隶，一下子没了主人。有两个月的时间，亨利·克林顿爵士的二十艘船控制着北卡罗来纳沿岸，且溯流而上，时常突袭恐惧角河沿岸的种植园。在此期间，彼得斯上了船，并在 11 月底到达纽约后，由乔治·马丁上校主持仪式，宣誓加入了克林顿新组建、马丁任指挥官的黑人
105 先锋和向导连。[36]奴隶们平生第一次说出了“自由、自愿”这种词，而这个小小的宣誓仪式也在实质上将他们从物品变回了人：“我托马斯·彼得斯郑重宣誓，我自由、自愿为国王陛下服务，自发、自主加入马丁上校率领的黑人连，我将服从纪律、忠于职守，愉快地执行上校的全部指示……上帝为我作证。”[37]

配备了军大衣、水手服、白衬衫和帽子的黑人连，将由白人军

官和黑人军士组成，军士和列兵与职位相当的白人享有同等军饷。令人惊讶的是，克林顿本人一直都很关心他们的福祉，曾写信给马丁说：“我命令，你要定期为他们提供必需品和像样的服装，且要支付他们酬金，具体金额待定……且在目前的叛乱结束后，（他们）将有权（只要我能决定）获得自由。就我对你的了解，我应该可以信赖你，也希望你能劝告其他军官在对待他们时，多些善意，多些人性。”[38]

美国人仍然担心彼得斯这类人会倒向英国人，激起大规模逃亡和武装叛乱，所以便开始惊人而又残酷地先发制人。弗吉尼亚、南卡罗来纳、佐治亚沿海那些狭长的低地岛屿现在成了数千逃跑奴隶的避难所。这些人想尽办法坐小船离开大陆，在沙丘和盐沼之间安营扎寨，抱着一线希望，等待被英国的舰队接走。比如，当“斯卡伯勒号”到达考克斯珀岛（Cockspur Island）附近的水域后，两三百名逃跑的奴隶告诉佐治亚总督赖特（此人同他的弗吉尼亚和卡罗来纳同事一样，现在把指挥基地挪到了船上）说，“他们是为国王而来”。[39] 出于同样的原因，南方殖民地军队的当务之急则成了趁逃跑的黑人还没有机会加入英军，先袭击这些尚未武装的营地。 106
比如 12 月 9 日，南卡罗来纳的一支突击连便袭击了离查尔斯顿港不远的沙利文岛（Sullivan's Island）。据英国舰船“蝎子号”的海军上校说，他其实可以带着五百名急切想跟美国人打仗的黑人去迎战——但因为提前得到了偷袭的消息，大部分黑人都被英国军舰“切罗基号”派去的小船转移走了，只有十一人被俘虏，四人被杀。这样的惩罚，查尔斯顿议会预言，“应该可以吓住大部分黑人”。[40]

鉴于追捕这些逃跑黑奴的成效有限，1776 年春，美国人得知至少有两百名奴隶正躲在离佐治亚海岸不远的泰碧岛（Tybee Island）上后，一项更为残暴的解决方案被提上了日程。斯蒂芬·布尔（Stephen Bull）上校直截了当地提出：“那些逃跑的奴隶……要是没法抓回来，倒不如击毙，这对公众和他们的主人而言都更好些。”向来正派的亨利 · 劳仑思对这个主意有点儿畏惧。布尔或许自己也有些内疚，觉得让白人士兵执行如此冷血的屠杀有些太过分，即便要杀的是逃跑的黑人。所以他又提出，杀人的事让克里克印第安人来做。“如果印第安人是最合适的人选，那就让他们来办吧，”劳仑思在回信中，有些不情愿地同意了布尔提出的计划，“但我们应该建议找些谨慎的白人，同他们一起或者领导他们。”这场屠杀究竟有没有被执行，并不清楚；不过，考虑到 1776 年春夏时期遍布美国南方的那种歇斯底里状态，我们并没有理由排除这种可能性。毕竟，泰碧岛现在名声在外，是重要的春夏度假胜地，既有海滨狂人节，又有寻找美洲鹳和苍鹭的观鸟活动，所以似乎可以保险地认为，没有人会跑到沙丘里翻找非洲裔美国人的遗骸。

到 1776 年春末和夏天，双方都在信誓旦旦地允诺自由，但同时又都在制造死亡。5 月 13 日，一个由约翰 · 亚当斯、理查德 · 亨
107 利 · 李、爱德华 · 拉特利奇组成的三人委员会向大陆会议提交了一份（有关与英国永久性分离的）决议的序言草稿。该序言声明，鉴于“有关洗雪冤屈的卑微请愿”未被理睬，“前述（大不列颠）王国统治下的所有权力的行使，有必要被全面禁止”。[41] 几个星期后，杰斐逊有关奴隶制度（他将其归咎于“基督教国王”，并提倡新共和国废除该制度）的长篇内容在编辑过程中被全部删去，据杰斐逊的笔记所言，是为了“迎合佐治亚和南卡罗来纳的众代表”，如阿瑟·米德尔顿、爱德华·拉特利奇，因为他们的奴隶约翰·班伯里（John Banbury）和露西 · 班伯里（Lucy Banbury）、庞培 · 拉特利奇和弗洛拉 · 拉特利奇目前正在享受邓莫尔伯爵及英国舰队的保护。

但其实，这种享受应该十分有限。因为环顾四周，无论是在船上还是岸上，疾病和不幸都如影随形。邓莫尔伯爵的舰队有一百多艘大小船只，此外还有亨利 · 克林顿爵士指挥的二十九艘船，此前

试图攻取查尔斯顿港口附近的沙利文堡未果。他们表面上看威风凛凛，实际上却是外强中干，因为这支舰队物资紧缺，只能沿着海岸在岛与岛之间来回航行，寻找距离足够近的港口，以便派遣小船出去搜寻物资、偷袭种植园，而且还得竭力绕开沿岸会给他们造成惊人伤害的美军炮组。更糟糕的是，邓莫尔伯爵原本以为的优势——逃亡奴隶参军——现在显然成了累赘。尽管他向乔治·杰曼大人报告说，每天都会有六到八名奴隶来投奔他，但实际上，这个数字立即就被天花以及一种无法确认的“舰队”热病（可能是斑疹伤寒）导致的死亡抵消掉了。

无论是船只还是最初设立在弗吉尼亚朴次茅斯附近的塔克角的岛上营地，全都人满为患，疫病横行几乎是早晚的事。[42] 黑人尤其深受天花荼毒。舰队医生建议种痘，但这个小手术是通过故意用病毒感染创口来制造抗体，致死率较高，而且还意味着那些被接种的 108
人在疾病活跃期内无法履行劳动或军事义务。邓莫尔伯爵感到自己既不能失去白人士兵，也不能损失黑人士兵和劳工，所以在 5 月底，他做出了一个壮士断腕般的残酷决定：丢下病入膏肓的人，率领舰队掉头北上，去另一个港口，皮安坦克河河口的格温岛（Gwynn's Island）。不过，去了之后，情况也没有好转。虽然埃塞俄比亚兵团已全部种痘，但却同白人士兵和水手分开，被安置在了独立营地内，加上缺衣少食导致身体虚弱，数以百计的黑人纷纷患上“该死的热病”，最终死亡。邓莫尔伯爵的军力被这种病迅速吞噬了。到 7 月初，“雄獐号”的船长安德鲁·斯内普·哈蒙德（Andrew Snape Hamond）报告说，这个小兵团已经“虚弱不堪，无力迎战任何劲敌”。

7 月 9 日，敌人还未发起突袭，邓莫尔便抛弃了格温岛以及那些已经治不好的病人，其中大部分为黑人。而一部分小船和大部分染病者的小屋连同里面的尸体也都被烧掉了。随后，邓莫尔扬帆去往波托马克河的河口，在圣乔治岛（St George's Island）上安营扎寨，停留了几个星期，并突袭了一些低洼地区的种植园和住所，但是，他还是发现，自己的军队难以足够靠近这些地方制造些严重的破坏，因为再近的话，他们就会成为美国枪炮的靶子。8月6日，他最终（或许有些过早地）承认了自己的任务已经毫无希望可言。剩下的一百零三艘船中，六十三艘被烧掉，其余的四十艘整编为三个中队：一个北上纽约，继续战斗；一个南下，去佛罗里达东部的圣奥古斯丁；第三个则返回英国。

弗吉尼亚步枪队登上格温岛后，迎接他们的是一副惨绝人寰的景象。“我们发现，敌人早已落荒而逃，而我们眼前的可怕情景
109 则令人魂飞魄散：从他们的炮台到樱桃角（Cherry Point）约两英里长的地带上，腐尸遍地，难以计数，身上连一铲土都没盖。”在这些尸体中间，有些人还活着，但也已“气若游丝……有人费尽力气爬到水边，只能向我们挥手求救”。[43] 托马斯·波希（Thomas Posey）上校看到许多人还没有死，但“横七竖八地躺在地上，不少躯体都已经被野兽撕咬得支离破碎”。[44] 美国士兵还找到了在最后那场大火中被烧掉的尸体遗骸，但具体数字很难点清楚，因为大半都已烧焦，没焦的部分也已腐烂不堪，但至少应该有五百具。或许其中有些人在生命被灾难夺走前，至少有一刻感觉到了世界确实已被改变；但从这一堆堆散落在爬来爬去的螃蟹中间的尸体上，我们实在看不出来。

* * *

两个月前，威廉·坎贝尔大人，也就是那位极不情愿的斗士，完成了他的使命。一支由二十九艘英国船只组成、彼得·帕克（Peter Parker）准将指挥的舰队出现在查尔斯顿港口，载着二百七十门炮、近两千名陆军和海军，看起来志在必得，要攻下沙利文岛上的堡垒，

进而从实质上封锁整个港口。坎贝尔则吃住都在旗舰“布里斯托号”上。但是，实际的任务要比纸上谈兵难许多。为了使岸上的炮能进入舰炮的发射范围，两艘船（包括刚刚开始执行航海任务的“亚克提安号”）在试图靠近海岸时不幸搁浅。针对堡垒以及附近某小岛的突袭也一塌糊涂。小舰队靠得越紧，遭受的火力就越猛。威廉大人还亲自上阵，操纵“布里斯托号”的一门大炮，但其间，一块被炸飞的甲板碎片击中了他的大腿。这个伤口一直都未愈合，两年之后，在种植园主妻子的陪伴下，这位南卡罗来纳的最后一任总督离开了人世。

111

第四章

这样下去不行。格兰维尔·夏普没法像以前那样继续了。坐在军需局里签发一下指示，安排人把火药桶或燧发枪运往印度的蒂鲁吉拉帕利（Trichinopoly）或者斯里兰卡的亭可马里（Trincomalee），似乎还没什么感觉。可想到自己一手供应了在邦克山战役中刺穿美国人胸膛的刺刀，或者运送了把查尔斯顿的房子烧成灰烬的手榴弹，哎呀，他就良心不安了。死的人很可能会是他的费城通信人安东尼·贝内泽、拉什博士或者本杰明·富兰克林的朋友，都是贵格会教徒，都是热爱和平、痛恨奴隶制的人啊。这无异于他用鲜血在自己的那些信上签名。所以，1775 年 7 月 28 日，他在报上读到波士顿附近的战斗，又收到被困的豪将军要求运送各种军需的紧急申请后，夏普立即写信给上司托马斯·伯丁顿（Thomas Boddington）先生，声明他“反对以任何方式参与那摊丧尽天良之事”。[1] 委员会的先生们其实可以质问一下，他以为自己在什么地方工作？但神奇的是，他们没这么问。对于这位爱埋头研究《摩西五经》（Pentateuch）、喜怒形于色的坏脾气下属，他们甚为尊重，甚至可以说爱护，因此对他从轻处理，推荐他先申请休假两个月，现在正值战争期间，这样的考虑要比突然辞职“更让人乐意”接受些。

休假获准后，格兰维尔北上去看现已当上副主教的哥哥约翰·夏普博士。他在破败不堪的班伯城堡（Bamburgh Castle）找到哥哥时，发现他把那些年老体弱和穷苦潦倒之人召集到这里，为他们调理身体，还教他们思考（让附近的乡邻大为震惊），并派遣骑手到波涛 112
汹涌的海岸上观察有无沉船，或者偶尔被冲刷到礁石上的幸存者。假期结束后，格兰维尔再次写信给伯丁顿，表达了英国没能与殖民地达成和解让他感到心痛。他坦陈自己仍然感到无法“在一场针对那些在我看来同为臣民的人的血腥战争期间，回去履行我的军需职责”。[2] 他的兄弟们都团结在他周围，支持被他们昵称为格里尼的格兰维尔凭自己的良心做事。哥哥詹姆斯（也就是那位会演奏蛇号的五金商人）修书给他，说也许舆论会转向，但如果没有，

> 你该好好考虑一下要不要辞职——我现在既是替威廉哥哥，也是在代表我自己表态——我们都准备好了，也愿意，而且感谢上帝，也有能力保障你不受到任何损失；我们唯一的要求就是，你还像现在一样生活在我们中间，不要觉得在这种情况下，你就成了我们的负担，也别觉得你有义务必须去找什么别的工作；说到底，如果我们中间有人时运不济的话，这个人是谁并不重要。[3]

夏普的上级还是不愿意放他走。他的忧虑难道不是基督教徒情感中那种令人钦佩、感动的特点吗？等他天生的爱国心和责任感恢复后，这样的忧虑自然就消散了。再多放三个月假吧。

然而，他的悲观有增无减。1775 年 10 月 26 日，国王宣布议会召开。他的演讲——当然是由大臣执笔——十分坚决。[4] 殖民地打着抗议蒙冤的幌子，且不管是假想出来的还是真正的冤屈，搞起了

叛乱的阴谋，而且现在还得逞了。其目的自始至终都是争取独立：美国殖民地要同他们本该效忠的国王和议会彻底分离。在做出任何
113 积极响应，回应那些抗议前，必须先平定叛乱。但是，上议院和下议院中对政府持批评态度的议员，认为这一主张的前提站不住脚。他们坚称（消息有些滞后），他们的美国朋友并不想独立；他们不过是因为政府表面上犯下的愚蠢暴行和对可恶的军队的过度依赖，才被迫摆出这种姿态而已。夏普也持有相同的看法，因为很清楚他那些费城的朋友们其实并不愿意彻底与英国分裂。

而且，贝内泽正在竭力让他的美国同胞认识到奴隶制有多可恶，所以夏普担心，要是打仗，他的这种努力可能会受到影响。夏普自己从来都不怯于指出美国人那种自相矛盾，一面要求自由，一面又拒绝赋予他们的黑人兄弟同样的东西。1774 年，他出版了《人民享有参与立法的自然权利之宣言》（*A Declaration of the People's Natural Right to a Share in the Legislature*）一书。其中的猛烈抨击，既适用于被课以重税却未被充分代表的英国人，也适用于美国人。他不加掩饰地说道："让他们先灭掉那当灭的物，再来冒昧地恳求天意介入吧！"[5] 事实上，多亏了贝内泽，游说的伟大事业已经开始。富兰克林回到费城后，便收到了两百五十本《宣言》，贝内泽希望他能把这些书分发给那些重要人物。夏普一直都寄希望于美国会害怕以"勇者之邦，奴者之地"[6] 的面目出现在世界面前，最终，他的希望似乎得到了回应。1775 年 4 月，有史以来第一个美国反奴隶制协会在费城成立。但五天后，英国士兵和美国民兵在莱克星顿绿地发生了交火。此后的多年中，很少再能听到费城这个协会的消息。

当然，夏普无论如何都不会料到的是，英军到达美国，非但没有延缓奴隶解放事业的发生，反而起到了推波助澜的作用。威廉·豪勋爵（Sir William Howe）率领二百六十艘船组成的舰队前往费城时，途经新泽西的海岸，无数黑人蜂拥而至，"白人几乎一个都没看到"。

一天之内，舰队便收留了三百名逃亡奴隶。但他们算是幸运儿，还能划着小船或小舟靠近舰队。有些奴隶看到舰队靠近海岸线后，竟 114
试图游过去，结果多半都溺水而亡了。[7]

武装被解放奴隶的想法，在英国争议极大。1775 年 10 月，在讨论国王发表的演讲时，曾于 1756—1760 年的英法北美战争期间担任过南卡罗来纳总督的威廉 · 利特尔顿（William Lyttelton）曾坦言，在他看来，如果派“几个兵团”去美国，“黑人就会起义，把他们的手浸在主人的鲜血里”，这是很明智的反抗。[8] 政府中那些思想更偏自由主义的反对派认为这个提议无耻又野蛮：“太黑暗、太可怕了，不能采纳。”约翰 · 威尔克斯如此说道。[9] 对此感到震惊的人迅速联合起来，发出了反对的声音。布里斯托尔和利物浦地区的蔗糖和奴隶贸易团体本已对牙买加发生的起义感到忧心忡忡，自然不支持这一策略，斥之为骇人听闻。而那些支持美国的人，如埃德蒙 · 伯克（Edmund Burke），即便反对奴隶贸易，也否定了武装黑人（可能还会包括武装印第安人）的想法，认为这无异于许可谋杀。

格兰维尔 · 夏普如何看待武装黑人的策略，我们从他的通信中看不出蛛丝马迹，但考虑到他支持和平劝说美国这种立场，所以不太可能赞成。虽然他在 1777 年 4 月最终从军需局辞职（上级的耐心被耗尽了），虽然他的许多朋友最终接受了《独立宣言》似乎真的意味着美国要独立，可夏普自己还没有放弃让美国以王国自治领的身份重新回到大英帝国怀抱的希望。他仍然坚定地认为，如果美国能有代表——无论是直接在威斯敏斯特，还是在立法机关中拥有专有征税权——那么不满的源头便会消失。而且到 1778 年初，英国军队已经占领了纽约和费城，此时难道不正适合精明地摆出宽宏大量的姿态？

夏普去求见殖民地大臣，向他强调了赋予殖民地“英国各郡享受的那些公平、公正的权利”的必要性。诺斯政府中级别最高的官

115 员们为什么愿意会见军需局的前员工？因为格兰维尔·夏普一直在为和平吹笛子。他哥哥威廉置办了新的高级游艇“联盟号”（比“阿波罗号”更宽敞、舒适）之后，夏普家的水上音乐会变得更为抢手。1777 年 9 月初，当威廉·豪和华盛顿各自在宾夕法尼亚调兵遣将，准备在布兰迪万河（Brandywine River）附近大干一场时，夏普一家正在为国王和王后“表演一系列的音乐、歌曲和无伴奏的三部重唱曲”。“然后，我们欢呼三声，表演着《撤退曲》（*The Retreat*）退了下去。”而一年之后，即 1778 年秋*，当约翰·伯戈因（John Burgoyne）自信满满地向萨拉托加进发，即将陷入灾难时，诺斯首相也曾登上“联盟号”，在泰丁顿区到邱区间的泰晤士河段上，喜笑颜开地伴着在他胖乎乎的脑袋上方盘旋的燕子，听了一小会儿亨德尔。[10]

* * *

同往常一样，扭转事态的又是黑人。1778 年圣诞节前夜，一支由苏格兰高地人、黑森雇佣兵与纽约的保皇党志愿者组成的海军分遣舰队载着三千名士兵，在萨凡纳河（Savannah River）河口的泰碧岛附近抛锚停泊（两年前，数百名逃跑的奴隶曾在这里躲避）。一位名叫萨姆森的黑人领航员，带领舰队安全驶过了沙洲，且在下一年中，还将为英军在佐治亚和南北卡罗来纳沿岸的突袭行动担任向导。因此，对于正竭尽全力控制住南方，以抵抗英军新一轮进攻的美国和法国军队而言，俘虏或杀死萨姆森，成了他们的头等大事。

萨凡纳抵抗进犯军队最好的防御物就是其地理位置：该城坐落

---

* 此处作者有误。萨拉托加战役发生于 1777 年秋而非 1778 年秋。伯戈因在战败投降后即被撤职，回到了英国。

在萨凡纳河西边的陡岸之上，北边则是亚马克洛沼泽（Yamacraw Swamp），因此只有城东那条易受攻击的路需要保护，而把守在此的佐治亚和南北卡罗来纳军队早已毁掉了入城的栈桥。但是，植被茂盛的亚马克洛沼泽虽有圣奥古斯丁河（St Augustine）与泰碧河（Tybee）流经，可这危险重重的淤泥中其实有一条坚实的小路穿过，而在 1778 年 12 月 29 日，一位名叫夸米诺 · 多利（Quamino 116
Dolly）的老黑奴，便将这条路的确切位置指给了阿奇 · 坎贝尔（Archie Campbell）中校，高地人（没带他们的背包）同纽约的志愿者由此绕到了佐治亚与卡罗来纳民兵的后方。美军一面受到步兵袭击，一面又遭到大炮狂轰，[11] 阵线最终被击溃。英军俘虏四百五十名美军（其中包括三十八名军官），并缴获四十八门大炮。佐治亚和卡罗来纳的民兵中，战死或严重受伤的有近一百名，另有三十人在涉险穿越沼泽逃跑时身亡。英军方面只有三死十伤。罗伯特 · 豪（Robert Howe）将军的残部最终各自逃散。现在，英军不仅占领了萨凡纳，还占领了外围的一些小镇，比如埃比尼泽（Ebenezer），由于来自萨尔茨堡的路德宗教徒定居在此，黑森雇佣兵还有机会在这里讲起了德语。“许多可敬的居民，”坎贝尔在 1779 年 1 月写给乔治 · 杰曼（George Germain）大人的信中说，“都加入了（英国）军队……自带步枪和马匹，组成骑兵队，肩负起了地方巡逻的任务……我现在可以荣幸地告诉大人，全省各地的居民都带着武器聚集到了王旗之下。”[12]

这些人并不全是白人。

* * *

主人跑了。他带着车和人逃到北方，丢下了他们。现在，是时候投奔英军了；是时候重生，获得自由了。于是，牧师大卫 · 乔治把妻子菲莉丝、他们的子女和所有的奴隶召集到一起，五十多人拄着手杖、扛着铺盖，浩浩荡荡地朝种植园的反方向进发，把奥古斯塔甩在背后，准备前往欧吉齐河（Ogeechee River）与萨凡纳河之间的新埃比尼泽（New Ebenezer），因为他们听说那里有英军堡垒，国王的士兵就在那儿。[13]

旅程真丰富啊。第一场是他母亲和父亲的历程，二人从非洲被运到弗吉尼亚，去了拉帕汉诺克河西岸埃塞克斯县内的诺托韦河
117 （Nottoway）附近。他们分别叫约翰和朱迪斯。约翰在烟草和棉花地里为查普尔先生劳动，朱迪斯当厨子，两人为他们的主人生下了八个小奴隶（包括大卫在内），孩子们从小便在种植园里工作，为劳力送水或者梳棉。但孩子们在成长过程中，目睹了许多苦难，也遭遇了很多苦难，因此越来越不满，希望能逃离这个地方。

> 我姐姐叫帕蒂；有好几次，我见到她被鞭子狠抽，后背皮开肉绽，好像要烂掉一样。我哥哥迪克逃跑过，后来被他们逮了回来。但他们准备把他绑起来时，他又逃脱了。于是他们就骑着马、带着狗去抓他。抓回来后，他们绑住他的手，把他吊到院子里的一株樱桃树上，还扒掉他的衣服，只留下马裤。吊起来后，他的双脚离地面有半米左右，他们又把他的双腿紧紧捆起来，在中间穿了根棍子，叫主人的两个儿子分别坐住棍子的一头，好防止他乱动。之后，他们抽了他五百鞭，并用盐水冲洗他的后背，然后再用鞭子抽，还拿一块破布把盐水擦到肉里。最后，他们直接派他去田里拔烟草的吸根。

大卫自己也挨过很多鞭子。他后背上的每一条粉色伤痕都在讲述着他的经历。但对他而言，最痛苦的经历还要数亲眼看着他母亲被扒光衣服，跪在地上痛哭流涕地求饶，但还是被抽得遍体鳞伤。

遭此一劫后，她最终去世。当时二十一二岁的大卫看着躺在临终病榻上的母亲眼睛上翻后，实在不想再哭泣，便从种植园逃离，开启了他自己的第一场旅程。

他听人说教堂是庇佑之所，便跑到了诺托韦的英国教会——虽然他喝酒，没想过天堂，也不相信地狱，毕竟，不管哪里有什么魔鬼，总不会比查普尔先生更坏。南下的路上，他需要渡过很多条河。 118
第一条是罗阿诺克河（Roanoke），然后是北卡罗来纳的皮迪河（Pee Dee）。在这条河上，他遇到的白人不仅让他上了他们的船，而且在得知把他抓起来能得到三十基尼的赏金后，也没出卖他。当抓奴隶的赏金猎人快到时，皮迪河上的人又告诉他继续往南，一直到萨凡纳河。他照做了。但猎人们还是紧追不舍，于是他便沿奥克摩基河（Ocmulgee）北上，逃进了佐治亚的深山老林里。在那里，他被克里克印第安人抓了起来，因为他在逃跑途中留在红色土地上的脚印是扁平足的脚印，而克里克人有足弓，所以他们据此判断，逃跑的人是黑人。这里的克里克部落大王名叫蓝盐（Blue Salt），大卫被抓后，成了他的战利品。他为蓝盐挖坑种玉米，吃的是梨和火鸡，被照顾得很好。但接着，查普尔的儿子带着猎犬，就像追踪一头鹿一样，一路追到了克里克人的地盘上。蓝盐当然不会拱手让出自己的黑人战利品，但查普尔的儿子提出用朗姆酒、亚麻布和一杆枪交换后，他动了心。大卫趁着交易还没完成，又找机会往西逃到了那切兹人的大王杰克（King Jack）那里。那儿有个叫约翰·米勒（John Miller）的人，正巧来找那切兹人买鹿皮带，准备转卖给住在南卡罗来纳的银崖（Silver Bluffs）、同印第安人做生意的大中间商乔治·加尔芬（George Galphin）。米勒同杰克大王、查普尔的儿子（现在已经厌倦了追捕大卫，愿意接受金钱补偿）商定了一个金额后，从杰克大王手里买走了大卫。在之后的两年里，大卫为米勒缝补皮革，照料马匹，防止它们走失。每年，他都会把皮革高高地堆在一条皮划艇上，沿河而下，送到住在银崖的加尔芬先生那里去。而加尔芬这个人，估计是一个如父亲般慈祥的人，因为大卫问他自己能否跟他生活后，他答应了。大卫在这位印第安贸易商身边待了四年。

后来，“罪孽深重的”他对自己当时的生活方式感到羞愧，但上帝帮他找到了一位妻子：半印第安、半黑人血统的菲莉丝。两人生下第一个孩子后，他活得还是很糟糕，一个来自查尔斯顿、名叫塞勒斯（Cyrus）的黑人告诉他，如果他继续这样活着，就永远不会有机会到荣耀的天国，一睹上帝的真容。于是，他便开始祷告。但是他不祷告的时候，还是过着罪恶的生活，同加尔芬先生生活在
119 银崖期间，他不停地祷告，不停地违反戒律，然后再祷告，再违反戒律，直到有一天，他遇到了自己在人间的拯救者。这个人叫乔治·雷利（George Leile），大卫因他而获得了重生，为了向他表示敬意，将自己的名字改为大卫·乔治。神奇的是，大卫在弗吉尼亚时就同雷利认识，他们是童年玩伴，但自那之后，雷利遇到了上帝，已经变了一个人。他向大卫宣道，说“凡劳苦担重担的人，可以到我这里来，我就使你们得安息”，大卫听后，跟他讲了自己的情况。然后，两人一同去了一所离银崖有一段距离的教堂，见到了在加尔芬先生的一座老旧的大磨坊里传教的帕尔默修士（Brother Palmer）。随后，帕尔默修士来到银崖，直接向加尔芬先生的一些奴隶宣道，并为八人施洗。大卫和菲莉丝也在此列，他们一同站在为磨坊提供动力的湍急水流中，在岩石与闪闪发光的鲑鱼中间接受了洗礼。一座教堂在银崖拔地而起，大卫和其他人吃起了圣餐，唱起了以撒·华滋（Isaac Watts）创作的圣歌。他渐渐靠近了圣灵，他人也发现了这一点，便请他讲道。因为自己有口吃，又没文化，他感到羞愧，便拒绝了这项任务。但帕尔默修士告诉他，不要学约拿，不然会惹怒上帝。就这样，他成了大卫修士，成了长老，开始向生活在银崖的人们讲道，使他们仰起脸来，看到了宽恕一切的上帝那光辉灿烂的面容。

战火烧到遍地是水稻与沼泽的沿海低洼地区后，奴隶主们不再允许帕尔默修士这类牧师接触黑人，以防他们打什么主意。所以，现在只能由大卫来担任三十多名教众的牧师。大卫心想，既然要照料他们，那他自己最好学会识字。但奴隶主们也不许他们学，于是大卫就去找白人孩子，同他们练习字母表，一直练到他能拼出文字，读懂《圣经》里的内容。小孩子给他上点课之后，他会走开，在脑子里背诵刚听来的内容，然后再回去找孩子们，看看自己背得对不对，如此反复，直到搞对。现在，大卫可以讲道，可以传授，可以读，可以写了。圣典的全部荣光都属于他，而他的教会也成了全美国第一家黑人教会，虽然他并不知道。

现在，时间是 1778 年圣诞节，他们听说自己身处险境，海岛 120
外围停泊着英国船只，数以千计的士兵就要来了。晚餐时，他们又听说英国人可能会武装印第安人；突然间，吼叫声、奔跑声不绝于耳，人们带着狗和镜子之类的精细物件坐上马车离开了，孩子们回过头，表情忧伤地望着曾经的住所。喜欢美国也很了解印第安人的加尔芬先生离开得最匆忙。现在，只剩下大卫和他的教众了，没人再来管他们，没什么让他们可留恋，只是现在正值灰蒙蒙的隆冬时节，他们也没有多少食物了。

* * *

得知英国愿意提供自由和保护，以换取为国王服务后，佐治亚至少有五千名奴隶逃离了农场，占到该省奴隶总数的三分之一。正是这一情况，让大卫·乔治下了决心，带着他的教众（现在约有五十人）离开奥古斯塔，前往萨凡纳。出城二十英里后，他们到达埃比尼泽，这座要塞已经被黑森雇佣兵和苏格兰高地人占领。但英国将军无法接收大量涌来的黑人，便再次把他们送过欧吉齐河，到了一个叫萨维奇种植园的地方。这里全是白人保皇党，他们看到大卫领着教众到来后，指控他是要带着他们离开萨凡纳，去投奔爱国者。尽管他争辩说自己根本没有这么做，但还是被扔进监狱，关了一个月，直到一位英国军官布朗上校到来后，才把他弄出来。

在湿地树林附近的亚马克洛（Yamacraw），大卫·乔治同乔治·雷利及其家人重逢，二人开始一起宣讲上帝之道。但在1779年夏天，五千多名美法军队组成的联军迅速逼近，誓要夺回萨凡纳，乔治一家害怕被美国人抓住，便搬到了城里。到达之后，他们发现六千多名黑人（包括五十九名黑人先锋连的士兵）有的在挖掘壕沟，有的
121 在修筑栅栏城墙，有的把砍下的树木削尖，制成鹿砦，用来阻碍、刺伤进犯的敌人，有的则在把守掩体。指挥这些工兵的苏格兰人詹姆斯·芒克利夫上校负责照顾他们，确保他们能吃饱穿暖，还为他们提供武器，让许多本身是奴隶主的托利党种植园主十分惊愕。到1779年10月初，美法联军最终开始向萨凡纳推进时，这里已经被固若金汤的防御工事包围起来，整个城市的西侧，从宽广的河流盆地到溪流纵横的沼泽地带，都设下了重重障碍。

但是，英军最终能抵挡住联军对萨凡纳的进攻，本身还要归功于黑人在另一个关键方面为其提供的帮助。9月16日，联军向英军将领奥古斯丁·普雷沃（Augustine Prevost）发出最后通牒，要他在二十四小时内交出该城。但普雷沃知道（或者说至少希望），援军已经在路上了，詹姆斯·梅特兰（James Maitland）上校手下的一支分遣队正从博福特赶来。会讲格勒语（附近海岛居民所操的方言，奴隶从非洲离开，经过悲惨的横渡后，最初被送到了这些海岛上）的黑人向导为梅特兰带路，绕过法军的封锁，穿越一般情况下不能通行的沼泽，以佐治亚的浓雾作掩护，抵达了一片只有“熊、狼和逃亡奴隶”[14]才熟悉的郊外地区。收到增援部队很快就会赶来的密报后，普雷沃把他的二十四小时用在了拖延上。不出所料，梅

特兰领着援军到达了，而且兵力也足以让英军自信地认为，他们极有可能逃过美法联军发起的任何进攻。于是，整个城市开始等待；二百五十名黑人拿着武器，站在城墙上的防御者中间，其中一些操作的还是大炮。曾经的奴隶正在等着杀死曾经的主人。

一周之后的 9 月 23 日，炮击开始：八英寸和十英寸口径的迫击炮与五十多台大炮，从双方的炮台和停在河里的护卫舰上发起攻击。[15] 从 10 月 3 日到 8 日，炮火几乎从未间断，弹壳如雨滴一般无情地砸向萨凡纳。整洁的网格式街道上几乎没有一所房子幸免，令人窒息的烟雾笼罩着整个城镇。不过，大部分炮火并没有击中防御工事，仿佛炮轰的目的只是恐吓。而且尽管许多建筑被炸塌，到 122
处都是燃烧的残骸，但并没有多少人受伤。不久之后，黑人小孩便开始在大街小巷里穿梭着寻找空炮弹来当玩具了。当然，不是每个人都觉得法军只是在闹着玩。当一颗炮弹直接穿透屋顶，落在大卫 · 乔治及家人正居住的马厩里后，他与妻子菲莉丝出于为子女杰西、大卫、金妮的安全着想，决定不继续留在这里，而是回到了亚马克洛。在那里，他们找到一所废弃的房子，暂时躲藏在地板下，竭尽全力活了下来。

法军的指挥官夏尔–埃克托尔 · 代斯坦伯爵（Charles-Hector Comte d' Estaing）感觉萨凡纳已经被轰得差不多之后，下令在 10 月 9 日黎明发起进攻。但他的命令来得有些晚，天已经快亮了，所以当他的掷弹兵到达防御工事的最北端，借着浓雾往春山上爬的时候，他们身上的亮白色军装正好为英军提供了完美的靶子，结果正拖着沉重的脚步往上走，便遭遇了火枪的猛烈射击。一支美军的骑兵连在一名波兰人的带领下冲向防御工事，但在鹿砦前乱作一团，被打得落花流水。连队的将领普拉斯基（Pulaski）死在了尖棍之间，扭曲的身体上布满枪眼。由约翰 · 劳仑思率领的卡罗来纳军队紧随其后，冲到了城墙前，刚把战旗插到地上，便受到了两边的火力夹击。此时，英国的掷弹兵和海军抱着刺刀，冲出栅栏城墙，在接下来的一小时里，与敌人展开了残酷的白刃战：五个国家（美国、英国、苏格兰、德国、法国）的士兵，在被黑烟笼罩的河水旁边那湿滑的悬崖顶上，用枪射，用刀刺，用手抓，用拳打，乱作一团。（在这些人之间拼杀、射击的还有黑人，他们心里一定感觉是在为自己的自由而战吧。美法联军一方也有来自法属圣多明各岛［St Domingue］的自由黑人，不过只是作为后备军，没有参战，所以，在南方的其他战场上发生的黑人自相残杀的悲剧性场面，并没有出现在萨凡纳的高地上。）

战斗结束后，壕沟里满是法国士兵的尸体，白色的军服上血迹斑斑。此外，英军还从刺死在鹿砦上的马匹尸体之间扒下并埋葬
123 了两百零三具法军的尸体。有些马狂奔着往山下跑时，直接冲进了沼泽里，导致它们的骑手淹死其中。溃败的联军有近八百名士兵死伤，不过据普雷沃称，人数超过了一千；英军则只有十八人死亡，三十九人负伤。这场战斗与邦克山战役正相反。九天之后，美军放弃围攻，三天之后，代斯坦也启航离开了。向来不习惯恭维别人的普雷沃谈及黑人时，（似乎有些惊讶地）写道，“他们在劳动和打仗中屡建奇功，一点都没有表现出慌张的样子。”这种让爱国者十分担忧的新勇气蔓延到了萨凡纳的城墙外。围城结束后，一个很可能受英国军团的约翰·麦肯齐上校（Captain John McKenzie）领导的黑人连队，在城外的麦克吉尔弗雷种植园同爱国者士兵打了一场激战，把他们赶出了阵地，直到弹药耗尽之后才退兵（一死三伤）。[16]

但那之后，黑人有了一种值得认真争取的东西。1779 年 6 月 30 日，亨利·克林顿爵士在离开纽约去南卡罗来纳作战，准备夺取查尔斯顿前，在菲利普斯堡（Philipsburgh）发表了第三份宣言。他在其中警告道，为叛军打仗的黑人可以被买来去参加公共建设，“但对于作为叛军财产的黑人，只要愿意加入我军的任何兵种，我

将严格禁止任何人贩卖他或对其宣示所有权；而且，我可以向每个愿意抛弃叛军旗帜的黑人承诺，我将保证他在我军防线内的安全，保证他可以选择任何他认为合适的职务”。[17]

对于一名见证了萨凡纳战斗的美国军官而言，此间的教训，无论是在战略上还是在道德上，都不可能表现得更明显或迫切了。因此，在 1780 年 2 月，时年二十五岁的约翰·劳仑思上校在他的家乡查尔斯顿敦促负责该城防御的本杰明·林肯（Benjamin Lincoln）将军，让他赶紧招募黑人，允许他们担任步兵或炮兵。[18] 劳仑思于 1774—1776 年间在伦敦的生活经历，定义了他的后半生。只能在千里之外的异国眼睁睁地看着美国的危机愈演愈烈，使他成了一名狂热的爱国者和共和主义者，而他与约翰·比克奈尔、托马斯·戴的 124
友谊，则让他变成了一名废奴主义者。而将爱国与废奴事业这两项放在一起之后，他意识到，允许黑人从军已是势在必行，否则美国的独立事业既会在道德上站不住脚，也会在军事上吃大亏。

1777 年，劳仑思成为乔治·华盛顿的副官，而那时，这位总司令已经命令南方各州禁止奴隶加入大陆军。但随着美军的处境越来越艰难，这项排斥性的政策也稍微有了一些松动。在那一年，佛蒙特（Vermont）成为第一个也是唯一废除奴隶制度的州。而罗德岛和康涅狄格的大陆军征兵指标未能完成时，空缺便是由黑人来填补的，且主要被编入了白人兵团。不过，鉴于许多黑人士兵（即便不是大部分）其实是在代替白人主人服役，他们的出现是否表明无论是他们的主人还是他们自己都对美国独立事业没有多少热情，还有待讨论。唯一的例外可能是克里斯托弗·格林（Christopher Greene）上校的罗德岛第一兵团。这支黑人战斗力量，是在 1777—1778 年冬天，驻扎在瓦利福奇（Valley Forge）营地的大陆军大量病死或饿死之后专门组建起来的，不过同英军方面一样，军官也都是白人。该团起初约有一百二十人，其中三分之二都是奴隶。奴隶在罗德岛不难找，因为当时的纽波特仍然是奴隶贸易的母港。这些人都参与了1778年8月发生的罗德岛战役。[19]

华盛顿写信给罗德岛总督，建议用黑人来填补征兵缺额时，只有二十三岁的约翰·劳仑思也在场。他一直以来都对奴隶制感到良心不安，华盛顿的信，让他把这种不满变成了行动。他写信给父亲，要他解放自己家的奴隶，“不必给我留这种财产”。[20]当然，他真正想做的其实是动员、武装、领导一支全由黑人组成的军队。他认为，参军这条路是让这些只习惯做苦役的人获得自由的完美方式。不出所料，拥有三百名奴隶的亨利·劳仑思可不这么想。他质问儿子，
125 黑人怎么会放弃“这种不仅能忍受而且习惯后也还算舒适的环境，转而自讨苦吃，离开妻子、孩子和他们熟悉的种植园，跑到每天都会有人牺牲和受伤的战场上”。[21]但约翰·劳仑思心中仍记着自己从夏普、戴和比克奈尔那里学到的东西，所以拒绝接受父亲的观点，并不认同黑人是被动、顺从的生物。相反，他坚持认为，美国目前的斗争之所以神圣，是因为对自由的热情追求，黑人完全有资格像一个完整的人那样，分享这种追求热情。

萨凡纳失守后，1779年春末又传来了令人担忧的消息：亨利·克林顿即将率领八千名士兵组成的舰队南下。因此，有关武装黑人的争论突然不再显得那么空洞，而是多了些战略意味。约翰·劳仑思致信他那位现在以身为费城协会主席的父亲时说，唯有“采纳实施我的黑人项目”，才能拯救南卡罗来纳。或许在这个单靠争论或者诉诸道德与理性无法解决的问题上，“即将来临的灾难”可以最终劝服他的同胞。这位满腔热情的理想主义者，直接从多愁善感的小说中取材，以迎合他父亲迄今为止处于休眠状态的高尚感以及（约翰可不是傻子）虚荣心的口吻说道，如果你在大陆会议和州内起到带头作用，“那你等于为了你的国家与全人类的福祉，而选择了战胜你自己根深蒂固的民族偏见，这是何等的荣耀”。[22]

不出所料，亨利·劳仑思的怀疑态度，突然转变成了一种令人难以置信的理想主义，当然，这很快会恢复成更强烈的怀疑，但他也很清楚，南卡罗来纳低洼地区的种植园主也进退两难。由于成年白人得留在种植园，防止奴隶起义或大规模逃亡，所以该州的民兵队伍招募不到足够的人。有意思的是，约翰·劳仑思其实可以把他的提议说成是把黑人的暴力利用起来，以暴制敌，防止他们掉头反抗主人。当然，即便如此，华盛顿也还是会担心，因为他自己有好多奴隶不是自愿投奔了英军便是被他们掳走了，双方要是不断给奴隶开出更高的诱惑，那么这将会升级为一场武装奴隶竞赛。说到底，南方的奴隶主们还会是最大的输家。华盛顿的高徒、约翰·劳仑思 126
的良师亚历山大·汉密尔顿（Alexander Hamilton），支持了这位年轻朋友的计划。只是他支持这么做的理由——奴隶们要么足够卑贱，可以很好地遵守军纪，要么足够野蛮，可以像魔鬼一样打仗——是否能让华盛顿放心，似乎值得怀疑。

但无论如何，3 月 29 日，大陆会议批准了在佐治亚和南卡罗来纳招募三千名体格健壮的黑人，将领由白人军官担任。奴隶主们则可获得每名奴隶一千美元的赔偿，因为按规定，每名完满服役的黑人将会在战后获得自由，以及五十美元的酬劳。这其实本有可能成为一场真正的革命，轻而易举地粉碎英国人有关美国人伪善的指控。但因为新罕布什尔的会议代表威廉·魏普尔（William Whipple）认为，“这一举措会导致一大群恶棍获得解放，为奴隶制的废除奠定基础”，所以该决议包含了一个巨大的漏洞。考虑到这个措施会给南方两个州带来的“不便”，它们将保留决定其可行性的最终权力。南北双方后来那场将祸害新共和国的尖锐冲突，从一开始便埋下了祸根。

结果可想而知。1779 年 8 月末，虽然英军几乎已经打到了家门口，但南卡罗来纳州的众议院就黑人军团的讨论表决时，七十二张票里只有十二张是赞成票。“种植园主们吓得魂不守舍，”移居查尔斯顿的宾夕法尼亚人、独立战争的早期史学家大卫·拉姆齐博士写道，“他们认为这会造成可怕的后果。”[23] 而亨利·劳仑思这个人，就如当初突然转变信仰那样，现在摇身一变，又开始冷嘲热讽地给这项大计划写讣告了。“我听说你那座黑人空中花园被蔑视的呼喊声炸碎了，”他写信给愤怒又痛苦的儿子，仿佛他根本没有参与其中一样，以冷漠又讽刺的口气说，“以你的学识和豁达，应该不需要什么慰藉的理由，来让你坦然接受失望吧。”[24]

不过，约翰·劳仑思还没完全放弃他的计划。1780 年初，面对
127 即将到来的英军舰队，大陆会议向南卡罗来纳重申了那项提议，而向来渴望行动的劳仑思，也来到查尔斯顿催促自己的同乡。他设法说服了林肯将军向拉特利奇州长征调一千名奴隶。但除此之外，没有哪个有分量的人愿意听他的话。确实，当时是有五千名来自沿海低洼地区种植园的奴隶被征入伍，参与建设查尔斯顿的防御工事，但不同于那些在萨凡纳为英国人做同样工作的黑人，这些奴隶并未获得任何自由的许诺。而且，他们也没有被武装起来，或者加入并不需要武装的炮兵队。众议院认为，劳仑思的措施有些“草率”，只应该在“迫不得已的情况下”采用。

迫不得已的情况按时出现了。就像夸米诺·多利领着英军穿过亚马克洛沼泽那样，黑人领航员也为英军护卫舰找到一条路，越过了为查尔斯顿提供护卫的那片沙洲。4 月时，黑人和白人工程兵挖掘战壕，缓慢但不可阻挡地沿阿什利河与库珀河之间的半岛推进，最终进入了轰炸该城的射程之内。约翰·拉特利奇州长考虑到前有停泊在港口的英军舰队，后有战壕内的英军大炮，以及低洼地区种植园的奴隶大规模逃亡，便表示愿意以南卡罗来纳在战争期间保持中立（这让约翰·劳仑思大感惊骇）作为交换条件，保持现有社会秩序不变，也就是指南卡可以继续蓄奴。5 月，美国卫戍部队投降，为英军送去了五千多名俘虏，其中便包括约翰·劳仑思。他在信中

告诉华盛顿，这是“我一生中最重大、最耻辱的不幸”，且仍然坚信黑人军队本可以拯救查尔斯顿和南卡罗来纳。[25] 但是，南方各州想要一支白人军队，并以奴隶作为条件，来鼓励白人志愿者参军。1780 年 10 月，弗吉尼亚立法机构投票决定，每一名保证服役至战争结束的新兵，皆可获得三百英亩土地，以及从一名三十至六十岁的“健康黑人”或六十磅的黄金中二选一。1781 年 4 月，在南卡罗 128
来纳，托马斯 · 萨姆特（Thomas Sumter）将军开始将被俘虏的保皇党奴隶奖励给白人新兵，而佐治亚也紧随其后，直接向每个能证明自己参加过一场战役的士兵奖励一名奴隶。在资金紧张时，奴隶有时候会代替薪酬，用来支付士兵。[26]

1780 年 5 月，亨利·克林顿爵士骑着马在查尔斯顿庆祝胜利时，一支乐队演奏了《上帝保佑国王》(“God Save the King”)。其中的乐师极有可能包括约翰 · 马兰特（John Marrant），一个识文断字、精通小提琴和法国号的循道宗黑人信徒。出生于纽约的马兰特有着一段极不平凡的经历：被带到南卡罗来纳；经传教牧师乔治 · 怀特菲尔德（George Whitefield）的引导，改信循道宗；被切罗基人俘虏；因酋长说情，在最后一刻逃过了被活活烧死的命运；一边穿着鹿皮、留着辫子、挥着印第安斩斧，一边为一小群教众担任牧师；（其音乐水平）给皇家单桅帆船“蝎子号”上的人留下了深刻印象。从邓莫尔在 1776 年的多次突袭，到四年后占领查尔斯顿，“蝎子号”可谓久经战场。马兰特当然知道克林顿的菲利普斯堡宣言，但真正引起他注意的却是那个骑马跟着克林顿走过布罗德大街的印第安人，他的老朋友、恩人和信徒：切罗基人的大王。此人看到马兰特后，“下了马，走到我面前，说他很高兴见到我，他的女儿（也是因马兰特而皈依了循道宗）很幸福”。[27]

但如果在萨凡纳和查尔斯顿陷落后，沿海低洼地区的黑人以为南卡罗来纳和佐治亚会从地狱变成天堂，或者他们的状态至少会从悲惨的奴役变成令人陶醉的解放，那他们的许多人注定要大失所望了。两万五千名黑人（南卡罗来纳奴隶总数的四分之一加上佐治亚奴隶总数的三分之一）逃离了种植园——直到南北战争和奴隶解放前，这都会是非洲裔美国人历史上为摆脱奴役而进行的最大规模逃亡。[28] 然而，数量如此之巨的奴隶从农场和种植园逃出来，并投奔英军，却给后者制造了一场空前的后勤危机。想当初，邓莫尔发表
129 宣言是因为兵力短缺，但现在，克林顿及其继任者康沃利斯面对的却是兵力太足，但食物、衣物和武器不够的情况。而且可以预料到的是，正如 1775 年和 1776 年时的弗吉尼亚那样，许多逃亡的人都身染重病，要么得了天花，要么是染上了斑疹伤寒；再加上种植园体系在 1770 年末到 1780 年逐渐崩溃，物资变得严重缺乏，形势完全看不到好转。

不出所料，大部分英军将领的反应，更多是取决于军事自保的冷血需求，而非人性的温暖。比如豪与康沃利斯就是这样，而且同亚历山大·英尼斯一样，前者也厌恶在北方战场使用黑人士兵。但另一方面，在整场战争中，亨利·克林顿爵士作为三人中最举足轻重的那位，情况则要复杂一些。他显然不是什么废奴主义者，且同大部分高级军官一样，并不希望同保皇党或持中立立场的种植园主失和，使他们误以为他的目的是破坏他们的世界。因此，当拉尔夫·伊泽德（已故的坎贝尔州长的内弟）的种植园发生奴隶起义后，克林顿便立即派兵镇压了下来。[29] 而那些在起义的种植园当场被抓的奴隶，也并没有按照菲利普斯堡宣言中的规定被认可为逃跑者，而是依旧处于奴役状态，被强制参与公共工程的建设，甚至还被当作奖品奖给了保皇党。不过，一位命令下属在对待黑人先锋连时要“温柔”的总司令，显然也不是传统意义上的将领。事实上，克林顿从未停止对先锋连的关心，将之视为了他自己的个人项目，就像对芒克利夫领导的工程兵和技术兵那样。此外，对于数以千计

“追随英国军队和旗帜”的平民的命运，他也并非一直漠不关心。6月3日，在离开查尔斯顿（当时至少有五百名黑人在这里修筑防御工事）前往纽约前，克林顿为接任自己担任南方战场指挥官的康沃利斯写了一份备忘录，内容大部分与如何对待黑人有关。[30]那些逃离保皇党种植园的奴隶，他指示说，只有在那些奴隶主正式“在逃跑的黑人面前”作出保证，不会以“过去的罪行”来惩罚他们之后， 130
才可以把他们交还给主人。如果事实证明，保皇党蓄奴者违背此命令，确实进行了惩罚，“他或她便等于同意放弃对被惩罚黑人的所有权”。而对于那些属于叛军的黑人奴隶——克林顿觉得应该再向康沃利斯强调一遍，以防他不认同自己的观点（康沃利斯确实有可能不认同）——在忠实地服役之后，“有权获得自由”。他们还将获得“足够的报酬、口粮和衣物”，并且“会受到某个仁慈之人的关照和保护，给予其合适的薪水”。更令人惊讶的是，在写给康沃利斯的这封信中，克林顿还提出了一条建议：“为何不在战后把黑人安置到没收的土地上？”——但这直到大约八十多年后，也就是南北战争后的重建时期，才真正实现，如果说实现了一点点的话。

如果出于后勤上的必要，即便是克林顿本人，也会将奴隶交还给主人，以此来阻止逃亡的奴隶过多地涌向英军，威胁他们本就短缺的物资供应。如果奴隶还因为患病而行动不便的话，就更会被视为累赘。那些已经得病或者快要饿死的黑人，会被严格地隔离起来，而且通常也很少或根本不会得到食物或者住所，以防他们把疾病传染给军队。（大陆军也实行了此类预防性隔离政策。）

波士顿·金便是深受军事自保惯例之苦的无数黑人之一。他出生在查尔斯顿城外二十八英里处的一个种植园，曾为一名赛马训练师工作，经常因为别人犯的错（比如马掌钉丢失）而遭到无情地毒打。[31]英国人占领查尔斯顿后，他跟随主人一起转移，并借了一匹马去看望住在二十英里外的父母。但随后，他冲动地把马借给另一名仆人，可对方骑走马之后却几天没有音讯。金对于无法逃避的严惩感到害怕，便迈出了数以千计的黑人曾迈过的那一步。“为逃避他的残暴，我决定前往查尔斯顿，投靠英国人。他们毫不迟疑地接受了我，虽然被迫离开朋友、与陌生人生活在一起，刚开始让我很难过，但我慢慢开始感受到了那种我以前从不了解的自由的幸福。”然而，幸福来得快，去得也快。

> 131 在这种环境下，我感染了天花，吃了很多苦；因为所有感染这种疾病的黑人，都被命令转移到营地一英里之外的地方，防止士兵染病，无法行军。我和其他很多人的情况都十分悲惨。有时候，我们一整天没吃没喝，只能躺着。但上帝派了一个人来解救我。他是约克的一名志愿者，与我相熟。他给我带来了我急需的各种东西，在上帝的保佑下，我逐渐开始好起来。
>
> 到这会儿，英国人已经离开营地。我没法跟军队一起走，所以认为自己会被敌人抓起来。但他们到来之后，得知我们染上了天花，又赶紧离开了，因为害怕被传染上。两天之后，英军派马车来接我们，把我们送到离医院有四分之一英里远的一处村舍里安置下来（总共有二十五人）。[32]

如此看来，英国人照顾这些黑人的态度，既不是无比的同情，也不是绝对的冷酷和残忍——既有普雷沃将军（如同他之前的邓莫尔）这种人，可以毫无愧疚地将病人扔在水獭岛等地，任由他们自生自灭，也有像波士顿·金的恩人这类个别的英军军官，竭尽所能地为他们的困境做点儿什么。大卫·乔治也感染过天花，只能在萨凡纳城外的小屋里等死，但靠着妻子菲莉丝为英军（有一段时间还是为克林顿将军本人）担任洗衣工赚来的一点收入，他最终活了下来——虽然在病情恶化时，菲莉丝曾按大卫的要求，痛苦地答应丢下他，“照顾她自己和孩子们，让我死吧”，而且在他病重之际，妻子留给他的玉米面还被狗吃了，但大卫最终还是挺过了这场危机。而且，他并不是一个朋友都没有。一个叫约瑟夫·赖特（Joseph Wright）的白人保皇党，就曾允许他使用自己位于欧吉齐河附近的菜园和农田，并且在萨凡纳发布告示，说“在此区域中……任何敢 132
欺侮或骚扰乔治国王（这位）好臣民和自由黑人的人，都将受到法律最严厉的制裁”。[33] 在另一位同情黑人的白人、“吉本斯律师”的帮助下，他最终回到萨凡纳，与家人团聚，并且经营了一家肉铺。在两年间，他有一半印第安人血统的内弟为他提供鲜肉；而在英国骑兵抢夺他的肉铺之后，萨凡纳的黑人也团结起来借钱给他，让他赎回了运到查尔斯顿的猪，以及他的家人。大卫在查尔斯顿待了两年时间，直到约克镇战役后才撤走，他说，在此期间，“P 少将”（詹姆斯·帕特森［James Paterson］少将）“待我很好”。[34]

就大卫·乔治和波士顿·金的经历来看（有关黑人在独立战争期间的经历，这二人是我们现有的最好信息来源），英国人似乎既是恩人又是窃贼，既仁慈又无情；不过，二人最终忠诚于谁，这一点似乎毫无疑问。总体来看，英军虽然严苛甚至冷酷，但对于许多期望逃脱那种永久奴役状态的人来说，却是一个避难所，是希望而非绝望的源头。尽管黑人遭受了身体和物质上的劫难，经历过深重的失望和无情的背叛，但一个不争的事实是，英国人是敌人的敌人，所以他们才会不断地奔向皇家的旗帜。大部分奴隶都不想同那个新成立的美利坚奴役共和国有任何瓜葛。

反正信奉循道宗的波士顿·金至少是这么认为的——虽然双方都叫他吃过不少苦。[35] 比如，曾在金身染天花期间照顾过他的英国军官格雷上校，在同美国人打仗时负伤后，被送到了战地医院，使得金最终“报答了他曾经施与我的那种恩情”。而这种关系一旦建立起来——不是奴隶和主人的关系，而是完全不同的军官与仆人的

关系——波士顿·金的忠诚便不再动摇了。有一次，他单独同一位
133 白人军官待在一起，得知此人决定叛逃到美国人那一边，且偷了五十匹马后，并被对方威胁如果不跟自己走，便会被铁链加身，且“每天早晨都要挨十几鞭”时，金也依然坚定不移。他设法从这位军官身边逃脱，赶了几天路找到英军，向他们报告了此人要叛逃。“三个星期后”，他言简意赅地记录道，“我们的轻骑兵到了岛上，烧掉了他的房子，而且还带回了其中的四十匹马，不过他跑掉了”。还有一次，在纳尔逊渡口，英军遇上了一支规模比他们大很多的军队，金边跑边走近九十英里，叫来了援军解围。英国军队中有许多这样的黑人，划着船、骑着马，在树林中开辟道路，不顾个人危险传递情报，而他们的目的只有一个，那就是让英军多一点胜算的筹码。

当然，他们也有心里打鼓的时候。许多南方的黑人都卷入了这场越来越凶残的战争——因为萨凡纳和查尔斯顿被占领，只是开启了又一个崭新而残酷的冲突阶段，而其中唯一的规则便是参战双方比赛谁更能到处劫掠——同许多黑人一样，波士顿·金也动身去了在他看来更安全一些的保皇党地盘——纽约。他在那里当了一名领航员，但后来被一艘美国人的捕鲸船抓住，并被带到了新泽西的新不伦瑞克（New Bruswick）。他说，俘虏他的人把他“用得很好”，但“一想到再次沦为奴隶，同妻子和家人分离，我的精神就痛苦到极点”。逃跑似乎很难或者说不可能，因为他要想到纽约或者斯塔腾岛（Staten Island）去的话，得跨过很宽的河流。悲痛欲绝的金已经准备好接受自己做回奴隶的命运，但他去见一位在纽约认识的“小伙子”（此人曾试图逃跑，但被抓了回去）时，回想起了奴役的苦难与逃跑的恐怖，奴隶制度那种令人无法忍受的痛楚再次涌上了他的心头。

> 他被俘虏后，曾试图逃跑，但跑出十二英里之后，又被抓

> 了回去。他们用绳子把他拴在马尾上，就这样一路把他拖回了布伦瑞克。我见到他时，他的双脚被拴在刑枷上，到了晚上，双手也会被拴起来。这场面叫我胆战心惊，因为如果我为了重 134
> 获自由而逃跑的话，也会遭遇如此的下场。我很欣慰自己没被关在牢里，而且我的主人也算是把我人尽其用了；事实上，巴尔的摩、费城、纽约的奴隶们有着同许多英国人一样好的食物，每天能吃一顿肉，早餐和晚餐有牛奶喝，而且更好的是，许多主人还会送奴隶去上夜校，好让他们学着读《圣经》……但如果没有自由，所有这些好处都无法让我感到满足！有时候我想，如果我当一名奴隶是上帝的意志，那我也准备好顺从他的意愿了；可另一些时候，我又丝毫不满足于让自己做奴隶的欲望。[36]

在很多情况下，即便困难重重，对于自由的强烈渴望也会压倒被俘虏的恐惧，以及对稳定生活的那种可以理解的需求。某天的凌晨一点左右，波士顿·金趁着低潮，小心翼翼地踏入珀斯安波易（Perth Amboy）附近的河流，虽然听到一名哨兵说“我敢肯定我看到了有个人在过河”，但还是深一脚浅一脚地蹚过了那条冰冷、漆黑的河。后来，他曾怀疑这些人不愿意向他开枪，可能是担心他们会因为没能及时阻止他而受到惩罚。无论如何，他们当时没有开枪。金到达了河对岸，然后“又走了一段距离，我跪下来，感谢上帝把我从危难中解救出来”。他连夜赶路，走到天亮后便躲藏起来，直到天黑。尽管如此，他还是很谨慎，没有直接走大路，而是沿着北上的路线，在芦苇丛和沼泽中穿行，以防被人发现。在斯塔腾岛对面，他又冒了一次险，找到一条拴在岸边的捕鲸船，割断缆绳，划着船到达该岛。这次逃亡经历的结局是一个不带感情的陈述句，平静到让人误认为，在波士顿·金等奴隶的生命中，世界仿佛并没有发生什么革命性的改变：“指挥官了解了我的情况后，给了我一张通行证，然后我去了纽约。”

135 对于逃亡的奴隶而言，英属纽约是一个避风港。从报纸上有关逃跑奴隶的悬赏启事来看，至少有五百一十九名奴隶逃到了那里；但如果实际上在四个奴隶主中才有一个刊登悬赏启事（南卡罗来纳的情况是这样），那么实际人数便会直线上升，极有可能达到两千人以上。[37] 如同弗吉尼亚、南北卡罗来纳和佐治亚一样，随着纽约、新泽西发生战争的可能性越来越大，逃亡的奴隶也越来越多，因此到 1775 年，巡逻队开始抢先抓捕任何在日出前和日落后外出的黑人。为了防止暴乱，那些惯常的残忍惩罚措施——鞭笞、用铁链吊起、处决之后展示死人的头颅——被更加频繁地利用起来。但该地区的黑人人口（到 1771 年时有一万八千人）很难控制，原因是他们要么已经在一定程度上被城市化了，要么便是散布在长岛到哈得孙河谷下游之间那些相对较小的农场上。这种分散或许在某种程度上让黑人很难组织反抗行动，但一个不争的事实是，与南方的黑人相比，他们代表了受教育程度更高、技术通常更为熟练的劳动力，无疑十分留心参战各方不断变化的运气，以及战争对他们自身命运可能会造成的影响。纽约周围的黑人无疑听说过邓莫尔的宣言，即便有人不知道，也一定通过保皇党报刊在 1778 年连着几个月刊登的信息，了解到豪将军曾再次重申，逃离叛军阵营的奴隶可以用服役来换取自由。比如二十九岁的奴隶威廉·福琼（William Fortune，曾属于新泽西哈林顿的约翰·摩根），在听说宣言的事情后便逃跑了。[38] 而两年前，一个来自蒙茅斯县科特地峡、名叫泰特斯的奴隶——不久之后会成为“泰上校”——也逃离了他的贵格会教徒主人（不是所有贵格会教徒都反对蓄奴），一路跑到了邓莫尔的埃塞俄比亚兵团。作为一百位在弗吉尼亚和切萨皮克湾的时疫中幸存下来的黑人士兵，泰特斯抱着复仇心回到了新泽西，参加了 1777 年的作战行动。在蒙茅斯的那场关键战役中——打仗的另一方中有约翰·劳仑思——泰俘虏了隶属于蒙茅斯县民兵组织的以利沙·谢泼德（Elisha Shepherd）。被曾是奴隶的泰抓住，并且关押在纽约的糖厂监狱，他一定很不高兴吧。[39] 136

当然，也有许多黑人，尤其是那些来自南边的新泽西、罗德岛、康涅狄格的黑人，曾为爱国者打过仗，但如果他们原本不是自由人的话，获得解放的可能性基本上很渺茫。1777年，新泽西州长威廉·利文斯通（William Livingston）曾想在该州的宪法中增加一项允许废除奴隶制度的条款，但“众议院认为，我们现在情势危急，不宜考虑此事”。而主张废奴的牧师雅各布·格林（Jacob Green）勇敢地在布道坛上宣布“我不得不认为，把黑人役使为奴，是我们这片土地上最深重的罪孽”后，一群反对废奴的暴徒捣毁了他的教堂，逼得这位牧师不敢再发出声音。[40]

因此，要想看到第一个真正自由的非洲裔美国人社会的萌芽，我们还是得望向英国国旗。[41]在1776年末，当美国军队撤出纽约后，一位刚刚到此的英国士兵看到，“黑人奴隶的孩子们”高兴、宽慰地“互相拥抱、亲吻”。[42]当然，在接下来的几年中，他们的生活远无法用狂喜形容。英军占领纽约后不久，该城约四分之一的地产被一场熊熊大火（有可能是叛军放的）烧毁，且大部分在战争期间都未重建。许多来到纽约的逃亡奴隶只能住在百老汇西边田野上搭建的“帐篷城”中，因此在1779—1780年那个积雪有三英尺深的严冬里，他们一定受尽了寒冷的折磨。其他人住在人满为患的宿舍里——这些被称为“黑人营房”的房屋主要分布在下曼哈顿地区的百老汇、教堂街、大圣乔治街、斯金纳街，以及布鲁克林附近的海军工厂，许多黑人在这里担任领航员和木匠。同往常一样，这类居住环境是斑疹伤寒和天花的传染温床。

不过，尽管苦难重重，但对非洲裔美国人而言，这却是一种新生活。他们可以到三一圣公会的教堂做礼拜，也可以在里面合法结

婚（在奴隶制度下根本不可能）。他们的孩子可以受洗，而且圣公会的牧师也鼓励父母这样做，其中一些牧师还跑到新泽西东部的中
137 立地区，执行充满危险的施洗使命，比如有位牧师在一个星期里主持了六场仪式。黑人还可以去看戏——如果喜欢的话，就去看《奥赛罗》，因为英军占领期间，纽约突然又时兴起了莎士比亚的戏剧；或者看赛马（所以波士顿·金可以观看赛马而不必受到训练师的责打）和拳击比赛（比如大西洋两岸第一位伟大的黑人拳击手比尔·里士满［Bill Richmond］，像他这样的黑人拳击手会在军队的赞助下参加赤拳赛，且通常与白人对战，尤其是爱尔兰选手）。黑人可以去酒馆，听他们自己的班卓琴、鼓、小提琴音乐，可以去参加由穿着艳丽的黑人女性担任女侍的“埃塞俄比亚舞会”，而在查尔斯顿举办的这类舞会上，黑人和白人甚至还可以自由地共舞。这在某种程度上，也算是一个小小的里程碑：两个种族有史以来第一次一起参加社交活动。可以预料到的是，爱国者报刊认为不同种族共舞这种理念——桑博们和白人士绅阶层一起玩乐——既令人反感，又荒唐至极：“最近在皇家非洲兵团的军官举办的娱乐活动中，尊敬的阁下与夸科上校的夫人开场，随着班卓琴和手摇琴组成的乐队演奏的音乐翩翩起舞。”[43] 无所谓了，国王的士兵按着非洲裔美国人的音乐或者说至少是非洲裔美国人乐师的音乐行军，因为没有一个兵团里没有黑人（通常是前奴隶）鼓手、横笛手和小号手。比如本尼迪克特·阿诺德（Benedict Arnold）将军就有两名备受他喜爱的小号手，这俩人在阿诺德回到英国后，跟随保皇党一起移居到了新斯科舍。而黑森雇佣兵也在自己的兵团中招募了不少黑人，在其地区性名册中，黑人鼓手至少有八十人以上。在爱国者看来，这样的音乐进一步证明了敌人的兽性：原始蛮人为堕落之人提供娱乐。

当然，他们也有实践得出的真知：只要有机会，黑人就会反抗，即便不是替英国人狂热地战斗，也必然会反抗爱国者，而且有时候，

那种反抗的激烈程度会彻底推翻那类认为黑人孱弱、滑稽的陈词滥 138
调。在 1776 年的长岛战役中，可能有包括邓莫尔的埃塞俄比亚兵团残余势力在内的八百多名黑人，为争夺布鲁克林高地的控制权而战。1777 年 2 月，据英国军队的一些逃兵报告说，罗德岛的纽波特驻扎着一百名黑人士兵。尽管 1777 年担任省军团检察长的亚历山大·因内斯（Alexander Innes）为了把他所谓的不良分子从军中清除，曾下令遣散黑人和黑白混血人（等于是在效仿美国的先例），但豪将军在新泽西一路追击华盛顿的退兵时，仍有数百名来自埃塞克斯、蒙茅斯、萨默塞特、米德尔塞克斯县的黑人从主人手下逃离，加入了他的军队，从事赶大车和搜寻补给的工作。而在南方战场上，他们还担任了伐木工、劳工、勤务兵、船夫、乐师、通讯员、间谍。

在保皇党的美国和爱国者的美国之间那条弯弯曲曲的边界线附近——横穿新泽西东部和北部的“中立”地区，尤其是蒙茅斯县和卑尔根县（Bergen County），以及哈得孙河另一边的韦斯特切斯特（Westchester）南部——暴力行为最野蛮，正如在南北卡罗来纳那样，这附近的黑人也十分热衷于自己制造暴力事件，或者帮助白人保皇党这么做。正是在这里，旧账得到了清算；奴隶和自由黑人组成的小型军队，利用战争在牲畜、地产与鲜血方面表明了他们的观点。这倒不是说很多黑人不是真心支持乔治国王；毫无疑问，他们中的许多人确实如此，认为他是黑人的恩人、保护者，甚至是解放者。下哈得孙河地区的游击战真正惹人瞩目的地方，是黑人和白人保皇党并肩行动；其中一些最无情的行动，针对的是那些被认为残酷或草率地反对托利党的爱国者非正规军和民兵。

在某种程度上，这像是私人恩怨；反正在泰“上校”身上可以这么说——此处的上校是个荣誉军衔，英军经常会将这一军衔授予那些并没有正式加入省军团，但像泰一样有资格受到认可的士兵。泰的“黑人旅”从表面上看，似乎确实与以残酷无情著称的伯纳斯

特·塔尔顿（Banastre Tarleton）领导的王后突击队下面的一个团
139 有关联。但大部分情况下，他的军队几乎完全自主行动，攻击对象是新泽西北部的爱国者民兵军官，或者那些偷袭斯塔腾岛和长岛上的英军营地的爱国者非正规军。[44] 该旅的分遣队——通常有白人保皇党流亡牛仔连在旁支持，与他们并肩行动——会在晚上从泰在桑迪岬的大本营出发，袭击那些孤立的农场或住宅，尤其是得知这些地方可能存有武器甚或大炮的话。他们会为英国军队抢夺牲畜，毁坏或没收枪炮，烧毁房屋，将俘虏押回纽约，有时候还会就地处决一些被认为暴力反抗托利党的俘虏。记忆很漫长，宽恕很稀缺。1779 年夏，泰上校第一场有记录的突袭发生在蒙茅斯县的什鲁斯伯里绝非偶然，因为他曾在这里为奴，而袭击的战果则包括了八十头牛、二十匹马，外加——无疑让他感到心满意足的一点——两名俘虏。

在 1779—1780 年的那个寒冬，有组织、甚至偶尔有武装的黑人分队发挥了重要作用，一方面为英军和保皇党民兵提供燃料和牲畜，另一方面则拒绝为美军提供相关补给。在李堡，尤其是在公牛渡口，保皇党的坚定支持者（但实际上也是游击队）将日常工作与游击战结合在一起，建立武装基地，然后黑人伐木工和补给队会从这些基地出发，去卑尔根县采伐木材，供纽约的军民使用。他们建立了许多木堡（比如金斯布里奇的木堡——位于今天的布朗克斯区西南端——圆木可由此直接漂至曼哈顿地区），兼做仓库和堡垒，由被称为保皇难民志愿者的一百五十名黑人和白人把守。所以，当爱国者军队或民兵因无法获得宝贵的补给而感到恼火，企图用更为强大的武力剿灭他们时，往往反倒会以把自己搞得头破血流而告终。

通常情况下，这些战斗都是各股敌对的非正规军之间在解决
140 血仇。比如 1780 年 3 月底，泰剿灭了在斯塔腾岛四处抢掠的爱国者约翰·拉塞尔（John Russell），烧毁他的房子，并重伤他的儿

子。在 1780 年春夏的那段时间里，泰的游击队似乎所向披靡，以至于新泽西州长利文斯顿不得不宣布戒严。当然，这对泰的行动毫无影响。6 月时，他在两个星期之内，先是将蒙茅斯县最惹人注目的保皇党处决者之一杀死在家中；接着在该县一位叫巴恩斯 · 斯莫克（Barnes Smock）的爱国者领导者（也是一位有名的赛马经纪人）的家门口发起全面进攻，俘虏了十二人；最后，他领着由将近一百名黑人和白人组成的分队，劫掠了蒙茅斯民兵组织军官的住所，并将八名俘虏带回了位于桑迪岬的难民城，其中便包括了一名上校和一名副少校。泰的黑人旅则无一伤亡。

不过，这一切都只是前奏，泰的主要目标是约书亚·哈迪（Huddy, Joshua），一位坚定而勇敢、在蒙茅斯县民兵组织中担任上尉的爱国者。哈迪这个人有些与众不同。他娶了一名犹太寡妇为妻（她来自一个被称作"犹太城"的小社区），然后接管了其前夫的酒馆，而由于他是上尉，这个酒馆就成了当地爱国者民兵组织的总部。他曾多次领兵突袭英军占领的斯塔腾岛，所以，泰在 1780 年 9 月 1 日袭击哈迪在科特地峡的住所，算是一次大决战。但对这位黑人上校而言，结果却出现了致命性的错误。在寡不敌众的情况下，哈迪和一个名叫柳克丽霞 · 埃蒙斯（Lucretia Emmons）的女性友人，在他位于新泽西汤姆斯河的住所中，依托一间间的屋子设法与泰及其手下周旋、抵抗了两个小时。最终，房子被点燃后，哈迪被浓烟熏了出来（他随后跳上一艘捕鲸船，逃到了纽约），但在战斗期间，泰的手腕中弹，而这个伤口最终致使他染上破伤风，并在不久之后夺去了他的性命。[45]

但是，纽约附近的突袭战并没有因为泰的死亡而结束。斯蒂芬 · 布拉克（Stephen Blucke）上校——一位来自巴巴多斯、受过教育的自由黑人，在黑人先锋和向导连担任军官——接替他开始领导黑人旅。尽管自 1781 年 10 月，也就是康沃利斯在约克镇投降之 141

后，战争从表面上看是在走向结束，但坚定的抵抗行动仍时有发生。比如，安东尼 · 韦恩将军曾率领一千名士兵突袭只有一百二十人把守的公牛渡口木堡，结果未能攻下，反而导致手下六十名士兵伤亡。威廉 · 卢斯（William Luce）率领的武装捕鲸船——几乎总是由黑人船夫操控，被称作武装船只连——不断袭击爱国者的哨所，1782 年 1 月时，叛军还同保皇党的捕鲸船在长岛附近的水面上发生过激战。同年 3 月 23 日，武装船只连同四十名联合保皇党成员一起袭击了汤姆斯河附近的一处爱国者木堡，致使卫戍部队多人死伤，大部分被俘虏。而其中最不愿被俘虏并被转运到囚船上关押的人之一，便是泰上校的老对头约书亚 · 哈迪上尉。

这些黑人之所以愿意拼到底，是因为战斗攸关生死。希姆萨 · 赫林（Simsa Herring）、威廉 · 邓克（William Dunk）、托马斯 · 史密斯（Thomas Smith）都背叛主人，从塔潘（Tappan）逃了出来；莉迪亚 · 汤姆金斯（Lydia Tomkins）背叛了她的主人埃尔内森 · 哈特（Elnathan Hart），从哈得孙河对岸那座位于韦斯特切斯特的菲利普斯庄园逃了出来；安娜从东切斯特的埃德蒙德 · 沃德（Edmund Warde）手下逃了出来；加布里埃尔 · 约翰逊（Gabriel Johnson）逃离了新泽西奎布敦的詹姆斯 · 佩茨沃斯（James Petsworth）；凯瑟恩 · 范 · 塞尔（Cathern van Sayl）逃离了蒙茅斯县的约翰 · 范德维尔（John Vanderveer）；安东尼 · 洛伊尔（Anthony Loyal）是来自蒙茅斯县的自由人，但他的妻子夏甲（Hagar）不是；托马斯 · 布朗（Thomas Browne）逃离了哈肯萨克（Hackensack）的阿哈修拉斯 · 默塞里斯（Ahasuerus Merselis）——他们以及纽约周围成千上万与他们情况类似的人，都迫切想要守住来之不易的自由，但他们同时心里也有些害怕，隐约明白自己最终的命运正在被遥远的南方决定。[46]

* * *

在湿热的弗吉尼亚，一只正借着上升的热气流滑翔的红头美洲鹫（在 1781 年那个炎热的夏天里有很多），一定可以通过那双锐利的眼睛看到下面一卷卷黑烟从刚刚被烧毁的房屋和田地上升起，这儿一股，那儿一股；在这些被烧焦的田地旁，沿路的金色和绿色已经变成了棕色和黑色，一条狭长的队伍正在行进，其间有士兵、大 142
炮、两轮车和四轮车，拉车的马匹迈着沉重的脚步，耐心地往前走着，这些在南方被称作“累不死”的牲畜，[47] 为了赶跑飞来飞去的苍蝇，不时地将头甩来甩去，打断了前进的节奏；其中一些车上躺着一堆堆正在呻吟的人，他们身上的绷带已经污秽不堪；那些皮毛更光滑一些的乘骑用马，无论身上有没有人骑，都只是慢慢地前进，步伐连小跑都算不上；时不时地，这条队伍里会莫名其妙地冲出一些轻骑兵，三人一组并排骑着马，好像知道要去哪里一样，向树林中飞奔而去，或者消失在一座小山后，只留下红色的尘土在空中飞扬；在这些人、车、枪炮之后，一头头牛慢慢走着，边走边哞哞地叫着；而在它们后面，更多的男人、女人和孩子则跟着行李车队往前走，大部分是黑人，有的没穿衣服，有的则穿着五颜六色的衣服，仿佛到很远的地方看了一场嘉年华，正走在回家的路上。其中一些男人身上只穿着丝绸马裤，另一些戴着假发，穿着丝绸背心，胳膊露在外面；一些女人穿着紧身胸衣和蕾丝束胸，另一些则穿着艳俗的睡袍，长长的衣摆拖在地上；这些衣服都是从男主人和女主人的衣橱里拿的,因为这些主人只要有脑子,早就已经匆忙逃离了战区。[48]

在这条弯弯曲曲的长队后面，还有鹅、猪，以及被宰杀的牛，因为离开得太匆忙，一些并没有被吃完，不是被丢在了还冒着浓烟的火堆旁，就是被堆到了四轮车上。[49] 不过，更吓人的景象还在后面：许多黑人男性、女性和孩子的尸体，这些几乎一丝不挂的尸体上满是天花引发的水疱和流脓的疮口。“过去几天里，”一位康涅狄格州的士兵写道——他应该和大部分大陆军一样已经接种过疫苗——“我在行进途中遇到了十八或二十个黑人，全都横七竖八地躺在路边，身体正因为天花而腐烂——这些可怜人根本无人照顾，很多都爬到附近的灌木丛里，或者在原地就死掉了，周围的空气中充满了令人无法忍受的恶臭和极大的危险。”这些不幸之人基本上
143 同 1776 年邓莫尔的军队遭遇天花时的情况一样，直接被抛弃了。不过，亚历山大·莱斯利将军（General Alexander Leslie）在 1781 年 7 月所写的一封信，也透露出一种更为险恶的目的。在信中，这位将军宣布他将七百名感染天花的黑人“分配”到了“叛军种植园”周围，显然是想像英军在印第安战争期间利用被天花病毒污染的毯子一样，将疾病传染给包围了日益转向守势的英军的美国军队。[50]这就是英国的将军们给那些忠心耿耿追随他们的黑人安排的最后一次军事用途。

而这也正是康沃利斯的军队在完成自取灭亡的壮举期间有能力做出来的事，一如被巨蛇缠身的拉奥孔拼命挣扎，反而使自己走上被勒死的结局。没人可以预料到的是，进军北卡罗来纳和弗吉尼亚将会成为英军的终局之战。1780 年 8 月，在霍拉肖·盖茨将军（General Horatio Gates）领导的美军遭遇惨败后，英王的大业看起来完全没有大势已去的样子。尽管双方竞相在南卡罗来纳残暴掳掠，比赛谁能对平民以及士兵施加更暴力的行为，但南方（尤其是弗吉尼亚）似乎提供了一个大决战的机会。或者至少可以说，康沃利斯是这么认为的。因此，1781 年 4 月末，他决定领兵从北卡罗来纳进入弗吉尼亚，北上袭击沿海的烟草种植园，并且觉得这将是制胜的一击。你可能会觉得，就算有正在北方的克林顿军队来增援的保证（反正康沃利斯后来是这么说的），英军和黑人、白人保皇党，也已经看够了切萨皮克湾，不想再看到那里破破烂烂的海岸、沙洲、水

湾、沼泽和松林。本尼迪克特·阿诺德在里士满烧杀掳掠（杰斐逊州长当时就在那里）之后，又到了邓莫尔曾取得过短暂胜利，但最终却一败涂地的战斗现场——凯普口岸和大桥，想再次建立一个坚固阵地，切断通往北卡罗来纳的路线。而这一次，即1781年3月，则是黑人劳工和先锋连负责建造堡垒和拆毁那条长桥。但是，结果 144
并没有比邓莫尔的好到哪里去。拉法耶特（Lafayette）的军队和德图什（Destouche）的舰队集结在大桥附近；此时已到春天，蚋和蠓也开始盯人；结果，黑人士兵和劳工染上了弗吉尼亚低地的特色病，纷纷开始发烧。[51] 直到一支分遣舰队将从纽约南下的消息传来，以及威廉·菲利普斯将军（General William Phillips）率领的另外两千名士兵到来之后，他们才差不多安然无恙地从大桥上下来。詹姆斯河上游的突袭行动卷土重来：一支小舰队在朴次茅斯被劫，一箱箱烟草被焚。

然而，黑人尽管要面对种种混乱和暴行，尽管在染病后无人照料，还会被抛弃，尽管有很多奴隶被迫从事公共建设，其中一些甚至会被送回主人那里，尽管他们长期无法确定自己的最终命运，尽管谣言四起（大部分都不属实），说他们会被运往加勒比海地区卖掉，但无论英国军队走到哪儿，无论营连大小，无论在北卡罗来纳还是弗吉尼亚，黑人仍然数以十计，然后以百计，最终以千计地涌入英军营地。[52] 他们中的许多人都是奴隶，起初因为担心被美国巡逻队抓住，加上本地的美军指挥官又收到明确指示，“对于为敌方提供任何补给、帮助或协助，以及传递军情的黑人，都必须杀一儆百”，[53] 所以便决定在种植园坐等战争结束。但待在原地不动，似乎也像是被判了死刑，因为这会让他们成为双方残暴突袭的目标。庄稼还没成熟便被收割，动物也被杀掉了。1781年6月，查尔斯顿的保皇党成员、被扣押庄园委员会委员约翰·克鲁登（John Cruden）报告说，许多种植园“连一丁点那种最不可或缺的必需品都没了”——他指的是收成。“总体而言，奴隶即便不是一丝不挂，也几乎是衣不蔽体，因为多年以来，衣物的供应一直极其有限。”[54]

因此可以说，持续不断的社会灾难反而加快了奴隶涌向英国军队的速度，黑人难民为了能获得一点食物不得不铤而走险，即便选
145 择似乎是饿死或者得天花病死，因为又一波传染病，连同“军营热病”（即斑疹伤寒），又袭击了英国军营。在这段时间里，南卡罗来纳的米德尔顿，弗吉尼亚的李、卡特、杰斐逊、乔治·梅森、麦迪逊等人，都有大量奴隶投奔了英方。威廉·李（WIlliam Lee）的六十五名奴隶全都跑了；他哥哥理查德·亨利·李则报告说，邻居“损失了所有的奴隶……凡距离敌方较近的人，情况普遍如此”。弗吉尼亚议会议长托马斯·纳尔逊（Thomas Nelson）原有七百名奴隶，但后来只剩下八十到一百人。[55]不过，虽然种植园主们会抱怨自己的损失，但也不得不承认自己从未目睹或耳闻英军强迫黑人加入；如此说来，这种现象只能用“欺诈”来解释。

对于这场规模庞大、无法遏制的人员大转移，康沃利斯无疑有着复杂的感受。而且矛盾的是，英军离征服南方的目标越近，他就越不愿意（哪怕是无意中）全面摧毁南方的蓄奴制度。原因是保皇党曾得到保证，他们将继续拥有黑人奴隶。一些英国将领，比如塔尔顿，均出自奴隶贸易世家，且都不愿与南方的“中立派”失和，而这些中立派的支持极有可能决定战争的胜败。不管康沃利斯持有何种立场，他都绝对不是废奴主义者。在南卡罗来纳时，他就已经十分担心如此多的黑人来投奔会对军队物资造成的影响，所以曾下令将那些没有正规“标记”的人（标记会指明他们隶属哪个军团或军事部门）赶出军营，如有必要就用鞭子打出去。但这就像螳臂当车。所以，在随后的战斗中，在他从北卡罗来纳的一头跋涉至另一头期间，为了应对更多涌来的奴隶，他给手下的每一位军士分配了一名奴隶，给每一位军官最多分配了六名男女奴隶，担任他们的仆

人、女佣、厨师、洗衣工和勤务兵。到战场转至北边的弗吉尼亚时，这支军队已经像一大群红色的兵蚁，在南方的种植园大肆破坏、消 146
耗资源，赶在敌人前面把能抢的先抢了。

无论康沃利斯怎么看黑人，在他最后做出什么预料之中的骇人之事前，他们仍旧视他为恩人和保护者。在1781年8月，在通往那场终极灾难的路途中，对于黑人先锋连的墨菲·斯蒂尔中士而言，他就是上帝派来打倒新法老乔治·华盛顿的那个人。下山去，摩西—墨菲，神示告诉他，下山去，告诉他们必须这样做！

1781年8月16日，副官长办公室

黑人先锋连的墨菲·斯蒂尔说，大概两个星期前的中午，他正在水街的连队营房时，听到了一个男人的声音（但没看到人）。那声音直呼他的名字，希望他去告诉总司令亨利·克林顿将军给华盛顿将军送个口信，说他必须带兵向国王军队投降，如果不去，上帝的怒火将会降临到他们身上。

如果华盛顿将军不投降，那么总司令就告诉他，英军会召集所有美国的黑人跟他作战。那声音还说，上面这些话也必须告诉乔治国王。

这个声音随后将上述信息向他讲了几次，三天前在女王街又反复叮嘱叫他把这些话告诉亨利·克林顿爵士，但他说因为没看到说话的人是谁，所以不敢这么做。那声音接着说，他必须这么讲，而他之所以看不到他，是因为他是上帝，所以他必须去告诉亨利·克林顿爵士，这些话是上帝说的；而且也要跟亨利爵士说，他和康沃利斯大人必定会结束这场叛乱，因为上帝站在他们这边。[56]

上帝一定是在开玩笑，因为他让康沃利斯开进或者说踉跄着踏

147 入了华盛顿与罗尚博（Rochambeau）精心布置的圈套，而克林顿则让他待在里面别动。对于康沃利斯固执地决定往北进军弗吉尼亚，克林顿并不认同，而时机上的拖延也最终决定了这场战斗的命运。要不是克林顿受到诓骗，误以为纽约即将遭到袭击，所以决定原地留守，他或许可以阻止华盛顿的军队南下，进而阻挠美法联军将康沃利斯围困在约克半岛上。

围攻始于9月23日，近一个月后以英军投降告终。一百五十多年前的詹姆斯一世国王统治时期，英属美洲在切萨皮克湾创建，现在，它也在这里走到了尽头。德格拉斯（de Grasse）率领的法国舰队封堵了逃入河湾的入口，美法联军则切断了所有陆路出口。战斗双方展开炮战。到10月的第二个星期，英军的弹药和食物已经严重短缺;10月15日晚，英军孤注一掷，尝试突围，但被逼了回去。这之后，结果就只是时间问题了。康沃利斯只能在帐篷里生闷气。

在约克镇的堡垒、炮眼、壕沟的两侧，有数以千计的黑人。一位德国观察人士写道，至少有四分之一的大陆军士兵都是黑人；也就是说，除了罗德岛第一兵团中一百名左右的黑人，以及来自圣多明各岛的几百名奴隶和自由黑人（他们也离自己的革命不远了），南方军队中一定有惊人比例的士兵是黑人替补。不过，那种广为流传的说法——认为这代表了一支“种族融合”的军队——应该用为数不多的黑人大陆军士兵插画来修正一下：他们的典型形象是咧嘴大笑的桑博，外加瞪到吓人的大眼睛、厚厚的嘴唇和充满异域风情的羽饰帽子。

不过，至少黑人美国士兵的吃穿条件都不错，而且最重要的是
148 还接种了疫苗。但英军方面，随着围攻形势的收紧，随军流动的黑人以及先锋连所面临的可怕压力有增无减。10月中旬，康沃利斯残忍地决定将黑人驱逐出军营，而在此之前，他已经将病重之人赶到树林里自生自灭，并抢在马匹饿死之前把它们都杀掉了。“我们

把所有的黑人朋友都赶回了敌人那里，”黑人雇佣兵约翰·埃瓦尔德（Johann Ewald）写道，“我们曾带着他们到乡下劫掠。我们曾让他们充分发挥价值，给予他们自由，而现在，他们却只得满心恐惧、浑身颤抖地去面对他们那些残暴主人的奖赏。”英军的一些高级军官对于这些不得已而为之的事情感到深深的不安。一个星期之后将正式提出投降的查尔斯·奥哈拉将军（General Charles O'Hara，因为康沃利斯宣称自己“身体欠佳”）写道，“不应该这么办事”，因为他很清楚，驱逐那些病重的黑人，等于给他们判了死刑，而驱逐那些健康的黑人，则等于迫使他们重新被奴役。尽管他自己赶走了四百名黑人，但尽量把他们交由那些相对而言富有同情心的弗吉尼亚当地人士照料，并请求他们善待这些惊恐不安、受尽苦难的黑人。[57]

十八个月前，黑人鼓手敲着胜利之鼓进入查尔斯顿，十八个月后，他们敲击着低沉而缓慢的进行曲离开了约克镇。（在交换战俘后重获自由的）约翰·劳仑思被华盛顿任命为特派员，专门负责受降手续，但他拒绝让英国人举着国旗有尊严地离开——当初美军在南卡罗来纳大败时，克林顿将军曾拒绝给美国人以同样的礼遇，这让劳仑思一直耿耿于怀。如此不光彩的投降，不仅给美国的独立事业带来了好到不能再好的消息，同时也标志着伟大的美国奴隶起义走到了尽头。弗吉尼亚白人一点时间都没浪费，立即开始尽可能地围捕逃跑的奴隶——如果说仁慈被虔诚地搬出来当作这么做的理由，那么财产也算一个。本杰明·哈里森州长（他自己也损失了奴隶）立即把这当作头等大事来抓，尽力追捕逃亡奴隶，并将它们送回主人手中。投降当天，乔治·威登将军（General George Weedon）在约克半岛的海岸沿线部署哨兵，严防黑人逃往英国舰船。（尽管 149
受尽苦难，但还是有许多黑人奴隶拼尽一切这样做了。）萨凡纳和查尔斯顿那些焦虑的黑人（萨凡纳有一百五十名武装的前奴隶曾加

入托马斯 · 布朗上校［Colonel Thomas Brown］领导的步兵团）对于自己如果被英国人抛弃或者被美国人俘虏后会有何种遭遇，并不抱有任何幻想。比如1782年4月，有四十六名保皇党在英国军舰“警觉号”上被俘，其中的十一名黑人随即被带到新泽西州特伦顿（Trenton）的一家酒馆拍卖了。

英国首相诺斯伯爵听闻约克镇投降的消息后曾惊叫道：“我的天，就这么结束了！”对他和他的政府而言，情况确实如此，但单纯从军事立场来看的话，败局已定却并非是不证自明的事情。有很多人都拒绝认输，比如邓莫尔伯爵。1781年12月，也就是英国在北方的阵地失守之后，他回到了查尔斯顿。这座南卡罗来纳的城市中弥漫着一种抗拒式的不真实感，而且显然还混杂着一些焦虑。城中仍然有数千名黑人在从事与军队或平民相关的工作，盛大的“埃塞俄比亚舞会”也依然在举办，比如米亭街九十九号的夏甲 · 鲁塞尔（Hagar Roussell）、伊莎贝拉 · 平克尼（Izabella Pinckney）、玛丽 · 弗雷泽（Mary Fraser）就曾举办了一场，而且三位黑人女性还夺取了前主人的名字，彻底颠覆了奴隶制的命名惯例，搞得同格林将军共事的美国军官丹尼尔 · 斯蒂文斯（Daniel Stevens）感到厌恶至极，认为这标志“那个曾经伟大的国家（英国）的士兵们现在竟沦落到如此不知羞耻、背信弃义的地步”。[58]

跃跃欲试的邓莫尔认真倾听了被扣押庄园委员会委员约翰 · 克鲁登的意见。此人坚持认为事情还有转机，至少还有一万名“已适应疲劳的”黑人士兵可以动员、武装，“在正式把这作为政策前，把他们召集起来，再加上这里（查尔斯顿）的兵力，一定能把敌人赶出本省，打开一道大门，让北卡罗来纳的朋友加入我们，而且我
150 们也有足够的海上控制权来进入弗吉尼亚”。[59] 黑人可以从“我们敌人的庄园”以及那些保皇党奴隶主那里召集，到时候这些保皇党会得到补偿。2月，邓莫尔写信给克林顿，表示了对这个计划的支持，

并补充说，他不仅保证这些黑人士兵在战后可以获得自由，还会给他们每人一基尼，“好让他们彻底满意地相信这一承诺不会被违背，而且这一基尼必须由受命指挥他们的军官给他们”。[60]

七年前在弗吉尼亚展现出的那种谨慎，现在已经被邓莫尔抛到了脑后。他和克鲁登以及一些抗争到底的将军（如亚历山大·莱斯利）心中所构想的，无异于一场针对革命的全面革命；一场规模庞大的起义，连同在查尔斯顿的坚强阵地，将会使南卡罗来纳（且不论该州的乡村地区到处都是爱国者游击队）成为这场艰苦抵抗的最后防线。曾对“埃塞俄比亚舞会”侧目的南卡罗来纳爱国者丹尼尔·斯蒂文斯，发现“丧失了所有节操的英国暴君，竟然把我们的奴隶武装起来反抗我们”，[61] 更是怒不可遏。1782 年 3 月底（当时，纽约也仍然有黑人和白人保皇党非正规军发起的暴力行动），莱斯利带领气势汹汹的英国骑兵，一方面试图拯救保皇党种植园里的黑人，以防他们被美国人掳去，一方面也从叛军的庄园里中掳走了一些黑人。7 月，他组建起一支黑人骑兵团，其中包括曾经为奴的马奇·金斯顿（March Kingston）上尉、两名中尉（其中一个叫明戈·莱斯利［Mingo Leslie］）、三名中士和二十三名黑人骑兵——他们曾在瓦德布河与弗朗西斯·马里恩的军队发生过小规模战斗。该骑兵团至少存在了三个月以上。[62] 不过，莱斯利早已向乔治·杰曼大人表明自己无意统帅这支新的黑人旅，大部分人也都认为这项任务的不二人选是詹姆斯·芒克利夫，此人一直在负责查尔斯顿的防务，也证明了自己是一位考虑周到的黑人部队指挥官。

但芒克利夫本人是个现实主义者。1782 年 3 月时，他更关心的是那些黑人不应该像其他许多黑人一样受到背叛，对他们许下的诺 151
言应该得到遵守，因为他们曾为他不辞辛苦地劳作，“他们在这个地方仰赖我的保护”。芒克利夫写信给克林顿，提醒他不要忘了“国王陛下的公共事业所拥有的诸多优势，都得益于他们用劳动在本省和佐治亚省所做的各种工作。因此，在我离开之前，我提请阁下指出他们应该会以什么理由被释放”。而且，他还警告道：“如果对他们照顾不周，未能给予他们应得的关照，那他们便会把一直以来对我们的信任抛到一旁，如此一来，要想把他们团结在一起就很困难了，未来的公共事业要想继续，可能还会需要这些人继续付出劳动，因此我恳求您允许我提出这个建议：（雇用）这个国家的黑人旅，或许能带来极大的优势。”[63]然而，克林顿已经无力再批准任何事情了。弗吉尼亚的惨败之后，这位颜面尽失、满腹牢骚的总司令和康沃利斯一直争吵不休、推诿责任，所以还没被罢免便主动辞职了。

同一个月，也就是 1782 年 3 月，诺斯政府被罗金汉侯爵（Marquis of Rockingham）领导的政府取代。长期以来，罗金汉一直批评对美战争，强烈主张和平谈判，而谈判的基础便是允许美国独立。不过，至少有一小部分国王的黑人士兵还没有准备好，或者说永远都不会准备向他们曾经的主人乞求和平。1786 年，也就是《巴黎条约》签订三年之后，仍有约三百名曾在战争期间被英国武装、训练过的前黑人奴隶，在萨凡纳河两岸以游击队员的身份（当然，如果你的立场不同，也可称之为法外之徒）四处劫掠。这些黑人在佐治亚和南卡罗来纳交界处的埃芬汉县（Effingham）熊溪附近的一座
152 营地，修筑了设防村庄，一英里长、四百英尺宽，内有二十一座房子可供庇护。要塞周围设有起保护作用的尖桩围栏和一道约四英尺高、由堆木和尖胸墙组成的障碍物。他们还在里面种庄稼，自给自足，基本上相当于在萨凡纳河沼泽之中建立了一个黑人定居点——七年前，夸米诺·多利曾领着阿奇·坎贝尔的军队穿过这些沼泽，直抵城门之下。这些黑人在这里的行动十分成功，在附近的农场工人中间也赫赫有名，以至于派来解决他们的佐治亚民兵组织军官萨缪尔·埃尔伯特（Samuel Elbert）都说：“我们担心这会引发奴隶起义。”

1786年5月，曾与纳撒尼尔·格林（Nathaniel Greene）一同服役的约翰·马修斯（John Matthews）州长下令突袭熊溪营地。经过四天的战斗，南卡罗来纳、佐治亚的军队以及卡陶巴印第安人攻破并占领了该要塞。房屋被焚毁，庄稼遭到破坏，不过据埃尔伯特说："一些黑人逃跑了，躲进灌木丛中，一有机会，还是继续烧杀抢掠。"

对于遭受损失的奴隶主而言，熊溪的黑人不过是一个犯罪团伙。但对于南方的黑人而言，他们远非如此——他们正是他们决定自称的那种人："英国国王的士兵。"[64]

153

第五章

1783 年 5 月 5 日：哈得孙河上充满敌意的一天。天空低垂，东风正紧，两艘英国护卫舰费劲地逆流而上，波浪愤怒地拍打着船体，将晦暗的河面分裂开来。在这样的天气中，“灵缇犬号”落在后面，而“坚忍号”（装有三十六门大炮，船长为拉特维奇上校［Captain Lutwyche］）则坚忍向前，正如同船上最重要的乘客、国王陛下在北美十三个造反省的最后一位英军总司令盖伊·卡尔顿爵士一样。[1]他此行是要去会见乔治·华盛顿，虽然他的朋友、保皇党首席法官威廉·史密斯（William Smith）曾建议他先不要贸然行事，等到英军俘虏得到圆满交换、美国人同意返还保皇党被没收的财产或者赔偿他们损失之后再去不迟。无论如何，史密斯怀疑华盛顿会借机“刺探”情报，且此类场合那种“礼节性的客套”会给纽约的保皇党带来剧痛。但卡尔顿主意已定，史密斯只好接受邀请，陪同他去，以确保保皇党的事业不会遭受更多因粗心大意而造成的损失。[2]

盖伊·卡尔顿爵士到美国恰好一年整，但还没见过华盛顿。几个月来，他一直希望能有这样的会面，但现在安排好之后——是华盛顿提出的邀请，而非他自己——卡尔顿却感到有些异样。但原因不仅是因为他不巧在这个时候染上疟疾，气喘吁吁、虚汗不止，更是因为某种怨恨之感开始在他内心蔓延。通常来说，盖伊爵士不是那种爱发怒的人。他一直都在尽最大的努力为帝国办事，也就是说，既要打击别人，也要接受打击。但自从英军在约克镇屈辱投降，国 154
王本人点名要求他在前一年春天回到美国之后，盖伊爵士的权力却不断被削弱，到现在，他也不清楚自己应该站在什么位置上，或者更准确地说，他还有没有可以站的地方。在纽约下船时，他的志向高远、决心坚定。他要让叛逆的美国回到它真正属于的地方，回到宽容、悔过（是的，他愿意承认这一点）且更变通的大英帝国的庇护之下。虽然自己是一位久经沙场的士兵，但卡尔顿明白，这样一种和解无法单靠武力实现，更需要大西洋两岸改变态度，做出明智的改革。

因此在英属美洲的问题上，这位爱尔兰军人无可挑剔的外套和沉重的饰扣之下，跳动着一颗无可救药的浪漫主义之心。一想到这个，他那双乌黑的大眼睛就会被泪水模糊。说到底，盖伊爵士曾在魁北克目睹朋友詹姆斯·沃尔夫（James Wolfe）为了英属美洲的存续而英雄般地献出生命，所以他怎能不对这种梦想的辉煌有强烈的感受？他继承了这份遗产；他曾抗击叛军入侵加拿大，守住了魁北克；他曾在乔治湖击退了本尼迪克特·阿诺德的军队，扛住了之后的围攻，并且在未能攻下边境要塞泰孔德罗加，以及更糟糕的，随即发生的那场实质上由同僚约翰尼·伯戈因和威廉·豪造成的灾难而受到责备时，也强忍了下来。但加拿大没有成为造反共和国的第十四州，所以英属美洲还没有亡。和许多老朋友、老战友一样，卡尔顿也坚信这场反叛只是一小撮刚愎自用、居心叵测之人在操纵，正是他们一次又一次地恶意阻挠英方为抚平美国怒火而做出的努力。可他们的胜利带来了什么样的后果？国家的分裂，混乱和苦难，孤儿和寡妇。他认为，这些不满者声称要建立的那个独立国家，并非大多数美国人的愿望，只要向美国人保证他们可以完全掌控税权，他们一定会像从前一样继续效忠英国。卡尔顿认为，问题的关键在
155 于那些该死的革命议会，它们太容易被恶毒的煽动政治家占领和操控了。一旦英国的贵族宪法——这种旨在确保利益压倒党派纷争的制度多么令人敬佩啊——被移植到美国，作为政治幸福之源的适度和克制必将回归，英属美洲将再次拥有辉煌、广阔的未来。

反正在 1782 年 5 月到达纽约时，卡尔顿认为这是自己的任务。[3] 毕竟，他同罗伯特 · 狄格比（Robert Digby）海军上将的正式职务是“恢复和平和赦免叛乱省份特派员”。被叛军嘲笑、保皇党谩骂的亨利 · 克林顿爵士即将启程返回英国——谢天谢地，终于走了。2 月 22 日，在美国的老朋友康威将军（General Conway）的提议下，下议院通过动议，决定停止进攻活动，这让挤在纽约的保皇党很不高兴。3 月，诺斯大人的政府失势，被罗金汉侯爵和谢尔本伯爵（Earl of Shelburne）领导的新政府取代，此二人从一开始就认为这场战争既轻率又不公正。当然，这并不是说他们（尤其是谢尔本）支持美国独立，至少到目前为止，谢尔本都对此持强烈的反对态度。所以即便到这会儿，卡尔顿也不认为一切都无法挽回了——就连战争本身也一样。纽约及附近仍有一万八千名英国士兵、黑森雇佣兵和保皇党军队驻扎，而且他还得到可靠消息，说大量的叛军民兵已经回家，华盛顿很难再集结起一支像样的军队，发起春季攻势。卡尔顿还命令两千名德国士兵假装前往新斯科舍，实际上却潜入了纽约。此外，新英格兰地区的许多保皇党都跑到了佛蒙特，所以据说这里聚集了许多英国的朋友，正处在同国会断绝关系的边缘。至于英国的皇家海军，他认为要胜过法国海军，可以冲破任何封锁，而乔治·布里奇斯 · 罗德尼（George Brydges Rodney）上将 4 月时在加勒比
156 地区摧毁德格拉斯的舰队，一雪这位法国上将在弗吉尼亚给英军带

来的耻辱，更是成功印证了他的信心。所以在1782年春天那几个月，卡尔顿觉得情势似乎在好转，美国独立还没有板上钉钉。狂热的保皇党在他周围不断恳求，如果美国国会拒不屈服，那就进军。

但接着，到了7月，正当叛军庆祝《独立宣言》发表六周年之际，致命的一击来了。新政府发来了卡尔顿盼望已久的指示信函，但在信中，新近被任命为殖民地事务及内政大臣的谢尔本伯爵大人（职位似乎是他自创的）趾高气扬地通知这位总司令，现在已经没什么事需要他来“司令”了。原来，新政府背着卡尔顿同意了美国国会的强硬立场：任何谈判必须建立在美国独立这一前提之上。霎时间，卡尔顿心中那张恢复一新、再度统一的英属美洲帝国的恢宏图景，一下子如空中楼阁般消失得无影无踪。他被告知，目前的主要任务是让美国脱离其与法国缔结的可恶联盟，因此，他应当致力于“俘获人心”。但卡尔顿是一位将军，在他脑海里，或许还是一位政治家，并不是太在意俘获什么东西。可现在，他非但当不了复兴后的英属美洲的总督，反倒沦为了区区一名“上下船巡视员”。他的任务显然被简化为组织英军以及诸多希望离开美国的保皇党尽可能有序、迅速地撤离。（但在美国人同样的催促下，他意识到，由于船只短缺，即便是撤离这种事，现在也成了不可能的任务。）更糟糕的是，英国和美国的特使似乎正在巴黎就和平条约进行谈判，已经承认了美国独立。而且由于对卡尔顿称之为“大错特错”感到不满，相关磋商现在已经不再征求国王陛下驻北美总司令的意见了。

他现在该如何把这些无情的真相告诉那些视他为捍卫者和保护
者的保皇党？他们曾为他的到来而欢呼，曾钦佩他同华盛顿处理战 157
俘交换、索回他们的被没收财产时表现出来的刚毅。到万不得已的时候，他们还期待他能成为他们的将军，甚至能与华盛顿抗衡，一扫他之前那群自负的废物表现出来的惨淡模样。然而，所有积聚起来的威望，在8月2日一下子蒸发了。卡尔顿不得不痛苦地充当这种背信弃义行为的传话人，告诉领头的保皇党，伦敦政府到底为他们做了什么样的打算。纽约的首席法官、卡尔顿在美国认识最久也是最好的朋友威廉·史密斯惊得目瞪口呆，因为他也曾幻想过一个崭新的英属美洲：美国议会可全权掌控财政，由此免去敌意的源头，但又不必遭受帝国分裂的创伤。可现在，他却被告知，英国政府已经同意独立，之前的所有猜测都是枉然。他告诉卡尔顿，如此无原则、无胆量的背叛行为，不仅会招致北美保皇党的惊愕，势必也会“在大不列颠引发内战”。政府的大臣们可能会因为此种恶行而在伦敦街头遇刺。史密斯还对卡尔顿说，如此被抛弃简直邪恶至极，向来忠贞的保皇党一怒之下甚至可能投入信奉天主教的法国国王的怀抱。

消息在当月末普遍传开后，惊恐的保皇党开始催促卡尔顿打仗，说如果他愿意领导一支白人和黑人组成的军队，他们便会追随他，因为死了都比生活在共和制的美国好。然而，这位将军拒绝领导这种孤注一掷的抵抗运动，而他在保皇党中的地位也随之一落千丈——虽然他反复强调（主要在私下）自己也深感此番和解既怯懦又可耻。一个星期后，纽约一群重要的保皇党人士联名上书，请求国王重新考虑政府的立场，但令人困惑的是，国王似乎也对他们的恳求置若罔闻。

158 就这样，一夜之间，整整七十五万人（仅纽约就有十万）便在英国历史上最大规模的止损行动中被解散了。“我们的命运似乎已经注定，”其中一人愤恨地写道，“现在只能哀悼我们的悲惨日子，要么屈服于得意扬扬的敌人的暴政，要么去新的国家定居，除此之外别无他法。”[4] 保皇党可以选择流亡，也可以相信卡尔顿告诉他们的话，即对于那些选择留在新共和国的人，国会将“建议”对他们被没收的财产做出赔偿。（公布的条约中并未包含所谓的“建议”。正好，这个选择反正也基本上被保皇党人忽视了。）为如此不耻之行而感到羞愧的卡尔顿本想辞职，但还是决定暂时留任，即便不为别的，也要尽职尽责地安排那些即将背井离乡的保皇党撤离。根据他在加拿大移民试验中获得的一手经验，卡尔顿主动向他们承诺，政府将为他们提供免费运输、可观的土地补贴金以及一年的物资供应，随后，英国政府也同意了这些条款。卡尔顿认为，这是有愧之人最起码能为被出卖之人做的事。

可以预见的是，英属美洲被强制解散，让那些被围困在萨凡纳、查尔斯顿和纽约的保皇党人感到既愤怒又恐慌，他们就像一座座忠于英国的小岛，淹没在了美国人的爱国主义狂喜与相互指责的潮水中。但如果说情势看起来凶险，那其中最有理由感到焦虑的，是数以万计曾以这样或那样的方式为英国革命事业服过役的黑人奴隶，他们现在只能紧紧抓着“服役证明”（如果有的话），把它当成通往自由的一条生命线。当然，这些证明不过是一张张纸，而且上面印着的字此前从未在美国存在过：一份自由借据，持有人可以有权去任何自己想去的地方，去做任何自己愿做的工作。虽然在忙着催促自家奴隶登船前往西印度群岛的保皇党那里，或者习惯了身边有奴隶勤务兵的军官那里，或者在伴随撤退而发生的经济大溃败中 159
想要到巴哈马或牙买加贩卖奴隶以谋取利益的缺德之人那里，此类权利要求会被轻蔑地拂到一旁，但在不少情况下，这张纸上的承诺也确实兑现了。比如，查尔斯顿的自由黑人菲莉丝·托马斯（Phyllis Thomas）就拿着她的证明，获得了“前往牙买加岛或者任何她自选的地方”的许可。[5]

到战争结束时，住在这三块英国飞地的黑人至少有一万五千人，最多则可能多达两万人。许多人都同他们的命运有利害关系，但其中没有多少能算作公平无私的守护者。南方的种植园主，不用说，要求立即无条件地返还他们的财产，还就此向国会请愿。有些人甚至提出，在英国把所有健在的奴隶全还给他们之前，美国不应交换或释放英国战俘，也不应答应任何最终的和平条件。查尔斯顿的指挥官亚历山大·莱斯利将军，曾向南卡罗来纳州长马修斯和格林将军申请，想从该城附近乡间的种植园购买大米，但遭到格林的断然拒绝，他给出的理由是，英国人饿得越厉害，就会越快地离开，“能带走的黑人也会越少”。[6] 马修斯也要挟莱斯利，宣称除非问题能圆满解决，让奴隶主们心满意足，否则美国将拒绝支付所欠英国商人或其他私人公民的债务。

反过来，那些从被没收的叛军庄园获得过奴隶的白人保皇党，则坚决抵制归还奴隶的要求。不过，他们并不是要解放自己手下的黑人。相反，保皇党是要把这些仍然处于奴役状态的黑人带到他们自己将要去的地方——如佛罗里达东部、百慕大群岛（Bermuda）、巴哈马群岛、加勒比地区或新斯科舍。虽然从这方面看，他们是选择回到美国主人那里，还是选择跟随新的英国主子，其实差别不大，但所有证据都表明，黑人自己仍然紧抱着邓莫尔和克林顿的承诺不放，生怕回到美国人的种植园会遭受惩罚，因此，数量惊人的黑人选择了跟英国人走。1782 年 8 月初，莱斯利将军指示所有希望离开
160 的人都到军队登记；四千两百三十名白人和七千一百六十三名黑人便立即照做了。[7] 7 月，在第一场大规模的保皇党撤退中，四千名黑人乘船离开萨凡纳，其中包括一百五十名卫戍部队的黑人步兵。更让人吃惊的是，1782 年 12 月，当船只离开查尔斯顿时，未获准乘船的黑人因为太渴望离开，竟然扒住那些载着流亡者离开港口的小船不放手。

悲惨的是，这些黑人移民中的许多人都被误导了。奴隶们毫无疑问十分担心自己被归还给美国主人后会遭不测，而那些牟取暴利者则无情地利用了这种恐惧，将他们赶上船，拉到西印度群岛，然后又转卖掉了。不过，英国政府在这场悲剧中是否是共谋——虽然当时的美国人以及后来的历史著作中都假定了这种可能性——则是

另一个问题。南卡罗来纳保皇党约翰·克鲁登曾在英国占领期间负责管理那里“被没收的”叛军庄园，当他发现奴隶们被“一个姓格雷的先生”带走，然后在牙买加、托托拉岛（Tortola）和东佛罗里达转卖后，对于这种盗窃和非人性的行为震惊不已，曾愤怒地写信给相关殖民省的总督，要求返还这些奴隶。1783年春，克鲁登甚至还亲自去这些地方找过他们。3月，他从托托拉岛写信给一个叫乔治·尼布斯（George Nibbs）的人，说声名狼藉的格雷“以防止他们被主人惩罚为借口，将黑人从卡罗来纳带走，然后在这个岛上销售或转售……没有什么比这个人所犯的欺诈行为更令人震惊……而且把这些本属总司令管辖的黑人带走……直接违背了他的命令”。[8]很显然，格雷等人（其中一个叫吉尔斯皮）还一直拿萨凡纳和东佛罗里达圣奥古斯丁等地的卫戍部队运送的黑人进行此类交易。现在，克鲁登决意阻止“无良个人把这些可怜人当成财产”，并且要把不法贸易商绳之以法。克鲁登听许多黑人讲述了他们的悲惨境遇，其 161
中一些人认为自己完全符合宣言的条件。所以，尽管克鲁登的任务是把黑人送回美国主人那里（极少能实现），但他同时也很想搞清楚哪些人真正赢得了他们的自由。[9]

南方撤离时间表的加快和莱斯利将军对这一挑战的疲于应付感，正中那些无情商人的下怀，他们巴不得加快出航速度。等着坐船走的黑人太多了——其中一些据保皇党宣称是他们的奴隶，而另一些则宣称他们已经用服役换取了自由——所以即便有足够的地方来安排所有想离开的人，也必然会招致漫天要价。在卡尔顿的指示下，虽然并未完全满足那些前美国奴隶主的要求，但双方仍旧达成了一个折中的解决办法：所有奴隶都会被还给他们原来的美国主人，除了那些不管因为何种原因让主人“感到讨厌”的奴隶，或者那些因战时服役而被国王赋予自由的奴隶。但这其中有个巨大的漏洞。几乎所有从种植园逃跑的奴隶都可以宣称，仅凭逃跑这一条，他们就已经让主人“讨厌了，”所以十分担心以后的遭遇，拒绝被送回去。但无论如何，英美双方将在查尔斯顿建立一个联合委员会，区分哪些人要被送回种植园，哪些可以合理地主张自由权。如果是后一种情况，奴隶主的损失将由英国政府补偿。

不出所料，这一安排很快便失败了。数以千计的黑人为避免被确认身份而更名换姓，然后宣称自己符合菲利普斯堡宣言的条件，并且如一位黑森雇佣兵副官所记录的那样，“坚持维护他们的权力……要求卡尔顿将军保护他们”。[10] 卡尔顿在 11 月 12 日重申了他愿意兑现服役换自由的承诺，并命令军队不得强行带走符合条件的人。然而，有两件事为委员会的人带来了另一个道德烦恼（和潜在的费用）：一是很多想要兑现英国式自由诺言的人现在像许多军
162 官所谓的那样“心软了”；二是许多小孩子根本不可能通过工作来换取或者自己争取自由。在把奴隶当财产计算的那个时期，奴隶主们拆散家庭时毫无愧疚之感，因为在他们看来，奴隶的家庭只不过是繁殖后代的单元。可现在，即便那些已经麻木的军人，也多少受到了多愁善感这种时兴潮流的影响，不愿意拆散母子或夫妻。

当然，白人保皇党可以在他们自己离开时，以保障家庭的完整作借口带走大量黑人。所以当转运船只到达查尔斯顿，开始让黑人上船时，相关的怀疑逐渐加剧，导致在起航前夕，美国检察人员要求履行强制搜查和拘押的权利时，码头上爆发了争吵，甚至是打斗。在一场这样的事件中，随着三名英军士兵被俘虏，整个体系也崩溃了。当时，一百三十六名已经被美国人宣示所有权的奴隶在一艘正准备起航的英国军舰中被发现，马修斯州长登时火冒三丈，宣布联合委员会是一场骗局，并命令美国的监察员立即与其脱离关系。但是，在 1782 年 12 月的最后一次航行前，已经有六千到一万名黑人乘坐船只离开查尔斯顿，而乘客名单并未经过检查，所以马修斯的这种说法，实际上是搬起石头砸自己的脚。根据历史学家西

尔维娅·弗雷（Sylvia Frey）的计算，如果把那些在战争期间逃到查尔斯顿以外地区的奴隶和已经死亡的奴隶算进去，那么至少有两万五千名奴隶从南卡罗来纳的种植园里消失：一整个契约劳工的世界就这么不复存在了。

* * *

在大西洋另一侧的巴黎，负责起草临时和平条约的英美谈判代表认为，到 1782 年 11 月，他们已经完成了一稿双方都认可的草案。约翰·杰伊（John Jay）、本杰明·富兰克林、约翰·亚当斯有着充 163
分的理由感到满意。新国家的国界很广阔，纽芬兰渔场的准入权得到了批准，战争损害的赔偿要求也被接受了。然而，除了美法联盟实际上的解散，英国并没有得到多少。毕竟，美国人只需要赔付欠英国和保皇党债主的债务，不过，条约还建议各州要么归还保皇党被没收的财产，要么赔偿物主的损失。

事情已经谈妥，草案也已准备好签字、盖章，但 11 月 30 日，就在所有参与谈判的人到本杰明·富兰克林位于帕西的家中，打算吃饭庆祝时，姗姗来迟的亨利·劳仑思加入了他们的行列。在这最后一刻，劳仑思显然还在为“卡罗来纳的黑人被掳走”而忧心忡忡，所以坚持要求增加一项条款，写明英国在撤军时“不能破坏或带走美国人的财产、黑人等”。

很显然，确保奴隶不被带走，对劳仑思而言很重要，虽然他儿子曾发起过美国在独立战争期间唯一一次利用服兵役来解放黑人的行动。但约翰·劳仑思上校已经死了，前面曾提到，格林将军拒绝把大米卖给查尔斯顿的英军卫戍部队，而约翰就是在 8 月份参加一场阻止英军搜寻粮食的不必要战斗时阵亡的。当时，英军正在卡姆比河（Combahee）上搜寻补给，离劳仑思的朋友阿瑟·米德尔顿的种植园不远，所以自然是全副武装。（9 月 15 日，卡尔顿也曾率人去韦斯特切斯特搜集物资，但为了防止有人找麻烦，他带了三千名士兵。）约翰 · 劳仑思突然意识到自己只有五十名士兵，而对方人数是自己三倍后，只有两个选择，要么等待增援，要么立即行动。劳仑思本色不改，选择了迎着枪炮而上。“可怜的劳仑思在一场小冲突中阵亡了。”格林将军报告道——但其实在某种意义上，正是他造成了劳仑思的死亡。[11] 那些深爱劳仑思的朋友们，如华盛顿和
164 汉密尔顿，都为他的离去而哀痛不已。实际上，英国人自己也一样，这种无畏的痴人，他们是再熟悉不过的；但是，没有人对他的死感到特别震惊。11 月中旬，亨利 · 劳仑思接到约翰 · 亚当斯的来信，要求他到巴黎参加和平谈判，然后又在信中得知了儿子去世的悲痛消息。因此，对老劳仑思来说，责任的召唤可以抑制丧子的痛苦——亚当斯本人在逆境中也曾依赖过这种加尔文主义的可靠智慧。

但亨利 · 劳仑思身体状况不太好。1780 年 9 月，他乘船前往法国时，被奥古斯塔斯 · 开普尔上校（Colonel Augustus Keppel，后升为上将）的皇家海军“贞女号”扣押，随后在伦敦塔里蹲了十五个月，直到将要作为战俘同康沃利斯交换时，才从曼斯菲尔德伯爵那里获准保释。[12] 在伦敦塔时，劳仑思被关在一间十二英尺长的方形牢房中（还要自己花钱租），时常遭受那些小心眼儿狱吏的严苛对待——被伦敦塔卫兵故意挖苦，听他们唱《胜利之歌》（“Yankee Doodle Dandy”），日常散步和分给他的书写纸张受到严格限制。一段时间后，他的黑人奴隶乔治获准来陪伴他，但也只是监牢里有其他人在场的时候才可以。虽然劳仑思试图通过对比大英帝国的类似情况给吉本的《罗马帝国衰亡史》做注解来打发时间，但他痛风的毛病越来越严重，还染上了“泰晤士肺病”。所以当他最终抵达巴黎时，已经形容瘦削、步履蹒跚，着实让亚当斯等老朋友大吃一惊。

不过，这些病症都难以解释为什么亨利 · 劳仑思会想在一份根

本轮不到他来起草的条约里，加上一条显然与他去世的儿子秉性相悖的条款。也许这位曾经靠奴隶劳动发家致富的种植园主故态复萌了？也许是他对那种驱使约翰经常做出愚蠢行为的理想主义感到怨愤，进而将这种感情投射到了行为之上——悲伤之人更过悲愤了？但也许，劳仑思可能是受到了自己在伦敦塔时，常来看他的苏格兰裔非洲帝国投机商人理查德·奥斯瓦尔德（Richard Oswald）的影响。奥斯瓦尔德在一生中扮演过很多角色——当过商人、军火承包商；因为许多观点十分激进，也是美国的铁哥们儿，而这一点，毫无疑问， 165
正是罗金汉–谢尔本政府指派他跟富兰克林和亚当斯谈判和平条约的原因。实际上，启程前往巴黎前，奥斯瓦尔德跟劳仑思基本上就是这么讲的；而且也正是奥斯瓦尔德，在华盛顿似乎并不急于用康沃利斯伯爵交换劳仑思（在英国获得假释！）时，向英国的权势之人求情，促成了劳仑思在 1781 年末被释放。所以，奥斯瓦尔德显然插了一手，向亚当斯和富兰克林建议，劳仑思——毕竟他儿子在法国时便已经是一名外交官，为美国争取到了战争借款（约翰·劳仑思在他短暂的人生里什么没干过？）——应该跟他们一起参加巴黎的谈判。但是，理查德·奥斯瓦尔德还有另一面：他还是一名奴隶贩子，控制着塞拉利昂河口的奴隶贸易中转站班斯岛（Bance Island），从腾内人那里购买俘虏后再转卖出去，从中牟取暴利。这些人形货物在被运到南卡罗来纳低洼地区种植园拍卖的途中，会先在查尔斯顿停靠，而对这些交易抽成百分之十的不是别人，正是亨利·劳仑思。

一如既往，利益压倒了虔诚。虽然合约的第七条禁止英国人“带走财产”，可那些船只能运走的财产，有什么会比奴隶更值钱？所以，劳仑思将他的条款插进条约里，不仅是在帮助他的卡罗来纳同胞，更是在帮助让这场革命得以成功的所有美国南方的蓄奴阶级，也就是那些胜利者和遗产继承者——除了约翰·亚当斯这个特例之外，这些人将霸占美国的政治和总统职位整整一代人的时间。[13] 说到底，他们几乎都遭遇了自家奴隶投奔英国的情况，也正因如此，他们中的许多人，尤其是弗吉尼亚人，才会游说乔治·华盛顿和国会，决心要夺回他们的奴隶财产，或者至少在这些损失上获得经济补偿。

* * *

1783 年 5 月 5 日，卡尔顿沿哈得孙河逆风、逆流而上，准备去见华盛顿。他心里应该十分清楚，华盛顿将军晾了他几个月，现在
166 突然有兴趣进行私人面谈，归还黑人的问题是一定会讨论的，或许还是促成会面的最迫切原因。但这摊子事很棘手。在其他的问题上，比如英军立即撤出韦斯特切斯特（德兰西［de Lancey］的保皇党流亡牛仔连还在那里横冲直撞，并没有因为一群人正在巴黎的谈判而罢手），他很乐于顺从。但对于那些曾被许诺以自由的黑人，他觉得自己一定要履行诺言，这一点他从未怀疑过。当年 4 月，他向手下的所有军官发出指示，要他们认真执行条约中的相关条款。也就是说，要在查尔斯顿贯彻提议的内容：归还所有从叛军庄园掳走的奴隶，但王国对其有义务的奴隶除外。在纽约的三千多名黑人中，后者占大多数。因此，核查奴隶自由索求权的机制已经就位。一本《黑人名册》已经被打开，里面记录了所有希望随英国人从纽约撤离的黑人的名字、年龄、外貌（“矮胖的男孩”“可能是女仆”），以及最重要的一点：他们到达英军前线的日期。只有在敌对行为结束前到达的人（尽管这个日期可以被认为最晚到 1782 年秋季），才符合菲利普斯堡宣言的条件。经过审定后，被认为有权获得自由的人会获得纽约的指挥官萨缪尔·伯奇下发的证明，被认为无权获得自由的人则会归还给主人。所有这些安排，卡尔顿后来耐心地向华盛顿解释道，显然对奴隶主最有利，因为这样他们至少可以有一份损

失记录，然后才有权申请赔偿。

傍晚时分，卡尔顿在道布渡口停泊的“坚忍号”上，一边由他的黑人仆人庞普伺候着（庞普自己也有一张自由证明，尽管盖伊爵士非常不希望他走），一边反复琢磨如何商讨这些棘手问题。他的少校贝克威思（乘坐他的捕鲸船提前赶来）带着华盛顿的手下汉弗 167
莱斯少校来到船上，说美国司令官邀请他于次日到河西岸的塔潘共进晚餐。卡尔顿接受了邀请，但心里一定很好奇华盛顿会如何接待他，毕竟大家都知道，他现在已经成了临时总司令，只是在等待接替他的查尔斯·格雷爵士（Sir Charles Gray）到来。这会削弱他的权威吗？这两位军官和绅士之间真的能达成一致的意见，真的有默契吗？说这俩人有多像，已经是老生常谈：他们都不苟言笑、头脑清醒、举止沉稳，神情冷漠，似乎根本不屑于一般人的那种鸡毛蒜皮。但即便他认为两人能谈妥这些问题，卡尔顿也知道，过去的艰难一年，既有理由让他安心，也有理由让他焦虑。

从 1782 年夏季到秋季，这两人之间的关系，即便往好了说，也只能用冷淡来形容。但卡尔顿坚信这种情况不是他造成的。虽然弗吉尼亚的枪炮声早已沉寂下来，但他来到这一地区时，无情、暴力的内战仍然在继续。他的目标——尤其很明显不会再有任何军事行动后——是最大限度地减少进一步的苦难。比如，他期望战俘的交换能迅速完成（毕竟，他只有大约五百名，但美军那边关押着六千多名）。但是，国会对于美国俘虏在纽约和布鲁克林附近的英国大囚船上遭受的骇人待遇感到愤怒，所以坚持要求英国在交换战俘前，先向美国支付看管英国战俘的费用，并威胁说，如果此事不及时解决，就减少英国俘虏的口粮。不出所料，谢尔本（罗金汉去世后，他在 7 月继任首相一职）不喜欢被人要账。卡尔顿得知英国俘虏缺衣少食后（很多人都衣不遮体）压力很大，便提议至少先把军医和随军牧师放了，但未能如愿。于是，他又请求和华盛顿私下 168

会面，试着解决双方的分歧，但美方的反应还是很冷淡。1782年9月，双方的谈判专员在纽约的塔潘举行会议，结果不欢而散，进一步加深了敌意。英方申请许可证，想给英军俘虏送一些最基本的食物和衣物，但遭到了美方的拒绝。所以，向来温文尔雅到有些天真的卡尔顿很好奇，美国国会为何要铁了心“要把战争拉扯到如此狂暴的边缘”？

华盛顿那种严肃过头的态度让他惊愕不已。他认为，美方在对待查尔斯·阿斯吉尔（Charles Asgill）上尉的问题上几近不人道。纽约与新泽西的爱国者和保皇党非正规军积怨已久，而阿斯吉尔则成了他们之间的一枚棋子。这场暴风的中心，是爱国者游击队上尉约书亚·哈迪。因为给泰上校造成致命伤，哈迪成了黑人保皇党的眼中钉。因为草率地处死保皇党民兵斯蒂芬·爱德华兹（Steven Edwards），他又被白人保皇党痛恨不已。所以，当联合保皇党抓住哈迪，把他带到多佛白崖后，并没有用他换取英国俘虏，而是把他绞死了。这或许是犯罪，但绝非意外。无论如何，华盛顿得知哈迪的死讯后大发雷霆，要求亨利·克林顿爵士立即把同此事有直接关系的保皇党利平科特交给美国法庭处置。但是，克林顿只是冷静地回答，此事仍在调查之中，利平科特或许会在英国军事法庭受审。

卡尔顿因袭这一争端，写了一封礼貌的求和信，向华盛顿表明自己对“非官方的私人恩怨”感到十分遗憾，并且大胆地奢望，冤冤相报或许该到此为止了。为展示诚意，他还释放了新泽西州长利文斯通的儿子。然而，这并没有什么用处。华盛顿在回信中强烈地暗示道，如果说战争末期发生了此类野蛮行径，那其中最骇人的也都是英国人制造的。华盛顿对卡尔顿说，这场“无人性的战争”已经被“非人的残暴行为”搞得面目全非，“且在很多情况下，为其进程打上了污点”。然后，华盛顿宣布，在这种情况下，如果事件
169 无法得到圆满的解决，那么他将别无选择，只能通过抽签的方式，

选取一名英国俘虏，代替利平科特为哈迪偿命。

这个签落到了从男爵爵位继承人、年仅十九岁的第一近卫军上尉查尔斯·阿斯吉尔头上；美军在约克郡俘虏了数千名英军俘虏，他正是其中之一。虽然投降条款中明确禁止将任何战俘当作人质，但根据华盛顿的命令，阿斯吉尔还是从宾夕法尼亚的兰开斯特（Lancaeter）被带到新泽西的莫里斯敦（Morristown），并且被严格监禁起来，且被告知了如果英国不改变立场的话，他会遭遇何种下场。如此冷血地应用同态复仇法（lex talionis，以眼还眼），让卡尔顿十分震惊，再加上华盛顿似乎铁了心要这么做，纽约的英军卫戍部队对阿斯吉尔的不幸遭遇非常愤怒，更希望受惩罚的是利平科特而非阿斯吉尔（当然，保皇党的态度正好相反），所以卡尔顿便四处奔走，想要找到一个更审慎的解决办法。他向华盛顿保证，军事法庭对利平科特的审判——推迟了两次，第一次是因为要给被告准备辩护的时间，第二次是非正规军士兵在军事法庭受审的合法性需要裁定——会加紧进行。案件确实很快就审完了，可判决结果是无罪，理由是利平科特只是奉命行事，下命令的人是联合保皇党的其他成员。但这个结果不太可能对阿斯吉尔有多少帮助。[14] 同样，卡尔顿虽然执意说自己会找到那些该为绞刑负责的罪魁祸首，但也于事无补。

真正拯救了这位年轻军官的是，1782 年秋季时，阿斯吉尔问题成了欧洲的沙龙和公报讨论的焦点话题，最终发酵成为“阿斯吉尔事件”。他的经历拥有伤感浪漫故事的全部元素，这在当年很流行（卢梭的《忏悔录》也在同一年出版）：受到打击的母亲，临终卧床的父亲，心烦意乱而“神智失常”的妹妹，一位刚愎自用的将军，以及一位迫切想要找到既人道又公平的解决方案的总司令。得知儿子的消息后，痛苦万分的特蕾莎·阿斯吉尔（Theresa Asgill）写信给卡尔顿，恳求他去说说情。卡尔顿并没有只是耸耸肩膀，而是

170 灵机一动，建议这位母亲直接写信给法国外交部长韦尔热纳伯爵（Count Vergennes），因为他知道法国的上层社会对多愁善感这种时兴的潮流趋之若鹜。而事实也证明，特蕾莎·阿斯吉尔很清楚自己该做什么和怎么做。

> 阁下，请您设身处地地把自己放在一个遭遇如此变故的家庭里想想。就像我这样，被忧虑包围，被恐惧和悲伤压垮，没有语言能表达我的感受，能描绘出我家的惨状：得到这个消息的几小时前，我丈夫的医生刚刚给他检查过身体，情况不太乐观，所以不能告诉他；我女儿在发高烧，已经神志不清，说起她哥哥时前言不搭后语……阁下，请用您敏锐的感受来体会一下我这无以言表的巨大痛苦，为我求求情，只要您一句话，您的一句话就像上苍传来的声音，能把我们从这悲苦之中、这极度的不幸之中解救出来。我知道华盛顿将军有多么敬重您的人品。只要告诉他您希望我儿子能重获自由，他就会让他回到伤心欲绝的家人身旁，让他重获幸福……我深知向您提出这样的请求十分冒昧，但我坚信，无论您同意与否，都会怜悯我的痛苦；您的仁慈会在我的过错上滴一滴眼泪，将它永远地抹去。
>
> 愿我所乞求的上苍让您在任何时候都不需要您有权赐予我的那种安慰。
>
> 特蕾莎·阿斯吉尔

韦尔热纳止住泪水后，将来信转给了路易十六和玛丽·安托瓦内特——同为人母的玛丽王后当即同情地沉浸在悲伤之中。启蒙哲学家狄德罗的朋友格林开始添油加醋地描述这件事，宣称美国人在
171 查尔斯·阿斯吉尔的牢房外建了一个绞刑架，而且他曾三次被带到绞刑架前，但心烦意乱的华盛顿发现自己无法下令将他处死。杂志

和报纸报道说，坐船从美国来的乘客一下船就问：“有阿斯吉尔的消息没？”

凡尔赛向费城和纽约发去了抗议。而华盛顿得知利平科特确实会出庭受审后，也开始变得良心不安。他一反常态，给阿斯吉尔写了一份充满愧疚的信，说他热切希望此事能圆满解决，让这个年轻人重获自由。8 月时，他又告诉阿斯吉尔，他的命运和整件事将会呈交国会决定。最终，情感与审慎一起把问题解决了。11 月初，经过三天的激烈争论，国会的大多数依然倾向绞刑。但在第三天时，国会宣读了华盛顿写来的信（赞成宽大处理）、路易十六和玛丽 · 安托瓦内特的信，以及特蕾莎 · 阿斯吉尔向王后发出的私人呼吁。“这些加到一起，”国会议长伊莱亚斯 · 伯丁内特（Elias Boudinot）报告说，“都能感动野人的心了。”其中起到关键作用的是来自华盛顿的请求，他希望国会能饶过年轻的阿斯吉尔。国会成员像被电击了一样，同邻座的人面面相觑，仿佛在说“不按规矩办事啊”。一些最坚定的成员怀疑其中有诈，要求亲眼看看华盛顿的来信，检查一下他的署名是否真实。一切都没问题之后，国会一致决定，阿斯吉尔的性命可以保住，以此“向法国国王致敬”。

脱离苦海之后，特蕾莎 · 阿斯吉尔再次致信韦尔热纳，依旧用诗一般的热情说道：“唯愿此颂词在我表达感激之情的手、在此刻因充满感激之情而颤动的心化为灰尘之后，能为我对您的感激之情作证。”长舒了一口气的华盛顿下令释放查尔斯 · 阿斯吉尔，同时还给阿斯吉尔写了一封信，基本上就是恳求阿斯吉尔不要怪他。他
请求阿斯吉尔明白，拘禁和处决他的命令，并非出于什么“血腥的” 172
动机，而是源于一种正当的责任感，除了年轻人自己，没有谁能比将军本人对他重获自由的消息感到更高兴。不用说，巴黎那些雇佣文人马上开始撰写有关阿斯吉尔的戏剧，其中有一个还大受欢迎。但捡回一条命的阿斯吉尔在此后漫长的军旅生涯中继续为英国同法

国人打仗，可以说是以怨报德了。

不过，同盖伊·卡尔顿爵士对峙的华盛顿到底是哪一个——是为了维护美国利益而不惜一切代价的面无表情的捍卫者？还是有人情味儿的贤明政治家？——这我们就不太清楚了。

* * *

1783 年 5 月 6 日上午，两艘驳船载着英方代表到了河对岸。与卡尔顿同船的有他的秘书莫里斯·摩根（Maurice Morgann）、英属纽约殖民地副总督安德鲁·艾略特（Andrew Elliott）和首席法官史密斯。拉特维奇上校及一群海陆军军官则跟在后面的船上，以彰显国王的力量。船停在帕利塞兹悬崖下的塔潘灌溉渠里，盖伊爵士身着猩红色的礼服，在一支衣装整洁的军乐队演奏的乐曲中检阅了美国仪仗队。华盛顿也在这里，他几天前从纽堡赶来，给两名士兵授予了新近创立的紫心勋章。两位将军当时都身体抱恙：卡尔顿患了重感冒，华盛顿则是牙疼。但是，历史需要他们展示亲切友好的形象。双方互致问候，并握过手之后，卡尔顿和华盛顿登上一辆驷马车，前往不远处的德文特府，会议就将在那里举行。其他人都骑了美国人给他们牵来的马，但威廉·史密斯和安德鲁·艾略特很英国，选择了步行。

但卡尔顿不知道的是，德文特府对英美和解而言是个不祥之地。从外表上看，这里平淡无奇：哈得孙河谷中典型的荷兰风格农舍，
173 一层是客厅、厨房，二层是两间卧房，喇叭状的山墙下方是刷白的砖石墙，墙上按荷兰建筑的风格刻有修建的年代：1700 年。围着篱笆的院子里绿草茵茵，山茱萸如纸一般薄的花朵已经绽放，鸭子们在水草丛生的池塘里戏水，对这里的重要人物和重大时刻并不关心。[15] 但是，德文特府还有一段阴暗的历史。1780 年时，这里是华盛顿的

总部，而曾经策反了本尼迪克特·阿诺德、试图协助他交出西点军校的英国间谍约翰·安德烈少校（Major John André），也是在这里受审并被判处死刑。不过，在 5 月 6 日那天，大家却先在门口上演了一个小时毫无意义的寒暄，之后才走进一层的两间屋中较大的那间里开会。房间的墙壁上贴着代尔夫特瓷砖，天花板上悬着橡木木梁，一点点光线从铅框窗户透进来。气氛十分沉重。在座的人包括华盛顿的秘书乔纳森·特朗布尔（Jonathan Trumbull）、纽约总检察长埃格伯特·本森（Egbert Benson）、纽约州州长乔治·克林顿（威廉·史密斯尖酸地提到，他曾是自己的法庭书记员）、纽约州州务卿约翰·莫林·斯科特（John Morin Scott）。然而，尽管会谈前的准备工作都很客气，可无论是克林顿还是斯科特，都不准备容忍英国人拖延时间。他们应该走，赶紧走，丢下黑人自己走。谈判开始后，华盛顿单刀直入，让卡尔顿先看看第七条内容，然后要求他给出韦斯特切斯特、纽约和长岛剩余英军撤离的准确时间表。他讲话时，声音像往常一样低沉、平缓：那是真理的声音，是历史的声音。可是，当他听到卡尔顿的回应后，那副客观冷静的著名面具一下子就碎了。

在他们见面之前，华盛顿就觉得盖伊·卡尔顿爵士有些招人烦。两人通信时，这位英国将军就习惯对他说教，谈什么人道以及在他看来他们对此负有的共同义务。亲爱的华盛顿将军，关于囚犯的可悲处境……尊敬的阁下，我深知您对不走运的年轻上尉阿斯吉尔十分关心……华盛顿将军，难道就不能给那些衣不蔽体的人送去 174
点儿衣服吗……而现在，这个人似乎又关心起了黑人的命运。那可是我们的黑人，我的黑人！卡尔顿开始回答问题时，并没有什么可让人担心的理由——除了这位将军似乎非要逆着华盛顿提出问题的顺序回答以外。撤换韦斯特切斯特的卫兵？在进行了，很快就会完成；已经下令切断德兰西流亡牛仔连的物资供给了。长岛？没那么快，现在船不够，撤离期间为保皇党提供的安全保障也还不到位，但肯定会撤走的；迟早的事，船一来就走——他们在年底之前会全部离开。

实际上，卡尔顿已经竭尽所能在加快撤离了。这之前，已经有两批人坐船走了。第一次是1782年10月初，五百零二名乘客起航去了哈利法克斯，其中五十六人是黑人；第二次规模大一些，大约有六千人，1783年4月底离开，目的地是新斯科舍。[16] 船只在离开前都被检查过，以防有人违规带走黑人；离开黑人的姓名已经登记造册，供原来的主人申请赔偿。

什么？华盛顿一下子涨红了脸，打断他。“已经上船了！”卡尔顿也盯着他，声音依旧平和，举止依旧冷静，态度高傲到让人抓狂。想必这位将军一定知道吧，无论条约草案里说了什么，“对于合约条款的解读，都不应违背先前以国家荣誉向所有肤色的人做出的承诺，那些承诺必须兑现”。[17]

所有肤色。这是卡尔顿的摊牌时刻，而且他认为，这也是在为他那个打了败仗的可悲王国辩白，只要他还跟这事儿有关系，至少能从这可耻的溃败中挽回哪怕一丁点的体面和荣誉。这也是他对巴黎谈判人员的报复，既包括英方，也包括美方，报复他们如此轻率、漠然地抛弃了对那些倒霉之人所做的承诺——那些诺言本来就应该而且也一定会兑现。

175 感到难以置信的华盛顿一直保持沉默，面无表情、一言不发，但房间里已经乱成一团，约翰·莫林·斯科特怒气冲天，指责英国人违背了双方在巴黎商定的条款，与此同时，美国人可一直在履行他们的承诺。英国人反唇相讥，说近来通过的“侵害行为法案”（Trespass Act）允许种植园主起诉那些在战争期间曾占有其地产的人，要求他们赔偿损失，可这不符合任何已知的战争惯例。而当英方问起克林顿州长，如果各州同国会产生分歧的话，它们可否被允许另寻出路时（据说佛蒙特当时仍然反对独立），气氛变得更加不快。绝对不行，克林顿吼道。一时间，与会者大呼小叫、群情激愤。卡尔顿试图平息众人的怒火，表示愿意开明些，考虑一下美方提出的任何建议。一阵尴尬而愤怒的沉默后，华盛顿和卡尔顿继续礼貌地回到了加快撤离的问题上。双方谈来谈去，还是在原地打转，最大的问题还是悬而未决、难以调和。继续谈下去也不会有什么结果了。华盛顿掏出怀表，“看到已经是晚餐时间，便提议大家去喝点红酒和比特酒。我们同盖伊爵士都站起身来”。[18]

德文特府旁边的草地上已经搭起了一座帐篷，里面是萨缪尔·弗朗西斯（Samuel Fraunces）——他在曼哈顿开有一间酒馆，后来曾多次被华盛顿请到自己位于纽约、日耳曼敦（Germantown）、费城的住所担任主厨——能以五百英镑的高价制作的各种精致美食：牡蛎、肉排、馅饼、烤肉，还有那些他名不虚传的大布丁。要是他能偷听早期的会议该多好，因为弗朗西斯是黑萨姆，也就是自由黑人，他的一生就是一场激动人心的英美大冒险。他在纽约开的第一家酒馆名叫“凤首”，以表对乔治三世的配偶夏洛特王后的崇敬，但后来反倒成了那些激进爱国者最喜欢的聚会场所。他的女儿菲比则被归功为挫败了毒杀华盛顿阴谋的人（把华盛顿所吃的豌豆扔到窗外，结果毒死了下面的几只鸡）。不过，他也曾在占领期间招待过英国人，尔后才在新泽西投向美方。现在，这位黑萨姆穿着洁净的外衣，戴 176
着白色的假发，在诸位绅士与布丁之间来回穿梭，即使无法让他们和谐共处，也要保证有足够的美食供他们享用。

礼尚往来是自然的，拉特维奇上校和卡尔顿将军邀请了华盛顿及属下第二天到“坚忍号”上享用晚宴。美方也没有爽约，而且还第一次被给予了军队和国家高官的礼遇：到达时鸣十七响礼炮，当晚离开时亦是如此。不过，卡尔顿本人因为感冒加重而缺席了漫长的晚宴——当然，美国人明白，他的缺席至少在一定程度上可能是一种外交表态。毕竟，当美国人准备下船时，卡尔顿走出来，同他们道了别，时间恰好晚到无法在有关黑人的问题上聊出什么重要的东西。

无论如何，卡尔顿已下定决心。塔潘的会议结束后，华盛顿写了一封怒气冲冲的信，但卡尔顿在回信中重复了自己的立场：虽然他会尽一切努力，忠实地记下所有想要离开的黑人的情况，虽然美国官员也会对即将离开的船只进行检查，但他绝不会剥夺“那些在我到达之前便已被宣布获得了自由的黑人”所拥有的自由权；“因为这种权利属于他们，我无权剥夺”。卡尔顿坚持认为自己这么做不仅没错，而且还帮了奴隶主一个大忙，因为即便剥夺黑人坐船离开的权利，“即便想尽一切办法阻止”，他们也会“千方百计地逃离此地，那样的话，前奴隶主们不但再也无法追踪他们的去向，而且会丧失一切获得赔偿的机会”。不过，卡尔顿还是忍不住再杀一杀华盛顿的威风。“我必须承认，”他接着说，“你们竟然认为国王的大臣会专门在条约里明确规定一种严重违反公众对任一肤色之人的信任的行为，这其中表达的意向，似乎不如我希望的那么友好，我
177 认为也不如我们所能预想的那般友好。”[19]

这正好戳中了华盛顿的痛处，让他勃然大怒。但他也是一位现实主义者，很清楚尽管南方和国会对此感到愤怒，可他自己手里能强制执行第七条的选择十分有限。许多年之后，民主的美利坚共和国才会最终放弃把奴隶归还给旧主人的努力，而有关赔偿的问题则到 1812 年战争之后还争论不休，因为当时又有一拨黑人跑到了英国前线，寻求庇护和自由。所以 1783 年时，他能做什么？他应当赞同那种拒绝支付英国欠款的意见吗？但那会被认为是违约。虽然有些人愤怒至极，比如詹姆斯 · 麦迪逊，认为按照英国人对待黑人的立场，条约早已是一纸空文，但华盛顿可不想重启战争，尤其是在皇家海军重新在西大西洋占据优势之后。所以，华盛顿——反正他

原本也对自己的蓄奴行为是否符合道德感到矛盾——在黑人损失的问题上，逐渐变得听天由命。比如，当卡尔顿干脆地告诉抓捕逃亡奴隶的赏金猎人（要抓的人中，有两名来自本杰明 · 哈里森种植园的黑人先锋连士兵），除非这些黑人自己同意，否则不能把他们送回去后，哈里森曾直接向华盛顿求助，可是谈判的会议已经说服了华盛顿，他当天便给哈里森回信说，“那些从主人那儿逃走的奴隶，永远也不可能还回去了。”他非常理解哈里森的懊恼，可事实是，“我自己的好几个奴隶也投奔了敌方，但我几乎不会在这件事上多想；他们要从纽约逃走的话，有很多扇门（所以，卡尔顿说对了！）除非他们自己想回来……否则英国人也还不回多少来”。[20]

当然，不是每个奴隶主都这么坦然。弗吉尼亚的十三位奴隶主（一共损失了三百名奴隶）就曾协力想把这些奴隶抓回来，还请求国会进行干预。[21] 西奥多里克 · 布兰德（Theodorick Bland）雇了一名叫雅各布 · 莫里斯（Jacob Morris）的密探，帮他追回奴隶，但运气不怎么样。好不容易抓到了一个，但那人告诉他，纽约的黑 178
人都很清楚，那些被送回去的奴隶中，有好多都“遭到了旧主人的严厉惩罚”，通常是鞭刑。所以，这些人既不太可能等着被抓回去，也不可能主动回去。追查这些奴隶的下落，耗时少则数星期、多则数月，加上他们中的很多人已经改名换姓，因此抓捕的费用可能会比损失的奴隶成本更高昂。猎人们要想有机会查到逃跑人员的下落，必须向纽约人寻求帮助，但卡尔顿曾下令，凡有人参与非法归还奴隶的活动，一经发现，严惩不贷，所以没有多少人愿意冒这种险。比如，一个叫托马斯 · 威利斯（Thomas Willis）的警察曾收受贿赂，逼迫一个叫凯撒的黑人登上去往新泽西伊丽莎白镇（Elizabeth）的船，并且在当街无耻地殴打了这个双手被捆在一起的人；被认定罪名成立后，威利斯被处五十基尼的高额罚款，并被赶出了纽约。还有一个奴隶，被主人雅各布 · 杜里埃（Jacob Duryea）抓住后拴到了一条船上，但在哈得孙河上被一名叫卡菲上校的黑人游击队员和一群黑森雇佣兵解救（他们的兵团中本身就有很多黑人）。[22]

不过，这一切都无法缓和纽约黑人群体的恐惧，因为他们知道，那些曾经压迫他们的人可以自由地跑到这里，把他们抓回去。对他们而言，战争的结束意味着恐惧的恢复。曾历经千辛万苦逃离“美国人”、现已娶妻生子的波士顿·金（妻子名叫维奥莱特），便完美记录下了当时吞噬纽约黑人群体的那种恐惧。

> 大约在这个时候，美国和英国恢复了和平，各方都很高兴，除了我们这些逃离奴隶制、到英国军队中寻求庇护的人；因为纽约流传着这样一种说法，所有的奴隶（约有两千名）都会被遣返回曾经的主人那里，虽然其中有些已经在英国人中间待了三四年。这个可怕的谣言让我们感到难以名状的痛苦和恐惧，
> 179 尤其是我们还目睹了那些旧主人从弗吉尼亚、北卡罗来纳等地赶到纽约，在大街上抓捕奴隶，甚至直接把他们从床上拖下来的场景。许多奴隶的主人都残忍至极，所以一想到要和他们一起回去，我们的生活就充满了痛苦。有好些日子，我们都食无味、夜难寐。在我们遭难时，英国人同情我们，发表宣言说“凡是向英军寻求庇护的奴隶都应获得自由，并声明了宣言在有关黑人的安全和保护方面所具有的约束力和特权”。因此，我们每个人都收到了一份纽约指挥官签发的证明。这消除了我们的恐惧，让我们的心中充满了喜悦和感激。[23]

这些由萨缪尔·伯奇准将签署的证明代表了非裔美国人生活中一个具有革命意义的时刻。它们证实了持有证明者“投奔英军……特此获得尊敬的盖伊·卡尔顿爵士许可，前往新斯科舍或他/她想去的任何地方”。伯奇签发的证明中，目前仅有一份流传下来，

受益者名叫凯托·拉姆齐（Cato Ramsey），曾是弗吉尼亚诺福克一位叫约翰·拉姆齐医生（Dr John Ramsey）的奴隶，于 1776 年逃跑。[24] 根据《黑人名册》上的信息来看，拉姆齐是一名逃亡奴隶，“年四十五，身材纤瘦”，不知怎的竟然找到了邓莫尔大人的舰队；历经战争中的所有艰险而大难不死——天花、斑疹伤寒、衣食匮乏、四处流浪；但最终抵达了纽约，获得了自由。现在，他只要告别美国，就可以开始一种新的生活。

同凯托一样的男人、女人、小孩还有数千人，都在焦急地等待他们的命运。但证据显示，这次的撤离不像查尔斯顿那般残酷、慌乱，卡尔顿及属下煞费苦心，竭力减轻了这场考验给黑人带来的痛苦。一份题为《美国黑人情况摘要》（Precis Relative to Negroes in America）的文件——可能是卡尔顿自己在 1783 年后半年中起草的——对于哪些黑人有资格离开，采取了一种比波士顿·金所暗示 180
的还要开明的态度。判定进入英军前线的截止日期，被推迟到了“条约达成的当天”，最早可以从 1782 年 11 月算起。这份文件还明确提出，受委派裁定美国奴隶主对前奴隶的所有权是否有效的调查委员会，认为那些尚未受到“常规保护或拥有证明”的黑人也是自由人。可以说，这是美国黑人解放史上的又一项里程碑：他们在英国人那里终于找到了那种在他们讲述自己的人生经历时，无论有没有书面文件，都愿意相信他们所言之事的白人当局。纽约一共签发了三千份证明，其中八百一十三人十分诚实，没有假装自己响应过宣言的号召，但仍然辩称，他们在战争期间从叛军奴隶主那里逃亡到了英军前线。在英国人看来，这就足够了。

而《摘要》中传递的另一个再清楚不过的惊人事实是，到 1783 年，卡尔顿及手下主要军官所做的决定，还受到了“萨默塞特效应”的影响（对曼斯菲尔德伯爵判决的善意误读）。与邓莫尔那种纯粹的军事投机主义不同，《摘要》还补充说，任何投奔英军前线的黑人都被视为自由人，“英国宪法不认可奴隶制度，会向所有进入英国的人提供自由和保护”。据《摘要》的起草者所言，给予这些要离开的黑人的证明，可以被明确地、“普遍地认为等同于解放”。[25]

同往常一样，黑萨姆弗朗西斯这一次也在事件现场。从 4 月到 11 月（最后一趟航班离开纽约）的每个星期三中午，正是在他的酒馆，调查委员会商讨了那些有争议的所有权主张。虽然在 7 月中旬，华盛顿已经指示美方的相关人员停止参与此事，国会显然也认定这是在嘲笑美国，但这些人还是坐在英国人的旁边，旁听了所有案子。
181 这些诉讼的结果让美国人大为不快，只有一小部分黑人最终被送回旧主人那里，有时原告奴隶主还是保皇党。比如，朱迪斯·杰克逊（Judith Jackson）早在 1773 年时便带着年幼的女儿逃离了弗吉尼亚的诺福克，此后一直待在保皇党的城镇中；两年之后，邓莫尔到来，她在军团中找了一份洗衣工的工作，追随军队先是去了南卡罗来纳，最后又到了纽约。她的案子（证明已经给她）似乎万无一失了。但 1783 年，一个叫埃尔贝克的人出现在纽约的委员会面前，声称她原先的主人去英国之后曾将她委托给自己照管，而他作为保皇党，对杰克逊及其子女拥有所有权。委员会不知道该怎么办，便把案子转给卡尔顿本人，结果，他毫不迟疑地就做出了决定：朱迪斯·杰克逊和她的孩子们获得了自由。[26]

但焦虑并没有止于弗兰西斯的酒馆。到了码头之后，四名检查员（包括美国人）会到船上最后再检查一遍，先是查看乘客名单，然后是黑人乘客，确保人和名字对得上，确保船上的人都在《黑人名册》中有记录可查。奴隶主还得宣誓，不会偷偷把任何东西或任何人带下船，否则将受到“严惩”。从理论上说，黑人可以在最后一刻被带下船，但在实践中，这种糟糕透顶的最终否决似乎极少发生。毫无疑问，这是一场艰难的考验，但对两千多名黑人来说，这也将是他们一辈子经历的最后一次检查。

在船只起航的日子里，如果一个人从盛夏时节那弥漫着汗臭味的河边走过，会看到绳子和帆布胡乱堆在一起，看到马车和马挤成一团，听到桅杆嘎吱作响的声音和鞭子噼噼啪啪的声音，听到满嘴脏话的赶车人，和偷吃东西的海鸥、野猪和狗发出的叫声，听到哞哞叫的牛群被赶上船，看到船上皮包骨头的猫已在甲板上四处觅食，看到一桶桶的咸味压缩饼干、沥青和朗姆酒堆在码头上，从附近小酒馆出来的醉鬼东倒西歪地在其间走来走去，看到各种箱子在甲板上堆得像房子一样高，随后才被放进船舱里，看到像平常一样熙来攘往的海员、码头工人、买家、小贩、小贼、妓女，看到有人在尿尿，有人在接吻，看到一个正兴高采烈地演奏小提琴的人，一个正大声 182
呼喝着散发小册子，宣称可以拯救所有灵魂，防止他们被深海吞没。但是，在这混乱之中，这个过路人也会看到各种各样的乘客，戴着礼帽、外套拿在手上的男人、戴着包头软帽的女人，偶尔也会看到孩子，有的在打盹儿，有的跑来跑去，有的面对他们令人恐惧的未来无精打采；几百人，有时候会是数千人，其中许多曾经过过好日子，还有一些过得很差很差。

来自两个不同世界的人，正准备乘坐“淑女冒险号”“俄国大公爵夫人号”“佩吉号”“火星号”“长庚星号”“菲什伯恩号”“金斯顿号”“斯塔福号”“克林顿号”“丰饶号”离开。从 4 月到 11 月，两万七千名保皇党登船离开；这些人背井离乡、闷闷不乐、意志消沉，不但被剥夺了权力、财富和财产，甚至连普普通通的农场和农舍都没了；其中很多人内心苦涩，痛恨那些在伦敦背叛他们的人——脑满肠肥的政客们，正在数从东印度公司的鸦片、食盐和茶叶（就是他们倒掉的那个茶！）贸易中赚到的金币，将军们则在中部诸郡购置乡间别墅，退隐田园。可保皇党自己呢，他们这些体面的人，却不得不辗转北上数百英里，到长满松树的荒野上，在贪婪饥饿的野兽、狗熊和狼中间，或在某个陌生城镇偏僻的鹅卵石街道上，重新开始生活。这些已经一无所有的保皇党，一点儿都不愿意和那个阶层的人亲密接触，鬼才知道他们穿的是什么，他们不过是些乞丐或酒馆里卑微的乐师，怀中抱着嘬奶的婴儿；这个阶层的人或许还会把自己的奴隶教得粗鲁无礼呢。更糟的是，这些黑人丝毫不顾他们还沉浸在悲伤之中，竟然厚颜无耻地唱起了歌。唱歌！有什么好唱的啊？

一切都值得歌唱。重生。英国式自由。上帝的慈爱，他无所不包的仁慈，国王诚实的善意，盖伊·卡尔顿爵士的诺言，给一年口粮的承诺，余生都能有一块自己的土地。重生啦，重生啦，亲爱的主啊。无垠的大海就在他们眼前，就在港口之外，就在 7 月的薄雾中轻轻荡漾，小小的波浪顶端幻化成了一条条柔软的光柱。那么多
183 艘船，那么多次的夜航，那么多海上的经历，都将被传递到新生活中。比如双桅平底船，他们在卡罗来纳的芦苇丛中躲藏时曾坐过，比如补给船，曾把他们摆渡到大船上，比如切萨皮克湾里那些小岛和沼泽的犄角旮旯，比如他们的同胞因为热病而惨死在沙滩上，比如那些曾经追捕过他们的捕鲸船和那些曾经载着他们去捕猎的捕鲸船，比如他们曾经走过的那些或干硬或稀烂的泥路，比如他们曾经游过的那些河流。无论身在何处，他们都一直在寻找约旦河，在寻找牛奶和蜂蜜的丰饶之土。

舷梯放下来后，在 1783 年 7 月的最后三天里，不同年龄、状况的非洲裔美国人登上了“丰饶号”（船长是菲利普斯海军上校）：两个月大的朱迪斯·沃利斯（Judith Wallis），还在母亲玛格丽特（Margaret Wallis）的怀中嗷嗷待哺；伊丽莎白·汤姆森（Elizabeth Thompson）以及四个月大的女儿贝蒂（Betty Thompson）；来自弗吉尼亚诺福克的七旬老太简·汤普森（Jane Thompson），在《黑人名册》中被描述为“不中用”（倒是可以理解），以及她十一岁的孙子。[27]美国人宣称，英国人只会带走那些壮实的（换言之，健康的）

成年黑人，丢下老弱病号。但实际上，“丰饶号”上的三百三十五名黑人中，有二十多人被列为“不中用”，比如六十七岁的约翰·夏普（John Sharp），和来自萨凡纳、年仅四十七岁但已未老先衰的朱诺·托马斯（Juno Thomas）。不过相较之下，六十岁的亨利·沃克尔（Henry Walker）则被乐观地列为“在他这年纪的人里算壮实”。

在离开美国的黑人中，女性的数量几乎和男性一样多：“丰饶号”上有一百三十七名成年女性、二十九名少女、三十五名女婴。这是相当了不起的，因为在战前，百分之八十的逃跑者都是男性。但这些女性——比如汉娜·威腾（Hannah Whitten），于 1778 年带着三个孩子（现在有五个）从弗吉尼亚的威廉·史密斯庄园逃离；平凡的玛格丽特，六十岁时逃走，现在照顾着十五岁的孙子托马斯（父母应该已经双亡）；南希·穆迪（Nancy Moody），年仅九岁时从威廉斯堡的亨利·穆迪（Herry Moody）手下逃走；莉迪亚·牛顿（Lydia Newton），在八岁时逃离；夏洛特·哈蒙德（Charlotte Hammond），被人称为“小姑娘”，于 1776 年也就是十五岁时逃离 184
南卡罗来纳阿什利河附近的约翰·哈蒙德种植园；以及她的邻居维纳斯·拉戈里（Venus Lagree），带着一岁的儿子逃离了马拉比·里弗斯；还有朱迪·威登（Judy Weedon），“不错的姑娘”，似乎是孤身一人，但“根据卖契，是自由人”——所有这些成年和未成年女性，尽管经历千差万别，但都是英雄般的幸存者，挺过了在战争中遭遇的那些最可怕的事：疾病、饥饿、恐惧、围攻。

其中有些人，比如来自新泽西州蒙茅斯的凯瑟恩·范·塞尔，同丈夫科尔内留斯（Cornelius van Sayl）和两个年幼的女儿一起上了船，举家离开；另一些人，比如维奥莱特和波士顿·金（他二十出头，她三十几岁），则没有孩子，只是夫妻二人走。他们中的很多人来自不同的地方，后来在萨凡纳或查尔斯顿的黑人区或纽约的黑人镇找到了彼此。比如，丹尼尔·摩尔（Daniel Moore）离开北卡罗来纳的威尔明顿后，结识了来自弗吉尼亚朴茨茅斯的蒂娜；1777年，他们的女儿伊丽莎白出生，“孩子很健康……出生在英军前线”。不过在健康方面，并不是每个人的孩子都如此幸运。1779年，来自查尔斯顿的达斯基·约克（Duskey York）同来自弗吉尼亚东海岸的贝琪一同随英军逃到了南方。他们现在已经十八个月大的女儿莎莉当时身体很不好，被列为“多病”。还有许多女性则是单身妈妈，比如简·米利根（Jane Milligan）带着九个月大的女儿玛利亚（Maria Milligan），或者艾比·布朗带着三岁的女儿黛娜（Dinah，也是个体弱多病的孩子），她们只能想尽办法确保孩子的安全和健康。

虽然未来还很渺茫，但这些父母都随身带着一件珍贵的东西，一件此前的奴隶子女从没有过的东西：一张承认他们“出生在英国大后方（或出生时为自由）”的证明；有时候，证明上只会填个缩写“BB”，然而，这却是与生俱来的自由权。有些BB婴儿甚至还是纽约人——比如凯齐娅·福特（Keziah Ford），两岁；西蒙·罗伯茨（Simon Roberts），六个月；玛丽·斯诺博尔（Mary Snowball），三个月；维奥莱特·柯莱特（Violet Collett），刚刚三周大。其他孩子则是在随军行进的途中获得了他们的自由权——格蕾丝·汤姆森（Grace Thomson），两岁；贝琪·劳伦斯（Betsey Lawrence），三岁；汉娜·威腾的五个孩子（分别是八岁、七岁、六岁、
185 五岁和一岁！）中的四个。在某种程度上，所有这些孩子都是乔治国王和盖伊爵士的教子：对于这一代人而言，至少在1783年夏天，他们的人生似乎预示了别种可能，而不会再被当成商品来对待。

黑人奴隶从美国的四面八方——从查尔斯顿和诺福克，从萨凡纳和帕拉默斯（Paramus），从哈肯萨克和普林斯顿（Prinston），甚至从相对进步的波士顿和费城，从斯旺西（Swansea）、马萨诸塞、波基普西（Poughkeepsie）、纽约市、牙买加、长岛，从罗德岛的

朴次茅斯、弗吉尼亚的朴次茅斯——来到“丰饶号”，走上了码头旁的这艘方舟。他们这些人将会成为一个黑人新世界的建造者和领导者：英国先锋连的中士托马斯·彼得斯现在带着妻子萨利和女儿克拉拉来了，他的先锋连战友、曾在弗吉尼亚目睹过无头神示的中士墨菲·斯蒂尔来了，泰上校死后接任黑人旅指挥官的斯蒂芬·布拉克带着妻子玛格丽特，神气十足地来了，还有那位又盲又跛的牧师摩西·威尔金森也来了，而且无疑到了船上之后还会像往常那样继续赞美上帝创造的这种种奇迹。

那么，他们要去哪儿呢？一个叫罗斯韦港（Roseway）的地方，新斯科舍的一个港口；一个崭新的新苏格兰，或许遍地欧石楠，到处有鹿？他们会有土地，有自由，有尊严，有教堂，会有彼此。那里也许天寒地冻，可他们做奴隶时，已经在暖和的地方待过了。再怎么样，这第二个苏格兰也不会比他们逃离的那些地方更差劲吧？

会吗？

187

第六章

把奴隶扔下船并不如你想的那么容易，或者说在他们活着的时候不容易。当然，把死去的黑人扔进海里是常有之事。在从非洲到加勒比海和美洲的大部分旅途中，人员流失率约为百分之十五。尽管医生会在奴隶海岸的堡垒和工厂中给黑人检查身体，拽着下巴左看右看，抓着腿捏来捏去，但还是无法确定地说哪个是真正“结实的黑人”。他们开始拉带血的粪便、发白的粪便，开始呕吐、发烧、冒汗，开始脱水，用不了多久，便虚弱到连蚕豆糊糊都吃不下，或者连从饭盒里的铁格子嘬食的力气也没有。他们的眼睛会变黄，变呆滞，他们因为高烧而不停地打寒战。又或者（这是更糟的征兆）他们会一动不动地躺在那里，陷入半昏半醒的状态，干燥的嘴唇上覆盖着一层变硬的白色死皮。白色是非洲人的死亡之色。几天后，他们要么康复，要么死掉。

医生进行完早间的巡视后，死掉的黑人会被抬上来。有时候，他们仍然和活人拴在一起，因为把他们一起带到甲板上后再解开铁链要容易些，所以活着的黑人往往只能眼睁睁地看着船腰处的板条被放下来，看着死去同胞的尸体被扔到水中。[1] 没人喜欢这种事，除了那一群群学会跟着船走的鲨鱼。多么惨重的投资损失啊——死一个成年黑人，三十基尼就没了！而且，利物浦和布里斯托尔的船只保险商十分小心地免除了自己对任何“自然损耗”的赔偿责任，所以途中要是有太多的黑人死去，这次航行的利润就可能被全部抹去。

不过，这其中有个漏洞，而“宗号”船的船长卢克 · 科林伍德 188
上校认为自己找到了这个漏洞，他代表格雷格森（约翰、詹姆斯、威廉）、凯弗、威尔逊、阿斯皮纳尔几位先生进行从非洲奴隶海岸至牙买加的奴隶贸易。如果为了挽救其余货物而不得不扔掉其中一件时，保险公司就有责任按照全价来赔付被遗弃的货物。1781 年 11 月，在前往牙买加的途中，黑人开始以惊人的速度死亡，以前曾当过医生的科林伍德认为，刚刚讲过的那种情况出现了。[2] 他的这次航行始于加蓬沿海的圣多美岛（São Tomé），9 月 6 日启航时船上共有四百四十名奴隶——贩奴者将他们隐晦地称为“活货物”。但到 11 月时，死亡已经开始吞吃库存：六十名奴隶因为高烧而死亡，同船的十四名白人乘客中也有七人被夺走了生命。更糟糕的是，这是科林伍德首次指挥航行，而在导航过程中，他犯了一个令人难以置信的严重错误，导致“宗号”的航程被耽搁。航行过程中，本来已经看到牙买加了，但不知为何，科林伍德认为那是圣多明各岛的海岸线，当时圣多明各岛由法国和西班牙分治，且 1781 年时这两个国家还在和英国打仗。考虑到无法安全停泊，也担心遭到武装民船抢劫，科林伍德下令朝背风向改变航线，致使航程被不必要地延长了整整一周。

在货舱中，生活在黏液、血液、大便、小便和黑色呕吐物中的黑人还在继续生病。[3] 其实从一开始，“宗号”就是一个错误。这艘船是从荷兰人那里得来的战利品，但有人把船舷上所印的名字

Zorg（意为关怀、忧虑）错认成 Zong（意为歌唱），于是，她摇身一变，成了一艘名字听起来阳光、悦耳的老非洲船只，注定会顺风而行、生意兴隆。但实际上，船如其名，她里面装了满满一船的忧虑。

11 月 29 日，科林伍德召集下属，提出了一项约等于安乐死的
189 行动方案。鉴于有这么多黑人病重，他宣称，“比起让他们忍着病痛多苟延残喘几天，把这些可怜人扔进海里反倒没那么残忍。”[4] 此外，他还说，因为航程意外延长，存水已近快耗尽了，水要没了，不光是奴隶，连船员和乘客都会遭殃，甚至丧命。为了把水留给健康的人，很遗憾，只能牺牲病人的生命。这个不寻常的问题显然使大副詹姆斯 · 肯萨尔（James Kensal）感到意外。因为船上还有三大桶水，肯萨尔检查之后发现，大约离满桶只差七八英寸，如果按成年人每天用四品脱 * 多一点儿来算，存水足够撑到让船抵达牙买加、多巴哥（Tobago）或者圣卢西亚这几处中最近的地方进行补给。而且，这还没算存在酒桶里的水，虽然喝起来味道有些怪，但要活命的话，也能将就喝。[5] 所以，肯萨尔尽管已经见过也做过各种糟心事，但还是站了出来，反对科林伍德这个“骇人、残忍”的建议。[6] 于是，船长便把自己的提议改成了命令。

不过，这事儿做起来也不容易。科林伍德自己承担了选人的工作，下到货舱中，在散发着恶臭的漆黑空间里打着一盏灯，决定谁生谁死。有人出了个馊主意，说用抽签来决定，这样黑人就能提前知道谁会被牺牲了，可这除了制造不适时的恐慌，让本就艰难的任务更艰难外，还有什么用？就这样，一百三十二名镣铐加身的黑人在并不知道自己会是个什么下场的情况下被带到甲板上，坐在船中央。这期间没发生什么意外。因为此前为了保护这些“活货物”，

* 英美计量单位，1 品脱在英国约等于 568.3 毫升，在美国分量为湿量品脱和干量品脱，1 湿量品脱约等于 473.2 毫升。

只要天气允许，黑人每天都会被带到甲板上来，一根长长的铁链会穿过他们的脚镣，将他们串在一起，锁在一个固定在甲板上的带环螺栓上。如果有人惹麻烦，架在船舷上、炮筒朝着甲板的回旋炮会威胁性地扫一圈，吓唬他们。[7] 但这次，长链没锁在带环螺栓上，所以肯定引发了黑人的不安。但他们还没反应过来，就有人喊了句 190
什么，然后船员便抓住他们，将第一批人推了下去。把小孩子推下去应该不需要多少力气，因为他们已经病得皮包骨头，没什么力气了。但把成年的男人和女人推下去则需要两名船员，有时甚至需要三名，然后才能将黑人翻转过来，把他们仰面朝天地扔进海浪中。在坠下去之前，他们的身体在阳光中短暂地弯成了一道弧。

剩下的人突然意识到这是在干什么之后，开始尖叫着挣脱镣铐，而已经掉进水里的人，则徒劳地挣扎一会儿，最终被海浪吞没。鲨鱼们从铁链磨出的伤口中嗅到了食物的味道，动作简练地悄然靠近猎物。但船员们忙得根本顾不上。第一批的十几人被扔进海里后，就连原先有所顾忌的肯萨尔也不再有什么怨言，开始按照科林伍德上校的命令做事。船员们算了算，发现有五十四人被扔到了海里。第二天，也就是 11 月 30 日，另一批“活货物”共四十二人遭遇了同样的命运。当时船上的乘客中有一个人叫罗伯特 · 斯塔布斯（Robert Stubbs），曾担任安娜博纳岛（Annabona Island）的总督，该岛是一个奴隶贸易站，所以他本人基本上已经对此类野蛮行为见怪不怪。他后来作证说，他确实目睹有人被扔下船，但请法官大人明察，他早就下客舱休息去了，因此想不起来参与的人到底有哪些。不过，斯塔布斯先生同意船长的说法，要是不这么做，“乘客都认为他们会因为缺水而死掉”。[8]

接着，仿佛是为了证实把这么多黑人约拿 * 扔到海里是对的一

---

* 《圣经》中的人物，曾被扔进海中并被大鱼吞吃。

样，一阵狂飑突然袭来，倾盆的大雨灌满了船上的大桶小桶，足够满足所有船员和奴隶的用水需求，无论是身体健康的还是疾病缠身的。因此，即便船长的说法可信，现在也没有什么理由继续把黑人扔到海里了。但科林伍德的心中又打起了损益的小算盘，说到底，这难道不是一个非常商业化的时代吗？随着牙买加（再次）进入视野，最后一批的三十六名黑人也准备停当了：其中一些人身上还拴
191 着镣铐，可以“幸运地”立即沉下去，求得速死；另外十人自己跳进了海里，他们手上的镣铐被除去了，可以自由地游动，尽管难逃一死，但在最后一刻也算实现了自由。不过，有一个奴隶趁人不注意，设法游到了“宗号”的船尾，心里怀着仅存的一丝希望，趁值班人员休息的间隙，爬回到船上。被发现后，科林伍德仁慈地饶过了他的性命。至于那些自己跳下去的人，卢克·科林伍德对他们丝毫没有怜悯之心。反正结果都一样，他们只是替他疲惫不堪的船员省掉了麻烦。但是，既然这最后十个人并不是真的被扔进海里的，那他能摸着良心，毫无愧疚地把他们当成投弃物，去跟保险公司索赔吗？

空气被阳光晒得暖暖的，潮湿的海风徐徐吹来，燕鸥在浪尖上一掠而过，不时地扎进海里。加勒比的海水泛着绿光和白光，拍打在礁石之上。露出水面的珊瑚礁周围涌动着一层层的泡沫。看起来，海上好像没有发生过什么不幸之事，或者说没什么真正值得你坐立不安的事。

* * *

当然，除非你是格兰维尔·夏普。1783 年 3 月 19 日，即“宗号”船奴隶屠杀事件大约十五个月之后，一位名叫古斯塔夫斯·瓦萨的先生来拜访夏普。瓦萨的非洲名字叫欧拉达·伊奎亚诺，他受

过良好的教育、信仰基督教，是伦敦最有名的自由黑人之一，不但慷慨激昂地反对奴隶贸易，还代表受压迫的兄弟姐妹给报纸写抗议信。到 1789 年时，瓦萨 / 伊奎亚诺的自传将成为第一本由黑人作家出版的畅销书，而他本人也会成为许多人的榜样，同他们一起为非洲人辩护，反对奴隶主所谓的“非洲人是比人类更野蛮的劣等物种”的陈词滥调。伊奎亚诺所讲的故事（他肯定在出版之前也讲过）是一场漫长的奥德赛，从毫无尊严的奴役到来之不易的解放，从难以言表的痛苦到清楚有力的愤怒，从精神上的荒芜到心灵上的感恩。换言之，这是一个纯真、感性的年代无法抗拒的故事。此外，它还是一部足以同最迷人的浪漫传奇和最离奇的史诗比肩的冒险故事。而且其中的一些情节，据文森特·卡莱塔（Vincent Carretta）看来， 192
精彩到有点让人难以置信。[9]

伊奎亚诺在其自传《非洲人欧拉达·伊奎亚诺的趣味记事》中写道，他的父亲是一位富有的伊博族酋长，自己就拥有奴隶，但他小时候便被奴隶主掳走，带到大西洋对岸，卖给了弗吉尼亚的一位海军上尉，此人同许多海军军官一样，也参与了商船队伍的贸易。不过，根据卡莱塔发现的一份洗礼证明和一份海军文件来看，伊奎亚诺的出生地实际上是南卡罗来纳。照《记事》所言，海军上尉迈克尔·帕斯卡（Michael Pascal）在“勤劳蜜蜂号”上告诉伊奎亚诺，从此之后，他要改名为古斯塔夫斯·瓦萨。不过，他为什么要用瑞典国王的名字来给自己的私人奴隶命名，而不是取常见的西庇阿、庞培或凯撒，仍然是一个谜，也许是因为帕斯卡在同名的舰船上服过役，对这个名字有着某种眷恋？无论如何，伊奎亚诺告诉主人，他更愿意被唤作雅各布。结果，这一冒昧的行为导致他被帕斯卡毫不客气地用镣铐禁锢了很长一段时间，直到他最终学会像一只驯服的小狗那样接受了这个被主人指派的宠物名字。

对于伊奎亚诺的忠诚，帕斯卡报之以一种不太靠谱的奖励：让他近距离地见识同法国人打帝国战争到底意味着什么。哪里的仗打得激烈，海军上尉和他的黑人奴隶就会去哪儿。随着大英帝国赢得新的领地和军事辉煌，伊奎亚诺也迅速地学到了战争世界的运作方式。比如，当海军在新斯科舍外的布雷顿角岛（Cape Breton Island）上的路易斯堡登陆时，伊奎亚诺看到一位高级军官在下命令时突然顿住，因为一颗火枪子弹打进了这位军官正张开的嘴，然后从脸颊的一侧穿了出去。当天晚些时候，一位高地人兴高采烈地把刚刚从某位印第安酋长头上割下的头皮交到了伊奎亚诺的手中。1759 年，伊奎亚诺在海军上将爱德华 · 博斯卡温（Edward Boscawen）的舰队工作时，英军同法西联军发生了激烈的夜战，他去取火药和子弹时，船上的索具被炸碎，主桅和后桅就像小孩脆弱的四肢一样被炸断。伊奎亚诺虽然躲过了炸弹的碎片，也没有中枪，但“我的许多同伴……顷刻之间便粉身碎骨，上了天堂”。伊奎亚
193 诺的“吉年”最后以他自己的洗礼结束，但他对这件事的理解有些过于乐观了，觉得洗礼不仅能把他带到福音的救赎光芒之下，还保证了他的解放。毕竟，他接受洗礼的地方是坐落在议会和威斯敏斯特教堂之间的圣玛格丽特小教堂，简直就是大英帝国的马槽，所以他的自由怎么可能被否认？

令人痛苦的是，伊奎亚诺的英国式自由真的被夺走了。虽然他在帕斯卡受伤后曾尽心尽责地照顾过他，而这位主人似乎对他也特别关切，但帕斯卡最终还是在战后把他随便卖掉了。好吧，帕斯卡这么做是因为手里缺钱，可当时的世界就是这个样子。不过，更糟糕的是，帕斯卡把他卖出去前，还拿走了他最好的衣服和《圣经》，所以伊奎亚诺现在特别害怕，担心自己会成为农场奴隶，在西印度群岛上的某个种植园里度过余生。但幸运的是，买下他的人是来自费城、（相对）仁慈的贵格会教徒罗伯特 · 金（Robert King）。尽管在 18 世纪 60 年代的美国，几乎所有的废奴主义者都是贵格会教

徒，但反过来并不一定成立。罗伯特·金便是这样一位蓄奴的教友，在蒙特塞拉特岛（Montserrat）拥有几座种植园，利用一支单桅帆船组成的小船队在各岛和大陆间做买卖。金对伊奎亚诺的学问和能力十分欣赏，先后雇佣他担任商业文员、信使、岛屿商人（主要处理对岛贸易，其中便包括“活货物”的生意），甚至是庄园检查员。伊奎亚诺只得一边做着这些卑鄙的工作，一边自我安慰，或许他能做点什么来减少其中的一些暴行。

可全能的太阳底下竟有着如此多的邪恶勾当！伊奎亚诺了解到，一些还不满十岁的黑人小姑娘被强奸后，犯事的白人没有受到任何惩处，可一个黑人和白人妓女厮混被抓住后，“却被绑到柱子上，不但被割得遍体鳞伤，最后耳朵还一点一点被割掉了”。在棕榈遍地的蒙特塞拉特岛上，在喷着热气、隆隆作响的火山之下，伊奎亚诺是一个受宠之人、可信之人、有识之人，他曾静静地听着一个商人得意地吹嘘自己如何卖掉四万黑人，以及有个黑人想逃跑，结果被这个商人砍断了一条腿。他曾看到父亲与孩子骨肉分离，看到母亲戴着铁嚼子和面具，看到一些逃跑的人被发现后，滚烫的封蜡滴 194
在他们背上。他还看到体重不达标的黑人坐在秤上，被商人当成杂货按磅买卖。在南卡罗来纳（他可能出生在此），他看到人们在庆祝备受痛恨的印花税被废除时，奴隶却在遭受鞭笞，而在佐治亚州，他自己也被打过。他对自由的渴望，开始变得迫切。

他知道，自己本可能遇上比罗伯特·金更糟糕的主人，但他更愿意没有主人。伊奎亚诺急不可耐地想要逃走，结果在这种状态下，他犯了一个错误：向金的一艘单桅帆船的水手长请教航海术。得知如此邪恶的背叛后，他的主人怒气冲天，指责他忘恩负义，并且告诉他，不管事实证明他多么有用，自己现在都别无选择，只能把他卖掉。但不成想，金早已被手下的一位船长抢了先。此人对伊奎亚诺青睐有加，多年以来一直向他支付工资，所以伊奎亚诺已经攒够了赎身钱。虽然金很不高兴，不喜欢自己的自由主义观念以及无意间做出的有一天会解放伊奎亚诺的承诺受到如此放肆的挑战，但那个船长把他说得无地自容。“行啦，罗伯特，”他乐呵呵地拍着这个商人的后背说道，“我觉得你应该给他自由。你的钱花得够值了，这么多年来赚了不少利息，现在连本金也拿回来了。我知道古斯塔夫斯一年可以给你赚一百多块钱，他（成了自由人之后）还会为你省钱，因为他不会离开你。”

无论有多不情愿，金教友还是兑现了他的承诺。伊奎亚诺简直无法相信：

> 主人的这些话在我听来仿佛天籁；霎时间，我的所有不安都变成了难以言喻的喜悦……我欢天喜地地飞奔到户籍登记处（去草拟解放证书）。天哪！此刻有谁能明白我的感受？凯旋的
> 195 英雄们无法理解；与失散多年的孩子重逢，把他抱在心口的慈母无法理解；又饿又累、看到心目中想要抵达的友好港口的海员无法理解；与从自己怀抱中被抢走的爱人再一次紧紧相拥的恋人无法理解……奴隶集市以及（萨凡纳的）黑人立即给了我一个新的称号，在我听来世界上最值得拥有的称号：“自由人。”

不用说，伊奎亚诺的解放，并不能防止一些无耻之人在后来的年月里时常威胁要再次将他奴役。有时候，这些接二连三的威胁会让他陷入绝望。但他维护自己时那种口齿伶俐的样子，却让那些想俘虏他的人多了几分紧张，尤其是当他提到一些似乎与他相熟甚至有交情的重要人物的名字时（要谨防同格兰维尔·夏普这种难缠的家伙纠缠在一起）。而其中之一便是伊奎亚诺的雇主、忙着让咸水变甜的海水淡化大师查尔斯·欧文博士（Dr Charles Irving）。伊奎亚诺担任了欧文的事务总管，有时候和欧文一起、有时候自己一个

人到各地去旅行，丰富程度不亚于富家子弟的环欧旅行。在那不勒斯（Naples），他目睹了维苏威火山（Vesuvius）喷发。在土耳其的伊兹密尔（Izmir），他有机会娶两个妻子，还吃了蝗虫（认为口感很像法国豆，只是长一些）。在北冰洋，只要不会被浮冰包围，欧文仍然在狂热地进行海水淡化，而这个黑人看到霍拉肖·纳尔逊（Horatio Nelson）试图捕杀一头白熊和“大量的海马”——可能是海象，因为他描述说，它们“就像普通的马那样”嘶叫。回到加勒比海附近后，伊奎亚诺遭遇了海难，爬上一艘小船后，在米斯基托印第安人的帮助下才得以幸存下来，并且还抓过他们的葫芦，贪婪地喝掉了里面用烘烤过的菠萝酿造的烈酒。在丛林深处的村庄，他蹲坐在树叶上，吃过风干的乌龟肉，看到活鳄鱼被直直地吊在树上，等待着被杀掉，做成盛宴上的一道佳肴。他实在吃不下去，虽然他对如此失礼的反应感到有些后悔。

回到伦敦后，伊奎亚诺当过理发师，演奏过法国号，写过故事，给报纸投过稿，希望能让自己出名，定时还会加入商业航行，但他 196
很是担心自己灵魂的状况。所以就像怀疑论哲学家建议的那样，他广泛涉猎，品评了贵格会、天主教，甚至是犹太人给出的各种理论，虽然他在香气弥漫的伊兹密尔停留时，曾对土耳其人颇有好感，有一段时间认为伊斯兰教似乎是通往恩典与仁慈的最有希望的道路，但有一天，他走进了一座普普通通的循道宗小教堂，听到了里面回荡的哈利路亚。伊奎亚诺仿佛被推向了狂喜的巅峰，某种远在天边、近在眼前的东西在向他诉说着上帝之爱，这种爱的强烈程度超越了他以往的任何经历。他浑身颤抖，内心充满甜蜜地认识到：“这种基督教团契我从未见过，也根本没想过能见到。它彻底让我回想起了在《圣经》里读过的东西，想起了最初那些擘饼互爱的基督教信徒。”

与此同时，他也一直保持着政治上的警觉。在格兰维尔·夏普和曼斯菲尔德伯爵的司法交锋中，伊奎亚诺意识到自己正在见证一个时刻：历史也许真的会改变大英帝国那些奴隶的人生。对于夏普的诚实、敏锐和基督教热情，伊奎亚诺毫不怀疑。这位其貌不扬、两颊凹陷的长笛演奏者在他的眼中就是一位英雄，而在 1774 年，他正需要夏普的帮助。伊奎亚诺在土耳其商船“安立甘尼亚号”上担任服务人员，重返伊兹密尔时，曾推荐相熟的黑人约翰·阿尼斯（John Annis）担任该船的厨师。但同乔纳森·斯特朗和托马斯·刘易斯的情况一样，阿尼斯也有一位贪得无厌的主人。这个来自加勒比海地区、名叫柯克帕特里克的奴隶主有些后悔当初同意让阿尼斯离开，心里惦记着把他转卖之后能得到的钱。阿尼斯当时已经到等待起航的“安立甘尼亚号”上为船员做饭，而这正好给了柯克帕特里克机会。阿尼斯遭人跟踪、绑架，最后被押解到一艘前往圣基茨（St Kitts）的船上。让伊奎亚诺恶心的是，虽然阿尼斯为他们无偿服务了两个月，但无论是船长还是船员，都没有帮忙解救他：“事
197 实证明，试图帮他重获自由的朋友只有我一个，毕竟，我曾经也尝过没有自由的滋味。”对于怎样获得英国式自由，伊奎亚诺很清楚该怎么做：为阿尼斯申请人身保护令。他把脸涂白，稍微伪装了一下自己，然后带着一名法警去了柯克帕特里克位于圣保罗墓地的居所。到了之后，他们向这个奴隶主质问阿尼斯的下落，但对方却声称人已经不在他这里了。

正是在这个时候，伊奎亚诺想到了向在此类斗争方面经验丰富的格兰维尔·夏普求助。当时的夏普仍然沉浸在萨默塞特一案的胜利喜悦中，认为该判例中有关禁止绑架和转移国王黑人臣民的条款会得到执行，所以很乐观地给伊奎亚诺提了些建议，告诉他可以对法律有什么样的期待。但可惜的是，建议当中并没有包含有关无耻律师的警告。结果，伊奎亚诺花了一笔冤枉钱，而那些拿了钱的人并没有为约翰·阿尼斯解困。“这个可怜的人到达圣基茨时，按照

惯例，被四个钉子固定在地上，由一根绳子连在一起，两个钉子在手腕处，另外两个则在脚踝处；并且被刀割、鞭笞，残忍至极，之后还被人冷酷地用铁链拴住了脖子。”伊奎亚诺收到阿尼斯“感人至深”的来信后，想尽了一切办法让这个案子继续查下去，但为时已晚，什么都做不了了；就这样，阿尼斯到死都没能获得自由，“直到最后，死亡才将他从那些暴君的手中解救出来”。

在约翰·阿尼斯一案和“宗号”船奴隶被淹死事件之间，伊奎亚诺和夏普似乎并没有太多的接触。因为当时正有一场重要的战争在打，而他们两个都有各自要忙的事。几乎到战争快结束的时候，夏普还一厢情愿地期待着在英国经过忏悔和改革，重新将自由和人性置于无上地位后，美国或许仍能与之和好。这个希望破灭后，他便开始着手修复自己最珍视的几段关系：安东尼·贝内泽、本杰明·富兰克林，以及一位名叫约翰·亚当斯的新笔友——他希望，这三个人能在即将到来的反“当灭的物”运动中成为坚定力量。而伊奎亚诺则被新的热情席卷，一路跑回了他自己的老家，回到非洲西部这个奴隶制的罪恶之源，在海岸角城堡担任马赛厄斯·麦克纳 198
马拉（Matthias Macnamara）总督的专职牧师和传道者；不过，他其实还未受到教会的正式委任，于是便向伦敦主教提出申请，希望能授予自己圣职，好让他以传道士的身份返回非洲，进而如他所想的，既拯救非洲同胞的肉体，也能拯救他们的灵魂。

因此，伊奎亚诺对奴隶制的了解，同这项制度之外或之内的人差不了多少。他已经见怪不怪，觉得没有什么能让他更震惊的事了，直到 1783 年 3 月 18 日早晨，他读到了《晨间纪事与伦敦广告报》（*Morning Chronicle and London Advertiser*）上刊登的一封匿名来信，得知了“宗号”船上那些奴隶的命运。虽然此事骇人听闻，但要不是因为保险公司在接到物主提交的三千九百六十英镑的赔付账单（每个黑人值三十英镑）后，决定对所谓的淹死黑人是否“必要”

提出质疑，这件事或许就不会有人知道。然而，此案被提交给位于威斯敏斯特厅的王座法院审理后，据《纪事报》的记者说，虽然细节让人毛骨悚然，“足以让每个在场的人感到不寒而栗”，但陪审团甚至都没离开法庭去商讨，便给出了偏向物主的判决。

作为普通法的拥趸，夏普感到耻辱至极。奴隶制本身已经够邪恶了，要是这个判决得以维持，那抛弃“活货物”就会被认为是合法行为，其他人绝对会纷纷以这则判例为借口来谋取利益。到时候，海上会到处漂浮着被恶意谋杀的非洲人。保险公司的吉尔伯特先生等人当然不会坐以待毙，于是便向王座法院提请了重审（当然，又是由曼斯菲尔德伯爵审理）。对于从纯商业义务的角度来争论大屠杀的责任，夏普和伊奎亚诺虽然感到痛苦、厌恶，但也明白，正是保险公司对所谓的水源短缺提出了质疑，他们才有了这个指控“宗号”船长和船主们为谋取利益而杀人的机会。因此，夏普虽不情愿，但决心尽自己所能，全力支持这一主张，以期能够启动刑事诉讼，让这件恶行得到应有的惩罚。

199 在伊奎亚诺拜访他之后，夏普联系了牛津的法学教授贝福尔博士；5 月 22 日，曼斯菲尔德伯爵开始审理该案时，他又亲自来到威斯敏斯特厅，还雇了一名书记员来速记审判过程。奋笔疾书的书记员吸引了辩方律师约翰·李爵士（Sir John Lee，人称“老实杰克”）的注意。约翰·李来自约克郡，时任副检察长，不久后将升任总检察长，讲话时操着浓重的口音，用词常常粗鲁不堪，甚至脏话连篇，好像着急赶路的马车夫一样气势汹汹，因此名声在外。他瓮声瓮气地对曼斯菲尔德伯爵和陪审法官说，“法庭上有个人”，然后夸张地白了夏普一眼，继续道，这个人已经表明了自己的意图，他就是想“针对当事人提出刑事诉讼，指控他们谋杀”。李接着大声嚷嚷着，仿佛在教训一群百无聊赖的小学生一样，“如果允许他们中的任何一个人在‘老城廓’* 以谋杀罪被起诉，如果法庭支持对他的谋杀指控，我无法不认为那将会成为一场鲁莽又疯狂的闹剧；这些人非但不应当被控谋杀，而且不该受到任何责难——我不能说那行为不残忍，但绝对不是不正当，绝对不是！”李强辩道，大家都不应该理会保险公司的律师那类诉诸“人性情感”的“虚假呼吁”，因为主人完全有权利按照自己的意志来处理他的“私人财产和货物”。此案的关键，并不是把人当成财产是否该被谴责：“无论对错与否，我们都与此无干。”因为“就保险的目的而言，他们就是货物和财产”，这一点无可置疑。所以，需要决定的问题只有一个：是不是只有把他们扔到海里，才能保住剩下的“货物”。[10]

但保险公司的辩护律师皮戈特、达文波特、黑伍德并没有被吓倒。相反，他们毫无歉意地辩护道，人是否能被列为货物，这个问题当然很重要；因此，这是一场“崭新的诉讼”。确实，黑伍德就像刘易斯案中的邓宁和萨默塞特案中年轻的阿莱恩一样迎难而上，完全不介意为了追寻更大的真理而把商法的细枝末节搁到一旁。“我们现在不仅仅是在维护保险公司免遭恶意索赔。”他宣称：“我禁不住想，那些在我之前经历过这种场合的朋友们（这是在向夏普和他参与的那些审判致敬）和现在正在经历这场诉讼的我，是在为数以百万计的人和全人类的理想辩护。”这言辞确实有些浮夸，但如果说浮夸的言辞在一些场合是可以原谅的话，那就是现在这个场合。 200

此时距离萨默塞特一案已经过去了十一年。那么，主审“宗号”那些冤魂案件的曼斯菲尔德伯爵会是哪个？是那位依然对大众误认为他的裁决判定了奴隶制在英国违法而感到不安的谨小慎微的保守派法官？还是狄多·林赛在肯伍德府上的那位詹姆斯舅舅？曼斯菲尔德伯爵当然理解约翰·李爵士的出发点，也谨慎地对待陪审团需

* 原文为 Old Bailey，一译“老贝利”，伦敦中央刑事法院的俗称。

要决定的这个问题在法律上的严格性。对于早前的陪审团来说，“案件尽管让人吃惊，可奴隶在此案中同被扔下船的马并没有什么区别”。但是，即便曼斯菲尔德伯爵明白事情必须如此，但他还是重申道：“此案实在骇人听闻。”就这样，他批准重新审理此案。

对于夏普而言，这便足以让他行动起来了。传单和报刊文章开始在基督教会内外的关系圈中流传，指控副检察长的“辩词实在可悲至极，完全与他的尊严和公共形象不相配，实在是恶贯满盈，竟然邪恶地支持最高级别的迫害：蓄意谋杀”。[11] 在写给伯特兰公爵以及无数主教、大主教和海军部长官大人的信中，夏普怒斥道，“为了维护我国的司法公正”，起诉并惩罚凶手，并最终“彻底终结奴隶贸易”，是“整个王国义不容辞”的责任。接下来是他最喜欢的口头禅了：否则，“没有什么能阻挡上帝的复仇之手，因为他曾应允将败坏那些败坏世界之人”。

不出所料的是，海军部的长官们既没有响应夏普的呼吁拿出他
201 们的人道精神，也没有践行他们基本的正义感，因为向大陪审团提出起诉是他们的职责。事实上，他们完全无动于衷。那么，期待他们或许会做点什么，是否只是夏普自己不切实际的空想呢？

不尽然。在皇家海军那个极端务实的世界里，至少有一位官员对于这个自己奉命保护和维持的奴隶帝国有着复杂的感受。担任皇家海军审计官的查尔斯·米德尔顿爵士掌管着财政大权，可以说是得到了政府肥差当中最令人垂涎的那一份。不过，米德尔顿似乎并没怎么受到贪污腐化（或者其他）的诱惑。从海军将领的位置上退下来后，他如期过上了乡绅的生活。昔日皇家海军“阿伦德尔号”的上校如今成了肯特郡（Kent）提斯通府的主人。当然，这并不意味着米德尔顿拿着从海军闲职那儿赚来的钱，从此便幽居在偏狭之地，庸庸碌碌地活着。他还是梅德威河（Medway River）畔罗切斯特市（Rochester）的下院议员，所以仍然处在汉诺威王朝皇家海军

这头无敌巨兽的核心。造船厂、水兵、船具商和锯木厂都在这位审计官的眼皮子底下干活儿。查尔斯爵士兢兢业业，他的妻子米德尔顿夫人也相得益彰，秉承着时代精神，热情地投身于基督教的善举之中。

而米德尔顿夫人以及她丈夫最重视的事业，莫过于保护好附近圣彼得与圣保罗教堂的教区牧师。这位名叫詹姆斯·拉姆齐的牧师操着一口亚伯丁口音，并不是那种你觉得该出现在梅德威的人——更别说他的妻子了，一个原名叫丽贝卡·埃克斯（Rebecca Akers）的克里奥尔人；毕竟，她是欧非混血，肤色在肯特郡还是比较特别的。但事实是，梅德威还就和詹姆斯·拉姆齐有缘，因为他刚担任海军军医时，正是在米德尔顿的皇家海军“阿伦德尔号”上服役。1759 年，也就是瓦萨初次经受战火洗礼的同一年，拉姆齐在加勒比海地区见证了一种完全不同的战斗。[12]一艘贩奴船怕被法国人俘虏，便向米德尔顿的舰队寻求庇护。船上当时升着黄色的旗子，表示发生了传染病。包括黑人奴隶和白人船员在内的一百多人已经死亡，船长请 202
求米德尔顿派一名医生去看病，而除了拉姆齐，谁都不愿出头。问完诊之后，拉姆齐返回“阿伦德尔号”，但在上船时绊了一下，笨拙地摔在甲板上，导致股骨粉碎。自此之后他便落下了残疾，而米德尔顿也永远忘不了他的医生用无私换来的这份痛苦“回报”。

之后，拉姆齐决定效仿路加，既做医生，又当牧师，弃海军而受圣职，回到加勒比海地区，为黑人和白人执圣事，反正他是这么想的。到圣基茨后，身兼三个教区牧师职位的拉姆齐变得声名狼藉，因为他经常邀请黑人到自己的住所，为他们讲经，劝其皈依基督教。而且，他还试图邀请教众一起为奴隶做祷告，祈祷他们改宗。诚然，信了基督教的农场工人依然是农场工人，但既然他们信了教，再要时不时像对待不服管教的役畜一样鞭打他们，就让人很不舒服了。而且，多管闲事还不够，这个拉姆齐先生去外面处理教区的事情时，也不能安安静静，从克里斯特彻奇教区到巴斯特尔教区，再到尼古拉城教区，到处训斥种植园的监工和主人，说他们对待黑人的行为很没有基督教精神。他甚至还有意无意地允许、鼓励黑人和白人一同到他的教堂做礼拜。这还得了？因为他的放肆和管闲事，岛上的报纸开始谴责拉姆齐，开始只是私下里说说，后来则在报纸上开炮，见他仍不为所动后，更是变本加厉，开始在教堂门上贴大字报，诅咒他和他那位克里奥尔妻子遭殃。若他还要坚持下去，将会受到“无情的报复”。过了一段时间，就像大多数使徒那样，这位使徒已经忍无可忍了。

因此，1777 年，詹姆斯 · 拉姆齐返回了英国，经查尔斯 · 米德尔顿爵士的竭力保举，到一支先由海军少将萨缪尔 · 巴林顿（Samuel Barrington），后由那位出了名的暴脾气、饱受痛风折磨的罗德尼上将领导的舰队担任随军牧师。在此期间，拉姆齐见识到了更多残缺不全的肉体，在浓烟与震耳欲聋的噪音中，一边帮忙绑夹板，一边代人求祷。他出版了《海上布道辞》（*Sea Sermons*），并祈祷罗德尼
203 不要严惩圣尤斯特歇斯岛（St Eustatius）那些为美国人走私枪支和朗姆酒的犹太人。事实上，詹姆斯 · 拉姆齐并不想反抗美国人，而是希望打击他在岛上目睹的那些恶行。1779 年，他再次返回圣基茨，但又把自己搞成了不受欢迎之人，成了马裤上的芒刺，两年之后终于被种植园主赶跑。这次，他听从了查尔斯爵士温和但坚定的建议，来到提斯顿和那特尔斯泰德教区担任牧师。拉姆齐一边撰写布道辞、服务教众，一边整理自己的回忆和道德感受。如果他不能在讲道坛上同当灭的物斗争，那就到报纸上开辟战场。“宗号”案件所体现出的那种用邪恶换金钱的行为，让这位肯特郡的牧师反感至极，终于给了他一个机会。1784 年夏天，他发表出版了《论英属蔗糖殖民地奴隶所受的待遇及其改宗》（“An Essay on the Treatment and Conversion of Slaves in the British Sugar Colonies”）。

如果说詹姆斯·拉姆齐就是想捅马蜂窝的话，那他的目的达到了。十九年来，他在圣基茨目睹了许多野蛮行径——马鞭“每次抽打下去，都会撕掉一些皮肉的碎片”——他的这一经历受到了暴风雨般的嘲笑和辱骂，那些对他记忆犹新的“海岛代理商”更是痛斥他为伪君子。这位圣人般的废奴主义者自己难道没有蓄过奴？是有过，但只是从事家务的奴隶，而且他在离岛时已经把他们放走了。他的腿是怎么瘸的？岛上传言说，他是踹自己的一个黑人奴隶时跌倒了，现在居然厚着脸皮假装自己的腿是在海军服役时摔断的，目的就是为了多领养老金！这当然是恶语中伤，接踵而至的辱骂更是让拉姆齐深受刺痛。西印度种植园主和商人协会的支持者愤怒地指责说，他对世界一无所知，既不知道过去一直以来是什么样，也不明白如果大英帝国要想维系下去，尤其是遭受了在美国的沉重打击之后，得怎么做。这位令人尊敬的牧师懂历史吗？显然不懂，因为就算粗略地读一下古代的历史，他也会认识到，自从人类有据可查的历史以来，没有哪个社会没有奴隶，就像也没有哪个世界没有战 204
争一样，而有战争，就会有俘虏和奴隶。那位令人尊敬的牧师了解非洲吗？显然也不了解，不然他应该知道，那些穷苦的土著居民在非洲遭受的虐待和暴行简直骇人听闻，相比之下，种植园监工们能做出的最恶劣的行为，简直都可以算得上是基督教宽容与仁慈的体现了。他懂经济吗？显然不懂，否则他应该会意识到，他那么草率、虚伪地提出取缔蔗糖贸易，会给无数在经济上需要帮助的英国人带来灭顶之灾。说到这儿，这位肯特郡的牧师了解英国吗？肯定不了解，因为要是了解的话，他必然会承认，种植园里的黑人奴隶虽不自由，但种植园要想事业兴隆，就一定会给他们好吃好住，而这总要好过那些乡村劳力吧，因为圈地运动从自己的土地上被赶走，这些人只能在田间地头的灌木篱墙外四处游荡，赚取微薄的收入，或者也要好过城里那些污秽、潦倒的乞丐吧。

拉姆齐有些慌乱，但因为有米德尔顿夫妇的庇护，他守住了自己的立场。而且在一点上，他的态度尤为坚定，那就是黑人并不像牙买加人爱德华·朗（Edward Long）断言的那样，更接近红毛猩猩而非人类。无论从哪一种品质和能力而言，他们都是完完整整的人。“据我的经验来看，所谓欧洲人和非洲人在智力上有本质区别的说法，我是要断然否认的。”[13] 凭着这条用经验得来的信念，詹姆斯·拉姆齐便已经在道德上高大卫·休谟（David Hume）和托马斯·杰斐逊一等了。

1784 年的炎夏，在嗡嗡乱飞的黄蜂和蠓虫与每日隆隆作响的惊雷中，更多的人加入了战斗。奴隶制的捍卫者开始为他们自己的立场造势，喜欢把这场争论描述为世俗与非世俗、商人与教士之间的争论。但事实并非如此。贵格会活动的六位领导者组成了一个非正式的委员会，每两周举行一次会议，以协调他们在伦敦和地方媒体的宣传报道。他们都是商人，愿意把自己想成头脑冷静但内心柔软的人。他们之中有一位叫萨缪尔·霍尔（Samuel Hoare），是个年
205 轻的银行家；还有一位叫约翰·劳埃德（John Lloyd），是个烟草商，到弗吉尼亚出差时曾多次目睹奴隶制的现状，因而对其厌恶至极。[14] 亚当·斯密针对奴隶贸易的抨击再次被发表出来，他主要从奴隶贸易是一种经济上的错误这个角度来反对。不过，在大多数贵格会教徒看来，人口买卖根本算不得什么正当的贸易。“没有人有权利……剥夺他人的自由，”一个叫约瑟夫·伍兹（Joseph Woods）的羊毛商故意用大西洋对岸的美国人那种口吻写道，“因此，每一笔奴隶买卖，都与人的原始权利相背道而驰。”[15]

“宗号”船奴隶溺亡惨案，以及拉姆齐和伍兹的小册子搅起的骚动，甚至惊醒了向来在政治上沉寂的学术界。1784 年夏天，剑桥大学副校长彼得·佩卡德博士（Dr Peter Peckard，又一位良心不安的神父，曾担任过近卫步兵团的牧师）选择了“强迫他人为奴是

否合法？”（Anne liceat invitos in servitutem dare?）作为高年级本科生拉丁语课的论文题目。最终获奖的论文来自一位正在攻读神学硕士学位的二十四岁受命执事托马斯·克拉克森。此人显然不是傻瓜，因为他已从本校数学系毕业，且赢得过学校的一个拉丁奖项。克拉克森的父亲是威斯贝奇（Wisbech）某小学的校长，在他年幼时便去世了。他的聪慧是毋庸置疑的。他在思考佩卡德博士提出的问题之前，基本上没有关注过奴隶制的罪恶。[16]但这一切在他全身心地投入到自己的拉丁论文之后都改变了。一次学术作业变成了一项人生使命。克拉克森后来写道，他本以为，按照习惯，他会在“论据的提出和论证的安排中获得纯粹的思维快感”。但不知为何，他发现自己好像陷入了某种罗曼蒂克般的道德恐慌，逐步滑向深渊的边缘。“从早到晚，这个令人沮丧的话题都萦绕在我心中。白日里，我惴惴不安。黑夜里，我辗转反侧。有时候，我因为悲伤过度，都无法闭上眼睛。那篇论文，现在与其说是在考验我的学术声誉，倒不如说是在考验我能否写出一部可能对伤痕累累的非洲大陆有益的作品。”[17]这个话题已经彻底让他着了魔。

1785年6月，托马斯·克拉克森被叫到大学议会大楼，在一群大学教授面前阅读了他的获奖论文。他离开时，赞扬之声还不绝于耳。事情本来可能也就这样了。要是认识合适的人，克拉克森可能已经爬上命中注定的那架梯子，一级接一级地爬到主教的位置上。但有一天，克拉克森骑着马，走在韦尔镇（Ware）北边的维兹密尔村（Wadesmill）附近、赫特福德郡（Hertfordshire）的老白鼬街上时，突然在路边顿悟了。他心里一直在纠结，感觉自己惹上了一件不知道该怎么结束的事，一件无论讨论得有多严肃，都永远都不应被局限在学术练习范围内的事，他从马上下来，牵着缰绳走了一小会儿。然后，他踩着马镫爬上马，骑了一会儿，又下了马。最后，“我牵住马，郁郁寡欢地在路边的草地上坐下来……如果论文的内容符 206

合事实，那么是时候有个人站出来终结这些灾难了”。这个人就是他。如他的一位崇拜者所说，他成了“奴隶们的奴隶”。

即将到来的圣徒开始看到光芒了。就在克拉克森坐在赫特福德郡的草地直面真相五个月后，另一个二十五岁的剑桥毕业生威廉·威尔伯福斯——一个头脑聪明、身形匀称的小个子，说起话来风趣幽默，善于处理社会关系，打牌时成竹在胸，不但善舞，而且能歌，当上赫尔市的议员后，还因为那一嗓子男高音获得了“下议院夜莺”的美称——在日记中倾吐道：“真正的主啊，我可怜、可鄙、目盲、赤裸。基督竟为救我这样一个罪人而死，是何等的大爱！”如果说这些情绪听上去很像《奇异恩典》（“Amazing Grace”）里的歌词的话，那是因为确实如此。写下这些字十二天后，威尔伯福斯到霍克思顿（Hoxton）登门拜访了赞美诗作者约翰·牛顿（John Newton），此人以前是个奴隶贩子，现在则在伦敦的伍尔诺斯圣马利亚堂当牧师。1783 年时，威尔伯福斯已在米德尔顿与拉姆齐有过一面之缘，并听他亲口讲述了马鞭和烙印的事情。但走出牛顿位于查尔斯广场的家之后，威尔伯福斯好像变了个人。“我发现自己变得平静，心如止水，
207 更加谦卑、虔诚地仰望着上帝。”牛顿也受到了这种新情谊的鼓舞，开始与曾和他共同创作过《欧尼赞美诗》（*Olney Hymns*）的朋友、诗人威廉·考珀（William Cowper）奏响了愤怒的乐章。

多佛路一定见证过许多辛苦的精神旅程，因为当“元帅们”开始动员他们那些虔诚的军队时，经常要途经伦敦市和肯特郡之间的这条路。克拉克森在首都准备将他那篇拉丁语论文翻译、扩充为英文版时，经人介绍，结识了詹姆斯·菲利普斯（James Phillips）；1786 年 6 月，菲利普斯代他发表了《论人种贸易与奴隶制》（“Essay on the Slavery and Commerce of the Human Species”）。[18] 该论文保留了克拉克森对古代奴隶制的宏观审视，但增加了一个有关“宗号”事件的脚注，以及其他明显不太符合学术气质的小故事，比如

没被卖出去的奴隶回到船上时，因为随行的船员嫌他步伐不够轻快，拖着锁链慢慢走，竟被用藤条当场打死了；然后，尸体被抛入港口中，随即成了鲨鱼的腹中之物。[19] 詹姆斯 · 拉姆齐读过这篇论文后，佩服得五体投地，特地从肯特郡赶到伦敦，向克拉克森表示祝贺。

回到提斯通后，拉姆齐迫不及待地向米德尔顿夫妇介绍他对克拉克森的印象：聪明、坚韧，口才好，有德而无欺。1786 年 7 月，战斗的各方面已经各就其位。克拉克森受邀来到提斯通府后，发现米德尔顿夫妇已经将废奴运动的元老召集起来：格兰维尔 · 夏普与贝尔比 · 波蒂厄斯（Beilby Porteus）。波蒂厄斯是切斯特（Chester）和伦敦的主教，一直以来都在宣扬奴隶的改宗和救赎。在米德尔顿家的餐桌上，前辈们的热情点燃了克拉克森的道德怒火，他大大方方地宣布，从此，他的人生将属于这项事业。但他后来写道，其实他别无选择。“我完全是（他的意思是几乎）被迫加入的……所有那些悲惨场面……在我面前可怕地闪过，对于他们遭受的苦难，我
在那一刻感到了如此强烈、无法自制的同情，以至于不得不做出了 208
这个我不敢抗拒的决定……那就是将他们从苦难中解救出来。”

在拉姆齐、夏普和米德尔顿夫妇的构想中，克拉克森和威尔伯福斯将成为运动的互补性将领。由于威尔伯福斯已经踏入了上流社会，甚至是宫廷，不但在议会中有一定的地位，而且与首相小威廉·皮特（William Pitt）关系融洽（小威廉 · 皮特只有二十几岁，也是一位严肃的年轻人），所以他可以把这项事业推向决策者。因论文而声名鹊起的克拉克森将既是组织领导、指挥智囊，又是外面那些士兵的斗争代言人。查尔斯 · 米德尔顿爵士则提供了直接（且相当惊人）的官方援助，不但会向他公开英国皇家海军的有关奴隶贸易记录，还会把自己在伦敦那些有影响力的朋友和同事介绍给他。再加上夏普和贵格教派伦敦委员会的鼓励，克拉克森展开了系统的研究。

而他的哥哥约翰（现为领着半薪的海军上校）也从一个原本对

奴隶世界漠不关心的旁观者，变成了克拉克森在奴隶制方面的最佳信息源之一。这位兄长在码头上走来走去，跑到那些准备前往非洲或刚从东西印度群岛返航的三角贸易船只的货舱内窥探；透过铁栅栏望向黑漆漆的内部，因为他知道奴隶们正密密麻麻地挤在里面，连气都透不过来；和那些曾在贩奴船上干过的水手交谈，并惊奇地得知，海员的死亡率竟然比奴隶的还高。此外，他还从一位在贩奴船上工作的黑人海员那里得知，这个名叫约翰·迪恩的人，因为犯了一点鸡毛蒜皮的小错，便遭受了用热沥青泼背的惩罚，而且为了让沥青渗进去，他的后背还被火钳划了好几道口子。而一个名叫彼得·格林的黑人服务员则死在了“艾尔弗雷德号”上，克拉克森认为，他一定是被虐待死的。[20]

不过，有一个利益相关体，托马斯·克拉克森似乎从未想过去探探他们的口风，那就是成千上万曾经为奴的伦敦黑人。他们中的大部分人并不是欧拉达·伊奎亚诺或者他的朋友奥托巴·库戈阿诺
209 （Ottobah Cugoano）那种能说会道的名人，可以被请到时髦的会客厅去鼓舞士兵。他们也不是上流社会那种假发上扑着粉、身上穿着制服的贴身仆人。恰恰相反，他们是1785—1786年的那个严冬里，在十字路口的富人脚下缠扰不休的黑人乞丐。他们不是英雄，只是大街上碍眼的风景。

* * *

差点儿被绞死对本杰明·怀特卡夫来说只是麻烦的开始。曾几何时，他的前途似乎一片光明。他的父亲是一个自由的黑白混血儿，同纽约附近的许多黑人一样，在海湾附近从事沿海贸易，而且还有一艘单桅帆船，所以生活过得也还不错。但怀特卡夫爸爸后来做起了杰斐逊的田园梦，卖掉了那艘船，然后在长岛国王县（King's

County）的亨普斯特德（Hempstead）买了一座农场——可不是一片荒地，而是六十多英亩青草茂盛的牧场、一片两英亩的果园和附近村庄的一些土地。而且，他还拥有一队健壮的耕牛来犁地。所以很明显，他是一个完全独立自主的人，一个顽强、独立的小农场主典范，且按理来说，正当是新共和国的根基。他的儿子本杰明学的是制造马具的手艺，在怀特卡夫的田园世界，这是一个非常有用的行当。

但革命到来之后，这一点点的幸福便消失了。老怀特卡夫响应爱国号召，加入了大陆军，后被擢升为中士。在替美国的革命事业奋斗时，他还带上了本杰明的哥哥。但本杰明本人很固执，持完全相反的观点，觉得站在国王那边要比站在革命好一些。这个分裂的家庭无疑心情沉重，但对于未来，他们的眼光十分审慎，所以一致决定，要是英国人打到亨普斯特德的话，本杰明应该加入他们。

本杰明忠于英国，是坚持原则还是投机取巧，我们不得而知。但他的忠诚远远超出了明哲保身的程度。作为一名自由黑人，他完全不需要亨利·克林顿爵士开出的条件，但不管怎样，他加入了英国军队，而且从事的还是危险的间谍工作。当英军在新泽西各地被华盛顿的军队四处追击时，他向威廉·艾斯库爵士（Sir William 210
Ayscough）提供了美军的行动情报，并且还因帮助一支两千人的军队避免了一场胜算极低的战役而受到表扬。不过，在两年的间谍生涯中，本杰明冒了太多次的险，最终被美军在前线附近俘虏。在美国人眼里，间谍只配有一种命运，于是，本杰明在新泽西州的克兰布里附近被吊到了绞刑架上。但因为绞索没能一下子勒断他的脖子（有时候是会发生这种情况）所以他就那么被吊着，晃了三分钟。然后，第五轻骑兵队赶来，才把套着绞索但还活着（奄奄一息）的他从绞刑架上救下来。他的父亲和哥哥则没有这么幸运，一个在切斯纳特山（Chestnut Hill）战斗中被打死，另一个在日耳曼敦战役中身亡。

因此，本杰明 · 怀特卡夫现在彻底成了亨普斯特德农场和一对耕牛的主人。但他不会坐等战争结束，等着好事发生。刚与死神擦肩而过的他丝毫没被吓倒，反而在斯塔腾岛登上一艘前往弗吉尼亚的船，准备再次去南方战场，为英国打仗。但不巧的是，这艘船在途中遭到拦截，并被带到了格林纳丁斯群岛（Grenadines）。此时已声名狼藉的怀特卡夫在那里又一次被判处绞刑，然后被送往波士顿行刑。但在途中，这艘押送怀特卡夫的船遭到利物浦的武装民船“圣菲利普斯堡号”的袭击，被掳作战利品。这艘船向东开，怀特卡夫当然很乐意留在船上，因为他心里很肯定，到英国后，自己遭受的这一切苦应该能换来一笔公允的酬劳。然而，仗还没有打完，同大多数从美国来的黑人一样，他再次身陷海战之中，目睹了马翁港（Mahon）与直布罗陀海峡（Gibraltar）之间的激战。到 1783 年战争终于结束后，他才来到伦敦，不过名下已经没有土地，而皇家海军也没给他提供什么谋生手段。

在这件事上，本杰明·怀特卡夫毫无选择权。他的家人要么死了，要么已经搬离亨普斯特德的农场；再加上他的事迹在纽约尽人皆知，所以他也不可能再回长岛，更遑论拿回他的土地。而且，他现在还娶了萨拉，一个英国白人为妻。因此，1784 年 6 月，他找到一位律
211 师，讲述了自己的经历，并在这位律师的帮助下，把这些事写下来（他自己不识字），递交给议会任命的五名专门听取保皇党索赔要求的委员；如果要求被认为合理的话，那他的损失便可获得赔偿。本杰明当时一定很乐观吧，因为他父亲用来换地的那艘单桅帆船价值约三百英镑，所以即便往保守了说，农场至少也值一百二十英镑；他还找到一个叫托马斯 · 斯提夫（Thomas Stiff）的水手，让此人来帮忙作证，证明他在国王郡确实有五六十英亩的好地；而那些耕牛和二轮车加起来大概值十一英镑。怀特卡夫满心希望，祈祷着“根

据您的报告，提议者所遭受的损失和提供的服务能够得到应有的援助或救济”。[21]

然而，怀特卡夫为国王陛下所做的一切，最终只换来了区区的十英镑奖赏。但鉴于向委员会申请帮助和补偿的四十七名黑人同志有许多连一分钱也没拿到，所以他还算是其中比较幸运的人之一。有了这十英镑，再加上萨拉的一点嫁妆，他就可以重新制作马具，用藤条编椅子来卖钱了。[22] 当然，有些人得到的抚恤金更可观，比如，来自弗吉尼亚州阿卡马克县（Acamac County）的沙德拉克·弗曼（Shadrack Furman），（最终）收到了其中最慷慨的一笔。1781年1月，弗曼的房子被大陆军烧毁，之后，他便加入了康沃利斯的部队，担任间谍和向导。美国人抓住弗曼后，为逼出情报，对他进行了严刑拷问（没有其他合适的词了）：打了五百鞭后，将他五花大绑，丢到了野地里，致其头部重伤，双目几乎失明，右腿差一点被斧头砍断，留下了终身残疾。“他因头部受伤，健康受到严重影响，”弗曼的律师在给委员们的请愿书中写道，“有时，他甚至会失去理智。”[23] 虽然身体残疾、视力受损，但弗曼还是继续为英国人效力，先是在一艘武装民船上当职，后加入了朴茨茅斯附近的先锋连，揭发美国的双面间谍。战后，他去了新斯科舍，但因为病得太重，没法到听取保皇党赔偿要求的委员会面前申诉。健康状况稍微好转一些之后，他直接坐船去伦敦主张自己的要求，理由是莱斯利 212
将军曾对他承诺，“如若（他）没能被治愈，可靠皇家的赏金来供养家人”。可自那以后，他和妻子陷入了“极端贫穷、痛苦的境地”。而弗曼之所以没有在贫民窟中默默无闻地死去，得多亏他那把小提琴，因为他还可以靠“锯木头”讨几便士度日。不过，他并没能用自己的经历打动那些委员，或者说至少一开始没有，而是在伦敦街头忍过了几个严冬，最终在1788年，经第七十六兵团的一名中士和纽约的一名警察作证，才被认可为忠于英国。现在，弗曼被认定

“因为对英国的忠诚，在美国受到了残酷虐待”，所以，每年最终可获得八英镑的抚恤金，相对而言这算是很大方了。[24]

查尔斯顿的西庇阿 · 汉德利（Scipio Handley）的证言一定写得很好，证实了萨凡纳围城期间，他在为守军运送霰弹时右腿被火枪子弹击中，虽然伤口没有严重到需要截肢的程度，但也没能充分愈合，不然他也不会收到二十英镑的巨额财产损失赔偿。[25] 许多请愿人（大部分都在伦敦，而非新斯科舍，因为他们后来到了英国军舰上服役，并随舰队返回）得到的赔偿要少很多。这些人无论经历了什么、受的伤有多严重，赔偿的上限均为二十英镑；相比之下，即便最穷的白人保皇党也至少拿到了二十五英镑，而且通常都远比这个多。

那些委员们坐在有墙裙的房间里，俯瞰着林肯律师学院广场，也明白这些人经历的艰辛，但请问，他们能怎么办？正如他们中的一员、英国高级民事法庭首席法官约翰·厄尔德利·威尔莫特爵士（Sir John Eardley Wilmot）所宣布的那样，他们必须严格依法办事。法律要求他们在做出公正的判断前先看证据，而且要把这些证据当成就像由英国各郡的哀求者或原告呈上来的一样。这些请愿者在参军前是奴隶吗？诶，要是的话，他们怎么可能有财产？所以补偿一说从何谈起！说实话，他们已经获得了自由，获准来到“空气太洁净了，
213 不适合奴隶呼吸”的英国，被英国人从美国那些有可能再次将他们奴役的州解救出来，还不够吗！正确的态度显然应该只能是纯粹的感恩和忠诚吧。比如，一个叫杰克逊的人，曾在纽约以制作鞋楦为生，后在打仗期间失去了他的工具和谋生手段，并被美国人俘虏，后来逃到了皇家海军“什鲁斯伯里号”上，在海军上将开普尔手下当兵，但他的赔偿请求遭到了拒绝，因为他就属于那类“非但没有在战争中遭受什么损失，大多数反而得到了自由，可还得寸进尺，跑来向政府要赏金”的黑人。[26]

在委员们看来，只有那些声称（并能证明）自己生而自由的黑人才有可能获得认真的补偿。再加上请愿者在提交申请后，只有一个月的时间来提供支持其诉求的证言，有时甚至要向远在新斯科舍的官员求助，所以常常只得依赖任何愿意帮助他们的伦敦白人（原因主要是他们中的大多数都不识字）。其中两个被委员们视为小骗子，名叫乔纳森·威廉姆斯（Jonathan Williams）和托马斯·沃特金斯（Thomas Watkins）；这俩人经营着一家短租旅馆，表示愿意收取一定的报酬，为他们提供服务，请愿的黑人中有六人便住在他们那儿，分别是摩西·斯蒂文斯（Moses Stephens）、乔治·米勒（George Miller）、亨利·布朗（Henry Brown）、普林斯·威廉（Prince William）、安东尼·史密瑟斯（Anthony Smithers）和约翰·巴普提斯特（John Baptist）。

很显然，委员们觉得，这些请愿者提出的财产赔偿要求高得离谱，不得不让人生疑：比如，摩西·斯蒂文斯的赔偿要求包括约九十英亩土地、十五头奶牛、三匹马和一百二十只家禽，而乔治·米勒则要求赔偿一百英亩土地。委员们认定威廉姆斯和沃特金斯“给我们编故事，是因为有利可图，许多黑人就住在他们那儿，而这些人从政府那里拿到的钱，不论多少，他们都可能会从中分走相当可观的一份”。[27] 但事实是，虽然乔纳森·威廉姆斯确实要求黑人为他的服务支付一定的钱，可这并不像委员们所声称的那样，一定意味着那些看起来内容千篇一律的请愿书就基本上是捏造的。委员们认为，这些请求几乎雷同，所以显然是骗局，但其实耐心读一下，214
我们就会发现事实并非如此。比如，安东尼·史密瑟斯宣称，自己在十六岁时加入了费城的英军，因而失去了他父亲在新泽西州格洛斯特县拥有的十四英亩土地，而来自同一地区的约翰·巴普提斯特则只要求对三英亩土地、一座房子、一些牲畜和家禽进行赔偿。这两个黑人来自同一个地区，并且都在费城加入英军，并不能说明他们的请求是骗局，只能表明他们有着相同的社会经历。

因此，得到任何正经赔偿的前提是要有一份来自白人军官或保皇党的证词，或者申请人本身声名卓著。比如，住在新不伦瑞克的北卡罗来纳保皇党大卫 · 范宁（David Fanning）上校就曾为手下的六名黑人写过证明。其中一个叫萨缪尔 · 伯克（Samuel Burke），曾是芒福德 · 布朗准将（Brigadier General Mountford Browne，也写了支持其诉求的证言）的仆人，但经历过激烈的战斗，在丹伯里挂过彩，在南卡罗来纳的悬岩还受过更重的伤，并且声称自己在那儿杀死了十名叛军。凭着这些有力的证言，伯克最终得到了二十英镑的赔偿，后来去了“一座人造花园”工作。[28]

那些不太走运的人本可以去巴哈马或者新斯科舍去碰运气，只是因为英国在他们的想象中是自由之源，才选择来到这里，但现在，他们就这样被扔到一旁自生自灭，心中一定觉得遭到了无情的背叛。所以，保皇党本杰明 · 韦斯特（Benjamin West）为约翰 · 威尔莫特爵士所作的那幅肖像画（画中画里是一群保皇党聚集在热情的不列颠尼亚面前），即便以 18 世纪晚期的浪漫主义标准来看，也是一种极端自利的假想作品：一个甩掉枷锁的“健壮黑人”，英姿挺拔、表情高贵地站在一群充满感激之情的人中间，向英国恩人伸出了双臂。但事实的真相实际上大相径庭。比如一个叫彼得·安德森（Peter Anderson）的锯木匠曾在弗吉尼亚的沿海低洼地区为约翰 · 格里芬（John Griffin）工作，后被催促着加入了邓莫尔的埃塞俄比亚兵团。在关键而血腥的大桥战役中，安德森不幸成为被俘的黑人之一。但
215 即便在战败之后，他的选择也依然坚定，依然不是美国。他设法从美军手中逃脱，又返回邓莫尔的部队，穿上文着“自由属于奴隶”的军服，坚持与之共存亡，虽然他失去了“我在这世上拥有的一切：四箱子衣服、二十头肉猪、四张羽毛褥垫和家具”。然后，他挺过了军舰和岛上营地爆发天花和斑疹伤寒时那仿佛地狱一般的经历，

挺过了约克镇围城的噩梦，以及更可怕的投降噩梦。最后，他终于来到了伦敦。但从他那封令人难过的请愿书来看，他当时几乎就要饿死了。“我努力找工作，”他告诉林肯律师学院广场的诸位大人，“但怎么都找不到。我三十九岁了，迫切地想趁自己还有能力的时候为英王陛下服务，但我流落街头，真的要饿死了。没有人哪怕给我一点面包屑，而且我又不敢回到我自己的国家。”后来，还是邓莫尔亲自出面为他作保，才给他要来了十英镑。[29]

所以，1785 年到 1786 年的那个冬天，两种截然不同的黑人在英国人的感情上留下了印记。一种是对于情操高尚的慈善家来说，需要从邪恶贸易中解救出来的“可怜黑人”（Poor Blacks）。在这些仁人志士的想象中，高贵的非洲人受尽折磨，像畜群一样被赶上船，或在种植园上受到了无情地殴打，但不管怎样，他们都在硝烟滚滚的远方海岸受苦受难。而另一种则是生活在东区和罗瑟海德、离英国人近到有些让人不舒服的“穷苦黑人”（Black Poor）：一群群衣衫褴褛、惨不忍睹的黑人，赤着脚挤在门廊下，寒冷刺骨时也只能光着膀子，或者在身上披几块脏兮兮的破布；这些黑人不是患了痨病，就是在抠身上的疮口和血痂，抑或伸着瘦长的手指乞求帮助。一种黑人需要的是小册子和议会动议的帮助，另一种则急需面包、热汤和医生的帮助。后者的处境更危急，因为当时的《济贫法》（Poor Law）要求贫困人口必须返回原来的教区才能获得救济资格。但对于那些曾是奴隶、海员、弹药猴*、军队鼓手、马车夫和厨师的美国人而言，他们的“教区”要么在公海之上，要么在美国南部的 216
种植园里。当然，基督教洗礼可以改变这一点，让他们成为仪式举办地教区的一员。反正至少有一位充满人道精神的牧师这么做了：赫伯特·梅奥（Herbert Mayo）是斯特普尼（Stepney）靠近沃平教

* 指在军船上为大炮运送弹药的男孩，年龄一般在十二到十四岁之间。

区那头的东圣乔治教区的牧师，那里耸立着钟楼和塔楼，下边是制绳长廊和柏油熔炉，他在这里竭尽全力地将那些穷困潦倒的黑人带到了教堂里。[30] 梅奥先给他们讲授了教义，然后在洗礼盆中为他们施洗，最后还给他们热汤喝。

1786 年 1 月的隆冬时节，除了上面这位和蔼可亲的牧师外，还有一个人觉得自己也应该做点什么。说到底，乔纳斯 · 汉威几乎帮助过伦敦所有需要帮助的人，比如那些爬烟囱的小男孩（他们因为清理厚厚的烟灰而患上了哮喘或阴囊癌，最终死掉），那些感染了性病的人（其中很多是妓女；为此，他创建了慈爱医院，还将她们送到他的“接待忏悔者的抹大拉社会收容所”，为其提供庇护的场所和改过的机会，每天提供十一盎司的肉、三盎司的奶酪、四磅的面包和一加仑 * 半的啤酒，帮助她们努力过上洁净的生活），那些被弃的婴儿（他们有可能会被送进他的航海协会学校，为大英帝国提供更好的海员）。[31] 除了不知疲倦地从事慈善事业，他还撰写了无数可能有用的手册，如《给一位农民女儿的建议》（*Advice to a Farmer's Daughter*）、《给学徒的道德与宗教教义》（*Moral and Religious Instructions Intended for Apprentices*）、《善良、宽容的男仆托马斯 · 特鲁曼的感受和建议》（*The Sentiments and Advice of Thomas Trueman, A Virtuous and Understanding Footman*）、《海员的基督教朋友》（*The Seaman's Christian Friend*）等等，内容基本上大同小异，都是在倡导憎恶恶习，祈祷，早起。此外，汉威现在还逐渐成了那种忙碌而仁慈的英国人的代表。这在一定程度上是因为他对两样在外国人看来定义了英国人特质的东西——茶和伞——有着强烈的看法。前者在他看来有害无益，他甚至还发起运

* 英美计量单位，1 加仑在英国约等于 4.5 升，在美国分为液量加仑和干量加仑，1 液量加仑约等于 3.8 升。

动，号召公众抵制（攻坚战的典型定义）；后者则由他引入了中产阶级社会，他是第一个在大街上撑伞的男人，而且是一把绿绸伞。1786 年 1 月时，这位勤勉的老人已经筋疲力尽、疾病缠身，但在为 217
受苦受难的穷苦黑人倾尽自己的全力之前，他哪儿都不准备去。

而且，汉威还确保自己不是一个人在战斗。年轻时曾涉足过俄国贸易的他，现在召集了一批有长期商业往来的人脉关系，发起了慈善捐款行动，帮助黑人和“拉斯卡人”（指贫穷的印度人和混血亚洲人，通常都是失业海员）熬过冬季最寒冷的日子。那个月初，穷苦黑人救济委员会成立，并在邦德街召开了第一次会议，然后又转到了巴特森咖啡屋——就在伦敦皇家交易所的对面，更方便吸引那些同样有心致力于慈善事业的商务人士。委员会的成员除了汉威，还包括英格兰银行行长乔治 · 彼得斯（George Peters），约翰 · 朱利叶斯 · 安格斯坦（John Julius Angerstein）——出生于圣彼得堡，据说是凯瑟琳大帝的私生子（不过在那个年头，有谁不是啊？），现在是劳合社的主要承保人之一，也是首相小威廉 · 皮特的密友，和一位品位极好、胃口很大的艺术收藏家——以及不太招摇的银行家、贵格会教徒萨缪尔 · 霍尔。安格斯坦在格林纳达（Grenada）拥有奴隶，而霍尔是一个公开的废奴主义者，但二人都认为，救济穷苦黑人是一项刻不容缓的人道主义行动。[32]

坐在巴特森咖啡屋的委员们，反过来可以动员那些显要之人为救济基金捐款。德文郡的公爵夫人们、埃塞克斯和索尔兹伯里的伯爵夫人们与白金汉的侯爵夫人们都迫不及待地掏出她们那鼓鼓囊囊的钱袋子，表达自己对受苦受难之人的爱。首相大人、梅奥牧师，当然，还有格兰维尔 · 夏普，也都捐了款；萨缪尔 · 霍尔则动员自己那些贵格会的教友集体捐了最大的一笔，共六十七英镑。而且，正如预期的那样，此次慈善捐款行动还拨动了许多生活卑微之人的心弦，比如有个人捐了一个碗和一把勺子，另一位则捐出了她的“寡妇的小钱”*——五先令。[33]不过，这突如其来的捐款并非源于穷困的惨象，毕竟，没有谁提议也要给白人乞丐捐款，而是属于一群特定的黑人，那些一直忠于英国，可到头来的回报却只有贫穷和苦难
218 的美国黑人。他们才是真正的国家良心。“他们……曾为英国服务，”某报的一个记者控诉道，“曾在她的旗帜下战斗，可他们与美国主人反目之后，等着那些英国总督和司令们兑现保护他们的承诺时，却被丢到一边，只能眼睁睁地望着那些他们曾经为之冒过生命危险、（许多）甚至抛洒过热血的英国人，在饥荒和严寒中慢慢死去。”[34]

委员会筹来的八百英镑善款，被用来购买食物、药物和衣物，如衬衫、鞋、袜和裤子。从 1 月的第三周开始，这些黑人只要向威格摩尔街的布朗面包店提前申请，便可获得四分之一磅的两便士面包（每周能领两次），而位于马里波恩地区（Marylebone）利森绿地的约克郡酒馆和麦尔安德路的白鸦酒馆，会为穷苦黑人提供热汤、面包和一块肉。沃伦街的一家小诊所则负责护理那些“腿上有严重溃疡”、患有脓肿或某种被称作“恶臭病”†（不甚精确但很形象）的黑人，而那些较为严重的病例，会被送到圣巴多罗买医院救治，治疗费用则由委员会来出。

然而，他们没有料到的是，随着冬去春来，白鸦和约克郡酒馆外的队伍非但没有变短，反而越来越长。原本期待完成的工作并没有完成，到 5 月时，定期领取食物和区区六便士津贴的人，已经大约有四百名。由于委员会原本也没打算要把救济活动一直做下去，而汉威又是殖民定居地的热烈倡导者，所以毫不意外的是，汉威早在 3 月时便已经开始酝酿这样一个想法：或许黑人去别的地方生活，去一个更有可能找到工作的地方，对他们来说更有利。

---

* 《新约 · 马可福音》12 : 42 ：“有一个穷寡妇来，往里投了两个小钱，就是一个大钱。”

† 即花柳病。

这个想法一冒出来，那些黑人在斯特普尼地区的大街上瑟瑟发抖的惨象，自然而然便引出了第二个想法：或许到一个气候更合适的地方生活，他们会更开心，过得更好些。但他们是算非洲人，还是算美国人？如果是后者，或许他们该（像一些人建议的那样）加入移居到新斯科舍省或边上新创的新不伦瑞克省的黑人保皇党同 219
胞。或者如果那边太冷，或许可以去巴哈马群岛，比如其中的大伊纳瓜岛（Great Inagua）？不过，要是他们是真正的非洲人，那最好的解决方案显然还是回到家乡去，当然，不是以奴隶身份，而是作为自由人，在一个由被解放的英国黑人组成的聚居地，通过他们自己的踏实劳动和进取心，创造一种典型，来替代奴隶经济那种堕落的世界。

反正汉威的朋友亨利·史密斯曼是这么跟他建议的。史密斯曼在朋友圈内外被称为“白蚁先生”，因为没有人比他更了解蚂蚁了，不管是红色的还是白色的，比如它们如何建造蚁丘，它们那种不可思议的社会组织层级（蚁王和蚁后同时统帅蚁群，史密斯曼向大吃一惊的读者解释道），甚至它们吃起来是什么味道：“吃着特别鲜美可口。一位男士把它们比喻为加了糖的骨髓，另一位则将其比作加了糖的奶油和甜杏仁酱。”[35] 据史密斯曼说，非洲西部的谷物海岸（Grain Coast）可不止有美食，还充满了无数乐趣和前景。他向委员会建议，塞拉利昂可以作为一个安置黑人的理想地点——但事实是，他对那里的气候、动植物和土壤的肥力了解得并不全面。1771年时，他受科学家、皇家学会未来的会长约瑟夫·班克斯的派遣，去了离塞拉利昂不远的香蕉群岛（Banana Islands），为班克斯在邱园的收藏采集植物标本。他在那里待了三年，让自己从植物学家变成了昆虫学家，并且说服自己，谷物海岸并不仅仅是自然史上的一个奇迹，那里的气候和土壤还非常适合种植那些在欧洲和美洲需求量很大的经济作物，如大米、染料木、棉花和甘蔗。只要投入得当，这些主要作物或许可以通过自由劳动力生产出来，而且（很符合亚当·斯密与大卫·休谟的经济与哲学观点的地方是）要比奴隶劳动力便宜很多，因为众所周知，奴隶价格现在涨得特别厉害。

不过，从非洲回来后，史密斯曼并没有吸引来什么正经的投资。
220 在18世纪80年代，他一直在优哉游哉地到处做有关昆虫的演讲，虽然他自己自认为是个横跨科学、商业和慈善三界的人物，可其实只是微不足道、不讨人嫌而已。到1786年时，救济穷苦黑人的运动，突然给了他一个迟来的机会。史密斯曼趁机向委员会以及得为此埋单的财政部的大人们，提交了他的“殖民方案”，建议在“已知世界中最宜人、最合适的国家”建立一个繁荣兴旺的自由黑人聚居地。他向他们保证，那里暖风和煦、土壤肥沃，只要用锄头扒拉两下，就能五谷丰登。有如此的天时地利，“大家应该都同意”，每个定居者“能耕种多少土地”，就可以允许他们“有多少土地”。黑人肯定能看到，“这可是千载难逢的好机会，因为他们和后代或许能会在一个适合他们体质的国家里，享有彻彻底底的自由”，而且在这个国家里，他们“绝对可以安全地避免曾经的那种苦难”。而这一切，只需要在每个人身上花十四英镑就能实现。他史密斯曼敢保证，一定能办到。

但史密斯曼说的话，无论是关于美味可口的白蚁，还是有关塞拉利昂的温和气候，都不能全听全信。前一年，也就是1785年，史密斯曼在参加一个英国议会为筛选合适的罪犯流放地而成立的专门委员会时，曾明确反对将地点选在非洲西海岸北边的冈比亚，理由是那儿的气候极端恶劣。他警告道，缺医少药的话，“六个月内，一百个人里也活不了一个”。确实，他主要考虑的是那里会对欧洲白人造成的影响。他的助理、瑞典人安德斯·伯林（Anders Berlin）到那儿仅仅几个月，便发高烧而死了，而他自己因为在那儿曾感染过流行性斑疹伤寒，也落下了后遗症，身体时常虚弱、发抖，不过他坚称，欧洲人在那里的死亡率高，主要得怪饮食贫乏和酗酒。但在抓苍蝇和捕白蚁的间隙，史密斯曼一定有足够的机会见识过疟疾对黑人以及白人的致命伤害吧。虽然身为昆虫学家，可史密斯曼 221
和同时代的很多人一样，认为疟疾的源头是腐烂的植物与死水散发的瘴气。当然，话说回来，那里的暴雨季节会从5月一直持续到9月，六个月的腐烂几乎不可避免。

史密斯曼如此热情洋溢的游说，与实际情况还有一处不符。后来会被称为“自由之国”的塞拉利昂，其实恰巧也是“奴隶之省”。英国皇家海军一面要为这个自由者的新生聚居地保驾护航，一面却又被派到离塞拉利昂河口不远的班斯岛上，保护那里繁忙的英国奴隶贸易中转站。史密斯曼认为（且不论他是否真的这么认为）自由人农业与奴隶制度可以暂时共存，但前者显然要比后者优越，并最终会因为其纯粹的盈利性而收获自己的美好未来。史密斯曼估计也想到过，对于自己的世界突然被侵入，班斯岛的奴隶贩子和为其提供俘虏的腾内人绝对不会安之若素。但他迫切地需要委员会和政府批准他的计划，根本没有兴趣在这个问题上浪费过多时间，而且考虑到他本人还将亲自参加此次远征，并直接面对这一难题，所以他身上最刺眼的缺点，似乎并非是明目张胆地欺骗，而是没有耐心和目光短浅。

虽然包括汉威在内的一些人，仍然觉得新斯科舍可能更适合进行这种大型试验，因为自由黑人定居在那里，不会受到奴隶贸易的威胁，但拥护温暖却令人担忧的方案的人，最终胜过了那些拥护寒冷但自由的方案的人。委员会支持该计划后，政府在5月中旬也同意了。财政部不仅会承担每人十四英镑的费用，把黑人免费运往非洲，还会负责四个月的粮食、衣物和工具开销。

许多历史学家认为，这场行动并非是出于某种乌托邦式的理想主义，而是为了方便英国社会。如果说史密斯曼自己推动殖民的动 222

机现在被认为不是纯粹意义上的利他主义的话，那么促使官方支持的原因，在一些严厉的历史批评家看来，则只能说是可耻至极，是虚伪和偏执的恶毒结合。[36] 该观点认为，委员会和政府只是想把黑人除掉，因为这些人都是讨厌的乞丐、小偷小摸的罪犯，而且鉴于跨种族的性关系已变得司空见惯，越来越引起注意，他们也威胁到了白人妇女的纯洁性。虽然斯蒂芬·布莱德伍德（Stephen Braidwood）主张对于这些动机的评价不应一味否定，但他也承认，这种丑恶的种族偏见确实是某些人支持这个计划的理由之一，比如爱德华·朗等最为恶毒的奴隶制捍卫者就是这样。此外，朗以及其他西印度协会雇佣的笔杆子也希望利用这一计划，为他们自己以及英国除掉那些最可能被风起云涌的废奴运动招募过去的“步兵”。

不过，虽然塞拉利昂计划有安格斯坦和托马斯·伯丁顿等奴隶主参与，且受到了朗的赞许（他可能确实认为这是一项净化社会的实验），但不意味着它就像许多近期历史著作所称的那样，是一场种族主义的驱逐阴谋。因为有一个朗，相应地就有十个废奴主义者。其中一些是渐进主义者，如托马斯·斯蒂尔（Thomas Steele），作为被安排监管此次行动的两名财政部官员之一，他倾向于废除奴隶贸易，但不主张完全废除奴隶制度。而另一些人，如他负责监督该新工党的财政部同事乔治·罗斯（George Rose），则是真心实意的激进废奴主义者，坚定地想要废除整个罪恶的制度。此外，要是没有皇家海军审计长的通力合作，这些事根本不可能发生，因为海军护航和船只装备的安排，都得由他批准；而这个人，当然就是詹姆斯·拉姆齐、托马斯·克拉克森和威廉·威尔伯福斯的庇护者：查尔斯·米德尔顿爵士。

当然，一如既往，还有格兰维尔·夏普。在他看来，只要严格
223 禁止任何形式的蓄奴，那么塞拉利昂毫无疑问就可以被改造成“自
由之省”。热带的十户联保制就要成为可能了！在给美国朋友本杰

明·富兰克林和约翰·杰伊写信时，他兴奋地力劝这些受任命起草宪法的人，叫他们认真考虑一下类似的做法，因为这是蒙神喜悦的最完美的自由制度。夏普知道，富兰克林现在担任了宾夕法尼亚州奴隶制废除促进协会的主席，而且让他高兴到难以言表的是，他还听说马萨诸塞州已经在州宪法中全面禁止了奴隶制，并且正在进行一场声势浩大的运动，意图终结奴隶贸易。他还从来自罗德岛（曾经是奴隶贸易港口的）的牧师萨缪尔·霍普金斯（Reverend Samuel Hopkins）那儿得知，新英格兰地区一些新近获得自由的黑人也已经表示，希望能以自由之身，回到非洲的故土重建生活，[37] 且希望已经被这场错误战争毁掉了荣誉和尊严的英国，能做点儿积公德的事来挽回声誉。他的国家难道没有从这场美国灾难中学到，大英帝国在此之后要还想长存下去，唯一的基石只能是基督教自由吗？如果好好筹建，那塞拉利昂就有可能成为这个几乎可以算作重生的新帝国的奠基石。而且，对于英国黑人（其中很多都是被解放的奴隶）来说，能有机会重新开创最纯粹的英国式自由，是何其吉利：撒克逊十户联保与希伯来联邦的独特联姻：自由基督徒的自治特色。

其实在 1783 年，夏普为“宗号”船上发生的暴行而焦虑不安时，就曾设想过非洲能有一个这种地方：一个被榕树与金合欢树环绕的自由田园，草地上耸立着教堂、学校和医院，一排排整齐的白色村舍还会有配套的小菜地，用来种植瓜果蔬菜；家畜可以安然自在地吃草；征税则以公共劳动为计量单位——不会有什么争议，因为对联邦忠于职守的公民，会非常认真地遵守他们的戒备、保卫职责，听到村里的钟声响起时，会毫无怨言地去上班，建设、维护运河、桥梁、堡垒、道路以及下水道。工作八个小时之后，到下午 4 点时，224
他们还可以午睡一下，来消除疲劳。法庭将会严谨、正规、人道。黑人将可以认真地选举十户长和百户长，他们的议会将有权制定任何符合英国普通法精神的法律，然后来教教那些自满、腐败的白人什么才是真正负责、自由的政府。而现在，在构想出这个伟大愿景三年之后，夏普终于看到了实现它的机会。[38]

上帝似乎一直在给他送去证明这个项目有多重要的机会。比如 1786 年 7 月，夏普听到风声，说一个叫哈利 · 德马内（Harry de Mane）的黑人又被绑架了。给他通风报信的人叫奥托巴 · 库戈阿诺，一个加纳的芳蒂人，现在以洗礼名“约翰 · 斯图尔特”（John Stewart）而为人所知，且是欧拉达 · 伊奎亚诺的好友。所以，当载着德马内的船准备启航时，正站在舵柄前的船长收到了一份人身保护令，只得把他放了。随后，德马内被带到伦敦来见自己的恩人，并告诉夏普，要是没有奇迹发生，他早就跳海了，“宁死不为奴”。[39] 在夏普看来，自由省恰好就是适合哈利 · 德马内这样的人开始新生活的地方。对于其前景感到十分乐观的夏普，随即向送给腾内人大王的（用来换土地的）“礼金”中捐了二十五基尼，并自掏八百英镑，为黑人赎回典当的物品，偿还拖欠的债务，好让他们出狱，同时帮助那些有残疾的黑人到码头区。

所以，格兰维尔 · 夏普被说服了，委员会被说服了，政府也被说服了。可是，伦敦的那些黑人，就像乔纳斯 · 汉威 6 月初发现的那样，其实对重返非洲的想法并不怎么感兴趣。而这个想法的总推销员亨利 · 史密斯曼可能是因为斑疹伤寒复发，又神秘地病倒了，所以心有余而力不足，没法平息他们的忧虑。于是，身体也不怎么好的汉
225 威只得自己去约克郡酒馆，向等待发放津贴的黑人推销该计划。他坐在酒馆里的一排排烟斗和白镴大啤酒杯中间，闻着那高浓度的暗红色啤酒（该酒馆的名字即来源于此*）倾听了他们的焦虑。而归根结底，他们的担心只有一条：在一片白人和黑人奴隶贩子横行的非洲地区，他们真的能守住自己的自由吗？毕竟他们中的许多人或者

* 约克郡酒馆的英文为 Yorkshire Stingo，其中的 Stingo 是烈性啤酒的俗称。

他们的父母，就是在小时候从那儿被掳走的，并且像赶牲畜一样被赶到了沿海的堡垒中。其中一些人说，综合考虑的话，如果不得不离开老英格兰，那么他们更愿意去新斯科舍；而另一些人更钟情于西印度群岛，甚至还有少数人愿意到美国去。而在得知如果想继续领津贴，就必须同意再安置后，至少有三十个人拒绝了再领取施舍。

汉威细细听他们说完后，以先前给男仆和海员撰写建议手册时的那种真挚口吻，半责备半规劝地向黑人发表了一席振奋人心的讲话。他们能获得解放，正是承蒙国王陛下的恩惠和仁慈，现在怎么能怀疑“政府纯洁又仁慈的意图”，怀疑那些为了能让他们吃饱穿暖而慷慨解囊的“英国人民的善举和仁慈”呢？至于他自己，不过是“一个快要走到生命尽头的老头子，并不服务于什么世俗利益”，所以，如果他真像他们担心的那样，是在合谋为他们下套，“是在欺骗他们，那么他绝对是这世上的大恶人里最恶的那一个。”不，在他看来，谷物海岸远比荒凉贫瘠的新斯科舍省更适合他们生活。[40]

当月晚些时候，汉威又去了麦尔安德路上的白鸦酒馆，安抚那里的黑人。他的好口才似乎暂时缓和了他们的恐惧。到 10 月的第三个星期时，随着停发津贴的大限临近，六百多名黑人签署了“协议”，表示他们十分乐意“移居到……非洲的谷物海岸”，“在英国政府的保护、鼓励和支持下，生活在那个被称作‘自由之乡’的地方”。如能获得不断的支持，那么作为回报，他们承诺随时听从安排、立即登船，并“在航行中提供协助，做各种我们各自完全能胜 226
任的工作”。他们可获得的口粮和衣物，不仅足够撑过整个航行过程，还能保证他们在到达后的四个月内衣食无忧。

不过，可以理解的是，即便这六百多人签署了“协议”，对于所谓的“保护”到底是指什么，他们还是有些紧张。到底是为了卫护他们，还是监禁他们？听说塞拉利昂会修建某种堡垒，以及将囚犯运到澳大利亚植物学湾的“第一批”船队也正在准备当中之后，更是助长了这种焦虑。他们或许是想起离开美国主人后的那种不安定，而且也知道英国人有多重视官方文件，所以他们说，如果没有“自由文书”（Instrument of Liberty），就绝对不考虑移民——所谓的自由文书，会盖上政府某高官的印章，以确保他们不会再被人奴役，而且如果需要政府帮助他们对付奴隶贩子，还可向其求助。这份“文书”是他们在热带海岸上的契约。

伦敦的黑人或许有点儿“穷”，但既不天真，也不缄默。为了更好地组织移民，汉威把接受援助的黑人分成了十二到二十四人不等的组，每一个组指派一名“下士”或“头儿”，通常都是那种会认字的，虽然可能不会写。令人惊讶的是，诸如来自费城的自由人理查德·韦弗（Richard Weaver，他的赔偿请求遭到了委员会的拒绝），来自新泽西的织网工、家仆约翰·坎布里奇（John Cambridge），来自孟加拉的“拉斯卡人”、理发师约翰·莱蒙（John Lemmon）等人，很快便成了整个移民群体的代言人。这些下士成了他们事实上的代表人，不但参加委员会的会议，要是觉得十分有必要，还会直截了当地让委员会的主席及其同事知道黑人同胞的心情。亨利·史密斯曼于1786年7月1日去世后，该委员会对于非洲到处都是奴隶这件事打起了迟来的退堂鼓，重新提出将巴哈马和新不伦瑞克作为移民的目的地，但几位黑人的“头儿”斩钉截铁地
227 指出，黑人们就想去塞拉利昂！因为有个住在伦敦的塞拉利昂人曾告诉他们，沿河地区的当地人“特别喜欢英国人，（所以）一定会盛情地接纳他们”。[41]

令人惊讶的是，参与该项目的各方此时帮起了倒忙，完全改换了立场。“白蚁先生”史密斯曼还活着的时候，委员会里的任何人都不愿去反驳他对塞拉利昂计划所持的那种乐观态度，就连汉威也一样。可他死后，曾在酒馆力荐该计划的汉威（将于同年9月初去世），

开始对史密斯曼发起了恶毒的攻击，指责他不仅无能，而且徇私、自利。有人悲观地预测，非洲的黑人和白人奴隶贩子，极可能不会善罢甘休。但时间已经来不及了。早先曾支持去非洲的汉威把任务完成得太好，所以虽然有六十七名准备移居的黑人认为，新不伦瑞克显然在木材、鱼类和野禽方面的资源更丰富，可以作为替代选择，但他们也只得少数服从多数。在一份给委员会的请愿书中，十五名下士热情赞扬了“史密斯曼先生的人道主义计划”，并坚持要求委员会指定史密斯曼的秘书约瑟夫·欧文（Joseph Irvin）接替其职位，担任计划负责人，因为欧文“从一开始就本着人道和正义的态度着手整件事”。[42]

无论委员会有什么疑虑，反正是让步了。史密斯曼在地图上划定的地方将成为自由之省。但现在，黑人还想要些别的东西：移动式锻铁炉、警棍、茶、糖、给病号喝的“方便汤”、文具，以及最重要的东西——能证明他们已获得自由的文件，且要印在羊皮纸上，并由海军部的某位官员签字、盖章。具体到这项计划中，是海军办公室的主任乔治 · 马什（George Marsh）。考虑到可能要经历的磨难，黑人们甚至还专门提出了要用什么样的容器来存放他们那份珍贵的自由证明：“小锡盒一个，价格约为两便士。”然后，他们还想要一件白人不太习惯给黑人的东西：武器。他们说需要用枪来打猎
和自卫。海军的委员们眨了眨眼，有些犹豫，但并没有拒绝这个请 228
求，而是转给了财政部处理，但财政部又把皮球踢回来，说委员会才应该有最后的决定权。最终，委员会中那些贵格会的和平人士与一些态度稍微强硬的人只得点头同意给他们提供二百五十支火枪和二百五十把弯刀，外加足够装备四百人的打火石、火药和子弹。

接着，更不寻常的事情发生了。远征队将由三名官员率领：一名是海军高级军官，为这支小船队保驾护航，确保它安全抵达；一人是约瑟夫 · 欧文，也就是黑人自己选出的负责人；另有一名“军

需官”，主要负责船上、陆上的补给和物资供应，并向财政部负责。伊奎亚诺被任命为军需官，成为第一个在英国政府中任职的黑人，虽然任职时间不长。后来，当整个计划乱套后，伊奎亚诺曾写道，一直以来，对于在奴隶贩子中间安置自由黑人的事情，他都心存疑虑。但因为他相信这个计划是“人道和明智的”，也因为别人热情地催他应承下来，所以他只好把疑虑吞到肚子里，接受了这个职务。

这些黑人移民本来在10月底前就该全部登上停泊在布莱克沃尔（Blackwall）的那两艘船“大西洋号”和“贝利撒留号”。这个刚建立的定居点要想有机会成功，船就一定得在春季的雨季开始前抵达谷物海岸，这一点很重要。但起航日期却不停被推迟。10月末，厄尔文报告说，签署协议的人已超过六百，他估计总数会达到七百五十人，所以还得再找一艘船才行。而他们如果要一起航行，就只能等着那艘名叫“弗农号”的船装备就绪、装货完毕。可是，刚开始按这个计划行事，人数便开始减少了。到11月底时，签署协议的六百多人中实际只有二百五十九人上了那两艘船。而且，这些人显然又冷又挤，很容易生病，大多数都感到不满。一些人报告说，
229 白人军官对待他们的方式并没有比“他们在西印度群岛时”受到的待遇好多少。上船后，伊奎亚诺又震惊地发现这些人不但缺少像样的衣服，连给病人治病的药也不够，并且开始怀疑，政府提供的资金是真的用在了授权使用的款项上，还是遭到了挪用，也可能是欧文自己私吞了。[43] 欧文则一直抱怨黑人“缺乏纪律”。据说，他们不但整宿都点着蜡烛、烧着火（鉴于泰晤士河上当时寒冷刺骨，这其实不奇怪），还浪费存水。而格兰维尔·夏普则震惊地听说，他们一直在喝朗姆酒，甚至还给孩子们喝。他认为，船上的发病率高，全是这习惯闹的。就这样，船还没离开英国，就已经有六十多个人死亡了，其中大多数都是“贝利撒留号”的乘客，因为一种“恶性热病”正在船上肆虐，夺去了许多人的生命，尤其是儿童。

剩下那些上了船的人中，不是每个人都签署了协议；而签署协议的人中，又只有一小部分上了船。黑人沿街乞讨的情景仍然随处可见，所以为了迫使更多的黑人上船，委员会开始呼吁那些乐善好施的市民不要再救济他们。报刊甚至开始谣传，说过了一定期限后，那些黑人乞丐还会被当成盲流抓起来，虽然事实上委员会从没这么想过。

但自由之省的人民还是在迅速蒸发。更多的虚假报道开始在报刊上传播：比如，鉴于前往澳大利亚的囚犯船和前往塞拉利昂的船都会在“母岸”（朴次茅斯的斯皮特海德）会合，所以他们的命运和目的很可能一样。有些黑人甚至又跑上岸，去拜访了声名狼藉的乔治·戈登勋爵（Lord George Gordon），就他们预期的政治体制向他求教。这位煽动政治家曾在1780年挑唆过反天主教的暴力骚乱，所以至今仍是伦敦穷人心目中的英雄。精力充沛、疯疯癫癫的戈登翻了翻夏普那份五十页的长篇大论（不出所料地被称为《政府简述》，主要介绍了日常祈祷的形式、希伯来—撒克逊式的选举，以及对七宗罪行中大部分罪行的严厉惩罚）——一个怪人评判另一个怪人——然后提出了劝他们别去。于是，更多的黑人下了船。

不过，白人却上了船。到2月时，三艘船终于准备好从斯皮特 230
海德出发了，同行的还有它们的护卫舰“鹦鹉螺号”（由托马斯·博尔登·汤普森海军上校指挥），只是有整整一船舱的乘客，都是白人工匠和专业人员。这样的姿态在黑人看来，可能要么是合理地预防戒备，要么是无端地瞧不起人。或许雇佣威廉·里基茨（William Ricketts）还有充分的理由，因为他是一名苗圃主和种农，可以为第一批水稻种植带来最佳的成活机会；邀请两名内科医生哈克尼和杨、一名工程师格索先生和一名勘测员理查德·邓库姆（Richard Duncombe），无疑也是个好主意；还有制革工、泥瓦匠、制刷工，甚至还有“亚麻梳理工”休·史密斯（Hugh Smith），他们都得把技能传授给黑人移民。可问题是，至少一半的移民都是非洲裔美国人，加上逃跑的黑人又几乎都有一技傍身，即便（或说尤其是）考虑到他们一直都在海上。委员会似乎有些悲观地过头了，因为它还招募了一堆裁缝、木匠、园丁，以及两个被描述为“庄稼汉”（即农村劳力）的人，还有面包师申克尔先生及妻儿。毕竟，黑人无论是自由身还是曾为奴，都当过厨师，其中一些肯定还当过“庄稼汉”。

当然，这个驶向自由省的船队上不只有这几个白人。到 2 月底开船时，船上还多了六十几个白人妇女，比如玛格丽特·艾伦、伊丽莎白·拉姆齐、阿米莉亚·霍曼、玛莎·詹姆斯、玛丽·雅各布和玛丽·汤姆林森。她们是谁？又在“贝利撒留号”“大西洋号”和“弗农号”上干什么呢？根据乘客名单的描述，她们是“嫁给了黑人男性的白人女性”，这可以从她们的名字看出来：安·霍尔德大概是嫁给了托马斯·霍尔德（他们的儿子是小托马斯·霍尔德）；瑞贝卡·格里菲斯嫁给了亚伯拉罕·艾略特·格里菲斯（Abraham Elliott Griffith，威尔士—非洲裔美国人，由夏普出资接受过教育）；萨拉·怀特卡夫是本杰明的遗孀；萨拉·坎布里奇嫁给了来自新泽西的织网工约翰·坎布里奇下士；伊丽莎白·莱蒙嫁给了来自孟加
231 拉的理发师约翰·莱蒙下士；伊丽莎白·德马内，嫁给了哈利·德马内（就是那个被夏普从运奴船上救下来的人）。[44] 在此之前，这些白人妇女在很多人眼中的形象，就像一位在 1794 年到过塞拉利昂的瑞典植物学家描述的那样，“大都是婊子”。[45] 但他不过是听信了安娜·玛利亚·福尔肯布里奇的说法；这个女人的丈夫名叫亚历山大·福尔肯布里奇，曾是奴隶贩子，后成为废奴主义者，二人曾在 1791 年到过塞拉利昂。当时，安娜遇到了七个白人妇女，身体全都“病弱不堪……看起来肮脏污秽”。安娜信誓旦旦地说，几个女人告诉她，她们在常有妓女出没的沃平码头区被大杯的美酒和诱人的承诺诱惑到了船上。根据福尔肯布里奇的说法，第二天，有人

叫醒了他们，并告诉她们会和谁“结婚”。

这样的故事正是 18 世纪晚期的民众最喜闻乐见的东西：堕落的女人被一些为某个异想天开的机构做事的无良密探抓走，被迫令人作呕地和黑人玩起了过家家的游戏，满足他们的兽欲，最后被丢在热带丛林中某条河流的上游，苍蝇在她们布满脓疮的身体上爬来爬去，鹦鹉和猿猴则在一旁发出阵阵的嘲笑声。这就是那些幼稚、放荡之人的下场——聪明的读者还会一边如此补充，一边连连点头。当心好心办坏事的怪人。当心格兰维尔 · 夏普这样的家伙！

但很可惜，安娜 · 福尔肯布里奇的故事不大可能是真的。虽然女人喝得酩酊大醉后，确实有可能被带到下游的布莱克沃尔，但搭载黑人移民的船队其实从没到过沃平。而且说正经的，格兰维尔·夏普煞费苦心地为每艘船找了一名牧师（主持这个“自由的教会”）和一名教堂司事（负责紧盯乘客名单），所以怎么可能容忍六十个来自街头、妓院和酒馆的女人跑到船上呢？整个故事更多反映的其实不是故事中的人，而是故事的讲述者，以及当时的人们那种对哗众取宠的偏好。但为那些可怜奴隶的悲惨处境而流泪，并不妨碍人们一想到他们和白人妇女同床，就感到恐惧和厌恶。比如昆斯伯里公爵夫人与她的黑人剑术教练苏比斯之间的风流韵事，就属于这类充满了刺激的丑闻。一群白人妇女心甘情愿地臣服于黑人，还和他 232
们一起扬帆远去，这只能说明她们是最粗野、最堕落的那种女人。

只不过，真相并非如此，甚至可以说很了不起。比如，安妮·普罗维等人的出身可能都相当卑微——安娜的丈夫叫约翰 · 普罗维，曾是北卡罗来纳某律师的奴隶，后加入了黑人先锋连；女儿名叫安 · 路易莎。鉴于许多穷苦黑人一直以来都住在东圣乔治教区，所以有些女性与她们的黑人丈夫结识的环境，很可能和简 · 奥斯丁小说中描述的那类典型的求偶场景不太一样。其中一些或许确实就是酒馆女、洗衣女、缝衣女，或者三者皆是。只要能免于忍饥挨饿，做什么都行。但白人妇女去工作，并不就一定等同于“用身体去换钱”。乘客名单更多表明了一种家庭关系，而非随随便便的性关系：这些跨种族婚姻中的白人女性，许多都带着小孩子（被描述为“黑人”），所以这就意味着黑人男性和白人女性的关系，并非是在码头区拥挤的贫民窟中用杜松子酒和虚假承诺拼凑起来的虚假婚姻那么简单。

他们这类移民是前所未见的：四百一十一人，其中至少有一半是来自美国的前奴隶或自由人，大约有六十一个家庭；他们都下定决心要回到那个他们苦难肇始的地方。有些家庭是黑白配，孩子是混血儿，如霍尔德一家；有些则是黑黑配，如詹姆斯·海德维克、玛丽·海德维克和他们的小孩；另一些则是纯粹的白人家庭，如面包师申克尔、妻子安，以及他们的儿女理查德和罗西娜。偶尔也有单亲家庭，比如詹姆斯·亚罗及三个年幼的儿子，分别叫伊斯雷尔、约翰和玛丽；和一些单身的白人女性，如米莉·谢明斯和玛丽·艾伦，被描述为“欲婚配”；当然，还有很多单身的黑人青年，如托马斯·杜鲁门、米西克·莱特、爱德华·霍尼考特、克里斯蒂安·弗莱戴和
233 詹姆斯·尼普顿。面对自己的未来，这些长途旅行者大多无疑都在心中掺杂着那种惯常的解脱、希望和恐惧感。

只是恐惧可能很快就占了上风，因为船刚开没多久，他们便遇上了麻烦。“鹦鹉螺号”的护航船驶入了沙洲，后来多亏劲风和潮汐的帮助才设法脱身。但只过了几个小时，这些清新的风便升级成为英吉利海峡能搅起的那种最危险的狂风，整个船队在翻滚的波涛、掀天的巨浪、呼啸的狂风中艰难航行。“弗农号”的前桅被吹断了；几艘船互相之间看不见，失去了联系；倒霉的“鹦鹉螺号”行进得“十分吃力……船上的水齐腰深”，最终缓缓地开到了托贝（Torbay）。第二天，汤普森海军上校试图跟着“大西洋号”和“贝利撒留号”前往普利茅斯，但因为天气恶劣，只好退回到托贝。整个船队直到

3 月 18 日才在普利茅斯重新聚齐，而此时距离移民们开始在泰晤士河上登船已经过去了近四个月。在此期间，有人去世，有人出生，有些白人和黑人下了船，另一些上了船，但自由省却似乎变得更加遥不可及。

整场海上远征的麻烦还没有结束。欧文和伊奎亚诺这两位非海军领导人彼此之间龃龉不断。伊奎亚诺怀疑欧文在私吞公款，窃取那些本该用来购买食物、衣物和医疗用品的资金，而且在他看来，这一点已在普利茅斯坐实。当时，因为航期延误，伊奎亚诺便想补充一下耗尽的物资，就去检查哪些已经买了，哪些还没买，结果发现指定用于购买物品的资金已经给了欧文，但东西并没有买来。此事被报告给财政部的斯蒂尔和罗斯后，欧文的回应是，伊奎亚诺在挑唆黑人“制造麻烦”。考虑到伊奎亚诺还对“未经许可”而上船的白人（他并不是指那些给黑人当妻子的白人妇女，而是指托马斯·缪伯恩这类闲杂“乘客”）的数量及他们对待黑人的方式颇有微词，所以欧文可能说得对，他确实是在煽动抗议，虽然公平地讲， 234
船上值得抗议的事情可能确实存在。不过，无论孰对孰错，两人之间逐步加深的争执在到达普利茅斯后开始进一步恶化。由于不知道船会在此滞留多久，黑人最终获准下船，去城里看看。然而，几百个黑人走在鹅卵石街道上的场面，以及可能（因为在拥挤的船舱里待了太久，憋坏了）没有如德文郡居民期待的那样注意礼貌，导致许多好市民心烦意乱，发起了愤怒的抗议。最终，“恼人的”黑人被赶回船上关了起来。随着情况的不断恶化，伊奎亚诺作为政府在船上的代表，认为自己只是在履行职责，他找到了汤普森上校来评理。

汤普森认为两个人都有责任。但考虑到航程已经被暴风骤雨和疾病耽搁，为了远征能和平地继续下去，他只好向财政部的人上报说，两人中必须有一个离开。欧文当然不是什么天使，但伊奎亚诺这个人，汤普森写道，“想尽了办法在黑人的脑子里播撒不和的种子”，除非“煽动叛乱的心思”被浇灭，否则整个远征都可能受到毁灭性的打击。因此，虽然查尔斯·米德尔顿爵士为伊奎亚诺据理力争，但不出所料的是，他最终还是因为这场纷争被解职了。其他十三名被定性为“闹事者”的黑人被禁止再继续航行，而包括欧文的儿子及两个女儿、教堂司事、六名妇女在内的十四名白人也被赶下了船。此外，一些白人技工，包括一名织布工、一名外科医生和一名制砖工，则决定不再继续这段航程。

伊奎亚诺对自己受到的不公正待遇感到愤怒至极，回到伦敦后便对整个计划发起了猛烈抨击。他在给奥托巴·库戈阿诺的信中写道（该信发表在了 1787 年 4 月 4 日的《公共广告报》上），自己不但没有煽风点火，反而是“有史以来最伟大的和平使者”。不仅欧文是“大坏蛋”，牧师弗雷泽博士（Dr Patrick Fraser）和某外科医生也都是。他说，整件事办得如此匆忙，效率低得令人发指，不过
235 是为了掩饰他们的真正目的，那就是把黑人从不受欢迎的地方“赶走”。“我不知道此事会如何收场……真希望我从没参与过。”[46] 两天之后，库戈阿诺也发表了更加充满敌意的文章，宣称黑人在普利茅斯几乎是被逼着回到了船上，并且说他们有谁真的在乎自己性命的话，就应该跳船游回英格兰，而不是把自己托付给这么一项灾难般残酷的计划。

伊奎亚诺觉得窝火是完全可以理解的。因为他对补给用品进行审慎严格的监督，完全是政府对他的要求，但他最终得到的回报是羞辱和撤职。他在刚刚上任时曾积极支持这场创建自由省的远征。毕竟，自由省是朋友夏普的宝贝计划。而他在两年之后出版自传时，也仍然认为这次冒险是“人道和明智的”。不管计划有什么不足，都不应该归咎于政府，因为“（答应的）每一件事，政府那边都兑现了”。导致计划泡汤的原因，是执行计划时的“处理不当”。委员

会、财政部官员和查尔斯·米德尔顿爵士也或多或少有些闹心，所以一致认为，应该给伊奎亚诺五十英镑的报酬，作为对他服务的补偿。这笔巨款充分说明了他们都问心有愧。而一年之后，伊奎亚诺再次被热情邀请加入废奴运动。在国会针对旨在规范奴隶运输条件的《多尔本法案》（Dolben Bill）进行辩论期间，詹姆斯·拉姆齐建议议员们走进上议院的大门时，应该由一位黑人，也就是伊奎亚诺来迎接，由他递给他们每人一份反对奴隶交易的谴责性小册子。

再说普利茅斯。4 月 9 日，小船队终于再次出发，告别了英国海岸的坏天气。但随着船队向前行进，幸与不幸也相伴而来了。许多夫妻因为日日拘在一起，所以经常吵架，有时甚至还会打起来。船队在波涛中不停颠簸，有人呕吐，有人酗酒，结果因为酗酒而吐得更厉害。像往常一样，发烧的人数不断增加；十四具死尸被扔到了海里——在夏普的门生、乘坐“贝利撒留号”的亚伯拉罕·艾略特·格里菲斯看来，其实本不该有这么多人死，全怪那些医生玩忽 236
职守。不过，到了大西洋上春意正浓的特纳利夫岛（Tenerife）之后，船队补充了牲畜、新鲜食物和水，所以死亡丧钟的声音似乎弱了一些。夏普举荐的牧师帕特里克·弗雷泽在给《公共广告报》的一封信中，将这支远征的船队描述为快乐的方舟，享受着“美妙的和平、仁慈和几乎持续不断的和谐”。更美妙的是，“那可恶的肤色差别已经没有人记得”。[47] 黑人和白人一起参加礼拜仪式。耶路撒冷已经出现在地平线上。神是应当称颂的。

237 # 第七章

如果他们知道腾内人管那个地方叫“罗马荣”(Romarong)——恸哭者之地，男男女女在暴风雨中哭泣的地方——结局会有不同吗？反正 1787 年 5 月 10 日，当托马斯 · 博尔登 · 汤普森海军上校站在已经抛锚停泊的“鹦鹉螺号”的甲板上，突然发现这个地方时，他只知道这里被称为“法国人湾”(Frenchman’s Bay)，而他想将其重新命名为“圣乔治湾”(St George’s Bay)。那座林木葱郁的小山，从南岸开始缓缓爬高，当地人管它叫啥来着？管他呢，以后就叫圣乔治山(St George’s Hill)了。对与汤普森海军上校来说，爱国的豪言决不会向地形的想象让步。圣乔治和英格兰，以及三百八十名自由的英国黑人，已经抵达了塞拉利昂河的河口。

这些都被当地人注意到了。科亚王国(Koya)的腾内人酋长汤姆王(King Tom)一点儿没磨蹭，第二天便来找他们。这个汤姆王身材高大，平易近人，身穿镶有褶饰边的蓝色丝绸衬衫，头戴檐上镶着金线花边的帽子，看起来光芒万丈。他的妻妾们则站在一边，保持着适当的距离，身穿颜色艳丽的塔夫绸衣服，头上缠着高高的头巾，看起来身材更高大，更平易近人。作为一名循规蹈矩的海军军官，汤普森海军上校命令“鹦鹉螺号”鸣礼炮十三响，向他们表示欢迎。双方在甲板上互相寒暄一番之后，汤姆森向汤姆王赠送了事先预备的礼物（更多的帽子，这种总是很抢手），然后宣布英国打算向大王购买一片大约四百平方英里的土地，从港口和山这里开始向南、向东，分别往内陆延伸大约二十英里；这块地将成为自由省。汤姆王没什么意见。他为什么要有意见？在同欧洲人打交道方面，他可一点也不老实。自从一百多年前，奴隶贩子第一次租下班 238
斯岛以来，带有浓重洋泾浜葡萄牙语色彩的洋泾浜英语便一直是沿岸地区的通用语。在腾内人和邻近的布勒姆人看来,这就是一种“无赖”讲的语言。他们早已准备好,甚至渴望着和他们“耍赖”了。[1]此外，他们还十分努力地帮助欧洲人明白了沿海和沿河地区的办事规矩。尽管贩奴租界的持有人安德森兄弟及其代理人詹姆斯·鲍伊（James Bowie）和约翰·蒂利（John Tilley）先生已经正式向北岸的布勒姆酋长上交过租地的贡金，但他们也很清楚，能留在这里还得感谢南岸的汤姆王宽宏大量——就像汤姆王也知道，他自己的权威最终还要受制于更大的酋长，也就是人在罗巴纳（还要再往内陆一些）的奈姆巴纳。不过，就连奈姆巴纳也只是摄政者，而不是像欧洲人称呼的那样是“国王”。无论欧洲人是想贩卖奴隶，还是像这位上校似乎宣称的那样，只是想让自由黑人在这里定居，对汤姆王而言都没有区别;只要他们明白自己“购买”的不是土地所有权(因为没有谁真正拥有它），而是居留许可权，就行了。

当然，对方没有理解的恰恰就是这一点，尤其是 5 月 15 日那天。这一天，汤普森海军上校举行了一项帝国侵占行为的惯常仪式：插国旗。一队黑人和白人将他们的小船拖到蜿蜒曲折的乳白色沙滩上，穿过岸边的棕榈树林，然后在叶片锋利的草地上、在缠绕生长到十英尺高的旱生灌丛中、在丝绵树和非洲紫檀树林间砍出一条路，爬到了山坡上。另一位海军上校乔治·杨爵士（Sir George Young）向汤普森保证，这里最适合成为自由省的地基。他说，这里要比北边那片长满红树林的沼泽低地更凉快、更宜人。小溪从山坡两侧淙淙而下，带来了甘甜、纯净的水。这群人到达坡顶后，汤普森上校令人砍倒一棵小树，把树干削砍干净，深深地插进一旁空地的红土中，然后将英国的国旗挂了起来。让格兰维尔镇拔地而起吧！[2]

239 从“高地”往下看看，这里的景色或许并不完全像格兰维尔·夏普向他的哥哥詹姆斯描述的那样，仿佛是一座人间天堂（“那里的山和［肯特郡的］射手山一样平缓……树林美得无法形容”）。[3] 但在5月的那一天，景色可能看起来还是很吉利的。在插旗队伍的下方，山坡缓缓地向下延伸至塞拉利昂河的宽阔河口，那里的天然良港风平浪静，自1462年起便吸引了众多船只从此上岸，当时，葡萄牙航海家佩德罗·德辛特拉（Pedro de Cintra）看到重峦叠嶂的半岛后，觉得它的形状像极了狮子的脑袋，于是便将其命名为塞拉利奥（Serra Lyoa，意为“狮子山”）。由于这里是非洲西部唯一没有巨浪冲击的天然港，所以每天都能在海湾看到许多抛锚的双桅横帆船、单桅纵帆船和双桅纵帆船，以及无数正在船只和海岸间忙碌穿梭，装卸补给品、货箱和奴隶的独木舟。而且，这里的大部分海岸，尤其是河口以北的地方，都被淹没在了浑浊的红树林沼泽中，其间还交错流淌着数条小溪，在溪流的浅滩处可以看到姥鲨与鳄鱼一同畅游。每年的春秋两季，海水会两次把咖啡色的淤泥冲到低洼的平原地带上，使得河口附近成为产盐的绝佳场所。等到太阳把淤泥晒硬后，北岸的人便会走到这片龟裂的废墟之上，切走那些泥块。再然后，他们会在大陶罐里，用水化开这些咸腥的褐色淤泥，再用黄铜锅把水煮干，最后剩下的便是盐了。许多旅者评价道，那是一种特别精细的盐。[4]

可自由人也不能只靠盐活着。在目力所及的范围之内，除了几片被浸透的田地上有一些瘦黄的稻秆在随风摇摆外，北岸几乎没什么可以维持生命的东西。他们站在汤普森海军上校的高地上，意识到应许之地一定在他们背后，就在半岛的群山之中，向南一直延伸到了面朝香蕉群岛的海角——亨利·史密斯曼曾在那里照料过他的蚂蚁，欣赏覆盖着白雪的山脉，宣称它们美不胜收。高耸的圆锥形山顶当然令人生畏（即便确实美得就像画一样），但山脚下生长着非洲紫檀、黑檀和香脂树、木蓝（据说是世界上最好的）、棉花， 240
也许还有咖啡。而牛羊则可在高地的牧场上吃草。

过了一段时间，奈姆巴纳来到河的下游，看了看山坡上那些构成格兰维尔镇的帐篷，然后登上了“鹦鹉螺号”。但就像和汤姆王打交道的情况那样，双方对谈判的理解也大相径庭。汤普森认为自己是直接把土地作为永久性财产买了下来，钱是一次性付清的。但奈姆巴纳觉得，这是他自己直接和上校达成的私人协议，而只要这些黑人男女承认，在他的海湾和附近居住要经过他的特许，且他有权利视情况来收回许可，他们就可以在此居住。自由省不可能有地产的自由保有权。在腾内人的社会(以及该地区的其他部落,如门迪、布勒姆、歇尔布罗、富拉)，土地的永久转让简直无法想象。土地可以被占有，但不能拥有，而土地毫无例外都是从别人那里占去的。

胡须灰白的奈姆巴纳高大瘦削，器宇不凡，穿着白缎马甲和绣花外套，看起来足够亲切，对于对方的提议也做出了礼貌的回应。[5]鲍伊等奴隶贩子曾警告他，这些自由黑人和白人军官来到塞拉利昂，会给他和他的酋长们制造大麻烦。尽管会送他很多礼物，但新来的人也会毁掉这门让大家一起发大财的生意，而且更糟的是，他们还会设法让他的人民崇拜基督教的上帝，进而把他从他礼仪性的凳子上推下去，夺走他的王国，逼他退回高地。但奈姆巴纳打量了一番汤普森上校之后，决定不去理会这种充满自利色彩的预言。或许鲍伊先生和安德森兄弟该害怕，但他没什么好怕的。只是即便如此，正如汤普森也注意到的那样，奈姆巴纳实际上并没有直接说“可以”，无论是用滕内语、布勒姆语，还是门迪语，都没有，而且在“鹦鹉螺号”的甲板上，他也没有在摆到他面前的那些文件上签字。

如果说奈姆巴纳没准备好的话，那汤姆王则恰恰相反。6月11日，他和另两位本地的酋长——布勒姆人的女王雅玛库巴
241 （Yamacouba）和另一名腾内人帕邦吉，在汤普森准备的羊皮纸上留下了他们的印记。汤普森海军上校宣布这是一份“条约”，并按约定向这几位酋长转交了八杆火枪、三打“挂架和枪套”、二十四顶帽子、四条棉毛巾、三十四磅烟草、一百一十七串珠子、十码红布料、二十五根铁条、一百二十加仑朗姆酒（价值合计为五十九英镑和几个先令）。作为回报，他们似乎答应将面积四百平方英里的自由省——从格兰维尔镇开始向上游内陆地区（不过这么说太精密），往冈比亚岛（Gambia Island）方向延伸，往南则最远可能到歇尔布罗河（Sherbro River）——永久转让给“这些自由黑人……及其继承者”。更难以置信的是，省内的各酋长还宣誓“会虔诚地效忠于仁慈的国王陛下乔治三世”，并且就像郡治安长官或者帝国总督那样，“竭尽全力保护上述自由的移民，保护陛下的臣民，使他们免受任何国家和民族针对他们发起的暴动或攻击”。[6]

两个星期后，洪水来了。但这里的洪水不是射手山那样的雨水，甚至不是乔纳斯·汉威的绿绸伞能遮挡的那种倾盆大雨，而是像一场袭击。6月，清晨的空气里只是弥漫着一团团蓬松的雾气，看起来不会造成什么危害，但随着时间的推移，它们不停吮吸着河口潮湿的空气，云层像塔一样越聚越高，并逐渐变暗，致使阳光也变成了深绿色，正午看起来好似午夜。当暴风雨终于来临时，一道道闪电在高高的树林上方刺眼地划过，放出的光芒足以把那一条条明亮的“枝杈”深深印在你的眼中，就算你把眼皮紧紧闭上，也能感受到它们的威力。随之而来的雷声先是类似两声枪响，接着便像炮声

一样滚滚而来，仿佛已经把天空炸裂。雨水如石头一样砸到塞拉利昂半岛上，反复地敲打着大地，形成了白沫翻腾的潟湖和黄褐色的泥沟。当暴雨稍微小了一点，变成大雨后，成千上万河蛙欢快的歌声和几百万只蝉刺耳的叫声，才最终让人们长舒了一口气。但每隔 242
一会儿，天空又会冒出一条幽灵般的闪电，仿佛暴风雨对自己慢慢减弱感到很恼火一样。

到了年中，随着雨季真正到来，情况变得更糟糕。天空不见了，变成了一片沉闷的灰色虚空，淹没一切的暴雨只有在龙卷风突然来袭时才会停下。附近海角上的龙卷风远近闻名，吸力极其强大，能把不幸挡在它前面的任何东西刮起来撕成碎片。接着，气温会骤然下降，暴露在恶劣天气中的人被暴风雨淋得浑身发抖。就这样，罗马荣的声音传到了汤普森海军上校那葱绿的山上。

到了 7 月，也就是暴风雨最为猛烈的时候，那绿色高地上插着的英国国旗只能湿漉漉、惨兮兮地耷拉着。饱受天气之苦的移民们士气低落，觉得把他们安置在这种毫无遮蔽的山岩上简直是有病。有些人小心翼翼地走到山下，在山脚安营扎寨，因为在那里，大自然似乎能给他们多一点庇护，虽然在那儿安家的不止有他们，还有蚊子和蛇，如树眼镜蛇、金环蛇、被称作“新亚克–阿姆松”的灰绿色小蛇（一种射毒眼镜蛇，喷出的毒液能让人当即双目失明），以及被称作“巴格巴格”的白红蚁（这种蚂蚁似乎能在洪水和大火中存活下来）。[7]面对这种天气、动物、流行病的轮番袭击（因为热病也开始流行了），来自伦敦的黑人和仅存的六个白人能怎么反抗？海军剩下的帆布被用来搭建帐篷，但结果证明，这在狂风中毫无用处。而土壤不断被淹，断了他们播种从英国运来的那些种子的任何希望，插进湿地里的稻秧最后都会被藐视一切的暴风雨直接冲走。带来的一百六十一把铁锹、三百八十六柄斧头和一百五十把锄头根本无用武之地，他们能做的只是尽量防止这些工具生锈。因此，自给自足是不可能了。要想活下去，只能依赖船上运来的补给品。虽然这些东西正在快速腐烂，但移民们走投无路，不得不吃。等到这些食物也被吃光后，移民们便开始用工具和衣服来换取食物，而唯一可靠的供给源，正是班斯岛上和布勒姆海岸的奴隶贩子。

243 就这样，自由省还没机会建起来，居民们便开始一个个消失了。7月中旬，约瑟夫·欧文去世了。到当月的第三个星期，二十四名白人和三十名黑人死亡，剩下的一半则病得很重。9月16日，当只是从表面上看到这个定居地正在经历种种初创期磨难的汤普森登上“鹦鹉螺号”，准备返回英国时，在5月抵达的人中，已有一百二十二人死亡。其中包括本杰明·怀特卡夫的白人遗孀萨拉，以及约翰·坎布里奇的妻子和夏普的门徒亚伯拉罕·艾略特·格里菲斯的妻子。许多白人，如面包师申克尔全家（除了一个女儿）、教堂司事、亚麻梳理工、木匠、裁缝、勘测员、外科医生居里（伊奎亚诺称之为“恶棍”），都在赤道地区狂风暴雨的冬天里早逝了。大部分人都死于这样或那样的热病。其中疟疾最为普遍，尽管船队带来了金鸡纳树皮（提取奎宁的原料），可以泡在葡萄酒里。

随着一些人逃到提供庇护、食物和薪酬的地方（也就是奴隶仓库），幸存的二百六十八人又减少了许多。夏普亲自挑选的牧师帕特里克·弗雷泽便是与魔鬼做交易的人之一。但话说回来，他肯定是觉得上帝本来也没有站在他这一边吧。由于根本找不到人愿意在滂沱大雨中来修建那座政府向他承诺的教堂，他只能站在枝繁叶茂的树底下（可能是榕树）举行礼拜仪式。加上身染结核病，病情越来越重，他最后选择接受了去班斯岛的邀请，住进了好一些的房子，并向白人奴隶贩子、工匠，以及那些对他的祷告和布道辞感到茫然不解的奴隶们布道。隔一段时间，他还会到下游去，看看他那群被他遗弃的羔羊，但回到岛上后便咳嗽不止，甚至咳到咯血。格兰维尔镇的医生也跟着他走了，在那些重病缠身的移民最需要医疗救助的时候丢下了他们。而且正如乔纳斯·汉威之前(以及伊奎亚诺最终)担心的那样，变节的并非只有白人。黑人也跑到班斯岛的上游地区，接受了鲍伊为他们提供的有偿工作，其中一些甚至还从奴隶变成了奴隶贩子。比如，哈利·德马内就是选择在布勒姆海岸上贩奴的人之一，而就在一年以前，格兰维尔·夏普才从开往西印度群岛的一艘船上把镣铐加身的他救下。 244

* * *

背叛的消息传来后，格兰维尔·夏普感觉自己好像被人捅了一刀。他的毕生心血被搞成了一场愚人的闹剧。“我实在无法想象，这些人深知贩卖奴隶的罪恶，他们自己也曾在令人屈辱的奴役枷锁下……受苦受难……可竟然做出如此卑劣堕落之事，”1788 年 9 月，他在一封写给格兰维尔镇移民的信中说，“竟然主动成为奴隶贩子的工具，让自己的黑人兄弟也遭受同样可憎的压迫。”[8]这是一种无法形容的背叛，他怒斥道，“哈利·德马内先生(据我所知，现在已经是布勒姆海岸上的大人物了)”是叛徒中的大叛徒。任何玷污这一事业之纯洁性的人，没有一个会得到计划发起人的原谅，也休想再言归于好，被自由省重新接纳。可惜，这样的威胁纯属白费力气，因为没有一个叛逃者表现出哪怕一丁点儿想要回去的迹象。“代我警告他们，”心烦意乱又愤愤不平的夏普在 1789 年再次写道：

> 若不及时悔改，这些教唆、怂恿压迫的人，终有一天会遭到恐惧和悔恨的折磨。提醒一下哈利·德马内先生，当初他被邪恶的主人设圈套引诱到船上，转头看向桅杆，面对奴隶制的恐怖时，他自己心里是什么感受——后来他曾坦言——他下决心当晚要跳海，宁愿一死了之，也不想为了活命而暂时屈服于

> 奴隶制，可现在，他却永远陷入了奴隶制当中！再提醒他，当他看到两个人带着人身保护令，在千钧一发之际（有如神助地）将他救下来后，他有多么高兴，因为再晚一分钟（因为船当时
> 245 正在起锚，准备前往最后一站，也就是唐斯丘陵），就可能救不了他了！告诉他，我完全有理由相信，他能逃脱奴隶制的魔爪完全是拜上天的庇佑……告诉他……贩奴和蓄奴的人是与全人类为敌，因为他们颠覆了人类和平与幸福所仰赖的仁慈、平等以及所有的社会和道德原则。告诉他，这样的行为完全可以被视为丧尽天良的犯罪，应同人吃人这种可怖、邪恶的败坏行为并列在一起。[9]

可以说，在格兰维尔·夏普看来，自由黑人变成奴隶贩子，其行为与吃人肉的人一样恶劣。而且让他愤怒和恼火的是，他现在远隔万里，没法像自己想的那样，去亲口劝导那些被监护人弃恶从善（即便是哈利·德马内这样忘恩负义的卑劣之徒）。更加火上浇油的是，自由省建立后的两年间，正是反抗“当灭的物”运动取得空前成功的时期，一想到此，他的气就不打一处来。1787年5月22日，废除奴隶贸易协会宣布成立，其核心人物包括约瑟夫·伍兹、萨缪尔·霍尔、菲利普斯父子，以及克拉克森和威尔伯福斯；而协会的主席，废奴热情与必胜意志的人形象征，当然非格兰维尔·夏普莫属。协会发起了规模庞大的反奴隶贸易请愿运动，托马斯·克拉克森还到全国各地奔走，争取民众的支持热情、收集请愿签名。一位名叫约西亚·韦奇伍德（Josiah Wedgwood）的人在热情地投身这项事业后，在伊特鲁里亚为协会烧制了图章，上面印有一名跪地的黑人和“我难道不是人，不是兄弟吗？”的字样，还生产了数千块相同设计的碧玉圆章。女士们或将它戴在脖子上，或当成胸针别在衣服上。[10]拉姆齐、克拉克森、约翰·牛顿和悔过自新的前贩奴船医生

亚历山大·福尔肯布里奇所写的文章，也全被一版再版，有些版次的印数甚至达到了一万五千册。

1788 年 12 月出版的一幅版画，首次展示了从敞开的奴隶船货舱正上方看下去的情景；该船的原型是利物浦的贩奴船“布鲁克斯号”。公众在此前只是读过很多关于“活货物”交易的文字，现在终于能看到它的情景了。这幅版画最初由普利茅斯废除奴隶制委员会雕刻而成，印刷了一千五百份，后经伦敦的废奴委员稍加修改，增加了货仓纵切面的场景，并印制了八千份。画中的黑人从头到脚躺平，肩并肩地像一根根圆木被堆在一起，连活动胳膊的地方都没有。船头那里因为有弧度，空间稍微大一些，可那里被塞进了更多的黑人。无论人们之前读过多少有关奴隶贸易的内容，最终还是这幅图画将废奴运动从贵格会和福音派的稳固支持者中间，推到了更广大的公众面前。裱在画框里的版画副本，无论是在苏格兰、英格兰北部的工业城市（尤其是废奴运动支持者众多的曼彻斯特）还是在英格兰的西南部，都能看到。萨缪尔·霍尔的女儿记得，她的家人甚至还把“那幅奴隶船内部的可怕版画……钉在我家餐厅的墙上”，觉得有义务将它展示出来。[11] 246

而这一切，夏普也都深深地参与其中，说到底，他可不只是这场“美好的仗”的荣誉领导人。在同本杰明·富兰克林、约翰·杰伊和罗德岛的萨缪尔·霍普金斯的通信中，他组织起了一场真正的跨大西洋废奴运动。美国六个州废除奴隶贸易的新闻在英国被广泛报道，而请愿运动的消息、威廉·多尔本爵士提请规范奴隶船运输条件的法案获得两院通过的消息，以及威廉·皮特在 1788 年 2 月 11 日创建了一个枢密院委员会来调查奴隶贸易情况的消息，也传遍了美国。在这一切发生的同时，夏普清楚地了解到，美国的制宪会议正在费城就宪法的批准进行广泛讨论，而代表们为了争取暂时的团结，已经一致同意过几年再考虑取缔奴隶贸易的建议。在整个美国

247 废除奴隶制本身根本不可能。毕竟，正是这个制宪会议，为了分配代表权，还做出了奴隶是五分之三个人的规定。于是，这种为图省事而认定（只有）黑人不算完整的人的姿态，通过玩弄人口统计数据，保护了南方各州，使得联邦政府无法动摇其“独特制度”。[12]

在格兰维尔·夏普看来，他自己也可以算是一位开国元勋，在朋友富兰克林、杰伊和亚当斯忙着为美国奠基的同时，自己正忙着创建一个自由的社会。但与美利坚合众国不同的是，他的这个社会不仅会把对种族歧视的憎恶写入法律，还会让黑人自己在实践中来为积极的公民义务和责任设立标准。夏普对这一理念十分信仰，甚至还费了很大工夫向他那几位杰出的美国通信人强调了他心目中最纯粹的自由民主形式——希伯来–撒克逊十户联保制的独特优势。他坚信，戒备和保卫、以公共劳动作为货币单位、普选权、按家庭投票、十户长和百户长，所有这些都适用于（比如说）阿巴拉契亚山脉（Appalachians）附近的穷乡僻壤。[13]

夏普的实验成功与否，与他自己有着很大的利害关系，所以他对其命运的走向尤感焦虑，总抱怨那个被他有些难过地称作“我可怜、稚弱、黝黑的女儿，不幸的殖民地塞拉利昂”传来的信息太少。[14]在很长一段时间里（尤其是考虑到英国距离塞拉利昂只有一个月的航程）他都没听到任何消息，后来陆陆续续有了些，但也都是坏消息。他那位门生亚伯拉罕·艾略特·格里菲斯（曾是一名男仆，后由夏普出资接受了教育）在7月底的滂沱大雨中给他写来了一封信，但也没能让他好受一点儿。

尊敬的阁下：

我很抱歉，真的非常抱歉地告诉您，亲爱的先生，这个国家真的不适合我们，如果不立即做出改变，我想十二个月之后，我们这些人没有一个会活下来。而且，人们的脾气都太固执了，

> 根本不服从任何规章制度。我们在史密斯曼先生去世后才来到这个国家，真是太不幸了；因为我们被安置在了最差劲的地方。种到地里的东西，没有一样长出来后能超过一英尺……我们中间似乎流行起了严重的瘟疫。我自己之前也病得很厉害，好在全能的上帝让我恢复了健康，只要一有机会，我便将启程前往西印度群岛。[15] 248

这一点也着实令人震惊；格里菲斯宁愿拿自由和生命做赌注，前往加勒比海地区，也不愿继续在格兰维尔镇受煎熬。不过，格里菲斯最后并没有上船，而是接受了奈姆巴纳的邀请，在罗巴纳开办了一所学校，后来又担任了私人秘书、翻译、特使，在与老酋长的女儿克拉拉公主结婚后，还成了老酋长的女婿。他在非洲的故事还没有结束。

夏普的乌托邦还有一丁点儿挽回的希望吗？很显然，十户联保制在西非的洪水中发挥不了什么作用；教堂、法院、学校、监狱也没建起来。但迫切想要听到点儿好消息的夏普，无疑注意到了费城的黑人保皇党、曾作为伦敦穷苦黑人移民代表的理查德·韦弗在写给他的信中提到“全体人民”召集了一个“会议，来选举自己的官员，最终，他们推举我当总领导”。其他来信则提到了“参义完”（参议院）。[16] 由此看来，那里应该是举行了某种选举，格兰维尔镇的人民选出了一位黑人“总督”。觉察到他所希望开创的那种自由政体至少已经萌芽后，夏普有一段时间不停在寄往塞拉利昂的信中谈及移民们的“市议会”，仿佛他们已经建立起一个协商会议，得以制定那些他在《政府简述》中提出的法律。但是，六个月之后的1788年9月，一个叫詹姆斯·里德（James Reid）的人写信给他，宣布自己现在是“总督”了——若非里德和韦弗一直因为移民仓库 249
的六十杆火枪失窃而互相指责的话，夏普或许会以为这个变化体现了那里活跃的政治活动[17]——这个里德是在韦弗病重卧床的三个月期间被推举为总督的。他在信中抱怨说自己蒙受了不白之冤：

> 韦弗先生和约翰逊先生……告诉他们（与会者）我偷了那些枪，然后把他们武装起来攻击我，占领了我的房子，然后把房子和我在这世界上仅有的那点儿财产都卖掉，用来赔偿那些丢掉的东西……他们把我弄垮之后，认为自己有了上帝的祝福，他们是这么说的。可第一件（倒霉）事是一个小伙子在树林里被枪杀了，但他们没找到凶手。第二件事是他们和汤姆王发生了小矛盾，汤姆王就抓了他们中的两个人，卖给了开往西印度群岛的法国船。第三件事是他们中的五个人跑到班斯岛，捣毁了博伊斯上校（其实是鲍伊）的一家工厂，偷了好多东西；被发现后，博伊斯上校把五个人全卖掉了。[18]

一连串的灾难似乎完美地印证了汤普森海军上校的报告：别对这些移民有什么美好的期待，因为他们基本上就是一群酗酒成性、性情暴虐的无赖，不是活得无法无天，就是投靠了贩子。当然，在汤普森看来，黑人明显不懂得敬重他人，到了无礼的程度，这是他难以接受的，但夏普这个不可救药的乐天派可不会轻易放弃格兰维尔镇。他在里德的来信中注意到，能为移民们遮风挡雨的棚屋最终建好了，以及英国的种子虽然没长出来什么，但换成当地的农作物后，收成好了不少。加上死亡率似乎也有所下降（尽管定居点现在的居民只剩下不到一半了），所以夏普便把早期的种种灾难，都归
250 咎到了道德败坏上（尤其是朗姆酒，在他看来，这个恶魔削弱了他们对“热病”的抵抗力）而不是当地适宜疾病传染的温暖气候。1787年时，停在河上游的“鹦鹉螺号”上的水手曾喝过一点儿泡了金鸡纳树皮的红葡萄酒，将死神挡在了门外，夏普认为（或许还听

从了当医生的哥哥威廉的劝说），陆地上的人一定也可从中受益。

夏普非但没放弃格兰维尔镇，反而在他那些同样乐善好施的哥哥们的帮助下，向那里伸出了援助之手。1788 年夏天，他斥资九百英镑为双桅横帆船“麦罗号”配备了全套装备，准备给那里送去救援物资、五十位新移民（黑人、白人都有，其中包括两名替补医生）和新的牲畜，包括耕牛，泰勒上校会在途经佛得角群岛时购买。此外，夏普还让“麦罗号”带去了他写给移民的信件（又一个版本的有关好政府的建议和指导），以及“六件厚实的大衣，给夜间巡逻的人穿”；一盒“带护脖儿”的皮帽，“防止佩戴者的脖子着凉、淋雨”；一堆价值八十九英镑的礼物，以便同汤姆王的继任者吉米王续签的格兰维尔镇的协议。[19] 更让他喜出望外的是，现在成了反奴隶贸易运动盟友的皮特政府，也出了二百英镑表示支持。就这样，9 月时，“麦罗号”在布莱克沃尔起锚，驶往塞拉利昂。开船后的第二天，夏普又派了一艘快船去追赶，因为他的新朋友、酿酒商萨缪尔 · 惠特布雷德（Samuel Whitbread）向他提供了十二桶波特酒。在他看来，比起朗姆酒，这酒是更健康的替代品。

和这场计划中的每次航行一样，“麦罗号”的征程也不是一帆风顺。比如，上船的新移民只有三十九人，而非原来希望的五十人，而且出于某种原因，泰勒上校并未在佛得角购买牛和猪，而是把等值的钱交给了那些移民——根本不符合夏普的本意。不出所料，几位到达之后，便以最快的速度投奔了班斯岛的奴隶贩子。不过，等来了援助物资，还是让格兰维尔镇的那些幸存者欣喜若狂，因为即便不能解决所有问题，这也证明了正处在水深火热之中的他们并没有被遗忘和抛弃。十二个人联名致信夏普和“我们其他可敬、仁慈的朋友”，感谢他们“欣然向我们提供的种种关怀和仁慈的庇佑”。 251
尽管他们历经劫难，“这一点从我们那拥挤不堪的坟场就能看出来……但我们很高兴地通知您，尊敬的先生，我们在清理耕地方面已经取得了不错的进展，只有水田现在还比较混乱，因为我们的人手不够，不过，我们对于这一季能种出一些尚好的庄稼，还是抱有希望的”。[20]最后，这十二个人，包括詹姆斯·弗雷泽、托马斯·卡莱尔、豪尔赫·邓特和托马斯·库珀，以一种既自豪又混杂着痛苦和懊悔的口气，为这封信做了结尾，可能是有意如此，好给夏普鼓鼓劲儿，让他继续坚持下去：

> 我们无须多言了。我们这些人一直被视作奴隶，即便在英格兰也如此，后来多亏你们的帮助和努力，我们才获得了自由。我们这群人的灵与肉，在非洲海岸和西印度群岛被当成普通贸易商品，不停地被倒手。但有人说，我们自己才是奴隶制度的代理人，以市场价格互相出售对方。毫无疑问，我们在未开化的状态下作过许多恶，但奴隶贩子肯定不会认为非洲海岸上的强者有权剥夺弱者的每项人权，将最残酷的奴隶制度强加在他们以及他们的子孙后代身上，或者认为他自己有权制造如此可怕的厄运吧。
>
> 但是，先生，请您可以容许我们相信，我们那位忠诚、慷慨的朋友格兰维尔·夏普的名字，将会被我们更开明的子孙后代唤起，并在未来岁月中因为感激与赞美而被特别地铭记。[21]

以及顺便问一句，他能不能再运来六门或八门大炮，好让他们在圣乔治山上修筑一座像样的堡垒呢？（他不能。）

格兰维尔镇还没到日暮途穷的时候，还有希望。夏普的仇敌（随
252 着他和其他废奴主义者从“麻烦”升级为“威胁”，恨他们的人越来越多了）揪住塞拉利昂定居点陷入一片混乱的消息大做文章，认为让黑人扮演具有民主精神的农民简直荒唐。他们写道，这充分说明了在考虑不周全的情况下便强行赋予黑人自由会结出什么样的果

子。不然你以为会发生什么？不过，1789 年 11 月，《日志报或伍德福尔纪事报》（*The Diary or Woodfall's Register*）上刊登的一篇由"利奥·阿非利加努斯"（Leo Africanus）* 从格兰维尔镇发来的报道（虽然信息来源是夏普自己），则描绘了一幅完全不同的场面："舒适的"小屋，"有着红树做成的框架、被刷成白色的抹灰篱笆墙，屋顶上整洁地盖着灯芯草，旁边还有一小块围起来的地，里面种着香蕉、山药、甘薯、木薯等"。[22] 以及，哪个盎格鲁–非洲村庄能没有一座粉刷一新的教堂？教堂刚用篱笆墙、灰泥和灯芯草建成，英式大钟也已经去信索要了。

正是因为这块小小的飞地（现在只剩大约一百人）极有可能会幸存下来，所以夏普认为，它的敌人，也就是班斯岛的奴隶贩子，才决意要把它消灭在萌芽状态。吉米王尽管收到了一堆新的礼物，续签了新的"条约"，但对于这些定居者的存在，还是比前任更感到不安。因此，当詹姆斯·鲍伊和约翰·蒂利警告他，除非定居点得到控制，否则让他们赚大钱的努力交易可能就此终结时，吉米听了进去。时不时地，按照夏普的通信人在信中的说法，他会谎称格兰维尔镇的某个男人犯下了盗窃或其他轻罪，借此将其绑架，然后被当成奴隶卖掉。

听闻移民们遭受如此待遇，夏普虽然怒火中烧，但为了定居点的未来，他不得不修正一下自己原来的那些强硬原则。他仍然坚守着他的顽固信念，也就是他这个建立在十户联保制基础上的自由非洲人殖民地，只要假以时日来成熟、完善，便可成为一个起点，开启一场伟大而全面的解放运动。但就目前而言，自由省正面临紧迫而可怕的威胁，有彻底摧毁的可能，因此他不得不采取了因地制宜

---

* 利奥·阿非利加努斯是文艺复兴时期的欧洲旅行家，曾游历北非地区，并出版相关传记。此处应该是笔名，直译可理解为"非洲雄狮"，借指塞拉利昂（狮子山）。

253 的策略。自由省内部决不容忍奴隶制，但到了外面，他在给移民的信中写道，就要谨慎行事了，以免激怒奴隶贩子以及与之做生意的土著酋长。移民们最好审慎一些，“礼貌、友善地对待那些来到定居点的陌生人，就算你知道他们是奴隶贩子或者奴隶主，只要他们在居留期间没有违反你们的法律，便不要生事”。

说起来容易做起来难。但在1789年时，夏普心里一定认为，只要他的自由省能再坚持一下，反奴隶贸易运动在英国取得的成功，迟早会博得那些有权有势之人的帮助，向它伸出保护之手。但极具讽刺意味的是，正是他所寄予希望的权势，最终以宏伟的皇家海军“波摩娜号”的形式彻底葬送了格兰维尔镇。

没有人能预见到这样的结局。威廉·多尔本爵士那份规范奴隶船运输条件的法案获得通过，意味着国家权力首次在现代历史上被用在了干预“活货物”的运输上。而由亨利·萨维奇上校（Captain Henry Savage）指挥的“波摩娜号”，便是奉命到非洲沿海地区，向奴隶工厂及利物浦、布里斯托尔奴隶贸易公司的代理人分发多尔本规范的副本，确保其规定得到遵守。1789年11月下旬，“波摩娜号”在圣乔治湾抛锚后，萨维奇便开始执行公务，但很快就被自由移民和贩奴代表的抱怨淹没了，他们各自都指望这位上校能为自己打抱不平。时任格兰维尔镇总督的亚伯拉罕·阿什莫尔（Abraham Ashmore）忿忿不平地抱怨移民被人绑架并出售。安德森兄弟的代表詹姆斯·鲍伊和约翰·蒂利则反咬一口，说这些移民全是小贼和亡命之徒，威胁到了他们的公司。萨维奇虽是带着议会义正词严的法案来到这里的，但他到底是一名英国的海军军官，也是一名英国的绅士，所以没有理会黑人的说法，而是选择相信了白人奴隶贩子的话。

不过，在一件事上，阿什莫尔和鲍伊达成了共识，那就是吉米王已经成了一个祸害，不但不遵守他同双方分别达成的协议，还袭击移民定居点，把那些他根本无权贩卖的奴隶抓去卖掉。“波摩娜号”的船长务必将他绳之以法，好好让他想想自己曾做过的庄严保证。萨维奇答应了。11 月 20 日，一声枪响之后，休战旗升了起来——这是在示意吉米王可以安全上船谈判了。但他没有露面。于是，当天下午，萨维奇派遣包括武装海军陆战队员、四名移民和鲍伊本人在内的一队人马，前去寻找吉米。他站在甲板上，看着伍德上尉和队友将小船拖上岸，然后消失在树林之中。刚开始没什么动静，但突然间枪声响起，海岸线后接着出现了火光，滚滚浓烟冲向棕榈树上方。原来，队伍中的某个人（很可能是一个年轻的候补少尉）像个神经过敏的少年一样，以为自己听到了什么动静，便朝吉米所在的村庄开枪，结果引燃了茅草屋顶。当时正值旱季，所以整个村子在几分钟之内便被烧得只剩下焦黑的木棍。 254

但对于自由的新大英帝国来说，糟糕的一天才刚刚开始。萨维奇站在“波摩娜号”的甲板上，看到海员和陆战队员惊慌失措地往岸边跑，也慌了神，立即又派了第二艘船去接他们。可其中一些人刚把腿迈过舷沿，一排排子弹便从沿岸的树木后呼啸而出。陆战队的一名中士、救援船的一名上尉和一位黑人移民当场被打死，鲜血染红了白色的沙滩。这下，原本的小摩擦俨然升级成了殖民时期的小战斗，萨维奇下令将船上的大炮对准岸上，“清理”树林。在接下来的几天里，他又这么反复干了几次。作为报复，吉米命人朝任何试图上岸找水的人开枪。现在，能从中调解的人只有好性情的奈姆巴纳，于是萨维奇派遣一个移民前往罗巴纳，请他出面干预。但当这名信使带着消息回来时，刚走下船，便也被一颗子弹放倒了。

一个星期后的 1789 年 11 月 27 日，奈姆巴纳的副手来了。他们命令吉米立即住手，吉米当时也不情愿地答应了；他本想观望一下，等待更好的时机。萨维奇允诺说，“波摩娜号”可以离开，但前提是双方必须安排一次一般性的交涉，以和平化解双方的不满。

255 然而，12 月 3 日，军舰刚刚离开，吉米王便开始无所顾忌地强制推行他心目中正义的定居点该有的模样：他向移民们发出最后通牒，限他们在三天之内离开格兰维尔镇，然后一把火将整个村庄烧成了灰。[23]

虽然现在无家可归了，但格兰维尔镇的居民们也并非完全孤立无援。一小群人被奈姆巴纳接到了罗巴纳接受庇护，另有一大群人（约七十人）则在亚伯拉罕·阿什莫尔的带领下沿河而上，去了位于当地另一位酋长帕博森（Pa Boson）领地内的鲍勃岛（Bob's Island）——班斯岛上的那些代理人仍旧不满，认为他们离得还是太近，终究是个麻烦。好在他们虽然已经不在自由省了，但没有沦为奴隶。格兰维尔镇被毁的消息传到夏普耳朵里时，已经是四个月之后，也就是 1790 年 4 月。除了痛苦，他的第一反应就是要再派遣一艘救援船，这次是一艘四十吨的单桅小帆船“凤头麦鸡号”。但赞助从哪儿来呢？“麦罗号”当时虽然有政府资助，但开销还是很高，而他自己乃至整个夏普家族的资产也有限度。唯一的可能便是新成立的圣乔治湾公司或许可以为“凤头麦鸡号”的航行提供资金支持。

这家商业公司的成立，源自夏普对移民实验能否自给自足的反思结果。厄运之雨无情地拍打定居点的事实迫使他认识到，虽然他眼中的英国式自由终有一天会在非洲土地上成为现实，但那一天尚未到来。或许如他所期望的，等到通过立法将奴隶贸易废除之后，这一尝试才可以重新开始。但与此同时，除了山药、水稻、香蕉等有可能在温和季节种植的作物外，这块脆弱的殖民地还急需其他资源。在 1788 年 9 月写给夏普的一封信中，詹姆斯·里德说道：“亲爱的朋友……有件事会对我们很有帮助：如果这里来一两个代理人，从事与贸易相关的业务，我们就能偶尔依赖他们一下，获得一点儿援助，然后等我们的庄稼成熟，可以卖钱了，再偿还他们。若能如此，那就等于帮了所有穷苦移民一个大忙，因为我们真的太缺粮食，有时连一口都吃不上。”[24] 格兰维尔 · 夏普并不反对贸易活动，256
毕竟他哥哥詹姆斯不就是五金商人吗？他的许多同僚和挚友，无论是银行家还是酿酒商，难道不都是废奴运动的坚定支持者吗？还有亚当 · 斯密这类智者，不也曾预测说，在未来的非洲贸易中，自由劳动力制造的产品最终会比贩卖人口制造的产品拥有更广阔的市场吗？

因此，只要移民们不忘记自由的初心，那么成立一家商业公司也无妨，或许还能更好地帮助移民们提高农产品的价格，让他们到上游和内陆地区同当地人做买卖。事实上，用圣乔治湾的子公司来取代已被奴隶贸易玷污的皇家非洲公司，还能净化商业精神。国会发放的特许证，不仅能通过限制个人责任来鼓励投资者，还可通过赋予该公司法律上及（如果必要）军事上的权力，来震慑那些奴隶利益集团，防患于未然。

这个想法刚一提出，就得到了响应。各位仁人志士，包括托马斯 · 克拉克森，威廉 · 威尔伯福斯，福音派信徒且同为国会议员、银行家的萨缪尔 · 桑顿和亨利 · 桑顿兄弟，以及酿酒商萨缪尔 · 惠特布雷德等，立即开始动员募捐。不过，让夏普沮丧的是，1790 年的那个夏天，政府没有再伸出援手。他曾反复给小威廉 · 皮特写信，但让他起初感到困惑、后来只觉受伤的是，对方一封信都没有回。而与此同时，西印度群岛和非洲游说团体的鹰犬则在高声狂吠，抗议说废奴主义者是想搞垄断，是要破坏大英帝国的利益和权力。更糟糕的是，曾被认为支持废奴的皮特政府，现在再看的话，往好了说是态度温和，往坏里说就是疑虑重重。总检察长甚至还明确表示了反对该计划。

不过，夏普和朋友们一点都不气馁，虽然公司的成立章程还未颁布，但他们决定先配备好“凤头麦鸡号”，派遣其出航。1790 年底，

这艘单桅帆船受即将成立的塞拉利昂公司委托出发了，而且船上满
257 载着各种工具：更多的锄头、耙子、铁锹、锻造工具，以及大量的钉子，而且不知为何，还有很多儿童刀具（夏普的敌人说，这是在给他那位做五金商的哥哥帮忙）。曾在贩奴船上当过医生的布里斯托尔人亚历山大·福尔肯布里奇出版过一本著作，细致地描述了奴隶在被贩卖过程中遭受的身体虐待；该书被广为阅读，使他名气大增。他受委派去监督自由省的重建，以及同吉米王商定一个更为持久的解决方案。但不巧的是，他错过了“凤头麦鸡号”，最终只得和妻子安娜·玛利亚、弟弟威廉转乘“伯克禄公爵号”前往。[25]

这几个月里，格兰维尔·夏普简直如坐针毡。圣乔治湾公司众所周知的商业性质，是否意味着他的十户联保乌托邦会被牺牲掉？他曾经向黑人庄重承诺他们将拥有自治权，但现在他们会不会被该公司在伦敦的董事及其可能派往非洲的代理人统治？创建自由社会的伟大事业，是否会向赚钱这种不那么伟大的事业低头？除此之外，另一种不祥的预感也在啃噬着他。那些曾试图同他一起建立自由之所的人们，现在情况如何？有多少值得信赖的人幸存了下来？又有多少人像令人不齿的哈利·德马内那样背叛了他？七八十个人怎么可能建立起一个新世界？他实在不想再到沃平或斯特普尼的大街上搜罗新移民了。但或许，他是找错了地方？绝对担得起“善人”之名的萨缪尔·霍普金斯牧师来信告诉他，罗德岛和马萨诸塞州等地已经取缔了奴隶贸易，甚至还废除了奴隶制度，那里有许多自由黑人都听说了他在塞拉利昂的事业，希望能去那里定居——从前途未卜的美国式未来，走向确凿无疑的英国式自由。他真心希望夏普能满足他们的要求啊！

正当格兰维尔·夏普还在祈祷和焦灼之时，仁慈的上帝给他送来了帮助。有人告诉他，一个黑人听说他的计划后，从新斯科舍跑到了伦敦。据说，此人在美国独立战争的后期担任英军的一名中士，

在黑人先锋和向导连服役。那之前，他是一名奴隶，确切说来是一 258
名水车工匠；了解到可以用忠诚换来自由和足够让他过上体面生活的土地后，他和许多像同病相怜之人一起逃离了北卡罗来纳的奴隶主，投奔了英王的军队。当然，这样的故事，夏普以前也从那些参加过英军的伦敦穷苦黑人口中听过不少。但和那群可怜之人不同的是，这位身体健壮、两鬓渐白的中士，这个稳重、勤奋、不识字但能说会道的托马斯·彼得斯，看起来毫无卑微之相。

彼得斯是受一群大呼冤枉的黑人委托，带着一份他自己起草的“请愿书”，独自从新斯科舍省赶到伦敦的。这份打算呈交给国务大臣威廉·格伦维尔（William Grenville）的请愿书说，国王的愿望被人抛到了脑后，原先向他们承诺的地也没有兑现。在伦敦没什么朋友的彼得斯，只能到处寻找能引见他的人，比如乔治·马丁上校，此人曾在黑人先锋队中主持了中士的宣誓仪式；亨利·克林顿爵士也记得他，并把他介绍给威尔伯福斯，甚至还亲笔致信格伦维尔。这个彼得斯说到的许多事，都让格兰维尔·夏普感到心有戚戚焉，比如英国的空气太洁净了，不适合奴隶呼吸，英国的宪法永远不能容忍奴隶制度的耻辱和邪恶，普通法的公平性在世界历史上还从未被超越。上帝作证，这个彼得斯不单是个人，还是个真正的英国人，如果真有这种人的话。新斯科舍要是还有更多像他一样的人，那么上帝保佑，自由省就不愁找不到居民了。他务必得给托马斯·彼得斯找一个说话的机会。伦敦一定会聆听他的故事。

259

第八章

两个中年男人坐在老犹太街上的屋子里。随着年龄的增长，此时的夏普看起来更加瘦削，不过凹陷的脸颊上方那双眼睛依然锐利；而同样五十多岁的托马斯·彼得斯则时而开朗健谈，时而沉默寡言。夏普听着他的叙说，一股厌恶感油然而生。彼得斯有关先锋连的士兵及其家人所受伤害的控诉，让他的心情变得越来越沉重。但原因不仅仅是这些人被剥夺了本应属于他们的土地，连一丁点的自给自足都无法实现。更糟糕的还在后面。他们去的那个地方，本应孕育出一个崭新而自由的英美帝国，本应像初雪一样洁白无瑕，但实际上已被腐败堕落的污点渗透。看起来，新斯科舍似乎存在蓄奴现象。不过，这种情况尽管令人生厌，但夏普明白，那些退到北方避难的白人保皇党种植园主和商人，是绝不会轻易允许他们的“仆人”脱离束缚的；因此，对于那些忠实地追随英王旗帜的黑人来说，他们和家人其实再次被迫陷入了一种奴役状态——虽然可能换了一种叫法，但这还是让夏普感到既不可思议，又深恶痛绝。

托马斯·彼得斯要说的似乎就是这个意思。自由黑人因为得不到土地，只得饥肠辘辘地被迫签订服务契约，其严苛程度不亚于直接给他们套上枷锁。有些人甚至被拐卖到西印度群岛，许多家庭也因此被拆散。彼得斯说，安纳波利斯（Annapolis）和新不伦瑞克附近的同胞“早已沦为奴隶，根本无法从王座法院争取到任何补偿”。接着，他又激动地讲述了一些骇人听闻的事情：比如他认识的一个自由人在沦为奴隶后，“遭到主人的毒打、虐待，最终丢掉了性命； 260
另一个人则在试图逃离同样的暴行时，被一个看到悬赏广告的陌生人残忍地开枪致残”。夏普一边听，一边像往常那样叫人把这一切记下来。心如刀绞的他帮助彼得斯起草了第二份写给政府的请愿书，除了在其中谈到黑人根本没得到土地外，还专门加上了他们的自由也被剥夺一事。在夏普看来，曼斯菲尔德伯爵对萨默塞特郡一案的裁决，应该已经改变了一切：在英格兰有效的判决，同样也应该适用于新斯科舍。哈利法克斯的自由黑人有权像英王的任何子民一样受到保护，免遭强制贩运的伤害。

夏普帮助彼得斯起草的这份请愿书，主要强调了英国式自由的不可分割性。这一点，在他们两人看来，正是英国与美国的不同之处。奴隶制尽管已经在美国的四个州（马萨诸塞、佛蒙特、罗德岛和宾夕法尼亚）被废除，但在很多其他州则被保留了下来。相比之下，他们写道，难道是因为

> 北美洲鞭长莫及，国王陛下的自由政府那令人感到幸福的影响力，无法在那里提供英国宪法的保护，以维护正义与权利吗？（再者，）他们遭受的残酷压迫和残忍束缚，对一般人来说已足够震惊，对他们那些同根同源的兄弟来说，则更为震惊、愤怒、可憎，难道自由的有色人种（应该）认为偏袒不公或容忍奴隶制度才是英国政府的真实意图吗？[1]

接着，彼得斯讲述了他的奥德赛。麻烦早在那艘把他们接出纽约的“约瑟夫号”上就开始了。彼得斯、墨菲·斯蒂尔及各自的妻子莎莉、玛丽，还有一群黑人先锋连士兵——这些人大多来自弗吉尼亚、南北卡罗来纳和佐治亚，曾为国王掘过地、铲过土，清理
261 过军官的生活必需品，与他们同行的女人则为上校们做过饭、洗过衣——很晚才在斯塔腾岛登船。[2] 先锋连是最后撤离纽约的一批。当时的情况实在太艰苦了，比如“出生在英军前线”、刚刚一岁半的小约翰，一直和其他人被关在“约瑟夫号”的船舱里，直到 11 月的第二个星期，或者说英国国旗最后在纽约降下前的几个星期，船才终于启航。在风和日丽的时候，坐船到新斯科舍省通常需要一个星期，最多也就半个月。但“约瑟夫号”的行程延误太久，天气已经变得十分恶劣，导致这艘双桅横帆船在航行中突遇暴风，不但大幅偏离航道，而且受到严重损毁，所以别无选择（反正他们是被这样有些可疑地告知的）只能先去百慕大群岛，把这个冬天熬过去再说。就这样，他们被困在了船上，只能看着微风吹拂的岛屿和环岛的粉红色沙滩。等到最终上岸后，他们看到了什么呢？只有白色教堂外的路上，一群绅士和淑女们坐着马车，由奴隶们左右侍奉——和南北卡罗来纳没什么两样。

直到 1784 年 5 月，“约瑟夫号”才重新起航，前往新斯科舍。到了那里，他们以为，先锋连的士兵最终会获得应有的回报。彼得斯随身带着一本特别的护照，上有艾伦·斯图尔特上校（Colonel Allen Stewart）的签名，可向“任何指挥官”证明他曾“忠诚、真实地”在英军服役，是“大不列颠良善且忠诚的子民”，并赢得了“众长官与战友的良好祝愿”。[3]

先他们到达的那些人被安置在了谢尔本和旁边的黑人聚居地伯奇镇，但这两个地方都已人满为患，所以他们的船接到指示，要改道去半岛北侧的安纳波利斯罗亚尔（Annapolis Royal）。在那儿上

岸后，他们将会看到停泊在小港口的海军舰船；有围墙的堡垒，里面的枪炮冲着大海；与海岸平行排列的几排白房子、小旅馆和整齐的院落。但这些黑人没有留在安纳波利斯，而是被送到了河对岸一个叫迪格比（Digby）的地方。在那里，他们看到的则是只有一排零散的简陋小屋，木瓦已经在咸湿的潮气中片片剥落，以及一些卖格罗格酒的小店，隐藏在防波堤旁那些泥泞的角落里。已经来到迪 262
格比的人正在烟雾缭绕的小木屋里凑合度日。但就连这样的地方也被认为不适合黑人，所以他们又被赶到了更远的小乔金（Little Joggin）。那里大约有六十户人家，有的住帐篷，有的住在盖着树皮和草皮的小屋里。这些黑人再次问起了分土地的事情，然后被告知肯定会分，说到底，他们也知道这可是正当要求。

但与此同时，在仅有几把斧头的情况下，他们如何在这荒郊野地养活自己和孩子们？木匠、锯木工之类的人，还有可能造一条船，再给船涂上厚厚的沥青，因为树林中有足够多的木材和沥青；到春天时，可以在海湾附近或到海上去捕鱼。有些人坐着船到小乔金附近撒网，捕捞到了鲭鱼和鲱鱼；另一些人没有办法养活家人，让他们安然熬过冬天，所以这几个月不得不抛下他们，去那些捕捞鳕鱼或鲑鱼的船上挣钱。[4]

彼得斯便是这些不断被迁移的人之一。他目睹了承诺未能兑现后，自由黑人为了有口饭吃，不得不卖掉仅有的一点财产，甚至把自己和孩子卖给别人当用人。彼得斯之所以敢于表达不满，只是因为他得到了当地省政府的信任，认为自己可以以自由人的身份来谈论此事。黑人先锋连不应当受到如此怠慢，因为这个国家需要做的那些工作，他们都很熟练，比如在人迹罕至的树林中修路，在盐沼上架桥，还有建造避风港。这里的三万多保皇党里有几个会干、愿意干这些！

因此，在布林德利镇（Brindley Town，迪格比附近的黑人聚居地），态度坚定的彼得斯中士成了政府仰赖的中间人。发放给黑人的补给（一万两千零九十六磅面粉、九千三百五十二磅猪肉，有零有整）将会先送到他这里。这些黑人保皇党逐步在此扎根时，政府曾向他们承诺第一年的补给全部免费，第二年三分之二免费，第三年三分之一。再往后，他们应该就可以自给自足了。但事实是，
263 这些配给的猪肉和面粉尽管看起来很多，却只能满足一百六十名成人和二十五名儿童八十天的需要，勉强维持到夏末都难，更别说撑过冬天了。可正如某白人军官漠然宣布的那样，“他们就能得到这么多”。[5] 不过，就连这么一点点补给最终也没交给彼得斯让他发放，而是被转运到迪格比的布伦德内尔牧师那里，先放在他的教堂，随后又被一个叫理查德·希尔（Richard Hill）的人运走，并锁进了他的地窖里，由他来决定该发给谁和什么时候发。很快，情势就变得明朗起来。原来这些猪肉和面粉，只发放给那些同意去修筑迪格比至安纳波利斯公路的人，而工期则正好与他们应该打理自家土地的适耕时节重叠。原本承诺了三年的食物，可他们最终得到的却只有三个月的量，还是以卖命修路为前提条件。

所以，他们又得组成劳动队了，是吗？又得挥尖锄、洒血汗，只为能换一点点维生的吃食？难道这就是对他们的承诺？当然不是。彼得斯很清楚，伦敦的政府曾经专门宣布，他们不应该再成为雇佣苦力，听任他人的差遣。盖伊·卡尔顿爵士虽然认为，把先锋连集中在一起建设公共工程是个好主意，但也一再强调，此类劳动必须严格遵守自由自愿的原则。[6] 可现在这种情况，倒像是他们当初跑去宣誓效忠国王时摆脱掉的奴隶制。或许这正是白人保皇党分子想要的结果，因为他们全都上船之后，白人就不客气地摆明了他们不喜欢这么多黑人对自己摆架子，老是喋喋不休地要权利。问题归根结底还是土地，因为没有地，面粉和猪肉吃完后，他们就别无选择，只能一次性地为自己和妻儿签订多年的卖身契。他们的家庭

又被拆散了，他们那宝贵的自由不过是一句空话。

更让人难以接受的是，白人保皇党似乎轻而易举地便在分给他们的土地上安顿了下来。无论是在伦敦，还是在哈利法克斯，从没 264
人说过黑人和白人分到的地产会有什么不同，只是说军官和士兵分配的比例会有差别（前者每人一千英亩，后者每人一百英亩）。至于那些“普通难民”，也就是没有在英军服役的人，同样可以获得一百英亩的土地，而且每多一名家庭成员，还能再分到五十英亩。坐船从波士顿、查尔斯顿、萨凡纳、纽约来到这里的人，总共有四万，这里的地怎么也应该够分了吧？尽管政府截留了一部分土地，觉得可能得用这些土地来种树，以便为海军提供木材（云杉和冷杉可用来制造坚固又柔韧的桅杆），可新斯科舍的两千六百万英亩土地，有一半都预留给了保皇党呀。但实际情况是，政府还决定，土地会按照各人在美国的财产损失情况来分。相较于那些被认为没失去多少的人，遭受了更多损失的人会拥有优先权，能分到更多的地。因此，排在最前面的是那些本来拥有农场、种植园和奴隶的保皇党；然后是城镇居民、商人和律师；再次是普通士兵，不光是英格兰、苏格兰和爱尔兰士兵，还包括大量的黑森雇佣兵及其他上了船的德国人。排在最后的当然就是黑人，因为政府认为，他们除了枷锁之外，什么都没有失去。

所以，当初伦敦穷苦黑人在争取自己应得权益时听到的那套责备之辞——他们应该为自己的自由而对国王陛下心怀感激，能得到陛下其他子民吃剩、用剩的东西，就该满足了——现在又在哈利法克斯、谢尔本和安纳波利斯被再次提起。别想那一百英亩农田了，能有二三十英亩就该谢天谢地了，或者要是他们够幸运的话，还能得到一小块“城镇土地”，在上面盖间小屋。通常情况下，这些土地都很贫瘠，不是石质土，就是草木丛生，对白人来说用处不大。新斯科舍有三千五百名黑人，约占保皇党总人口的十分之一，但其中只有不到一半最终分到了地。

彼得斯抱怨土地分配太慢了，但收到的回应是，这确实很遗
265 憾，但原因他也应该知道，一是测绘人员严重短缺，二是测绘信息先得送到哈利法克斯的总督办公室，然后再返给金斯伍兹（King's Woods）的测量员，而这一切，他要明白，是很耗时间的。但事实上，到1784年8月时，经纬仪已经在树林中和海岸上忙活好一阵了，而且两万名白人保皇党也早已得到了他们的土地，而黑人则什么都还没分到，复员的白人士兵也未获得土地。[7] 此时，彼得斯怀疑许多拖延之举都是故意的，为的是让迪格比和安纳波利斯的白人可以剥削黑人，把他们当廉价劳动力来用，失望之际，彼得斯和斯蒂尔直接给哈利法克斯的总督约翰·帕尔写了一封信，以黑人先锋连的名义，要求政府履行克林顿将军对他们的承诺。因为"战争结束后，我们本来可以自由选择工作，实现自力更生，可自从来到这里……我们什么也没得到……如果您能向对待其他复员战士那样，好心批准政府向我们承诺的条款，那我们一定感激不尽"。[8] 还有那些本来应该分给他们的补给，现在被（布伦德内尔牧师等人）截留了，"如果您能向对待其他人一样，好心命令他们把政府许诺的东西发给我们，那么我们一定永远为您祈祷"。虽然帕尔其实根本不知道还有黑人保皇党这回事，因为诺斯大人并没跟他提起，但他还是挺同情他们的。在写给迪格比和安纳波利斯的测量员托马斯·米立芝少校（Major Thomas Millidge）的信中，他说道，黑人请愿者应当被放在"最有利的位置"，米立芝应当"尽全力满足他们的意愿"。

但在新斯科舍，没有什么事是简单的。到1785年3月时，同样关心黑人的米立芝已经在布林德利镇测量并分配好了帕尔批准的宅基地（每块一英亩）和农田用地（每块只有二十英亩）。在最终的批准下来前，黑人们一直住在小乔金，而且经过辛勤劳动，他们
266 还搞出了菜园，在里面种植玉米、萝卜和土豆。"去年（1784年）

夏天之前，这里的黑人都处于一种极度焦躁不安的状态中，”米立芝报告说，“后来，其中一些人花了点儿钱，为自己搭建了舒适的棚屋，终于有希望住在里面……通过勤劳来让自己过上好日子了。”[9] 但同年 7 月，也就是他们按计划终于要得到自己的土地前，米立芝却从哈利法克斯的金斯伍德森林测量员查尔斯 · 莫里斯（Charles Morris）那里得知，很遗憾，他似乎把本来预留给福音传播协会的地分给了黑人，所以没办法，只能把他们迁到别的地方。米立芝为黑人据理力争，坚称“既然黑人现在到了这个国家，我就必须按照人道主义原则，让他们对自己、对社会都有用，换言之，必须给他们创造活下去的机会，不去打扰他们”。[10] 但他的呼吁被当成了耳旁风。黑人没有分到土地，现在只能尽己所能，自谋生计了。

托马斯 · 彼得斯十分感激米立芝对黑人的关切。但他实在受够了新斯科舍，受够了这里严苛专横的管理者、充满敌意的白人复员士兵、道貌岸然的教士、拖沓懒散的办事员、厚此薄彼的地方法官。于是，在 1785 年秋，他渡过芬迪湾（Bay of Funday），去了刚成立不久的新不伦瑞克省，因为担任该省总督是盖伊 · 卡尔顿爵士的弟弟托马斯 · 卡尔顿（Thomas Carleton），他在那里或许能为自己和同胞争取到更好的待遇。

* * *

帕尔在哈利法克斯内外都有不少敌人——比如有些人因为他个子矮、脾气爆、步态像军人（虽然近来因为痛风，走路时有点儿一瘸一拐），就给他取了个外号叫“知更鸟”。确实，帕尔有点儿暴躁，但在 1783 年时，担任新斯科舍的总督也不是一份让人有成就感的工作。他只是又一位英裔爱尔兰的中校，被迫挑起了大英帝国强加到他们身上的那些最为吃力不讨好的担子，比如收拾英国在北美惨

败后的烂摊子。他的一生都奉献给了帝国，不仅担任过詹姆斯·沃
267 尔夫的秘书（估计正是借此结识了邓莫尔大人），还在第二十步兵团的线列进攻中多次负伤。所以，逃避责任不是约翰·帕尔的做事风格。而且他在此之前只管理过伦敦塔（亨利·劳仑思当初被关押在这里时，他就是那个备受鄙视的狱卒），能到新斯科舍走马上任，无疑也算是升职。1782年，也就是战争正式结束前，诺斯勋爵宣布了他的任命决定，然后派他去考察该省接收几万名保皇党难民的可行性。

伦敦那些人将新斯科舍选作主要庇护地，来接受那些被剥夺了财产的流亡保皇党，最根本的原因是考虑到那里靠近纽约和新英格兰，而且人烟稀少。1782年时，即保皇党大撤退之前，该省的居民只有区区一万。但在有些人眼中，这座大西洋上的半岛虽然石多林密，但拥有着更多的可能。一个崭新的英属美洲将会在新斯科舍重生。这个地方不同于魁北克，没有大量执信天主教的法国人来添乱。诺斯和帕尔觉得，这里有大片无人居住的土地，其中一半将会分给新来的保皇党，如果愿意，每个人都能至少分到五百英亩的土地，由此开启他们的新生活。而且新斯科舍还能提供丰富的木材和鳕鱼资源，凭借这两样商品，一个崭新的北美帝国必然能繁荣起来。此外，这里还有各种猎物，如驼鹿和白尾鹿，以及身上披着毛茸茸的财源到处跑的貂和麝鼠。诚然，此地的气候是个大考验，冬天有厚厚的积雪，夏天有嗡嗡的黑蝇。但温暖的墨西哥湾流会途经这里的大部分海岸线，所以新斯科舍并没有许多人想象得那么不宜居。反正早期的报告里是这么写的。

这些报告说的也不是全都不对。确实，这里稀疏的人口基本上散布在蜿蜒、漫长的海岸线附近和地势较低的岛屿上，把森林茂密
268 的内陆地区留给了土著的米克马克人和狼群，但其实，哈利法克斯是一位酣睡的公主，正在等待帝国的亲吻。海港和堡垒在这里被完

美地结合在一起。宽度达三英里的天然避风港像一只正在打哈欠的巨口。18 世纪的工程师在设计时一定对它的未来充满了野心，因为他们修建了这座能停泊一千艘船的港口后，又用一堵厚厚的花岗岩墙把它围了起来。港口的西端有一座陡峭的山，山的侧面则有一条条铺着碎石的街道，其中一些宽达五十五英尺。街上店铺林立，有船具店、制帽店、缝纫店。一座座高大、狭长的木结构房子沿着山坡向上排列，有的被刷成了白色，有的被刷成了毛莨黄，与青灰色的大海形成了鲜明对比。每逢星期六，达特茅斯、普雷斯顿及其他偏远村庄的农民便会推着一车车的大白菜和芜菁到这里售卖；街道的人们熙来攘往，哈利法克斯的啤酒厂也因此而生意兴隆。在昏暗的酒馆里，你能听到苏格兰和爱尔兰低地人的口音，也能听到缅因人那种慢吞吞的长腔和新英格兰人那种短促的马萨诸塞口音——18 世纪五六十年代，这些人把他们的航海技术和对新机遇的敏锐嗅觉带到了北方。当然，这里也不乏浓重的口音，比如德国路德宗信徒的阻塞喉音和阿卡迪亚人的双元音法语方言。他们很幸运，早在 18 世纪 50 年代初便设法逃离缅因州，跨过芬迪湾，来到了这里；而那些不太幸运的人则在英国人的战略性种族清洗计划中被一路驱赶到了南边的路易斯安那。

在那座俯瞰着哈利法克斯及其海港的山上，还耸立着一座武装森严、高墙环绕的堡垒，面朝大海的重型炮，可以打消胆敢造次的法国人（现在是美国人）进攻这里的任何想法。堡垒正下方有座钟楼，圣保罗圣公会教区教堂（黑人进去之后，只能待在走廊上）周围则形成了一个露天市场。夏季气候温和的那几个月里，城里的上流人士会在乳白色的夜幕中散步，碰到熟人时，戴着高礼帽的绅士们会互相脱帽致意，转着阳伞、戴着包头软毛的夫人们会微微点头，而他们的子女则在一旁玩着滚铁环，仿佛正在风光旖旎的巴斯（Bath）或莱姆里吉斯（Lyme Regis）度假。这里有咖啡屋、制绳长廊、法 269

院、货栈、赌场、音乐晚会、戏剧演出、大报小报、江湖医生和风尘女子，还有北不列颠俱乐部和咸鱼俱乐部。苏格兰人可以到北不列颠，一边摩挲着下巴，一边悲观地交流糟糕的贸易形势，或者无奈地摇着头，谈论这个世界有多荒唐；而英裔爱尔兰人则可以去咸鱼那儿，一边传递玻璃酒瓶，一边吐槽苏格兰人。这里有祈祷，也有咆哮，有赌博，也有诱惑。哈利法克斯就像 18 世纪大英帝国的大多数商业城镇一样，贪婪、八卦、狭隘，眼大肚子小。

不过，哈利法克斯倒是十分契合迈克尔·华莱士这种人的野心。这个出生在苏格兰的商人从格拉斯哥（Glasgow）运来工业品转卖后，又用赚来的钱收购詹姆斯河的烟草和哈瓦那的粗糖，以及布雷顿角岛的煤炭和爱尔兰的亚麻布，然后销往新斯科舍各地。华莱士是哈利法克斯山的大王，不但出任北不列颠协会的主席，且是总督执行委员会里最精明的首脑（没有这个委员会，总督连清理流浪猫的命令都下不了），同时还兼任了该省财政和道路方面的一把手（赚大钱），以及高级民事法庭的法官和海事法院的法官。此外，在租赁中看到了商机的华莱士还持有一大块土地——范围从哈利法克斯港对面的达特茅斯附近，一直向东延伸到了普雷斯顿。不过，他也不是只知道做生意。和他那些仍在旧苏格兰和新苏格兰的同胞一样，华莱士是一个大善人。每逢星期天，他的硬币都会在奉献盘里砸出重重的响声，如果能为新的英属美洲帝国，把那些不幸的孤儿培养成信仰基督教的正直公民（也许当水手，甚至是商人），他就什么都愿意做。当然，这会有个限度；毕竟，一切有序的事情都需要限度。[11]

然而，在 1783 年春、夏、秋季，迈克尔·华莱士这座管理有序、热闹忙碌、与美国有着贸易关系（很多贸易伙伴都是靠奴隶劳力出产蔗糖和烟草的州）的小城，却迎来了几万名心中满是怨怒、痛苦、
270 恐惧的难民。这些英裔美国人曾坚信能成为英国人是三生有幸，因

为这意味着他们也能沾点儿这个万能帝国的光，而现在，他们对这句话的信心，连同他们的大部分财产一并消失了。这世界上还有什么能比固执自负之人遭遇挫折更可悲、更难堪？这些人每天喝下的汤，到肚子里就成了苦水。而且进一步加深了这种怨念的一点是，他们其实并非真正的有钱人。那些腰缠万贯之人要么早已逃回英国，努力忘掉了他们曾是美国人这回事；要么就是去了西印度群岛，打算靠着他们从佐治亚、南北卡罗来纳和东佛罗里达掳走的那些奴隶，在蔗糖业中东山再起。大多数来到新斯科舍的人都是押错了宝的"中等阶级"，如农场主、小商人，偶尔也有律师；这些人习惯的是一种体面的生活方式，家里通常有黑皮肤的仆人伺候，挤牛奶、运东西或者做饭这些活儿也有帮工来干。比如来自费城的亚伯拉罕·丘纳德（Abraham Cunard）便是一个典型的例子：他曾在切萨皮克湾经营一家小型航运公司，一直对英国忠心耿耿，后来又随英军撤离。他希望能开启一段新的人生，即便只是凭着自己的技能——木工和造船——以及子女的劳动和政府的补助。他们需要的只是一点救急的钱。

有些中等阶级在哈利法克斯和安纳波利斯或附近地区找到一些住所和土地。但很快，哈利法克斯就被挤爆了。帕尔致信盖伊·卡尔顿说："现在已经没房子或庇护所来安置他们（保皇党）了……再加上物资短缺，为建筑提供燃料和木料本来就十分困难，如果有更多的人涌入本省，那么今年冬天时，这些人遭受的麻烦和承受的压力只会有增无减。"[12]

至于那些连"中等"都达不到的人，在另一位测量员本杰明·马斯顿看来，情况则会更糟糕。这位毕业于哈佛的前马萨诸塞商人注意到，船上下来的那群人，"实在不适合走他们选择的这条路；比如理发师、裁缝、鞋匠等各类技工，都在大城镇中成长、生活……他们的习惯同那些有赖于顽强、坚定、勤劳和耐心的工作实在不契

271 合”。[13] 马斯顿负责测量的地区被称为罗斯韦港，大约在哈利法克斯西南方一百三十英里处，位于犬牙交错的海岸线另一头。到 1785 年时，近一半的保皇党（约一万两千名黑人和白人），都将被安置在这里。从哈利法克斯到罗斯韦港根本没有什么现成的路可走，所以要去那里，就只能顶着变化无常的狂风，沿着危险的海岸线航行，在中间的几个安全的锚地暂避，如利物浦、雅茅斯（Yarmouth）或卢嫩堡（Lunenburg）。旅客到达之后，迎接他的是小港湾里停泊的几条渔船和一艘形单影只的纵帆船，甚至还有一艘双桅横帆船，银鸥和鸬鹚喧闹的合唱，粗糙的木板搭建而成的简陋码头，一家小旅馆，招牌上印着国王、公爵、将军或海军上将的面孔，一堆粉刷过的白色小屋，而且不可避免地总会有一座贴着木瓦的教堂或小礼拜堂（或者两个都有，因为渔民和造船人尤其热衷于忏悔）。有些地方的教众和他们的牧师认为自己受到了上帝的特别眷顾，所以还会给教堂再加个钟楼或尖塔——为了使其看起来更醒目，其框架有时会被涂成黑色，这也成了半岛当地的地方建筑风格。

就这样，他们来到了罗斯韦港。不过，成千上万的移民并不太清楚这里原本叫什么。因为加拿大的许多东西虽然表面上很英国，但内里其实隐藏着一种更古老、强大、深刻的影响；类似地，罗斯韦港这个显然很英式的名字背后，也掩盖了一段与法国有关的历史。居住在这里的阿卡迪亚人（法国布列塔尼半岛渔民的后代）把天然港那两条斜着插向沙洲的狭长水域称作“雷索尔港”（Port-Rasoir），因为它们看起来像极了沙滩上和海湾附近到处可见的刀蛏。* 阿卡迪亚人被赶走后，取而代之的新英格兰渔民便逐渐把“雷索尔”叫成了“罗斯韦”。这个港口将在短短五年内成为英属美洲人口最多的城镇，居民总数达一万两千人，是整个北美洲的第四大城镇。现在

* Port-Rasoir 可直译为“剃刀港”；刀蛏的英文名为 razor clam，因其形状如剃刀，故名。

图 1　格兰维尔·夏普，乔治·丹斯绘，1794 年，铅笔画，藏于英国国家肖像馆，伦敦

图 2　夏普一家，约翰 · 佐法尼绘，1779—1781 年，油画，藏于英国国家肖像馆，伦敦。图中左边手持蛇号的是詹姆斯 · 夏普，中间偏左靠在钢琴上的是格兰维尔 · 夏普，最上方举着帽子的是威廉 · 夏普，右边穿黑衣的是约翰 · 夏普

上图

图 3　狄多和伊丽莎白 · 默里，约翰 · 佐法尼绘，1779—1781 年，油画，曼斯菲尔德伯爵的收藏，斯昆宫，苏格兰

左图

图 4　盖伊 · 卡尔顿将军，多切斯特男爵，原画已毁，此画为梅布尔 · M. 梅瑟仿绘，1923 年，油画，藏于加拿大图书与档案馆

对页图

图 5　第四代邓莫尔伯爵约翰 · 默里，约书亚 · 雷诺兹绘，1765 年，油画，藏于苏格兰国家肖像馆，爱丁堡

Earl of Dunmore
Regiment of Foot Guards

图 6　托马斯·克拉克森，卡尔·弗雷德里克·冯·布雷达绘，1789 年，油画，藏于英国国家肖像馆，伦敦

图 7　詹姆斯·拉姆齐，卡尔·弗雷德里克·冯·布雷达绘，1789 年，油画，藏于英国国家肖像馆，伦敦

图 8　威廉·威尔伯福斯，托马斯·劳伦斯绘，1828 年，油画，藏于英国国家肖像馆，伦敦

图 9　韦奇伍德设计的废奴主义图章，上面的铭文是“我难道不是人，不是兄弟吗？”藏于威尔伯福斯故居，赫尔城市博物和艺术馆，亨伯赛德

图 10　约翰·厄尔德利-威尔莫特，本杰明·韦斯特绘，1812 年，油画，藏于耶鲁不列颠艺术中心，纽黑文，保罗·梅隆的收藏集。背景中的图画上画的是由威廉·富兰克林领导的黑人保皇党，正在接受不列颠女神的迎接

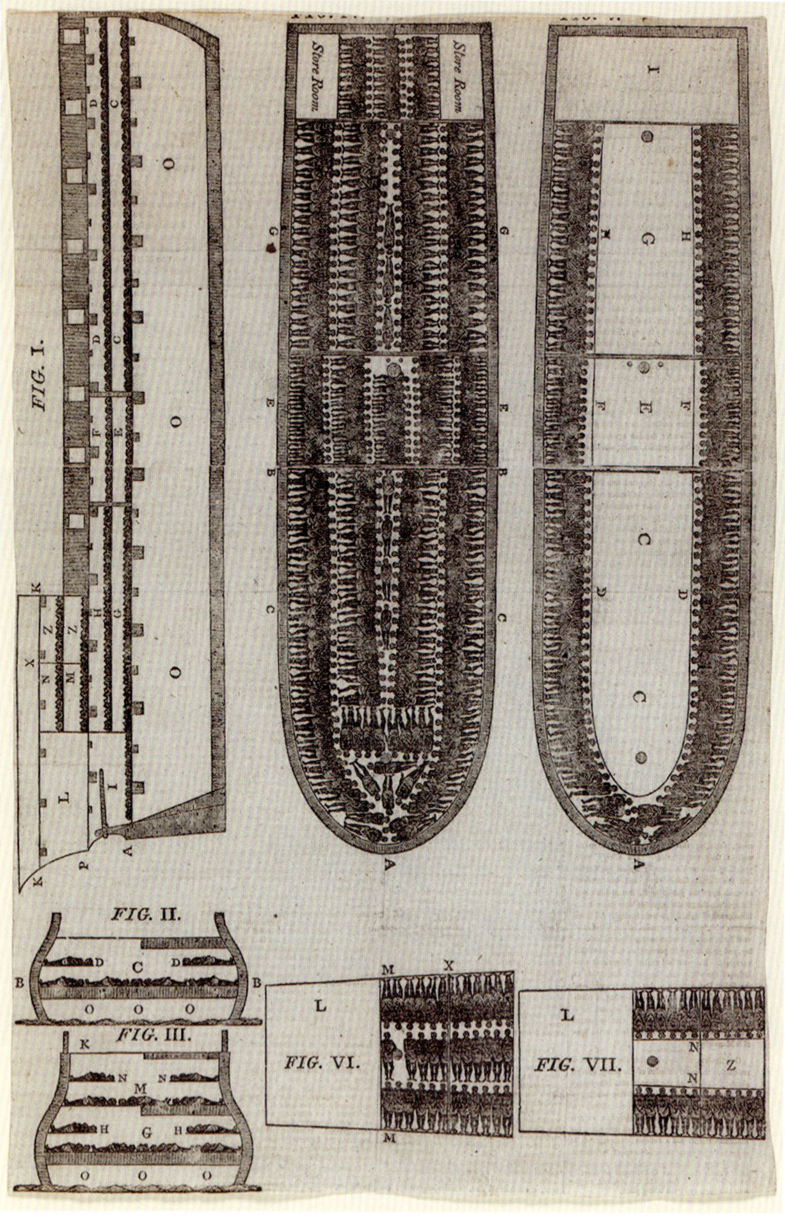

图 11　1788 年奴隶贸易法案规定的英国贩奴船装载黑人奴隶的示意图，美利坚学校，版画，藏于国会图书馆，华盛顿特区

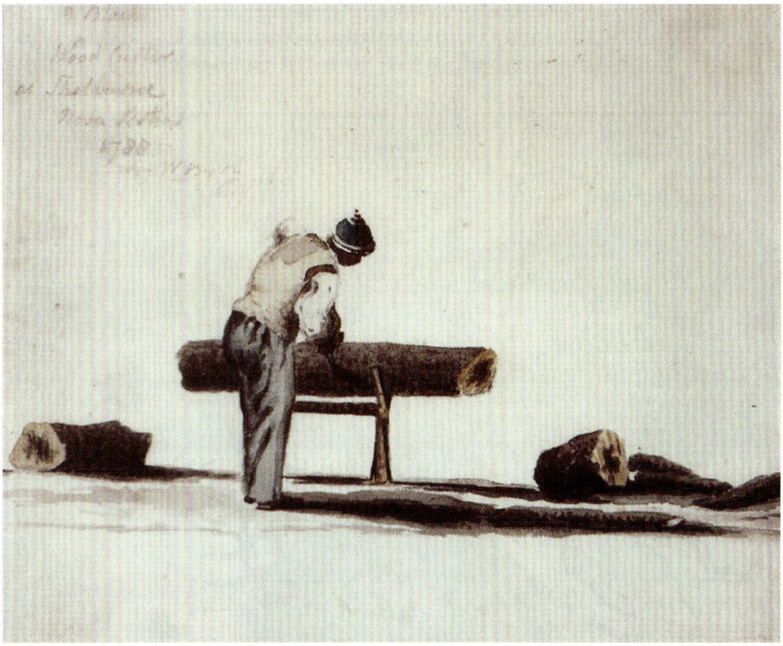

图 12　新斯科舍谢尔本的黑人木工，威廉·布思绘，1788 年，水彩画，藏于加拿大图书与档案馆

图 13　新斯科舍总督约翰·帕尔爵士的剪影肖像，作者不明，约绘于 18 世纪 80 年代，剪影画，藏于加拿大新斯科舍档案和记录管理中心

上图

图 18　停泊在塞拉利昂河上的黑人船队，约翰 · 贝克特绘，1792 年，水彩画

下图

图 19　1791 年塞拉利昂公司发行的银币正反面

对页图

图 20　塞拉利昂的妇女，弗朗西斯 · B. 斯皮尔斯伯里绘，1803 年，素描，收录于他出版的《1805 年乘陛下的单桅帆船前往非洲西海岸航行记》，出版于 1807 年，伦敦

图 21　弗雷德里克 · 道格拉斯，银版照片，1840—1850 年

它需要一个更具有英国特色的名字。于是，政府便决定用英国首相兼第一财政大臣的名字来为这里命名。7 月 20 日，帕尔总督在对保皇党定居点的正式访问期间来到了罗斯韦港。他先是主持了五名治安法官的就职宣誓仪式，其中包括本杰明 · 马斯顿以及一名公证人和一名验尸官；接着，又为自己的避暑别墅划定了五百英亩建筑用地；最后，他站在镇上一所稍微气派些的房子前正式宣布，这个港口此后将更名为谢尔本。[14] 272

这可不是什么美好的开端。因为在保皇党看来，谢尔本伯爵大人要对他们遭到的背叛负最大的责任：正是他匆匆忙忙地撤走了本可在没收财产的赔偿问题上施加一定压力的英军。但谢尔本还是成了罗斯韦港的新名字，并被沿用下来。刚开始时，谢尔本就是一个拥挤又凌乱的小港口，虽然竭力想做到像模像样（共济会成员的影响显而易见），但事实上却相当粗陋。每个星期，抵达的船上都会涌下一批又一批深感不幸、不安、恐惧的流亡者，而随着他们的到来，码头及附近的街道也被无数废弃的箱子和一排排为这些新来者提供庇护的帐篷塞得水泄不通。有些人留在了停泊的船上；到晚上时，船上还会生起篝火，喧闹之声在水面之上不绝于耳。而处在这喧闹中心的，是大约一千名情绪低落、穷困潦倒的复员军人。[15] 这里有二十多家酒馆，他们可以选择其中任意一家，把自己喝到不省人事；比如麦克格拉夫酒吧或劳里夫人酒吧就为他们提供了谩骂、呕吐和斗殴的窝点。而鉴于军队是拳击手的著名摇篮，赤拳搏击也就成了这些地方最受欢迎的表演。不过，这类拳斗相当激烈，也极其残暴，只有到拳击手精疲力竭、脸被打成体育记者皮尔斯 · 伊根（Pierce Egan）描述的那种“酒红色烂泥”之后才会作罢，并清算赌注。很快，有伤风化的场所也开始营业了，只是士兵们在里面发泄激情的同时，也经常会遭到抢劫或染上性病。谢尔本的保皇党们虽然没什么好庆祝的，但只要有机会便会跳舞，在小酒馆里跳，在树桩之间的大街

上跳，或者晚上围着篝火跳吉格舞。可以说，那个时候的谢尔本就
273 像是海边的沃平，义人的临时小教堂和恶人的污秽巢穴并肩而立。[16]

在这座纷乱、拥挤的帐篷城市里，下雨时泥泞不堪，天晴时则尘土飞扬，因而隐患丛生。遍地的杂物常常引发火灾，有时船只正在卸货，火苗便会猛地从街道上堆放的干货中窜出。一些人甚至认为，这些火是有人出于愤恨和贪婪而故意放的。[17] 谢尔本的管理者很清楚，只有地产才能平息人们的戾气，所以也迫切想满足他们的愿望。

而给他们分地的人，就是前面提到的本杰明·马斯顿。虽然这位来自马萨诸塞的保皇党商人之前并没有任何土地测量的经验，但还是尽快把人们“安置”到了各自的地块上，因为他知道，再耽搁下去，人们只会更加（其实是有理有据地）怀疑，一小撮富裕的保皇党正在和那些从哈利法克斯来的人（比如他自己）狼狈为奸，抢占最好的地块。有些势利的马斯顿经常抱怨说，一群没有修养、学识和顾虑的人，竟然在纽约被任命为保皇党连队的“队长”，现在还大摇大摆地走来走去。“这些先生（当然还有他们的妻女）和女士，无论从天资还是从受教育水平来看，都够不上这个级别”。更糟糕的是，保皇党被分成的这些“连队”（主要是出于管理而非军事目的）的队长都是暴脾气，动不动就大吵大闹或者要进行决斗。所以事事都让马斯顿神经紧张。1783 年 6 月 4 日，也就是离美国人庆祝独立还有整整一个月时，谢尔本的保皇党为了表达强烈的藐视，坚持要庆贺英王的生日，而且是按传统的英属美洲风格，举着旗帜、唱着颂歌，还要举行惯常的烟火表演。这也让马斯顿很不高兴：明明还有很多事要做，干吗搞这种毫无意义又恬不知耻的活动。好在新斯科舍的天气替他“泼了冷水”。他得意扬扬地记录道：“入夜后，天下起蒙蒙细雨，及时阻止了可能的恶果。要不是下雨，这场傍晚
274 刚开始的毫无意义的鸣枪礼，会朝大街小巷各处开火。晚上有个舞

会——我们帐篷的人除了我都去了。我很高兴自己没去。”[18]结果，除马斯顿外，其他人第二天都在补觉。“这些可怜的家伙，就像少了羊倌的羊群。”他用一贯的傲慢口吻如此写道。

穿着马甲和衬衫在树林里测量土地，并被黑蝇无情叮咬的马斯顿，仿佛是在被迫重新经历革命前他在波士顿的那段糟糕岁月。1776 年从那儿逃走前，他曾目睹了整个马萨诸塞被平民和贵族之间的敌意搞得四分五裂，但政府最后却背了黑锅。而在谢尔本，少数人不知使了什么办法，但各自分到的五十英亩土地都是最好的，他们的这种自私行为同样削弱了他总抱怨的那种“共和精神”。考虑到分地采取的是随机抽签的方式，所以他不是很明白怎么会发生这种情况，但心里很怀疑。马斯顿竭力提防着哈利法克斯那些宣称自己很穷的投机分子，以及那些显然没有恶意但又想拍马讨好的人，比如一个叫麦克林（Maclean）的上校就给他送来了一只可以做成美味佳肴的绿甲大海龟。“我很感谢他。他会得到一块宅基地，但我的眼睛定不能受此蒙蔽。他的机会只能和那些无龟可送的邻居一样。”对于谢尔本，马斯顿其实有着更宏伟的构想：一座优美、文明的雅致小镇，经典的棋盘式布局，宽阔的街道两旁立着成荫的绿树。但一想到居住在这座理想城市的将是如此一群毫无前途的人，他就为这个构想如何实现而犯愁。

不过，马斯顿倒是觉得有一群人值得特别关注，那就是自由的黑人，因为只要好好待他们，这些人便会以忠诚和毅力来回报。抵达新斯科舍的保皇党中，黑人总共有五千人左右，大约占百分之十五。当然，其中只有一半到三分之二的黑人通过在战争期间服役换到了英国自由人的身份（一些被委婉地称为“仆人”的黑人在抵达后也获得了自由）。帕尔和哈利法克斯的议会决定把他们打散到全省各地，其中到谢尔本地区的黑人最多，几乎占总人口的一半。275
其余的则以五十到一百个家庭（其中包括英国 · 自由的家庭）为一

组，被安置到了普雷斯顿（主要在华莱士的土地上）和安纳波利斯河对岸的迪格比（彼得斯曾试图在此定居）；另有一些去了后来被称为新不伦瑞克的地方，还有一些则被安置得很偏远，去了哈利法克斯以东一百英里处崎岖的大西洋海岸上在被海风吹打的盖斯伯勒县（Guysborough County）定居下来。

1783年夏天的第一拨儿移民中，有五百名黑人去了谢尔本。由于那个时节正适合做木匠或锯木工，所以他们中的很多人马上就找到了工作，并在城里安顿下来。不过，对于这些无人监管的黑人的到来，那些白人保皇党的态度则有些复杂。一方面，他们需要这样的廉价劳动力，但另一方面，他们又感到怒不可遏，认为这些自由黑人把傲慢无礼的态度传染给了自家的奴隶和仆人。至于那些令人震惊、有伤风化的“黑人胡闹”——打鼓、跳跃、舞蹈、唱歌——这种种热情洋溢的娱乐活动在谢尔本则遭到非议，并最终被禁止。喧闹或放纵的行为可能会给违规者引来到教养所蹲一段时间的惩罚。此外，黑人之间斗殴，甚至只是黑人女性之间打架，也会遭到投诉。比如，一个叫“黑人莎莉”的女人就因为同“黑人妇女戴安娜”打架而被送进了教养所。据莎莉和朋友杰迈玛宣称，这个黛安娜用棍子和刺刀打了她！但结果是，黛安娜、莎莉和杰迈玛都在教养所被关了一段时间，而且杰米玛还在背上被抽了十鞭。[19]因此，在同一年8月，当又一批自由黑人——共四百零九人，其中包括亨利·华盛顿、波士顿·金和维奥莱特·金、凯瑟恩·范·塞尔与她“出生在英国防线之内”的女儿彼得——乘坐“丰饶号”抵达谢尔本后，政府决定，只有再单独建立一座城镇才能解决上述问题，而地点将选在谢尔本建成区六英里以外的地方。

于是，8月28日，马斯顿到海湾西北角的选址进行了勘察。和他同去的还有几名在船上划分“连队”时被任命为“队长”的自由黑人，其中包括纳撒内尔·斯诺博尔（Nathaniel Snowball，曾属于弗吉尼亚州安妮公主县［Princess Anne County］的什罗斯伯里夫人［Mrs Shrewsbury］）、凯撒·珀斯（Caesar Perth，曾为诺福 276
克的哈迪·沃勒［Hardy Waller］的财产）、约翰·卡思伯特（John Cuthbert，来自萨凡纳）。不过，马斯顿最依赖的人还是斯蒂芬·布拉克上校——当然，布拉克能担任上校仅仅是因为他接替了已故的纽约保皇党游击队领导人泰上校的职位，但同泰上校、斯诺博尔、珀斯比起来，他确实显得不同和“华贵”一些。这个来自巴巴多斯的黑白混血儿是一名自由人，因为受过足够好的教育，所以曾受聘为福音传播协会管理过一所学校，而且还当过一艘小渔船的船长。正如某位见到他后无法掩饰内心惊讶的白人官员所说的那样，布拉克本人“谈吐不凡、彬彬有礼”，而其妻玛格丽特（也是混血的自由黑人）的行为和着装也与之类似，散发出十分相近的气质。[20] 但这个黑人穿着优质大衣、褶裥衬衫、男士紧身裤，戴着三角帽和假发，还拄着一根手杖，想装出一副上流阶层的样子，让见到他的白人都觉得十分好笑。哎呀，有人还见过他时不时地吸一小口鼻烟呢！[21] 布拉克希望自己被视为这座黑人新城的大地主、地方执法官和族长的野心，还可以从另一方面看出来：在他那位新泽西保皇党庇护者斯蒂芬·斯金纳的帮助下，布拉克后来获得了一块面积约两百英亩的土地，而他计划在上面修建的房子，要比谢尔本的国王街上的任何建筑都雄伟。[22]

二十年前，一位名叫亚历山大·麦克纳特（Alexander McNutt）的土地投机分子，曾试图在罗斯韦港西部的狭长地带建立一个渔业和农业定居点，供爱尔兰移民居住。他凭着热心人士那种惯常的乐观态度，将其命名为新耶路撒冷，但这个定居点只撑了几年便作罢了。[23] 因此，现在为黑人留出的新城选址（他们当然也在寻找自己的耶路撒冷）即便往好了说，也是一个巨大的挑战。乘船过去的人可以看到，这里确实具备成为一座优良渔港的必要条件。海水缓缓地流向一片平坦的沼泽地带，水面上摇荡着明亮的芦苇丛；两棵修长的银皮桦树突兀地立在岸边，仿佛是从浅滩中冒出来的一样；一只只苍鹭落在高大光滑的花岗岩上，等待着捕食的机会；两条小溪从遍布鹅卵石的河床上静静流向浅滩之中，因为富含氧化铁
277 的岩石而泛出一种奇怪而透明的琥珀红，不过里面依然有许多小鱼在活泼地游来游去；有些令人生畏的蓝云杉林赫然耸立在芦苇丛后面，但里面也混杂着一些橡树和枫树；一些古老的落叶树倒下之后，几块天然空地露了出来，上面林立的花岗岩巨石，无论是颜色还是大小都很接近大象，岩石周围则长满了黄色和红色的地衣。诚然，要想在这里垦荒种地，是一件让人望而生畏的事，虽然乍一看，似乎也没有绝望到令人心碎，因为森林里到处都是驼鹿和北美驯鹿，黑人又都是经验老到的好猎人。但最重要的一点是，英国的自由黑人这下终于有了他们自己的小镇。这可是整个美洲地区第一座完全由自由黑人居住的小镇。为了纪念那位给他们签发自由证明的军官，黑人们决定将它命名为伯奇镇，而且，这里很快将成为逃亡奴隶在新斯科舍省内的庇护天堂，且无论其创始人当初是否有此初衷。就这样，在考察完选址后，马斯顿报告说，布拉克和其他队长都宣布“对这里十分满意”。[24]

但让马斯顿大为厌恶的是，伯奇镇的选址被认为很有潜力之后，立即就引来了那些更有权势的白人队长的注意。这些人坚称，他们早已经获得了上等地块的所有权。先前，他们已经派自己的测量员“斯珀林先生”到港口的西头，用线划出了每份五十英亩的地块，其中就包括伯奇镇的选址。这位斯珀林在“根本没有许可证”的情况下，以每人二美元的价格，为他们宣示了土地所有权。然而，马斯顿并不惧怕损害本已在减少的白人保皇党人口的利益，反而替伯奇镇的黑人据理力争。最终，他将为自己这种坚持原则的行为付出

代价。

不过，白人宣示的土地所有权基本上有名无实。随着黑人家庭陆续迁入选址——安德森一家（丹尼尔，三十一岁；其妻黛博拉；小丹尼尔，两岁；还有女婴芭芭拉），迪克森一家（查尔斯，一家之主，四十八岁，妻子，多莉；迈尔斯，十七岁；卢克，十四岁；理查德，十三岁；索菲娅和莎莉，均为六岁；以及仅一岁半的波莉），莱斯利一家（明戈，曾参加过黑人骑兵连；妻子戴安娜；小女儿玛丽），夸克斯一家的全部女性成员（伊丽莎白，外祖母；女儿，珍妮和莎莉；外孙女，凯蒂和波莉）——形势很快便明朗起来： 278
伯奇镇要想有个好的开端，就必须有谢尔本的积极帮助，虽然最不可能给他们提供帮助的就是谢尔本了。在登记时，丹尼尔·安德森在职业一栏填的是“农民”，查尔斯·迪克森则是木匠。虽然俩人都随身带来了斧头，但没有锯子，没有牛马，就没法在大雪到来、残树生出新芽之前清理掉地上的石块和树桩，所以他们基本上做不了多少事情。所有这些努力必然需要钱，但他们能赚到钱的唯一途径便是为镇里劳动。可如此一来，伯奇镇的居民们又没法腾出时间来，将这片荒山野地改造成菜园和农场了。退一步说，就算他们能做到这一点，也仍然需要政府提供粮食，来帮助他们度过第一个冬天。

但这些期望几乎都没有实现。到 1784 年夏天，人口已经达九千有余的谢尔本，确实出台了激励措施，让黑人继续建造属于他们自己的城镇，但这鼓励并不是黑人想要的那种。7 月 26 日时，马斯顿写道，“今日发生了大暴乱”，而始作俑者则是国王军队那些依然无钱可赚、大部分仍未得到安置的退伍士兵。这些陷入贫穷和屈辱境地的白人觉得是黑人抢走了他们的工作，因为后者愿意接受的工资水平比他们勉强能接受的还要低很多。事实上，大多数黑人基本上就是用劳动换食宿（但“宿”也只是偶尔才有），因为他们的工资经常遭到拖欠，而且一拖就是几个月，甚至几年。本来也是受害者的“黑鬼”，反倒成了白人士兵眼中的罪魁祸首。他们挥舞着棍棒，成群结队地跑到伯奇镇，扬言要把黑人们赶走。最终，二十间属于黑人的房屋被毁，他们仅有的财产也被洗劫一空，黑人男女纷纷落荒而逃。被指偏袒“黑鬼”的本杰明·马斯顿更是成了众矢之的。不用说，谢尔本的白人保皇党领导人因为他干涉土地所有权的事与他结下了仇，所以没一个人站出来维护他。成了孤家寡人的马斯顿十分害怕，担心会有不测发生，便逃往了当地的兵房，并在第二天冒险乘坐第一班船回到了哈利法克斯。很快他便发觉，自己
279 如此匆忙离开实属明智：因为一周之后，朋友来看望他时说，他要是晚走一步，就可能没命了。“我得知，追捕我的人一直追到了卡尔顿角（Point Carleton）。幸亏没被他们抓住，不然我在那堆恶棍中间就有罪受了。我认为极可能会被绞死。”[25] 这场骚乱持续了十天，在接下去的一个月中，各种暴力和恐吓事件也时有报道。最终，形势严重到了需要总督本人亲自来到谢尔本。在倾听过当地人的抱怨后，帕尔总督发挥自己的变通才能，决定撇清哈利法克斯测量员办公室的责任，把士兵分配土地一事被拖延的过错归咎到马斯顿的头上。

住房因暴乱而被损毁的人中，有一位是浸礼宗牧师大卫·乔治。这位在本地商人西米恩·珀金斯（Simeon Perkins）看来“十分聒噪”的人，即便在暴徒们举着火把将谢尔本的礼拜堂团团围住，威胁要将其付之一炬时，也依然在坚持向他的教众讲道。[26] 当然，这也不足为奇，因为大卫·乔治可不是那种会抛弃信仰的人。只要上帝与他同在，他便不会惧怕邪恶。

* * *

他的功劳将会存续下去，可他经历了多少劫难啊！1782 年 10 月，大卫·乔治同妻子菲莉丝及四个孩子，在查尔斯顿陷入了恐慌，慌的是英国在南北卡罗来纳统治走到了尽头，并且有段时间，他还与家人分开了。“自由英国人号”等船只，开始匆忙让黑人登船，而且其中大部分都是通过为英王服务而换得自由的黑人。但这些自由黑人现在成了众人的眼中钉。白人保皇党痛恨他们，觉得他们在家仆和奴隶的脑子里播下了自由这枚邪恶又荒谬的种子，所以在登船的跳板上都不给他们让出位置；曾经的白人奴隶主痛恨他们，眼中流露着凶光，像是在说如果可以，一定要将他们赶尽杀绝；那些仍然被奴役的黑人也一样，跟着主人上船后，对他们的自由既妒又恨。

船走了二十二天，才到达哈利法克斯，但大卫·乔治写道，他“在
船上并没有被好好利用”。[27] 或许太想给别人讲道，太想让别人皈 280
依基督教，反倒把事情搞砸了吧。无论如何，抵达新斯科舍那座山峦起伏的港口后，大卫设法找到了他旧日的恩人詹姆斯·帕特森将军，并最终同菲莉丝和子女团聚。只是在哈利法克斯，他这个肤色的人不准向黑人讲道，更别说为他们施洗了（事实上，他们甚至不能同白人一起到圣保罗教堂祈祷）。所以得知帕特森将军前往谢尔本时，大卫便暂时把家人留在哈利法克斯，陪他一起去了那里。在那座帐篷林立的小城，他找到了“许多和我肤色一样的人”，但也再次遭到了白人的怀疑和怨恨。这种敌意让大卫·乔治更加确信自己的使命，也让他比以往任何时候都更明白自己必须怎么做。这种必要性使他大放异彩。

> 第一天晚上，我开始唱歌，就在树林里在一个营地上，因

> 为房子还没有盖起来……远近的黑人都来了，觉得这一切都很新鲜。那周的每天晚上，我都会唱歌，然后还安排了第一场主日礼拜，地点在河附近的一座山谷里：很多白人和黑人都来了，能再次有机会传播神的道，让我喜极而泣，说不出话来。下午，我们又在那里集合，我从主那里获得了极大的自由。[28]

主给的自由。他渴望的就是这个。歌颂主那不朽的仁慈吧。现在，每天晚上都会有宗教聚会，许多仍然对福音一无所知的人来听大卫讲道；每天晚上都会有响彻云霄的歌声，有狂喜与见证。但谢尔本的“白人、治安法官等都愤愤不平，说我还是去树林里吧，因为我不应该待在那儿”。[29] 幸亏有一个善良的白人（总会有一个善良的白人），否则他早就被赶走了。这个大卫在萨凡纳认识的白人把自己的地给了他，让他在上面盖房子。“于是，我砍下树干，剥了树皮，
281 搭了一间整洁的小屋。一个月来，人们每天晚上都会到此听我布道，就跟来吃晚饭一样。”约翰·帕尔总督到谢尔本时，还带来了菲莉丝与他们的六个孩子，以及足够供这家人吃六个月的口粮，并且还宣布，要给他四分之一英亩的地，好让他种粮食。他的地块上有活水，所以“方便随时施洗”。下雪时，大卫和帮手们还为教众搭了一个平台，好让他们有地方站，因为这些教众常常光着脚，不过他们的头顶上没有什么遮挡。

兄弟姐妹们来到大卫和菲莉丝面前，像在最高审判者和天父面前一样吟诵自己的体验。更多的祷告、布道和吟唱过后，在圣诞节前夕，他们在那条小约旦河里施行了第一次洗礼。接着，小教堂的墙立了起来，每个月都会举行更多的洗礼，即使水结冰时也有。到第二年夏天，大卫·乔治的浸礼宗教会已经有五十名黑人教徒，礼拜堂也已经盖上房顶、铺好地板，只缺椅子和讲坛了。修建礼拜堂用的钉子都是乔治一家自己花钱购买的，所以他们现在穷得叮当响。

幸亏泰勒夫妇这对来自伦敦的浸礼宗传教士出手相救，给了他们土豆种子，这家人才活下来。

现在，大卫的声音是如此洪亮，为上帝所做的工作是如此出名，以至于谢尔本以外的白人，先是出于好奇，然后是出于向往，也开始来听他讲道了。但这既是一份礼物，也是一场麻烦。比如，家住琼斯港的威廉·霍姆斯（William Holmes），虽然已经皈依，但还未受洗，于是便驾驶他的纵帆船来到谢尔本，找到大卫，邀请他去利物浦沿海讲道，大卫就去了。虽然那儿的教会里有黑人也有白人，但大卫讲道时，“基督徒们全听得眉飞色舞，我们一起有了个小天堂”。[30] 然后，威廉·霍姆斯和妻子黛博拉便跟着大卫回到谢尔本，在教会作了见证，并打算在主日受洗。

> 他们的亲戚很愤怒，纠结了一帮人，拼命阻止他们受洗。
> 霍姆斯太太的妹妹甚至抓住她的头发，不让她下水，但治安法 282
> 官下令要保持安定，并说她要愿意受洗，就可以受洗。这样，他们才都安静下来。但之后不久，类似的烦扰愈演愈烈，我觉得必须离开谢尔本了。有几个黑人的房子就建在我的地块上；四五十名受雇的复员士兵带着船索到这里，把我的住所和几个黑人的每间房子洗劫一空。要不是这群暴徒的头目出面阻止，连礼拜堂都早被他们烧毁了。但我还继续在里面讲道。有一天晚上，他们又来了，站到讲坛前发誓说，如果我还要讲道，他们会如何如何修理我。但我还是一名传教者。第二天，他们用棍子殴打我，把我逼进了一片沼泽地。到了晚上，我才跑回来，带上我的妻子和孩子，去了河对岸的伯奇镇。那里安置了许多黑人，在那儿做善事，似乎要比在谢尔本前景更好。[31]

但大卫·乔治在伯奇镇的受保护感，仅仅维持了几个月，因为循道宗教徒一直在那里忙着传教。1784 年，循道宗传教士威廉·布莱克来到这里，发现有二百名信徒正在聆听盲人摩西·威尔金森的布道。布莱克和“老爹”摩西唯恐自己的教众流失，对于鼓动教徒改宗的行为很不客气。他们直截了当地表明态度后，大卫决定回到谢尔本去。于是，他带着一把粗木锯，破开冰冻的水面，又回到了海湾对面。但是，他发现自己礼拜堂已经变成一家酒馆。“那个黑老头想把这里变成天堂，”酒馆老板趁大卫不在时吹嘘道，“那我就把这里变成地狱。”好在大卫在城里有不少的朋友帮忙修复礼拜堂。到第二年，也就是 1785 年时，信仰便又复兴了。

在之后的几年中，“黑大卫”成了一名游方传教士，从新斯科
283 舍的一头走到另一头，创建了七个“新光”* 浸礼宗教会，并在离开时分别任命了执事。然后，他一路向北，渡过芬迪湾，抵达新不伦瑞克。他的“和撒那”、他饱含泪水的布道和他的大型施洗，在这里变得路人皆知，以至于他抵达圣约翰市（St John）时，“一些打算受洗的人喜出望外，也顾不上服侍主人用餐了，手里还拿着刀叉就跑到水边来见我”。黑人和白人、男人和女人一起在河里参加了这场盛大的受洗仪式，而且衣服全都湿到有失体统，甚至还引发了公愤，以至于新不伦瑞克的总督托马斯·卡尔顿后来宣布，自此之后，大卫只能给省内的黑人当牧师。[32]

但他还有更多的水域要跨过，而且其中一些甚至对上帝真正的仆人来说也是一种考验。在普雷斯顿，也就是英国·自由和其他移民定居的那个地方，大卫传完道和施过洗后，又掉过头，坐着沿海岸往南和往西去的一艘小船，准备先到哈利法克斯，然后再回谢尔

---

* New Lights，新教用语，并不特指某种教会团体。一般来说，当某个原本统一的教会团体发生变化，成员对这种变化意见不一，导致团体分裂时，抵制这种变化的那一支被称为“旧光”（Old Lights），赞成变化的被称为“新光”。

本。但在航行途中，这艘载有三十名乘客的船遇上了狂风，被风刮到很远的海上，完全偏离了航道。在弥漫的雾气和骤降的气温中，没有毯子取暖的大卫被冻得都僵了，冻疮从他的脚蔓延到踝上，继而又爬上了小腿和膝盖。船终于在谢尔本靠岸后，他试图走回去，但一下子便晕倒在地上，直到教会派人来，他才被抬回家去。“那之后，只要我能稍微走动，就想宣扬主的仁慈，教友们制作了一架木橇，拉着我去参加礼拜。”到春天时，他身体好了一点儿，可以摇摇晃晃地四处走走了，不过，基本上是得滑着木橇去小礼拜堂。他的体力虽然被夺走了，但内心的火花却没有，永远不可能被掐灭。

* * *

大卫 · 乔治的教众需要上帝的慰藉，因为很多时候，这是他们唯一拥有的东西。1785 年至 1786 年的冬天，伯奇镇寒冷刺骨，但这还只是艰难生活的开始。名义上，一些移民已经分到了二十英亩 284
土地，但鉴于他们没有耕牛，所以大部分土地基本上都没法种东西。所谓的住处更是名不副实。即便是棚屋，也大部分都简陋得不成样子，就是一个深约六英尺的坑，能透进光亮的地方只有单坡屋顶处留出的出入口；而所谓的地板，则是在泥地上铺了些糙木板甚或仅仅是树叶；倾斜的屋顶由原木搭成，有时还会再盖一层草皮或树皮或两者兼有。虽然这样的住处比起棚屋，更像是野兽的地下巢穴，但在最初的几年里，它们还是为移民们提供了一个睡觉的地方，让他们躲过了新斯科舍的冬季那些最糟糕的日子，在这些日子里，积雪常常有三四英尺厚，被风吹积起来的雪堆则至少有两倍高。[33] 不过，免去受冻之苦的伯奇镇人，并不能躲过挨饿。一份递交给哈利法克斯的报告言简意赅地指出，政府要是不多提供点儿救济粮，“他们一定会饿死”。[34] 因此，粗玉米面、糖蜜的供给（偶尔还会额外给一点儿鳕鱼干），在第一年之后仍在继续。

但这一切并不足以让自由从概念成为现实。在谢尔本，那些暴乱后返回这里的黑人男性当起了木匠、锯木工、造船工、渔民、水手和普通劳工，而他们的妻子和女儿则找到了厨师和洗衣工的活计。但英国政府开始对鲸油和鲸骨强征关税，致使初生的捕鲸业遭受重创后，这些移民的处境变得更加糟糕。曾经前途无量的鳕鱼渔业同样有所萎缩，将更多的人抛向劳动力市场，削弱了他们的议价能力。现在的谢尔本成了约翰·帕尔那个失败梦想的黯淡残骸。成千上万的白人保皇党，尤其是那些比较穷的人，要么回到了哈利法克斯，要么跑回了美国。那些资本稍微多一些的人，有的继续留在水街和国王街的家里，有的则带着奴隶和仆人，移民到了西印度群岛或巴哈马群岛。保皇党经济的下滑，也殃及了沿海村庄和港口的居民，如卢嫩堡和利物浦以及勒贝尔港（Port l’ Hébert）和洛克波特（Lockeport）这类卫星村的造船工和渔民。更远一些的地方，比如
285 芬迪湾沿岸，那些自由黑人及家人则面临着两个选择：要么去当受雇条件苛刻的契约工，要么饿死。

从社会角度来看，大量自由黑人成为契约用工，或许看起来像是重新被奴役，而且他们的代表托马斯·彼得斯去伦敦争取格兰维尔·夏普和其他志同道合之人的支持时，也是这么描述的，但那些同白人男女主人签订契约的穷苦黑人却坚决认为，他们还不至于走投无路或者忘性大到要再次屈服于奴役的地步，他们还记得自己的自由身份和曾经得到过的承诺。他们的契约（在新斯科舍的那段艰苦岁月中，不光是黑人，许多贫穷白人也签了）中草拟了具体的条款：虽然食宿全包，但这不包含在工资之内，而是额外的条件。许多签约者指出，单凭工资这一项，且不论少得有多可怜，就从法律上表明了他们不是奴隶。这也正是为什么签约的黑人尽管因为常年拿不

到工钱而生活艰难，但在向县级一般法庭投诉他们的遭遇（这说明他们明白自己在法律面前的自由和权利），或在被人误认为是以家奴身份来到新斯科舍的黑人后为自己辩解时，会一再强调：虽然他们住在雇主家里，但事实上有被拖欠的工钱。

法庭记录表明，双方就此进行了激烈的斗争。一方面，白人保皇党阶层（其中许多都来自美国南方，习惯了蓄奴）认为，新斯科舍的法庭会维持奴隶制度。在一定程度上，他们说对了。18 世纪 80 年代，奴隶制在该省实质上是合法的，贩卖和拍卖奴隶的告示在哈利法克斯随处可见。但问题是，正如在英国和波托马克河以北的美国那样，新斯科舍的道德和司法舆论环境也在发生变化。哈利法克斯越来越像“后曼斯菲尔德时代”的伦敦。事实上，至少在一些法官看来，曼斯菲尔德伯爵关于黑人不能强制运出本省的裁决在新斯科舍也同样适用。而另一些法官，如首席法官托马斯·斯特兰奇（Thomas Strange）和总检察长桑普森·布拉沃斯（Sampson Blowers）则掀起了一场积极的废奴运动，欲在该省彻底取缔奴隶制。 286
因此，白人蓄奴保皇党和那些意图将穷苦自由黑人劳力变成奴隶的人遭到了令人钦佩的激烈反抗。即便处境不容乐观，即便没有投票权或者被禁止同白人一起做礼拜，新斯科舍的黑人也仍然清楚地明白他们的权利。不论他们的这种领悟是源自大西洋两岸对曼斯菲尔德伯爵判决的了解，还是来自邓莫尔和克林顿的宣言，抑或是在服役时才知道的，第一代自由的非洲裔英属美洲人都进行了顽强的斗争。他们拒绝再次被奴役，更拒绝家庭再次被拆散。

一些寡廉鲜耻的白人保皇党故意模糊自由与非自由之间的主要区别，习惯把签了契约黑人当作一种可转让商品，把“他们的”黑人以一定价格“转给”潜在的雇主。当然，也有不少白人保皇党（往往身居要职）明确承认雇用劳力与奴隶的区别。比如 1784 年春，新斯科舍的宪兵司令威廉·肖（William Shaw）在整理全省的花名册时，就专门提到自己在半岛东部崎岖海岸旁的康特利港（Country Harbour）发现（并用斜体强调了这句话），“许多人（指黑人）同雇主住在一起，但并非他们的财产”。[35] 尽管那些白人常常利用法庭来宣示自己的所有权，但对于“他们的”黑人竟然也有如此胆识，知道如何通过法庭来主张自身权利，还是感到震惊不已。确实，一些黑人已经露出了这种苗头：他们要当自己的格兰维尔·夏普。

比如，托马斯·汉密尔顿上尉（Captain Thomas Hamilton）和丹尼尔·麦克尼尔（Daniel Macneill）从哈利法克斯绑架了四名黑人，摩西·里德（Moses Reed）、詹姆森·戴维斯（Jameson Davis）、菲比·马丁（Phoebe Martin）、莫莉·辛克莱尔（Molly Sinclair），打算用麦克尼尔的单桅帆船“冒险号”把他们运到巴哈马群岛出售时，根本没有想到他们竟会受到法庭的阻挠。[36] 其中的两名男性，里德和戴维斯，从北卡罗来纳布特县（Bute County）的主人手下
287 逃走，投奔了查尔斯顿的英军后，曾在弗朗西斯·劳登（Francis Rawdon）侯爵的保皇党爱尔兰军中服役。在 1782 年的保皇党大撤离之后，他们又参加了东佛罗里达的皇家北卡罗来纳兵团，而且两人中的某一人可能为该兵团的高级军官约翰·汉密尔顿中校（Lieutenant Colonel John Hamilton）当过仆人。同许多自由黑人一样，他们到新斯科舍后也被前雇主的亲戚重新雇用，具体到他们身上，便是康特利港口的托马斯·汉密尔顿上尉。在汉密尔顿家，里德和戴维斯结识了菲比·马丁和莫莉·辛克莱尔——这俩人来自南卡罗来纳，同是仆人，同样没工资。但就像菲比·马丁在法庭上说的，她或其他人从来没有自认为是汉密尔顿的奴隶。

这四人怀疑汉密尔顿另有图谋后，便决定逃跑，并于 1786 年晚春或初夏抵达哈利法克斯。但包括麦克尼尔和汉密尔顿在内的五个人也追到了这里。他们对詹姆森·戴维斯一顿毒打，将其制服后，又把他和其他人用锁链拴住，然后扔进了停在港口的一艘船里。由

于该船最远只航行到谢尔本，所以在抵达之后，这几个黑人会被转移到另一艘船上，再被卖到南方去当奴隶。事实证明，他们想错了。谢尔本和伯奇镇的黑人群体不知怎的得知了麦克尼尔和他的船，并且对此感到又怕又恨，便把消息传给了地方法官。听闻四名黑人在未经听证程序便要被运走后，他们依照曼斯菲尔德伯爵有关反对强制运送的裁决，同意举行听证会。麦克尼尔对于自己被传讯感到十分惊讶，并辩称自己运送这些黑人是经过了大西洋商人迈克尔·华莱士的授权，是华莱士安排了谢尔本的转运和买卖。但谢尔本一般法庭的地方法官以五比二的投票，拒绝了哈利法克斯最有权势之人的威信，而选择了相信黑人的陈述，并下令释放他们。因此可以说，英国式自由在新斯科舍还没有彻底消亡。

而且尤其引人注目的是，许多打赢官司的黑人原告都是女性。288
比如，苏珊娜·康纳（Susannah Connor）的儿子罗伯特·杰梅尔（Robert Gemmel）与约翰·哈里斯（John Harris）签订了契约，但并不是此人的奴隶，于是康纳便效仿格兰维尔·夏普，以“违反本省法律”为由，通过法庭阻止了哈里斯将她儿子运出殖民地。玛丽·韦斯特考特（Mary Westcoat）和丈夫则起诉詹姆斯·考克斯（James Cocks），要求他释放一个“叫斯蒂芬的黑人男孩”；由于考克斯既拿不出卖契，也没有雇用契约，这个男孩最终获得了自由。[37]

当然，不是所有的官司都能得到这样圆满的结果。比如，约瑟夫·罗宾斯（Joseph Robbins）在谢尔本的法庭上宣称，他有两名黑奴，一个叫佩罗，一个叫汤姆，可现在这俩人竟然“妄称自己是自由的黑人”。对此，佩罗回答，他以前确实是奴隶，但是某个叛军的，不是保皇党的；后来他逃了出来，因此赢得了自由；而他答应跟罗宾斯去圣奥古斯丁时，是自由人，不是奴隶；他从来没有被买卖过。汤姆也讲了自己如何从一个叛军主人手底下逃走，跑到了被英国人控制的查尔斯顿。但最终，法庭还是判决两人是罗宾斯的私人财产。[38]

玛丽·波斯特尔（Mary Postell）的案子就更惨了。她被杰西·格雷（Jesse Gray）卖掉后，谢尔本的法院传唤她出庭作证，要她证明自己实际上是自由人的说法。波斯特尔告诉法庭，她曾是美国叛军军官以利沙·波斯特尔（Elisha Postell）的财产，但后来逃到了查尔斯顿的“英国防线内”寻求庇护。在那里，她同其他黑人一起参加了堡垒和公共工程的建设。由于她和丈夫威廉一贫如洗，他便劝说她去给杰西·格雷当家仆，不会有什么风险；在保皇党从查尔斯顿撤离后，甚至还说服她跟着格雷去了东佛罗里达。她在那里为格雷的弟弟萨缪尔工作了一段时间，当那片地区被割让给西班牙后，又随着杰西·格雷去了新斯科舍。但她发现格雷有意将她卖掉时，就“离开他家，带着女儿弗洛拉和内尔，在镇子的北区租了间房子住下来”。但 1786 年 4 月，格雷设计抓住（也可能是强行掳走）她和女儿，并把她们带到了得克萨斯的阿盖尔（Argyle），以
289 一百一十三蒲式耳*土豆作为交换，将她卖给了一个叫明厄姆的人。玛丽进一步声称，格雷还将她的女儿们从她身边抢走，卖到了别处。毫无选择余地的她在明厄姆家待了三年后，终于逃到谢尔本，把这件事呈交到法官面前。

接下来，轮到格雷在法庭上盘问玛丽了。你或许会觉得这是一场不公平的战斗，但玛丽毫不示弱，知道什么就说什么。格雷问这个黑人妇女，早在东佛罗里达的时候，她是否曾请求“一些人”把她女儿弗洛拉从他弟弟萨缪尔手里买回来？（这说明她知道弗洛拉是奴隶吧？）没有，玛丽说，这不是事实。她从没说过这种话。格雷没有理会她的否认，继续怒吼道，是他在圣奥古斯丁时亲自从一个叫约瑟夫·利亚的人手里买下了她，难道不是吗？不，不是，玛

* 英美计量单位，1 蒲式耳在英国约等于 36.4 升，在美国约等于 35.2 升。

丽又说了一遍，她从没有属于过这样的人。但在被逼问之后——可能正是这一点让她输掉了官司——玛丽承认自己并不介意被格雷用土豆做交换，卖给明厄姆先生；她直言不讳地指出，自己巴不得摆脱杰西·格雷，因为“他恶意利用她”。

双方都传唤了证人。为了对付格雷的人，玛丽请来了西庇阿·维林（Scipio Wearing）和他的妻子戴安娜（Diana Wearing）。玛丽在查尔斯顿时就结识了维林。当时，维林在黑人先锋连服役，曾在詹姆斯·蒙克利夫上校（Colonel James Moncrief）的领导下，参加过保卫查尔斯顿的战斗。虽然后来维林去了纽约、玛丽去了东佛罗里达，二人便失去了联系，但他十分确信她从叛军主人手下逃了出来，因此和他一样，她完全是自由身。但他的证言没起到什么作用。格雷收到非法绑架罪名不成立的判决后，将玛丽与孩子们拆散，带着她回到了美国，并把她卖给了弟弟萨缪尔。玛丽的女儿内尔则同她年幼的弟弟约翰一起，暂时被交给了法院监管，而且最后极可能落到了济贫委员会的手里。

西庇阿·维林因为胆敢怀疑杰西·格雷这类人的话，受到了更严厉的惩罚。他从法庭回来后，发现自家的房子着火了，“所有的 290
家具……衣服和其他财产都被烧成了灰烬”。更惨的是，西庇阿和黛安娜的一个孩子当时正在家里，也被活活烧死了。于是，西庇阿又回到法庭，请求“本法庭准予他申请救济”。但法庭叫他去跟教会执事济贫助理去申请，因此他可能同内尔、约翰·波斯特尔一起获得了救济。[39] 明眼人一看便知，他的房子着火、孩子被烧死，显然是遭到了报复。但他没法证明这些。谢尔本更是没有一个人站出来替他作证，因此也没有人因此被起诉。

如果玛丽·波斯特尔和西庇阿·维林及各自的家人是在伯奇镇，是否可以免遭这样的劫难？有可能，但那里也会有奴隶猎人光顾，并非绝对安全。[40] 至少有两名男性居民据传到镇外办事时，被掳到了丹尼尔·麦克尼尔的那种船上关押，随后在西印度群岛被卖掉。[41] 但是，即便伯奇镇无法完全杜绝邪恶之事的发生，可到 1787 年时，它已俨然成了一个真正的社区，拥有两百多个家庭。原先粗陋的棚屋此时已被朴素的木屋所取代，构造则可能接近这些前奴隶在非洲或种植园时所住的那类棚屋：差不多十英尺见方的单间，上有阁楼，下有地窖（储存过冬食物），还有壁炉和烟囱，以及人字形的圆木屋顶。虽然伯奇镇还是像个临时搭建的宿营地，挤在树木繁茂的荒野、海狸湖和大海之间，但正如大西洋对岸的循道宗创始人约翰·卫斯理（John Wesley）所言，它也是“美洲大陆上唯一的黑人城镇”。近来的考古发掘在这里发现了玻璃、陶瓷碗、英国米色陶盘的碎片，有些盘子上还饰有花卉图案，说明这里并非是一个只供猎人和矿工生活的简陋营地，而是充满了居家生活的氛围。[42] 诚然，伯奇镇比
291 不上伦敦周边各郡的乡村，但也不像后来传说的那样，定居者只能被迫住在“洞穴”里。这里的大多数人仍然是工匠和渔民，可也至少有三十位居民自认为是农民，而且就像普雷斯顿人会去哈利法克斯卖东西一样，也会把农产品带到谢尔本去卖。[43] 布拉克与妻子玛格丽特继续在这里办学，努力确保下一代人能识文断字。当然，为伯奇镇提供着动力的教会，还在互相争夺信徒：信仰人数最多的是循道宗，接下来是圣公会的“新光”亨廷顿伯爵夫人会，以及一群狂热的浸礼宗教徒（虽然大卫·乔治当初曾受冷遇，但该派别最后还是势不可挡）。因此，这里的每个礼拜日都很热闹，而各教派有时还关上大门，不欢迎对方以及不同教派的来访传教士这一点，更是表明伯奇镇已经成为一个独立的自由黑人社区。

不过，这些并没能给威廉·亨利（William Henry）王子殿下（也就是后来的威廉四世）的朋友蒂奥特海军上校留下什么深刻印象。此人当时正随皇家海军驻扎在新斯科舍，便决定和一些朋友（里面没有王子）去伯奇镇看看。布拉克上校和妻子设宴招待了这几位访

客，但他们巴不得赶紧离开这个在蒂奥特看来“糟糕到无法形容的地方……他们的小屋破烂不堪，根本无法抵抗新斯科舍的严冬，他们的生存几乎完全依赖夏天时存下的东西。这些悲惨的社会弃儿在穿着和面容上所体现出来的可怜和贫穷，我想我以前从未在任何人身上见过”。[44]

但话说回来，蒂奥特到伯奇镇的时间是 1788 年，是其本就坎坷的命运中的最低谷。前一年时，这里又爆发了天花；因为这种传染病一直未在逃亡的黑人中被彻底根除，而是如影随形地跟着他们从弗吉尼亚、南北卡罗来纳、波士顿、纽约来到了这里。1786 年之后，谢尔本贸易经济崩溃，散工的需求量大减，使他们难以再像以前那样来借此贴补微薄的收入。谢尔本当局提出了一个解决方案：把这里变成自由港，开放对美贸易。这个方案让黑人再次感到恐惧。 292
他们担心，如此一来，那些依然在不懈追讨活人“财产”的奴隶猎人就可以自由出入这座避风港了。伯奇镇的许多黑人还没有分到地，而那些分到的则被要求提供若干天的“法定劳动”（通常是修路），作为接受援助的条件或者抵付“免役税”。居然还要支付这个，他们感到很惊讶，因为免役税作为一种财政方面的应急措施，早已不合时宜。该税要求纳税者每年向政府支付一笔钱，以代替过去征收的货物和征用的劳务，这项税也是独立革命前引发美国人愤怒的根源之一。担任了加拿大新总督的盖伊 · 卡尔顿爵士曾承诺，保皇党将不必缴纳免役税，但英国政府不太愿意，只是勉强答应暂时停收。雪上加霜的是，1787—1788 年和 1788—1789 年的两个冬天异常寒冷，春夏则又冷又潮，许多粮食作物（尤其是玉米和庄稼）因而绝收，饥荒的魔爪伸向了伯奇镇。波士顿 · 金，也就是那位曾感染过天花、被美国人俘虏过、最终却大难不死的南卡罗来纳逃亡奴隶，现在已经在伯奇镇皈依了循道宗。金在白雪皑皑的森林里一边散着步，一边反省自己的罪过。他回忆说，那些年异常黑暗艰苦：“许多穷人被迫卖掉最好的衣服，换五磅面粉，以便维持生命。把所有的衣物，甚至是毯子都卖掉后，有些人因饿得直接倒地而死。另一些人则宰掉自家的猫狗充饥，遍地都是贫困和苦难。”[45]他最后说，虽然“难过至极”，但没有别的办法，他只能离开伯奇镇，寻找别的谋生方式。

但残酷的不只是冬天。衣衫褴褛、几乎要沦为乞丐的波士顿·金在沿街兜售自己的木匠手艺时，最终碰到一位船长，愿意跟他订购一个箱子。于是，他又回到伯奇镇，夜以继日地把箱子做好，然后踩着三英尺深的雪，把它扛到了船长面前。可他得到的报酬只有轻
293 蔑。“让我失望的是，他不想要这个。不过，他倒是跟我说了一下想要什么样子的，叫我重做一个。回家的路上，我饥寒交迫，身体太虚弱，摔倒了好几次。我以为自己会当场死掉。但即使在此境地，我也发现我的心顺从了神的旨意，在磨难中感到欣喜；虽然我和妻子只剩一品脱玉米粉了，可上帝却把我从抱怨和不满中拯救了出来。”金又拖着新箱子，踩着积雪去见那位船长，而且因为怕对方又不要，他还带了一把锯子，打算到时候先把箱子拆掉，省得自己还得把它拖回去。但这一次，船长要了这个箱子，并且以玉米粉代钱，支付了酬劳。随后，金以半克朗（两个半先令）的价格，卖掉了先前那个箱子，以三先令九便士的价格，卖掉了那把锯子。他当初买的时候花了一基尼（二十一先令），约是现在成交价的五倍，但他没有讨价还价的资格。

但时来自会运转。过不了多久，金就需要把他的锯子买回来了，因为两名谢尔本人将会委托他为来年的鲑鱼捕捞季建造三艘平底船。为此，金一共获得了三英镑的酬劳，外加更多的玉米粉，以及造船所需的焦油和钉子。这下，他和妻子得救了，不必再像他们在伯奇镇的许多朋友和邻居那样，也去签订雇用契约。第二年冬天时，他又造了一些船。他的木工技艺显然还算高超，因为有位商人甚至

慕名而来，要请他在谢德巴克图湾（Chedabucto Bay）盖一所房子。冰雪融化后，他去了那儿，但那位商人说自己改了主意，买一座新房会更方便，而且价格和造一座差不多。不过，他有别的活儿给金干。他的鲑鱼捕捞船缺人手，金要是愿意，就可以去。当时已是5月，金可能得到秋天才能回到维奥莱特和孩子们的身边；而且，他也担心如此一来，就不能再继续自己循道宗传道员的使命了。但在这个问题上，他其实根本不用担心，因为接下这份工作后他才发现，原来谢德巴克图湾的渔民不但对神毫无敬畏之心，而且罪孽重重："我竭力劝他们逃离神的愤怒，来向主耶稣求助。"

他们听了，嘻嘻哈哈地嘲笑他。但果不其然，船队在圣劳伦斯 294
湾遇上了一场可怕的暴风雨，船员都"以为命不久矣"。暴风雨过去后，这群人发现他们的船搁浅在了大浅滩上，周围弥漫着遮天蔽日的浓雾，而装载着捕鱼季全部物资的补给船也已不知去向。金拼命乞求上帝的宽恕，最终得偿所愿。两个星期后，失踪的补给船再次出现；又过了四天，闪闪发光的鲑鱼也如约而至。但即便获得了如此庇佑，金也还是担心这次捕鱼活动已经陷入了危险之中，因为他那位雇主老是用污秽的言语亵渎神灵，不但动不动就暴跳如雷，而且同时还妄称主的名字。自打记事起，金就对这一罪孽深感愧疚：六岁时，他被安排去为南卡罗来纳的主人放牛，并从同伴那里学到了咒骂神灵的乐趣；但有一天，这位小放牛郎在一棵大树底下打盹儿时，梦到世界着了火，上帝坐在一个"白色大宝座"上从天而降，即将要对世人进行审判，而他被列入了诅咒者的行列！多年之后的今天，他竟然同一个满口脏话的男人困在了同一条船上，而且这个人亵渎神灵的预言，会让在深海上漂泊的他们都置于危险境地。金鼓起勇气，提醒这位大诅咒者："所有亵渎神灵的咒骂者，都逃不过入硫磺火湖的结局。"船长听了之后，暂时清醒过来，不再说话，但转眼到第二天，他就恢复了老样子，又开始满口污言秽语。波士顿·金没法把如此有辱神明的谩骂挡在耳外，便有些鲁莽地禁止船长再登上他自己所在的渔船，提前问好每天要做的事后，便躲得远远的。"因为他要是继续讲那些可怕的话，我就没法履行职责了。从那之后，他就再也没来烦过我。没人来打扰我之后，我终于自在起来。"

但挑战还有更多。船队刚回到谢德巴克图不久，便又出发了，这次是去捕鲱鱼，而且也遭遇了一场北大西洋风暴。不过，当金最
295 终在 10 月下旬回到维奥莱特身边，得以继续做他的传教员时，带回来的报酬包括了十五英镑及两桶鱼。凭借这笔小财富，波士顿·金躲过了周围其他人所遭受的磨难。"我能让妻子和我有衣穿，让冬储物资多了一桶面粉、三蒲式耳玉米、九加仑蜜糖、两桶鱼，以及妻子趁我不在时攒下的二十蒲式耳土豆，这是我在伯奇镇经历过的最好的冬天。"

* * *

如此看来，自由黑人尽管要面临极端不利的因素和根深蒂固的偏见，但实际上是有可能以自由人的身份在英属北美活下来的。当然，人在新不伦瑞克的托马斯 · 彼得斯显然不这么认为。去了弗雷德里克顿（Fredericton）和圣约翰之后，他的境况也没有比在迪格比和布林德利镇时好多少；对于他的投诉和请愿，托马斯 · 卡尔顿总督的回应也没有比约翰 · 帕尔总督的更积极。该分的地仍未按要求分好。或者就算分好了（如圣约翰），地块离移民安家的地方也远得吓人，有将近十八英里。新不伦瑞克一些地位更显赫的白人，如法官斯泰尔·阿格纽（Stair Agnew）、议员贝弗利·罗宾逊（Beverley Robinson）、牧师乔纳森 · 奥戴尔（Jonathan O' dell），正是来自彼得斯所逃离的种植园地区（前二人来自弗吉尼亚，奥戴尔来自新泽

西）*，并且带来了他们的所有奴隶。[46] 因此，尽管黑人在法庭上没有发言权，受到的待遇也不公平，但仍然得交税，仍然得去义务修路，就不那么令人惊讶了。为了活命，他们不得不以极低的价格将自己租给他人，但即便这么低，他们也会被拖欠工资，而且一拖就是很多年，经常超过契约的雇用期限。可只要这些饥肠辘辘、万念俱灰的人稍微偷一下懒，鞭子便会抽在他们的背上（不论男女），然后鲜血从他们开绽的肉里汩汩冒出，更悲惨的甚至会被绞死。这难道不是奴隶制？

托马斯·彼得斯和大卫·乔治、波士顿·金不同，不认为这些磨难都是上帝那神秘计划的一部分，是用来考验他们的。但他依然对英国国王信心满满，对他的英国式自由信心满满，他不信任的只 296
是英国政府派到新不伦瑞克和新斯科舍来管理他们的那帮人。因此，目不识丁但可敬可畏的彼得斯成了一名政治家：第一位公认的非洲裔美国人领袖。他的请愿书经常以"托马斯·彼得斯，一位为女王陛下效力七年的前黑人先锋连中士"署名，寄到托马斯·卡尔顿总督那里（卡尔顿有时还会回复）。[47] 只要是对黑人有影响的事情，他都会写一写：比如分地，或者说无地可分，比如慈善学校，在困难时期免除黑人的劳役和赋税。毕竟黑人已经穷得叮当响了，怎么还得交济贫税，应该给他们发钱才对吧？他的精力和决心逐步让他成了省内黑人公认的"那个被提名并指派在所有民事和宗教问题上为我们说话、能代表我们的人"。[48]

总体而言，彼得斯在新不伦瑞克要面对的种种敌意和拖延，同他在新斯科舍时遭遇的阻力差不多。他认定，要得到政府的重视，要想让情况有所改观，他就得到伦敦去，而不是在哈利法克斯和圣约翰隔空喊话。所以，1790 年，他起草了一份准备递交给国务大臣

---

* 原文是弗吉尼亚和马里兰，疑为作者讹误。这三人的背景与马里兰都没有交集。

威廉·温德汉姆·格伦维尔的请愿书，悉数列举了黑人在战争中做出的贡献、政府对他们的承诺，以及承诺未兑现的种种情况。然后，他又拿着请愿书在芬迪湾两岸来回奔走，最终收集到两省共二百零二户黑人家庭的签名，并说服他们推举他作为正式代表，到伦敦为他们所遭受的苦难申讨赔偿。彼得斯带着委托书、请愿书和斯图尔特上校签发给他的那本珍贵护照，来到哈利法克斯，找了一艘前往伦敦的船。当然，他这么做的风险很大，因为新斯科舍的黑人经常会被掳走卖掉，不管他们手里拿着什么自认为可以保护自己的文件。
297 但托马斯·彼得斯缺什么也不缺勇气，胸中燃烧着决心的火焰。他甚至有可能在船上找了份工作，才借此到达大洋彼岸。

抵达伦敦后，他有可能接触了伊奎亚诺和库戈阿诺。这俩人现在已是大名鼎鼎的作家和奴隶制悲剧的见证者。无论如何，他反正是找到了黑人先锋连的那些老上司，并通过他们的帮助，在达官显贵中编织起了关系网。虽然他不像其他外国贵宾，如塔希提的欧迈王子或者目前正在伦敦申请同西印度群岛进行贸易的克里克印第安人那样受到追捧，但托马斯·彼得斯的突然到来，还是让他成了一部悲剧史诗中的信使，或者借用克林顿将军致信国务大臣格伦维尔时的措辞："一个悲伤故事"的捎信人。到了没多久，彼得斯自然就独自去拜访了格兰维尔·夏普。他向夏普介绍了同胞遭遇的种种不公，夏普则向他保证这些问题一定会递交到最高级别的人那儿处理。然后，这两位饱经风霜的斗士互相端详了一会儿。接着，夏普问彼得斯，他有没有碰巧听说过非洲一个叫自由省的地方。嗯，彼得斯确实有所耳闻。

当时，他正在新斯科舍还是新不伦瑞克的某地参加宴会。像往常一样，伺候进餐的全是黑人。他们靠墙站着，在就餐者的眼中仿佛是聋子，是哑巴，是空气。当醒酒瓶在红木桌上方流畅地穿梭时，在座的人聊起了塞拉利昂，以及一个叫格兰维尔·夏普的人，异想天开地要把黑人送回非洲去。突然间，椅背之后的一对对耳朵竖了起来，一双双眼睛瞪了起来。格兰维尔·夏普的大名在北美地区那些黑皮肤的自由人或奴隶中间几乎无人不晓。就这样，一传十，十传百，消息最终传到了他们的卫士和代表托马斯·彼得斯的耳朵里。[49]一直以来，他的头等大事都是在英属美洲纠正各种错误，但听说塞拉利昂这事儿之后，他禁不住琢磨起来。请问，他是不是可以理解成，他们可以回故土了？

第二部分

约翰

第九章

1791 年 4 月 26 日，威斯敏斯特宫的新宫院。议会咖啡屋上面的某个房间里，一场沉闷的秘密会议正在举行。十三个衣着朴素的人坐在一起，竭力不想露出灰心丧气的神色，但实在有些掩饰不住。他们距离议会那么近，可是距离让它在上帝和英国历史的审判庭前履行自身的职责又是那么远！

废除奴隶贸易协会的这次会议举行前一周，也就是 4 月 19 日凌晨 3 点 30 分，威廉 · 威尔伯福斯有关遏止西印度群岛奴隶进口的动议，以一百六十三票反对、八十八票赞成的投票结果被议会否决，令人十分气馁。小威廉·皮特、查尔斯·詹姆斯·福克斯（Charles James Fox）和埃德蒙·伯克都表态支持威尔伯福斯的动议。威廉·史密斯在议会激情洋溢的演讲甚至还把福克斯感动得失声痛哭，不得不躲在议长的椅子后面，直到心绪平复下来。[1] 动议的反对者之一承认，这些人都是议会的巨人，但此人也说道："(尽管如此，) 那些二流演说家、矮子、侏儒……终将获胜。"坐在旁听席里的托马斯 · 克拉克森只能沮丧地表示认同。这一切太让人恼火了。皮特和福克斯（二人多有不睦）的雄辩被当作了耳旁风，而伦敦市长说，要是禁止奴隶贸易，那烂掉的纽芬兰鳕鱼就没市场了（在他看来，这是奴隶的日常饮食），如此胡言乱语竟然赢得了听者的些许尊重。对于这次失败，协会的成员们表面上看起来毫不气馁。他们宣称，这只是“阻碍”，不是失败，那些为当灭的物辩护的人千万别自欺
302 欺人，协会还会“继续坚定地发出抗议，会不遗余力地向国民呼吁，直到与非洲的商业往来不再沾染其居民的鲜血”。[2]

但事实是，对于托马斯·克拉克森、威廉·威尔伯福斯、格兰维尔·夏普和协会其他成员来说，4 月 19 日的投票就是一次毁灭性的打击，因为在此前的四年里，他们进行了英国历史上最广泛的公众舆论动员。不屈不挠的克拉克森虽然饱受痔疮的折磨，但仍然骑着马跑遍全国，每晚很少能睡四个小时以上。他呼唤出了无数人心中的正义感，让他们改变了看法，收集到了大量请愿签名，还分发相关文献，展示他收集的奴隶制“样品”，如枷锁、烙铁、“张口器”（一种强迫撑开奴隶的嘴，以便喂下食物的工具），赠送了一箱箱印有“我难道不是人，不是兄弟吗？”的图章。但投票结果出来之后，克拉克森突然感觉到筋疲力尽，朋友们也开始担心他的健康。但他现在还不能停止努力，无论议会的否决有多坚定。

威尔伯福斯作为协会在议会的代言人，对于动议的否决一定感到更痛苦。为了这项大业，他的健康已经出现问题，1788 年有几个星期身体甚至完全垮掉了。但他仍然设法振作精神，发表了一场为时三小时的演讲，抨击奴隶贸易的不公正与不人道。威尔伯福斯拐弯抹角地指出，国内对奴隶贸易的反对声浪越来越高，这方面的证据正日益变得明显（此外，他还提到了抨击下议院是腐败水槽的议会改革运动），然后借此向议会发难：“不要让议会成为那个唯一对自然公正原则仍旧麻木不仁的机构。”[3] 但那已经是 1789 年 5 月的事了。当时，下议院正准备就枢密院的一份详尽报告进行辩论，而

协会则正在向议员们大量印发“布鲁克斯号”上的有关情况，以及几内亚海岸的奴隶贸易介绍。但即便有如此密集的攻势，或者说可能正因为如此，那些反对威尔伯福斯取缔奴隶贸易“主张”的人辩称，鉴于“证据不足”，下议院仍需要进行自己的调查。加上首相皮特的内阁在问题上分歧严重，导致他无法将其采纳为政府的一项举措， 303
所以，拖延的力量不可避免地占据了上风。

拖延症这种英国政客们最娴熟的恶习发挥了它的魔力。证据收集的过程缓慢异常，完全不顾协会的催促，一直慢吞吞地进行到了（当然，这也是他们的本意）议会会期结束。新的议会要到 1790 年 11 月才召集。因此，在利物浦的竞选活动期间，许多奴隶贸易的捍卫者（如伯纳斯特 · 塔尔顿）感到信心十足，甚至在参加竞选活动时打出了画有黑人锁链加身的横幅。[4]

与此同时，废奴主义的发起人詹姆斯 · 拉姆齐于 7 月 20 日去世，但他仍然让那些“杀人的几内亚船长”和“压迫的蔗糖种植园主”头疼不已。这些人曾指责说，他在病床上还对非洲人“过度仁慈”。拉姆齐去世时（可能死于胃癌），正在查尔斯 · 米德尔顿爵士的府第提斯通府。当时他并不知道议会的举措是否能成功，但根据克拉克森的记述，他“对于自己能成为仁慈造物主手中的工具，来推动上帝为其造物中那群饱受苦难的人所设立的仁慈目标，感到非常满意”。[5] 威尔伯福斯则在日记中更加简明扼要地记录道：“听闻可怜的拉姆齐昨天 10 点去世了，脸上挂着笑容。”[6] 拉姆齐之所以在笑，或许是想起了令人尊敬的福音派信徒汉娜 · 莫尔（Hannah More）曾对他说过的那句话吧：未来的人会把提斯顿视作“黑人的兰尼米德”（Runnymede）*。

在威尔伯福斯于 1789 年春发表第一次伟大演讲和 1791 年 4 月

---

* 《大宪章》的签署地。

发表第二次演讲中间，还发生了一件更严重的事：法国君主制的土崩瓦解。对于人道主义的支持者（克拉克森和夏普均认为自己是其中的一员）来说，这都是一件兼涉原则和利益的大喜事。因为那些反对英国终止奴隶贸易的人，一直以来给出的一个理由便是：这等于把一门利润丰厚的生意拱手让给英国的死敌，让人家的帝国兴旺
304 发达，让阿尔比恩帝国慢慢枯萎。虽然协会的公开立场是自由劳力生产的蔗糖会比奴隶生产的更廉价，进而占领世界市场，但他们在私底下也承认，这种反对废除奴隶贸易的重商主义观点，确实对当权者造成了影响。放弃英国在奴隶贸易中的份额，就等于把这部分生意白白送给大西洋彼岸的敌人。因此，对于 1787 年之后法国兴起反奴隶贸易运动的报道，英国既有兴趣，也有利害关系。也因此，在 1788—1789 年冬天，即法国三级会议选举期间，托马斯 · 克拉克森才派遣曾随海军在加勒比海地区服役的弟弟约翰，前往法国最繁忙的奴隶与蔗糖贸易港口勒阿弗尔（Le Havre），收集更多有关奴隶贸易残酷性的证据，以便作为证词呈递给枢密院。

不过，托马斯 · 克拉克森派弟弟横渡英吉利海峡，其实还有一个动机：同近来由年轻律师雅克–皮埃尔 · 布里索（Jacques-Pierre Brissot）创立的“黑人之友协会”建立友好关系。1787 年时，布里索曾到过伦敦，并采纳了克拉克森的思路。回到法国后，他邀请了开明改革中最响亮的一些贵族加入废奴事业，比如拉法耶特侯爵、米拉波伯爵（Comte de Mirabeau）*、孔多塞侯爵（Marquis de Condorcet）。如果法国人和英国人同时废除奴隶贸易的话，那么种植园主的论点——英国废除奴隶贸易会让宿敌捡了便宜——就会不攻自破了。

---

* 原文为米拉波子爵（Vicomte de Mirabeau），系作者讹误。米拉波子爵是米拉波伯爵的弟弟，是法国大革命初期反革命势力的领袖人物，并未参与废奴运动。而米拉波伯爵领导过早期革命，以口才著称，发表过一系列支持废奴的演讲。

在 1789 年春夏之前，这种跨越英吉利海峡的废奴主义合作听起来实在有点儿异想天开，毕竟法国蔗糖商人在旧制度的最后几年中，无论在蔗糖产量还是利润方面，都经历着前所有未有的增长。但国民议会在凡尔赛的成立和巴士底狱的陷落改变了一切。托马斯 · 克拉克森读到、听到相关消息后兴奋不已，所以尽管不会说几句法语，但他还是决定亲自走一趟，希望能尽力说服国民议会来支持这项神圣的事业。1789 年 8 月的第二个星期，克拉克森抵达了正 305
沉浸在革命狂喜之中的巴黎。拉法耶特的国民警卫队刚刚起用的三色帽徽，立即被用于政治目的，开始大规模的生产：三色腰带、丝带、别针、徽章以及旗帜，应有尽有。虎背熊腰的克拉克森穿行在这欢庆自由的活动当中，恣意地（对他而言）游走于吞火表演者和跳舞熊之间，感官得到了极大的愉悦，耳朵里回荡着希望的音乐。这些庆祝活动的重头戏是大破坏。“爱国者”帕洛伊的工作队同一群兴奋的志愿者一起，开始一块一块地拆掉巴士底狱的石头。[7] 这里已经成了巴黎公众最常来的庆祝地点。游客们能在这里喝到酒水，而新市民们则在搬着石头往现已多余的护城河里扔。克拉克森随着人群走进了阴暗、窒息的监牢后，看到一面墙上用拉丁语刻着一行字：“（无法辨认的名字）怀着内心的痛苦写下此句。”他甚为感动，便花钱请帕洛伊的两名工人把石头拆下来，留作纪念。[8]

对于这种普遍可能性，克拉克森立刻陷入了全心全意的崇拜。8 月 4 日，在国民议会中成了普通公民的法国贵族公然将他们的封建特权抛入了历史的熊熊烈火当中。没有了封建领主，为什么奴隶还要继续存在？鉴于克拉克森在废奴事业上最亲密的盟友恰好是此时法国最有影响力的拉法耶特和米拉波，所以他很有理由感到乐观。在拉法耶特丰盛的餐桌上，他结识了六位前来拜访他的“有色人种代表”，这些自法属西印度群岛圣多明各的黑白混血儿自豪地戴着三色帽徽和圣路易勋章。他们此行来巴黎是为了争取与白人拥有平等的代表权。[9] 克拉克森问他们是否也支持废止奴隶贸易（因为其中有几个也是奴隶主），他们回答说，在他们的岛上，奴隶贸易是“所有痛苦的根源”，是白人与有色人种之间那种“可恶区别”的根源。其中有个叫文森特·欧格（Vincent Ogé）的代表回到圣多明各岛后，
306 对于克里奥尔同胞因为争取公民权而被屠杀感到愤怒不已，遂武装了自己的奴隶起来造反。被抓住后，欧格被施以轮刑，但他发动的起义引发了一场漫长又血腥的战争，并最终导致了海地的诞生。

克拉克森差人给他运来了一千份那张著名奴隶船版画的复制品以及手绘插图，免费分发给国民议会中那些有着良好意愿的成员。米拉波拿到“布鲁克斯号”的版画后，还当起了顽皮的宣传者，委托人制作了一个三英尺长的船模，摆在餐桌上当谈资，模型的甲板上还塞满了可移动的黑奴小人偶。但是，当这位法国革命中的德摩斯梯尼在国民议会上试探同僚们的口风时，却意外地发现，一千两百名代表中只有三百名支持废除奴隶贸易，就像两年之后在威斯敏斯特宫那样，实用主义果断地介入其中，而且原因也完全相同。拿博爱和人与公民不可分割的权利同帝国的利益对抗时，即使是人道主义最夸夸其谈的支持者，也会退到沙文主义者的硬壳当中。克拉克森被一遍又一遍地告知，法国目前的首要任务是确保革命的成功，任何被认为（无论这种看法有多么不公正）可能有损于革命的事都会遭到怀疑。克拉克森现在成了激进分子的攻击目标，甚至被指控是英国间谍。[10] 就在克拉克森于 1790 年 2 月返回英国前，拉法耶特还给他写信，滔滔不绝地恭维道，“他希望这两个迄今都只是充满敌意的伟大国家，能在不久的将来借这项如此崇高的事业（指废奴）联合起来，并为保护世界的永远和平，再进行更加美好的合作”。[11] 拉法耶特甚至还说，两国一起拥抱自由之后，或许还能变成一个国家！但在狭隘的革命激进分子看来，尤其是巴黎那些，拉法耶特简直是个魔鬼，因为他们最害怕的恰恰就是这一点：拉法

耶特是一个出身贵族的世界主义者。因为归根结底，一个残酷的事实是，尽管这场革命宣扬的是“四海之内皆兄弟”的理念，但从本 307
质上而言，它的目的始终都是为了重塑法国自身。

在英国国内，克拉克森的忠诚性现在也遭到了怀疑，让他的工作更为棘手，而他在 1791 年贸然参加了伦敦的巴士底日庆祝活动后，情况还会变得更糟。在一些英国人看来，法国近来发生的许多事，完全抹杀了 1789 年夏天最初的光彩，比如路灯下的私刑，比如在凡尔赛宫，成群结队的集市妇女和其他市民闯入国王和王后的寝宫，强迫他们公开接受三色旗，并逼着他们灰溜溜地返回了巴黎。而且让克拉克森异常难过的是，有关玛丽·安托瓦内特遭袭和瑞士卫队被屠杀的骇人又夸张的报道，最终让原本性情浪漫的埃德蒙·伯克从革命的热情支持者永远地变成了震怒的敌人。尽管伯克仍然支持废除奴隶贸易协会，但其他人却有些犹豫了，因为蔗糖业的游说团体宣称，废除奴隶贸易就等于鼓励“革命主义”。而当圣多明各岛发生流血起义后，他们更是宣称自己的观点得到了印证，那就是任何对现状的干涉都将以大屠杀和大破坏而告终。克拉克森指出，早在废奴运动开始前，西印度群岛就发生过多次起义，如果袖手旁观，反倒会招致法国蔗糖种植园岛屿正在上演的那种灾难。但他的说法没人听得进去。结果，对大英帝国明确的福祉和安全的长期考虑（其保卫者宣称，二者受到了错误空想的干涉和威胁），最终影响了 1791 年 4 月 19 日的议会投票。此时，法国的那些废奴运动之友已是泥菩萨过河，更别说为这个共同目标尽一份力了。因被传与王后狼狈为奸，企图恢复王室权力，拉法耶特陷入了孤立的境地；受到同样怀疑的米拉波则已去世，所以就目前来看，法国废除奴隶
贸易这一原本并不只是口惠的宏伟愿景，也一样完蛋了。因此，反 308
对废除奴隶贸易的人问道，为什么还要把摧毁英国蔗糖业当成一份礼物，送给现在这个更危险、好战、狂热的法国？

这场争论造成了伤害，废除奴隶贸易的投票未能通过。但还有什么能从这暂时的“阻碍”中被抢救出来吗？过去四年中，成千上万的英国人参加到了反奴隶贸易运动中，要想继续维持他们的信念，势必要采取一些积极的行动。同往常一样时刻准备着应对危机的克拉克森想到了一个既有创意又简单有效的绝妙点子：抵制西印度的蔗糖。他宣布，这些蔗糖是道德毒药，沾染了非洲人的鲜血。数千人云集响应，不再购买加勒比地区出产的糖，转而使用东印度群岛的糖，或用蜂蜜或枫糖代替。抵制运动从伦敦的面包店蔓延到了苏格兰的牧师住宅中，并通过其在国内的号召力，将妻子、母亲和厨师变成了基督教道德的守护者。[12]

此外，还有一个项目，若得到政府的支持，也有可能抵消威尔伯福斯的动议带来的失败。托马斯·彼得斯还在伦敦，并且坦率地表明，新斯科舍的自由黑人或许愿意移居塞拉利昂，所以，突然间，复兴自由省的前景又变得光明起来。通过圣乔治湾公司的帮助（吉米王突袭移民定居点之后，该公司曾派“凤头麦鸡号”救走幸存者），克拉克森及同僚们有了一个雄心勃勃的构想：一道商业与道德能量之光将从塞拉利昂辐射出去，照亮整片非洲大陆。1788 年时，克拉克森结识了瑞典博物学家卡尔·伯恩哈德·沃德斯特罗姆（Carl Bernhard Wadstrom）；此人曾去过非洲西部，并协助瑞典人出版了抨击奴隶贸易的文章。但和亨利·史密斯曼不一样的是，沃德斯特罗姆似乎既可靠又严谨，所以他对该地区所具潜力相对乐观的评价，以及他想回去协助创立自由省的迫切心态，感染了托马斯·克拉克森和约翰·克拉克森，为他们带来一股新的激情。二人找到夏普，信誓旦旦地说他们十分乐意去一趟塞拉利昂。夏普听后，高兴地把
309 这个消息转达给那里的定居者，并叫他们留出保留地，好迎接这几位即将从剑桥郡到来的尊贵绅士。

议会投票和定居者村庄被焚毁的事耽搁了这个雄心壮志。但托

马斯·克拉克森仍然保持着乐观的愿景。他想象着，在繁忙的港口旁边，复兴的小镇背后绵延着数百个小农场，农场的主人们正忙碌地耕耘着，其中的瓜、豆和大米是供他们自己吃，而棉花、胶树、胡椒、染料木、咖啡，当然还有蔗糖，则是为了供应市场。克拉克森觉得，用不了多久，自由劳力生产的蔗糖便能将它的世界价格降低一半，进而占领全球市场。而且，作为一个天然良港，塞拉利昂在非洲无可匹敌，所以它也能成为整个西非海岸的货物进口和出口港，甚至还可以为横跨撒哈拉沙漠的商队贸易服务！象牙和黄金可以直抵圣乔治湾，而且将第一次不是由奴隶们背到那里。用不了多久，英国人就能同五千万非洲人进行贸易了。于是，用（将会禁止奴隶贸易的）新的塞拉利昂公司来取代那个臭名昭著（几乎就只干贩卖奴隶这种事）的老皇家非洲公司的计划，被呈递到了政府那里，并得到了皮特的殖民地大臣亨利·邓达斯（Henry Dundas）的热情响应。但对他而言，最重要的原因似乎是，这样做可以先发制人，抢在那些向来投机取巧的法国人前头。

塞拉利昂公司在那里的代理人亚历山大·福尔肯布里奇传回来的消息进一步鼓舞了该项目的支持者。福尔肯布里奇在河流上游发现了六十四名自由省的幸存者。诚然,四年前乘坐“大西洋号”和“贝利撒留号”来到这里的移民有四百名，现在只剩下了这么多，确实有些可怜。但福尔肯布里奇报告说，无论有多艰难，他们都不希望自己的故事就此结束。相反，这些移民知道自己没有被遗忘后非常高兴，并且告诉他，他们非常想回到原来的村庄。

于是，福尔肯布里奇这位前奴隶船医生便开始竭尽全力复兴自
由省。他和妻子去了罗巴纳后，获得了面谈的许可。尽管安娜·玛
利亚碰巧撞见了奈姆巴纳“穿得很随便”的样子，就是“宽松的白 310
袍和裤子”，[13] 但在会面过程中，脸上一直面带笑容的奈姆巴纳换
了三次盛装，先是紫色外套，然后是黑色天鹅绒外套，再然后是猩

红色的披风。他一边对着这两个外国"无赖"微笑，一边（通过格里菲斯，他的非洲裔美国人女婿兼翻译）表达了他对兄弟国王乔治的热情友谊。然后，他收下了一千五百根铁条和三十九英镑，并同意续签原先同汤普森和定居者签订的土地租约。福尔肯布里奇随后又派他的希腊人副手，乘着小快船顺流而上，去鲍勃岛上找曾经庇护过难民的酋长帕博森。与此同时，有些不安的安娜·玛利亚则在罗巴纳转了转，半兴奋、半恐惧地经过了一根根柱子之下摆放的崇拜物（生锈的弯刀和动物的残骸），贴到近处看了看当地人因为抹着棕榈油而闪闪发光的身体，聆听了腾内人的鼓乐，欣赏了王后那颜色靓丽的塔夫绸条纹长袍，还目瞪口呆地看到当地成年妇女悬垂摆动的乳房，惊讶地发现当地人普遍把这视作一种时尚。

离汤普森海军上校的小山不远处，有一座废弃的滕内人村庄。村里有十七间小屋，正好可以用来重建定居点。小快船从鲍勃岛回来后，安娜·玛利亚看到船上走下来一群衣衫褴褛的黑人，以及七个白人妻子（她觉得一定都是妓女），心想这真是自己见过的最令人沮丧的场面。不过，这样的惨象很快就消失了（至少暂时没了），因为福尔肯布里奇拿出"凤头麦鸡号"运来的衣服分发给了他们，并且像个小镇的市政官或者被围困的准将那样，发表了一段鼓舞士气的讲话，承诺他们如果愿意，就可以获得劳动工具和保护自己的武器，一切都会好起来。最后，他夸张地挥挥手，宣布"他把这里命名为格兰维尔镇，以纪念他们的朋友和恩人格兰维尔·夏普先生，正是在他的帮助下，他们才获得了这些救济物资。"[14] 好极了。上帝保佑。

就这样，余下的这一小群人得救了。他们同彼得斯将要从新斯
311 科舍带过去的黑人先锋连或许真的能把格兰维尔镇弄出个样子来。唯一对这一切感到不满意的人，其实是格兰维尔自己。虽然克拉克森再三向他保证，新的塞拉利昂公司将会是刺向奴隶贸易心脏的一

把匕首，但他还是将信将疑。他先前的那个梦想，那个以黑人十户联保制为基础的社会已经覆灭了，而罪魁祸首不光是吉米王的火把，还有白人的懦弱和贪婪。他之所以感到不满，是因为这个新的地方其实就是——他自己几乎都没有勇气写下这几个字——殖民地。他无论如何都想不到自己会跟创建商业殖民地这档子事扯上关系。自由省属于生活在那里的人（虽然实际上属于腾内人和歇尔布罗人）。可现在，它却会成为塞拉利昂公司的财产，而移民们能去那儿，仅仅是承蒙该公司的恩惠。当然，当初局势变困难时，他已经准备好把管理权从自己手中转移给圣乔治湾公司，但提出了一个条件，那就是自由省的基本政治特征，比如自治、戒备和保卫、土地的终身保有权，不会被侵犯。但在创建新公司的提案中，所有这些似乎都被去掉了，管理那里的将是一个远在英国的董事会和（更糟糕的）他们任命的塞拉利昂当地的议员（他认为会是白人）。那除了黑人陪审团和警察，自由省还剩下些什么？以公共劳动为计量单位的货币没了，他在召集的市民议会中进行的黑人直接民主制实验没了，作为整个事业核心部分的正义和“自由”也没了。

夏普该怎么办？他做不到像伊奎亚诺和库戈阿诺那样与整个计划一刀两断。他知道，非洲那几位硕果仅存的幸存者仍然对他充满信任，所以，为了他们，自己也得尽力保持一点善意的警惕。他的名字，不管怎么说，也还是有些分量的。因此尽管疑虑重重，格兰维尔·夏普还是认可了这家新公司，并且答应成为董事会的一员。不过，为了保险起见，他又致信给那些友好的国会议员，希望他们能为定居者提供一些保护措施。因为他担心，在这种更为纯粹的商 312
业体系中，定居者会被迫以低价将农产品卖给该公司，而该公司会在国内以高价售出。他提出，如果移民们对农产品的收购价不满意，可以象征性地付一点运费，自行将其运回国内。要明白，他们不是签了租约的佃户，而是对自己的土地享有终身保有权，他们的子女也有权自动继承。任何不用于耕种的土地，都应作为公共用地留出来，移民可以在这些土地上放牧、打猎或捕鱼。以及最重要的一点，那里的司法制度必须是没有肤色歧视的单一体系。

夏普的一些条件被纳入了公司章程。但即使只是作为资本主义殖民政策的一项实践，该公司也仍然遭到了来自奴隶贸易和蔗糖种植业游说团体的强烈反对，尤其是在利物浦。但托马斯·克拉克森很乐观。他认为，许多议员对投票反对废除奴隶贸易本来就心怀愧疚，所以应该会投票支持该公司，或者至少投弃权票，好觉得自己还有点儿基督精神。他说对了。提案在议会两院轻松获得了通过。1791 年 7 月，塞拉利昂公司正式成立，首任董事长则由年轻的福音派银行家亨利·桑顿（威廉·威尔伯福斯的亲戚）担任。通过动员支持者出资，尤其是贵格会和福音派教徒，该公司一共获得了四万两千英镑的初始资金。如今成为该公司的董事之一的托马斯·克拉克森带着新的激情重新上路，仿佛一个单人商会，开始到处夸耀数百万非洲人即将开始同英国进行贸易。他甚至还养成了把花椒和咖啡豆样品放在口袋里的习惯，经常拿着铲子，把咖啡豆放在火上烤熟后邀请客人品尝。[15]

选择了英国式自由的非洲裔美国人那波澜壮阔的历史即将翻开新的一页了。但所有关心塞拉利昂这项复兴事业的人都明白，其成功与否将取决于从新斯科舍输入的新鲜血液。很多人在感叹第一个定居点的命运时，常常会说，它之所以失败，是因为那些移民并不
313 是最有前途的一群人；毕竟，那些“穷苦黑人”有多年都是依赖慈善的救济，适应不了辛勤工作的挑战。但新斯科舍的黑人，正如彼得斯说的那样，都是黑人保皇党中的精英分子，不需要那些如何在逆境中坚持不懈的说教。不过，究竟会有多少人愿意移民，目前还不确定。殖民地大臣亨利·邓达斯的猜测是，至多不会超过三十个家庭，但也能算一个良好的开端了，而且定居点才建起来，或许目

前也就能吸纳这么多。彼得森自己同克拉克森聊的时候，则估计顶多只会有一百人左右。当然，不管有多少人愿意移民过去，他们都会受到英国政府的庇佑。8 月 6 日，邓达斯致信远在加拿大的帕尔和托马斯 · 卡尔顿总督，并随信附上了彼得斯的请愿书副本，意思是处理一下里面的申诉。他们应当启动调查，看看是不是有人截留了土地，如果彼得斯所言属实，那他的同胞“当然有充分的理由控诉”，而且应当获得赔偿。对于不愿意继续留在那里的黑人，政府承诺将为他们提供移民塞拉利昂及在那里安置所需的费用，或者也可以去西印度群岛的自由黑人兵团服役，如果觉得这个选择更有吸引力的话。[16] 两位堂堂的英国殖民地总督曾把那个目不识丁的黑人先锋连中士撇在一边，视之为无足轻重的牛虻，可现在却被威斯敏斯特宫的政府要求认真处理他提交的申诉和关切，这着实是一个令人不可思议的惊天大逆转。

彼得斯将亲自返回新斯科舍，把这个消息告诉那里的黑人。此外，塞拉利昂公司还会指派特别代表，现场同他们进行面谈，分清楚哪些人想移民到非洲，哪些人想去加勒比地区，然后把他们分别集合起来。不过，考虑到彼得斯告诉他们的那些事——比如白人保皇党如何对待黑人，以及如何依赖黑人提供的廉价劳动力——克拉克森和夏普有些担心这位中士警官是否能确保政府和公司的意愿得到忠实地执行。因此，他们还得找一个人去新斯科舍，一个白人，314
而且这个人必须要有不屈不挠的决心，要正直得无可指摘，要不知疲倦，还要有能力说动黑人，能租一艘船，组织这次航行，并为其保驾护航，直至移民们安全抵达塞拉利昂，然后再由公司派去的“督查”接管。

大家挠着头，不知道上哪儿去找这样的完人。托马斯肯定不行，他自己都忙得不可开交呢。但随后，在一阵时而高兴、时而严肃的灵光乍现中，他想到了自己的弟弟。

* * *

他向来都是“另一个”克拉克森，是排行老二、平易近人、性情温和的约翰尼，很好相处，不像托马斯那样善于思考和行动，可能也不一定能成大事，但他总是愿意尽好自己的责任，而且毫无怨言。兄弟俩的感情很深厚，而原因或许是（除了都继承了克拉克森家族的高鼻梁之外）他们太不一样了，如果说职业方向是由体格和气质决定的话，他们俩其实应该调个个儿。当牧师的托马斯身形魁梧，下巴方正，天庭饱满，像马一样健壮，不善闲聊；而担任海军军官的约翰则身材高瘦，五官精致，天生善交际，性格温柔活泼，同表情坚毅的托马斯一比，几乎就像小狗一样可爱。同其他与托马斯交好的英国人一样，弟弟约翰对哥哥充满了敬畏之情，换言之，感到自卑。

当然，年轻的约翰·克拉克森也不是没经历过世事沧桑。在他两岁那年，他的父亲（维斯贝希文法学校的校长）去世了，他的母亲安妮成了寡妇，而且还患上了严重的风湿病。每一年，她都会带着三个孩子（兄弟俩还有个妹妹，也叫安妮）去埃塞克斯郡霍克斯利公园，到亲戚吉布西斯夫妇的家里住一段时间。在那里，在按照当时流行风格重新设计的田园风光之间（观赏性的绵羊、高大的垂
315 直推拉窗），年轻的克拉克森邂逅了蓝色的制服和金色的穗带。吉布西斯夫人本姓罗利，娘家是海军世家；正是在约书亚·罗利海军上尉（Captain Joshua Rowley）的引荐下，十二岁的约翰·克拉克森加入皇家海军。所以，当托马斯在圣保罗中学分析拉丁诗歌、潜心钻研伊拉斯谟的时候，约翰正以海军军官学校学生的身份，在拥有七十四门火炮的皇家海军战舰“君主号”上挂吊床。在船上，他学会了捻接绳子，学会了怎么用六分仪和象限仪，学会了顺着帆索爬到高处，在起伏摇摆的船上放哨。他还了解到，在战斗中，他的

责任就是站在火炮旁边，手指扣在扳机上，随时准备枪毙任何企图从甲板上逃跑的人。[17]

在五年半的时间里，约翰·克拉克森从海军学员升为候补少尉，后来又当上了代理海军上尉，从“君主号”这样的三等军舰上，到了航速飞快的掠夺性护卫舰“普洛塞庇娜号”上，最后又去了修长的小型单桅突击帆船“猎犬号”上，先后在九艘军船上服役。他的海军学院生涯，几乎正好赶上了美国独立战争时期，所以，当他最终在 1783 年 3 月被任命为海军上尉时，几乎已经经历过战时海军能扔给他的一切考验。少年时期的他，曾目睹海员们一头从主桅上纵身跳下，其中一个摔在火炮上，当场死亡；对于每天被鞭笞的残酷仪式（抽打、呻吟、用盐水冲洗绽开的皮肉），他早就习以为常；大船被狂风吹得快要搁浅，船尾疯狂地转来转去，船员们手忙脚乱地把所有东西都扔进海里（除了拆不下来的火炮）时，那种令人恐惧的无能为力感，他也十分熟悉；当国王在斯皮特海德坐着船检阅海军时，他大声欢呼着，把嗓子都快喊哑了；战船遭到舷炮射击时那惊天动地的爆炸声和四处飞溅的碎片，以及整条船剧烈地摇晃到仿佛要散架的感觉，都让他刻骨铭心；他还曾无助地看着主帆着火后，像一只关节突然脱落的大海鸟一样盖住了甲板；或者走在被鲜血浸湿的炮台甲板上，脚底不停地打滑，虽然为了防滑，上面已经撒了一层沙子；在某次战斗中，他亲眼看着一位军官的胳膊被炮弹炸飞，但他甚至都没有大叫一声；他曾为思考进入或撤离火线的谨慎策略而绞尽脑汁；还有最可怕的——在一场实力悬殊的攻船行动中，他目瞪口呆地僵在原地，看着同船的战友跳到法国的小型单桅 316
帆船“斯芬克斯号”上，高声叫喊着冲向那群视死如归的可怜船员，然后一顿乱砍滥劈——他怎么都忘不了这场残忍至极的大屠杀。[18]

身处这么多大事小事之中，候补少尉克拉克森根本没有时间和场合去悲天悯人，而且也没什么意义。在美国打独立战争的大部分时间里，约翰都驻扎在加勒比海地区，因为当时的英国海军部命令他的上司、海军上将罗德尼去那里尽可能拖住法国人，以防他们封锁英属美洲或者趁机抢占英国的蔗糖殖民岛。要是能同时再抢一些法国或西班牙的岛屿过来，海军部的大人们就更感激不尽了。那些年里，奴隶制度无处不在，但没有任何迹象表明约翰·克拉克森对此心存芥蒂。海军里有些炮手和火药兵是奴隶，有些是自由人。在巴巴多斯和圣卢西亚的港口，奴隶们或驾驶小型的独桅纵帆船，或为舰船领航，寻找安全的抛锚地点，或用马车运送大桶的物资，或扛送大包小包的东西，而在码头附近，则有更多镣铐加身的非洲人被拍卖。在稍微太平点儿的牙买加，他听过蹦跳舞和贾卡努狂欢游行的鼓点；见过克里奥女人穿着缎子衣服晒太阳；目睹了一些年轻的种植园主（有些同他年纪相仿，有些比他小）因为热病或放纵而脸色发黄，东倒西歪地从酒馆里走出来。但对于这个世界的种种罪恶，他连想都没想过。

当然，这些都发生在“宗号”船的暴行之前，发生在哥哥托马斯于赫特福德郡路旁的顿悟之前，发生在他听说格兰维尔·夏普和詹姆斯·拉姆齐之前。但约翰才刚刚穿上海军上尉的制服，对美和对法战争便结束了。因此，他同数以千计的年轻军官一样，不得不面对所服役舰船退役和薪水减半的现实。他到处求亲戚、托朋友，想看看谁能帮他在现役的军舰上找份工作，但没人能帮得到；而当有机会去东盎格利亚海岸（East Anglian coast）指挥一艘独桅纵帆船时，他又说服自己放弃了同豪大人的面谈。所以有一段时间，他罕见地无事可做，但也正是在此期间，他缓缓漂进了（不是冲入）哥哥那种颇具感染力又持续不断的热情光环之中。他开始阅读、讨
317 论、沉迷于有关废奴主义的东西，并带着他自己的那份真挚与热诚行动起来。毕竟，他可以给克拉克森和威尔伯福斯的运动带来一种实质性的财富，那就是对西印度群岛和航海事务的第一手了解。他

帮助托马斯在码头附近周围寻找不太情愿出面作证的证人，并取得了他们的证言，用海员的专业眼光来检查提货单，还把这一切都写下来，呈交给委员会，并一丝不苟地参加了相关会议。但他的这种转变让一些老战友很是不满。比如一个叫约翰 · 马修斯（John Matthews）的人为了捍卫奴隶贸易发表了一篇文章，讲述他在塞拉利昂的经历。而罗利家族的人嚷嚷得更大声，说这种事从来都有，不要多此一举。班格尔的主教则对约翰说，是啊，可他们的鼻子很讨人厌啊，对不对？对此，这位年轻人答道，他相信上帝不会造出讨人厌的东西。这种有些假装圣洁，但在道德上又无可挑剔的口气，将会成为新约翰 · 克拉克森的一个特色。

不过，虽然有事可做，他还是想在海军谋个一官半职，而在1790年的战争恐慌期间（这次不是和法国，而是西班牙），他确实也碰上了一个短暂的机会，那就是去罗德尼的旧旗舰皇家海军“桑威奇号”上任职。但问题在于，这艘船现在已沦为一个中转站，专门接收那些被抓了壮丁的“倒霉鬼”,所以这是一份肮脏至极的工作，且遭到了乔纳斯·汉威和格兰维尔·夏普的猛烈抨击。然而，约翰·克拉克森再次（也是最后一次）把事业置于了道德良知之上。克拉克森兄弟俩虽然没有因为这份丑恶的工作彻底断绝关系，但托马斯还是被约翰的背叛惊呆了，并且有意开始寻找、照顾那些被抓了壮丁的男性的妻儿。其中一位悲痛欲绝、怀抱婴儿的妻子告诉托马斯，她丈夫在就在“桑威奇号”上。可当一艘小船把他们载过去时，约翰不得不将噩耗告诉自己的哥哥和这个泣不成声的女人：她丈夫已经坐船走了。[19]

兄弟间的嫌隙，直到1791年5月（即塞拉利昂公司成立前后）“桑威奇号”再次退役之后，才最终弥合。约翰又闲了下来，并且同他那位紧张忙碌的哥哥和好如初。但现在的他，正处在人生的一个十字路口上：他已经同苏珊娜 · 李（Susannah Lee）订婚，这是 318

一门好亲事，女方的父亲是诺福克的银行家，也是东盎格利亚地区的地主。约翰如今已经二十七岁，如果不被召回舰队的话，可以期待过上一种不会讨人嫌的生活，做一位乐善好施、虔诚尽责的乡绅。但那些他最敬爱的人，兄长托马斯、威廉·威尔伯福斯，已经对他另有安排。

约翰去新斯科舍支持彼得斯的事业，很可能是他得知塞拉利昂公司有此意图之后主动请缨，而非受到了托马斯的逼迫。他一定明白哥哥会对他的主动感到欣慰，也知道这项委任的善可以抵消之前那份工作的恶。公司和委员会更觉得约翰是他们的不二人选。虽然他还很年轻，只有二十七岁，但时任首相的皮特开始担任这份要职时还比现在的他小三岁呢！要是从新斯科舍到塞拉利昂的旅程最终能够成行，那还有谁会比这位既有航海经验又虔诚热情的海军上尉更合适？

不过，或许最有说服力和不容置疑的事实是，威廉·威尔伯福斯对约翰·克拉克森的喜爱，并不亚于他哥哥托马斯。相较于托马斯那种一成不变的严肃和善良，约翰顽皮的性格给人一种耳目一新的感觉，可以让人觉得能同他一起淘气。比如，大他五岁的威尔伯福斯给他写信时，有时会用“亲爱的海军上将”来称呼他。你可以从中感觉到，这两人是在互相眨眼，甚至是胡闹。尽管他们被各种严肃的事情包围着，但他们还是男孩子，只不过承担起了男人的工作，或者更确切一些，是坚忍不拔的圣人要做的事。威尔伯福斯毫不怀疑的一点是，这项现已被称为“任务”的安排，会让这位年轻的海军上尉成为一个更好的人。因此，他亲自打点了政府的相关人员，如邓达斯和负责加拿大殖民事务的副部长埃文·内皮恩（Evan Nepean），请他们提供必要的命令函、授权书和介绍信，好方便约翰在哈利法克斯活动。威尔伯福斯在写给内皮恩的信中说，他对约翰·克拉克森有着无比的信心，“这个优秀的年轻人有着无数美好

的职业素质和个人素质，相信我，行事审慎便是其中之一……此外， 319
我个人也真的很敬重他。”[20] 就这样，在 8 月 5 日，约翰 · 克拉克森向海军提出了休假十二个月的申请，并获得了批准。

与此同时，他哥哥托马斯也没有放松下来，而是再次开始巡回演讲，宣传现在所谓的“反糖运动”（Anti-Saccharine Campaign），并到处为塞拉利昂募捐。他唯一的放松就只有晚上的散步，其他时间里，他连吃饭时都在写信。比如接待他的什罗普郡牧师普莱姆利（Plymley）到了预定的晚餐时间还没来吃饭，克拉克森便表示，这宝贵的几分钟要是被浪费掉实在很遗憾，劳烦牧师的妹妹凯瑟琳·普莱姆利（Katherine Plymley）马上给他找来钢笔、墨水和书桌。拿到之后，克拉克森开始奋笔疾书，并建议说，自己写完之后，请她立即把信封好寄走，以免浪费更多的时间。心中时刻牢记这项事业是一项善举的托马斯，还嘱咐约翰在执行任务时要记得写日志，因为他觉得这样一份文件（由他）好好编辑一下并出版的话，会给反奴隶贸易运动带来不可估量的好处。向来对哥哥言听计从的约翰保证自己一定会做到。[21] 然后，他去见了未婚妻苏珊娜，祈求她能支持或者至少同意推迟二人的婚期。毕竟，他又不会离开很久。他的工作只是去新斯科舍看看是否有人愿意移民塞拉利昂；如果有，那就把他们送过去。仅此而已。充满智慧的塞拉利昂公司到时候会委任一名总督或督察去，所以不出一年，他相信，他便会带着顺利完成了一项崇高使命的满足感回到家中。

约翰到泰晤士河下游的格雷夫森德（Gravesend，距伦敦二十英里），登上了前往新斯科舍的“方舟号”。但突然间，他哥哥似乎担心起这项任务的危险性。他在告别信中写道：“在非洲的河里，要留心短吻鳄；到了陆地上，要留心蛇。”[22] 不过，他之所以感到焦躁，原因其实远不止于这条警告：他不想就这么让约翰离开，他需要一场正正经经的告别。好在大西洋沿岸当时正逆风呼啸——当

然，这个好只是对他而言——“方舟号”没法正常航行。所以，虽
320 然托马斯很少会感情用事，中断已经精心规划好的行程，但这次他调整了一下，将普利茅斯和埃克塞特也纳入其中，然后急匆匆地坐船去往西南方，沿途打听“方舟号”到底停泊在哪个港口，并最终在韦茅斯（Woymouth）追上了约翰。兄弟俩最后认真地碰了一面，最后拥抱了一下，以及最后（毕竟这是克拉克森兄弟）无疑还一起安静而焦虑地进行了祈祷。

* * *

是“方舟号”在大西洋上航行到一半路程，因为秋日的浓雾而差一点儿同下风舷一侧的那艘双桅横帆船撞上的时候，约翰·克拉克森第一次产生了某种不合时宜的颓丧感吗？他不断地想起出发前威尔伯福斯给他的那些奇怪建议。8月初，威尔伯福斯曾写信嘱咐他，别跟彼得斯走得太近，免得他惹是生非时把你也连累了；要跟总督们打好关系；注意别把移民计划吹过了头。[23]这些可不是什么能平复人心绪的建议。所以有时候，他的内心会蒙上一层阴影，就像太阳被云遮住后的海浪。

> 航行途中，这项任务的重要性一直在我的脑海中盘旋。和当初自告奋勇时相比，现在的我有了不同的视角。那个时候，我听了彼得斯讲述的动人故事，又得知董事们似乎找不到合适的人选，便一时激动，主动提出愿意效劳；但当我到了海上，有时间思考之后，情况就发生了变化。因为到那时，我才终于得闲，想明白了这项任务的艰巨性。我依然想帮助那些不幸的人，可这份由我强加在自己身上的责任，又让我感到畏惧。但既然已经开始做了，那我就别无选择，只能坚持下去。[24]

如此说来，他其实不是摩西，而是约拿？时刻自省是福音派信徒的思维习惯。但到目前为止，他并没有被那种伴随强烈的使命召唤感一同涌入脑海的不确定感所困扰。彼得斯的正直与热情显而易见，但万一他搞错了怎么办？或许黑人还是待在新斯科舍比较好呢？毕竟，塞拉利昂肯定也有自己的暗礁和险滩，到时候，他就成了误导黑人的罪魁祸首。诚然，他可以把随身携带的文件——塞拉利昂公司于 1791 年 8 月印发的传单张贴起来或者直接念给黑人听；文件里承诺的，正是他们目前没有的东西：保证提供可耕地（每名男性二十英亩，其妻十英亩，每名子女五英亩）和建立拥有黑人陪审团的司法系统。此外，这份传单中还包含了西方历史上第一份明确的反歧视文件：按照政府下发的严格指示，“黑人和白人拥有同等的公民、军事、商业权利和义务，并享受同样的保障”。[25] 最重要的是，在夏普的坚持下，该传单还规定了格兰维尔镇将严格禁止奴隶制度，塞拉利昂公司的任何代理人不得参与奴隶买卖（移民们就更不能了）。因此，对那些黑人来说，塞拉利昂会成为一个新的家园，而且在那里，他们肯定要比在新斯科舍过得好。但克拉克森心里也记着威尔伯福斯嘱咐，不要把这个未来描述得天花乱坠，就算是为了他们（或许也是为他自己）着想吧，因为这样的话，只有那些最坚定的人才会移民。他可以简单介绍一下塞拉利昂公司和英国政府的政策，“选择的权利”还是留给那些好人吧，“因为我觉得，他们是和我一样的人，有着同样的感情，所以我不敢拿他们的命运开玩笑”。 321

10 月 7 日，“方舟号”抵达了广阔的哈利法克斯港。克拉克森站在甲板上，入迷地望着错落于山坡上的黄色和白色房子，但内心里已经迫不及待地要开始执行他的任务了。他在港口旁边的商运咖啡屋租好房子住下来后，塞拉利昂公司在当地的代理人、贵格派商人劳伦斯·哈茨霍恩便来拜访了。此人坦率和谦虚的性格当即给克

拉克森留下了深刻的印象，但他很快会发现，这样的品质在其他新
322 斯科舍白人身上就很罕见了。一群史威登堡的信徒也来露了个脸，这群人尤其支持克拉克森的任务，因为他们的教会公开相信，真正纯洁的基督教精神可以在非洲人身上找到。随后，克拉克森还听说，比他先到达哈利法克斯的托马斯·彼得斯，现在已经动身去了安纳波利斯。不过，他认为彼得斯可能并没有受到帕尔总督的热情欢迎和积极配合。

当天下午，约翰·克拉克森去拜见了帕尔，并介绍了自己的任务安排。但其实甚至在彼得斯到达之前，帕尔就已经从邓达斯于8月6日写来的信中了解了两人的情况。而且还有一件事，克拉克森也蒙在鼓里，那就是埃文·内皮恩另外给帕尔写来了一封居心叵测的信，削弱了他的权威。信的大意是劝告帕尔不要给克拉克森的工作提供太多方便，要是能想办法稍微妨碍一下，可能更明智。不过，内皮恩（也许还有邓达斯）为什么会表达这种与官方指示的内容和精神直接相悖的想法，我们并不清楚，除非是因为他们也赞同帕尔自己的看法，认为鼓励黑人移民塞拉利昂，会招致白人保皇党的不满，或许还会刺激他们大规模逃回美国。帕尔和托马斯·卡尔顿肯定对彼得斯的抱怨感到很生气，因为这反映了他们的管理不善。

第二天，帕尔设宴为克拉克森接风，哈利法克斯的要人也都悉数到场。迈克尔·华莱士自不必说，其他到场的人还包括：英格利斯主教，此人曾在纽约的三一教堂担任牧师，但他其实不怎么同情黑人，毕竟在他的教堂里，黑人都不能坐在长椅上，只能站在走廊旁听；还有一位名叫哈蒙德的英国驻美外交官，此人是从法尔茅斯（Falmouth）坐邮船来到哈利法克斯的。在总督大人有些蹊跷的鼓励下，这个哈蒙德讲述了他在船上听来的传闻，说移民定居点是如何被塞拉利昂的土著人捣毁的。听完他一番悲观的描述后，帕尔便
323 质疑起让新斯科舍的黑人大规模移民到那么危险的地方是否明智。

克拉克森当然对吉米王在1790年发动的袭击一清二楚，所以猜测这则最新的传闻，说的可能是福尔肯布里奇重建起来的村庄遭到了第二次突袭。不过，他也敏锐地感觉到，这可能是这些人出于自私而向他发起的劝说攻势，便说这条最新的“情报”不足为信。但帕尔没有善罢甘休，坚称自己也听过许多类似的传言，说塞拉利昂的移民们命运十分不幸。然后，这位面容精致、眼神明亮的高个子年轻人，身着海军上尉的蓝色制服，有些紧张地坐在帕尔的桌旁，面对着那些酒杯和银器，找到了他自己的权威。他机智（且有些装腔作势）地回答道，董事会的成员或者国王陛下的政府要是有任何理由相信这类传闻的话，是绝不可能对他此行的任务表示支持的，也不会授权他向新斯科舍的黑人发出移民塞拉利昂的提议。所以很遗憾，一定是提供消息的人听错了。根据克拉克森的日记，这时候，“总督大人才放下这个话题，拿起酒瓶递给大家……我明显感受到了他不想让我把这事儿办成……或许是觉得如果人们不愿意离开新斯科舍的话，就可以很好证明他们其实很满足”。

不过，这个消息还是让克拉克森感到不安，也加深了他的焦虑，因为他已经开始在哈利法克斯及附近的村镇（如普雷斯顿）传达塞拉利昂公司有关再移民的消息了。或许把武器和弹药运往塞拉利昂时，再顺便配备一名正经的军械师，会更明智一些？但他还是止不住地胡思乱想。“他的”黑人刚到非洲便遭敌对部落袭击的种种画面折磨着他的内心；或者更可怕的是，伦敦那些老爷们真的向他隐瞒了什么，很清楚他会白跑一趟。那样的话，他究竟算什么？要是把这些黑人领到火坑里的话，他该如何原谅自己？

在记日志时，约翰陷入了那种杂乱无章的意识流句法当中，对着一位假想的读者（可能是他自己，也可能是他哥哥）暴露出他内心的焦虑不安：

> 324 只要那些人还在我的保护之下，那么我现在就告诉你，如果我（在非洲）遇到任何顽固的抵抗会发生什么。我会牢牢记着我下面有许多无辜之人，要不是因为一年中的某些时候天气极其恶劣，他们本可以舒舒服服地继续留在那里，过着安定、平静的日子。可这些人对我信赖有加，觉得我可以兑现公司的承诺，我也跟他们保证他们不会受到当地那些大王的威胁。当然，我也认为，遵纪守法的良民仍有必要保持警惕——从欧洲自诩进入了文明时代起，这些可怜又不幸的人便遭受了最大的背叛、压迫、杀戮及一切卑劣之行；我实在想不出来有哪一次那些掳走他们的人认认真真地兑现了当初曾对他们的承诺。因此，在充分考虑过我所说的这些后，尤其想到这些人在把希望寄托在我身上之前本来过着安定、平静的日子，我就不知道（要是我们遇到抵抗的话）该怎么才能让他们相信我内心对他们的全部和真实的感受。如果发生那种事，我宣布，你就再也不会见到我了，因为我宁愿牺牲自己的生命来保护船上那些人，哪怕是他们之中最卑劣的人，也不想让他们对我的诚意有一丝的怀疑……[26]

所以，约翰·克拉克森到底在威胁什么？如果到了大洋彼岸，他发现自己被故意误导了，或者更糟糕，在毫不知情的情况下误导了黑人，他要怎么办？武装抵抗？还是自杀？而且，他受到了什么刺激，才会突然爆发出如此强烈、甚至可以说暴力的情绪呢？

首先，他在哈利法克斯结交到的人，都十分乐意证实有关自由
黑人遭到系统性虐待的报告。新斯科舍两位最主要的法律人员——
325 首席法官托马斯·斯特兰奇和总检察长桑普森·布拉沃斯经常会审
理一些让他们感到悲痛和愤怒的案子，并且因为这些案子，在哈利
法克斯地区首倡成立了支持彻底在全省废除奴隶制的小团体。后来，

劳伦斯·哈茨霍恩又介绍约翰认识了当地的贵格会保皇党，而这些人同英国和美国的教友一样，向来都有着类似的想法。

不过，几乎可以肯定的是，克拉克森感到如此不安的直接原因，是他自己与黑人的接触，尤其是在普雷斯顿地区。而他从咖啡屋搬到在港口附近租来的公寓后，又有一堆麻烦朝他涌来，其中之一涉及的是允许潜在移民离开新斯科舍和新不伦瑞克的程序。塞拉利昂公司坚持认为，对于所有想移民的人，要考察一下他们是否“勤奋、诚实、持重”。只有三项都符合的男女，才能获得“认可证书”，实质上就是一份通行证，拿到之后，他们才能去往那个已经被董事们命名为“弗里敦”*（不再跟那个古怪的夏普扯上关系了）的地方。但是，克拉克森和哈茨霍恩非常不信任塞拉利昂公司委派的那些向黑人传达信息和发放资格证书的代理人。白人保皇党已经对那些最健康、最能干的黑人可能会离开感到不满了，为什么还要给他们写推荐信，给他们的离开行方便呢？于是，克拉克森决定亲自到半岛各地面访那些自由黑人，能见多少就见多少，并向他们宣读公司的计划，有谁想去就记下他们的名字，检查他们是否符合要求，然后签署他们的证明。“那些白人现在威胁说，他们要拒绝提供品格证明，强迫黑人留在新斯科舍；但我只要看到了一个人的茅屋井然有序，土地也尽力耕作了，而且财力尚可，比如有几蒲式耳的土豆……如果他的品性也不错，那我就不会拒绝向他发放证明。”[27]

正因如此，他才去了普雷斯顿一趟（朝内陆方向往北走一点，在哈利法克斯港东岸的达特茅斯一侧），与他一道前往的还有哈茨 326
霍恩及哈利法克斯的营房督导詹姆斯·普特南（James Putnam）。虽然普特南对那里的人评价很高，[28] 但原本就对整项计划喜忧参半的克拉克森在看过普雷斯顿之后，心情更复杂了。

---

* Freetown，直译是“自由城”，后成为塞拉利昂的首都。

作为为数不多的几个白人和黑人混居的村子，普雷斯顿可以说是一穷二白，农民们在受冷风侵袭的贫瘠土地上辛勤劳作，但收获无几。几位访客倾听了普雷斯顿人的悲惨故事，比如孩子们被欺诈性的契约所约束，服务时间远远超过了他们当初在合约中达成的理解，或者被雇主威胁要卖掉之类的可怕经历。在普雷斯顿，大约只有一半人拥有土地。其中那些分到的地本来就少的人，还因为“过度耕种，连土地的一半的收成都保不住”。[29] 当然，也有人情况会好一些，比如英国 · 自由就在他的四十英亩土地上安定了下来，并在“城镇地皮”上建起了一幢小木屋。那些熬过了 1788—1790 年间的几个寒冬与饥荒时期的人，最终在他们的土地上有了收获，能把土豆、玉米和鸡拿到哈利法克斯的市场上出售了；有些人甚至还干得很不错，同克拉克森签订了合同，专门为前往非洲的船队供应下蛋的家禽。

不过，更值得注意的是，克拉克森发现普雷斯顿的这一百多户人家形成了一个在他看来属于真正意义上的村庄；换言之，他们有一所学校和一座刚刚被祝圣过的教堂。学校由英国的某基金会赞助，校长名叫凯瑟琳 · 艾波纳希（Catherine Abernathy）；她是当地农民亚当 · 艾波纳希（Adam Abernathy）的妻子，给大约三十个孩子上阅读、写作、宗教和算术课。前段时间，有人投诉说，艾波纳希夫人的宗教课程有些古怪，教导学生的时候有些太过热情。[30] 但近来，她显然已经有所转变，开始遵守英国国教的教理问答，所以她那间由黑人建造的木屋教室现在也被视为了典范。教堂则由三个主要教派共享。因双腿意外受冻而落下残疾前就曾去过普雷斯顿的大
327 卫·乔治，委派手下的执事赫克托·彼得斯（同托马斯没有任何关系）为浸礼宗信徒服务，并且为新的皈依者施洗礼。“新光”亨廷顿伯爵夫人会数量可观的信徒在这里也有容身之地。该教会信奉更严格偏向加尔文宗的英国国教，其传道士名叫约翰 · 马兰特（曾在皇家

海军服役，并在1780年克林顿将军骑马游街，庆贺查尔斯顿的胜利时，受到保皇党印第安人大王的问候）。当然，还有循道宗的牧师波士顿·金，就是那位曾四处传道的前奴隶、伯奇镇的制箱木匠和造船工人、捕鲑鱼的渔夫、渎神者的鞭子：受教会的派遣，他来到了普雷斯顿传教。在一段时间里，白人来听他布道时，他总是为自己学问不够而感到窘迫，而服务他的三十几名黑人信众也让他有点儿力不从心。但有一天，当他宣讲《雅各书》第二章的第十九小节时（“你信神只有一位，你信的不错；鬼魔也信，却是战惊”），“神性似乎降临到了信众的身上。有人轰然倒在地上，仿佛已经死了，有人则大声乞求怜悯”。礼拜结束后，一位F小姐敲着教堂的门，宣称她看到了圣光，要皈依上帝。“听到她的呼喊后，众人都喜极而泣；自此开始，主的事业再进行起来，便一帆风顺了。”[31]

因此，普雷斯顿的邻里关系足够紧密，让克拉克森深受感动。他注意到，这里的黑人是真正意义上的邻居，即便没有血缘关系，也会经常帮忙照看对方的孩子，或者在对方外出工作时，把他的孩子接到自己家里去。普雷斯顿被克拉克森理想化了（在他们离开的前夕，他曾把普雷斯顿的人誉为“黑人中的精英”），所以毫不奇怪的一点是，他对让他们举家移民这件事的担忧，并未完全消失。事实上，在得知许多普雷斯顿人热情响应了塞拉利昂公司的移民计划——七十九人去了哈利法克斯报名——并希望他能保证他们在非洲不会像在新斯科舍那样变成“债务奴隶”后，他的不安感更是有增无减。但最终，一桩桩黑人常年遭受白人粗暴虐待的悲惨故事让 328
他恢复了信心，明白自己是在做一件好事。因为在这些移民中，许多人为了勉强维持生计不得不沦为佃农，为白人地主劳作，所以通盘考虑的话，他确信自己这么做对得起他们。而且反正他会陪着他们一起驶过茫茫大海上的每一里航程。

> 若能一同航行，实现我们的愿望，我会非常高兴，因为我觉得自己十分关心对这些受压迫的可怜人的福祉；事实上，我从未像此刻这样对自己背负的任务感到敬畏……我期望所有宣布想和我一起去的人，都能想清楚他们会面临的危险，如果他们依然坚定地跟我去，那就必须从那一刻起将我视为他们的守护者和保护者，相应地，我则希望他们能够服从命令、品行良好。[32]

三十吨的纵帆船“海豚号”，是在哈利法克斯南部和西部的沿海水域上往来的众多小型船之一。由于当时已经是 10 月底，北大西洋上刮起了强大的逆风，所以它在航行中遭遇了诸多不便。同约翰 · 克拉克森一起上船的是塞拉利昂公司任命的年轻外科医生查尔斯 · 泰勒。这位泰勒医生会陪同移民前往非洲，或许还会留在弗里敦行医。两个人相处得很好，一致认为他们肩负的使命很重要。但他们也意识到，一个关键的时刻即将到来：此时，俩人正在去谢尔本和伯奇镇的路上，而那里的自由黑人比新斯科舍的其他任何地方都多。所以，已经惊讶于自己的提议在普雷斯顿和哈利法克斯受到热情响应的克拉克森，很好奇谢尔本会是什么状况。在伯奇镇办学育人的斯蒂芬 · 布鲁克上校（而且显然还是那里的治安法官）给他
329 写来了一封信，请他提供更详细的信息。现在，他要亲自来介绍了。

同往年的这个时节一样，上午的新斯科舍还天气晴朗，但到下午便风雨交加了。一场飑突然从东北方袭来，将行进到利物浦南部的“海豚号”吹得颠来簸去。眼看海浪越涌越高，船长便决定把船开到一个小海湾里去避风。这个海湾不是很大，一条宽阔的河流由此缓缓汇入汹涌澎湃的大海；湾内有个简陋的码头，几条比划艇大不了多少的渔船停泊在一旁，船上的系泊绳被拽得紧紧的。一片了无生趣的沙滩上散落着大大小小的鹅卵石和已经被海鸟啄食干净的贝壳，黄褐色的沙洲渐渐消失在常见的芦苇沼泽中；被风吹得七倒

八歪的树木从高大、光滑的岩石后面伸出来。一阵阵的鹅叫声不知从什么地方传来。河的东岸上零星地立着几间寒碜的棚屋，看起来已经饱经风霜，脆弱到无法抵御即将到来的冬日寒风。不过，这个人烟稀少的小村庄却有一个大气的名字——勒贝尔港，估计是某个无畏的阿卡迪亚人给起的，幻想着有一天这条大河上会建起一座港口，方便把腌鳕鱼转运到法属印度群岛，或许还能连同毛皮一起再被运回布列塔尼。已经对乡村地区贫穷状况了然于胸的克拉克森想到了最坏的情况。他凝望着如画的原始风景（“无论从哪个角度看，那树林似乎都无边无际”），但脑海里却忧郁地想象着在勒贝尔港活下去得有多艰难。在棚屋的旁边，“几个可怜的居民”清理出了几块面积不大的贫瘠土地，从地上的那些湿叶子可以看出，他们收割的是谷物。偶尔，一头形单影只的羊或牛会在泥地上缓缓走过。克拉克森很好奇，这种地方的冬天可怎么熬？他想象着居民们“穿着雪鞋，带着狗和枪，穿行在树林中，寻找野禽、驼鹿、北美驯鹿”。[33]

这会儿，风越刮越大，还伴着大雨。出于好奇和必要，克拉克森和泰勒走到其中一间屋顶由树枝和填充物构成的小木屋前，敲了
敲门。让他们惊讶的是，“一个约莫十五岁的（白人）小姑娘热情 330
地迎接了他们。她父母不在家，这几天一直在河对岸收冬储土豆，所以留下她照看房子和两个小孩，也就是她的弟弟”。这个女孩叫珍妮·拉文达（Jenny Lavendar），在她朴素的外表之下，正如约翰·克拉克森想象的那样，确实散发着绵柔的芬芳。*“从她亲切的态度、客气的关心来看，说她是受过教育的上等人也不为过……她的举止简单随和、毫不做作，她的态度谦逊、恭敬，让我一时都不知道该如何表达我对这个讨人喜欢的小姑娘的尊重了。”外面的雨越下越大，珍妮给两位先生端上了她仅有的几样东西：土豆、酪乳和“几

* “拉文达”与“薰衣草”（lavender）发音相近。

条腌鱼”。简直是一场盛宴。吃完后，泰勒和克拉克森费劲地站起来，走出了木屋。但在漆黑的夜幕中，他们意识到，先前蹚过的那条小溪现在已经涨得太高，根本无法通行了。两人摸着黑，好不容易找到回珍妮家的路。“小女主人以她独一无二的优雅举止”再次接待了他们，并且抱歉地说，家里现在太简陋了，而且她父母不在的时候，会把很多东西都锁起来，所以两位先生只能和她那个刚出生不久的弟弟挤一张床睡了。在这俩人相对舒服地睡觉时，“风和雨不停地拍打着屋子的每一个部分，为了不让坏天气太影响我们”，珍妮整夜都坐在一旁拨火添柴。

第二天（10 月 2 日）早上，暴风雨几乎没有减弱，不过，克拉克森和泰勒还是找到了回“海豚号”的路，然后从船上取了些食物，拿给珍妮 · 拉文达，以示感谢。鉴于船还是困在港口里，他们便决定去河东岸的黑人佃农家里看看。这意味着，他们需要逆流而上，然后再往内陆去，但麻烦的是，一路上到处都是沼泽和旁逸斜出的树木，只有米克马克人狩猎时踏出来的小径可以走。最后，他们终于走到了一片看起来令人悲伤的林中空地上。生活在这里的两个黑人家庭，谢泼德一家和马丁一家，显然一贫如洗：他们都是逃亡奴隶，
331 原本来自弗吉尼亚的诺福克。托马斯 · 谢泼德（Thomas Shepherd）向克拉克森诉苦道，他的妻子正卧病在床，所以自己去做佃农，纯属无奈之举。这么久了都没分到地，所以他别无选择，只能去给白人种地。“这让他们陷入了赤贫的境地，”克拉克森写道，“为了满足地主的需求……他们不得不变卖所有的财产、衣物，甚至连床也卖了。”他向两家人介绍了移民计划，但谢泼德已经是六旬老人，妻子又疾病缠身，不太可能移民非洲。克拉克森决定，到了谢尔本，一定给这个女人寄一些药来。倒是马丁一家更有可能是移民弗里敦的料。

回到拉文达家后，克拉克森见到了珍妮的父母。他们恳求两位

先生再多住一晚，然后便跑到树林里拾柴火了。在他们离开之前，克拉克森反思道，像珍妮·拉文达这样“珍贵的聪慧之人”，却被悲伤的境遇“埋藏”在这种“远离人类社会，无法享受舒适社会条件”的荒郊野外。[34] 等“海豚号”再次起航后，他又思考了在勒贝尔港的这段经历有什么意义：无论肤色是黑是白，这些穷人都十分纯朴善良，虽然命运受制于远方的权力和财富，但他们的尊严和慷慨无法被彻底夺走。

在谢尔本的码头边，克拉克森同一个正要坐船前往哈利法克斯的黑人传教士撞了个满怀。这个人正是浸礼宗信徒大卫·乔治。他已经听说了塞拉利昂公司的移民计划，所以打算替他的谢尔本教众去打听一下详细情况。现在，他可以直接问克拉克森了。这俩人虽然有着千差万别，但却是一样地坦率和热情，所以很快便熟络起来，只是乔治似乎有些紧张。克拉克森找好住处，安顿下来之后，便请他来详谈，这才知道了原委。原来，这里的白人对于有可能失去廉价劳动力的来源感到愤怒，再加上当地的经济陷入了萧条，所以就发起了一场劝阻运动。而负责组织调查和出发工作的斯蒂芬·斯金纳非但没有竭力阻止，还助纣为虐。

谣言四起，有的说黑人一到非洲就会被卖为奴隶，有的说去了 332
塞拉利昂的人几乎不到一年就都死了，还有的说他们分到地后会被征收繁重的免役税。（最后一条指控其实有一定的真实性，不过克拉克森当时并不知道。）另一方面，有关将谢尔本重新开放为自由港，发展对美贸易的提议，也让这里和伯奇镇的自由黑人感到不寒而栗，认为他们的旧主人和奴隶猎人会因此卷土重来，用锁链把他们捆上，带回弗吉尼亚和南北卡罗来纳。因此，乔治告诉克拉克森，他们既不敢留下，又害怕离开。事实上，伯奇镇的居民已经分成了两派，由斯蒂芬·布拉克领头的约有五十个家庭更倾向于留下来，其余的则想趁为时未晚赶紧离开。现在在移民塞拉利昂的问题上，谢尔本的气氛紧张异常，所以乔治（他本人也深受其害）感觉暴力行为会再次发生。“他说……如果镇上的人知道他私下和我们交谈，那他就会有性命之忧……他提醒我们，天黑以后不要去镇上或附近的乡下走动，因为有些居民恶念丛生，我们要在这个港口办的事情，有可能会给我们招来祸端。”克拉克森和泰勒原本打算穿过半岛的地峡，去北边的迪格比和安纳波利斯走走看看（整段路程约有七十英里），但现在，他们不得不改变计划，听从乔治的善意警告，因为“我们很有可能会遭到一些暴徒的伏击”。

第二天（10 月 26 日），克拉克森在泰勒的陪同下去了海湾对面的伯奇镇，然后召集起那里的自由黑人，直接向他们介绍了公司和政府的移民计划。乔治之前曾提醒他们，很多人都对此事感兴趣，所以大家以为宣讲会会在户外举行，但那天早上天下起了阴冷的大雨，所以集会地点只好改到摩西 · 威尔金森的循道宗教堂。伯奇镇
333 的黑人，包括亨利 · 华盛顿、凯撒和玛丽 · 珀斯夫妇，以及凯托 · 珀金斯一家，冒着瓢泼的大雨赶到了教堂。摩西老爹也来了，高高地坐在轿子上，他的信徒跟在后面。接着，新光和浸礼宗的信徒也成群结队地抵达，此时的教堂已经站满了男人、女人和孩子，迟到的人只能在外面的门廊上挤来挤去，努力在噼里啪啦的雨声中竖起耳朵。约翰 · 克拉克森这辈子还没见过这样的阵仗，就连在海上打仗时都未曾有过如此“难以名状的感觉”。他走上讲坛后，既为自己这项使命无可争辩的高尚性感到兴奋和鼓舞，又被这份责任的重要性压得几乎喘不过气来。他清了清嗓子，但又不知道该说什么，只得从大衣口袋里掏出那份已经翻旧的文件，用官腔来打掩护。“考虑到这些可怜人将来的幸福、安康甚至是性命在很大程度上会取决于我即将发表的讲话，”他后来写道，“又看到他们全都目不转睛地盯着我，我觉得，要想传达政府的意图，最好还是通过邓达斯先生写给帕尔和卡尔顿总督的信件。”

然后，他为那些仰起的脸庞分析了那些官话的意思。“鉴于他们在战争期间的服务”，且看到其中的一些人，或者说许多人，没有分到本属于他们的地，英国政府已经命令各位总督立即将功补过，“或可借此良机弥补先前的耽搁”。这种话由一位白皮肤的英国绅士说出来，着实让那些黑人感到不可思议。他接着讲道，如果有谁愿意接受去西印度群岛服役的提议（目前没几个人），那么也应当明白，国王陛下同样会保证他们的自由，政府会在他们退伍后拨赠同样面积的土地。如果有谁更愿意去塞拉利昂，那么政府则会免费送他们去，但到了那儿以后，他们就得归塞拉利昂公司管了，因为土地会由公司提供。克拉克森向人群保证，尽管流言纷纷，但他们绝对不会被强征免役税，只需要缴纳一般税，以便为集体防御和公共机构（如学校和医院）提供资金支持。如果他们更觉得最后这项选 334
择更有吸引力，那么他希望他们能认真地“在心里掂量一下，不要盲听有关塞拉利昂土地肥美的夸张说辞，也别盲信有关那里气候恶劣的描述”。如果他们想活下去，想过上好日子，就必须好好干活儿，而且要拼了命地干，否则他们一定会饿死，“我只希望，当事与愿违的时候，他们不会反过来怪我”。总之，他们先不要急着卖地、卖财产，断了自己的后路。

克拉克森站在摩西·威尔金森的布道坛上，尽到了他的职责。他做到了既严肃又谨慎，正如他在心中暗自向自己保证的那样。但时不时地，那些黑人听到他说起土地或非洲时，便会欢呼雀跃地又喊又叫，仿佛他是什么先知一样。到最后，他也没有办法了，只能主动做他们的大家长，做他们的白皮肤摩西。但前提是，他说，他们得尽快去哈利法克斯。

他们必须把我视为朋友和保护者；我应当随时都很乐意为他们洗雪冤屈，随时都准备好用我的生命去捍卫他们；作为回

> 报，我期望他们可以在航行期间品行端正，尽量少给我制造麻烦，能在需要帮助的时候主动伸出援手，且无论如何都要使他们明白，最后这项要求是自愿行为，完全取决于他们自己，因为他们必须把自己视作乘客（而非奴隶），我不会对他们采取任何强制手段，也绝对不会姑息任何对他们动粗的白人海员。[35]

克拉克森郑重向他们承诺，到达非洲后，他会亲自确保他们每个人都能分到他们该得的地，“并宣布，除非每个人都向我保证自己已经完全满意，否则我永远不会丢下他们”。[36]

335 从来没有哪个白人跟他们说过这种话。他们被人俘虏，又被剥夺了人格；被人出售、鞭笞，被迫像畜生一样劳动。然后，他们又经历了逃亡的恐惧；目睹了因感染天花而去世的人躺在岸上无人照料，尸体也无人掩埋，士兵和黑人先锋连遭到乱枪扫射；在新斯科舍的荒原上冻得瑟瑟发抖，被剥夺了他们应得的东西；但在牧师和传教士的帮助下，他们并没有彻底放弃希望。现在，这位脸色有些苍白、身着蓝色制服、像风中摇摆的桦树一样高瘦的年轻军官告诉他们的这些话，打开了他们的双眼、双耳和内心。克拉克森讲完后，教众再次变得欣喜若狂，赞美和支持的声音不绝于耳。他从布道坛走下来，淹没在了这热情、吵闹的喜悦当中。“他们叫我放心，因为他们全都渴望坐船回非洲，还说在这个地方的土地上，他们的辛苦劳动得不到回报，就算再努力，也只能勉强维持生计……他们已经陷入了最悲惨的境地，他们的境遇不可能得到改善，所以，他们早就下定决心离开这个地方了。不管接下来等着他们的是疾病，还是死亡，他们的决心都不会动摇。”有些出生在那里的人说，他们就要见到“亲爱的天堂椒了”，这是他们儿时记忆中的一种胡椒树。[37]

随后，克拉克森便开始面试潜在的移民人选，时间是每天上午9点到下午1点，地点则在他的谢尔本住所。其中的一个黑人以自己的独特方式表达了移民的意愿：

> ——好，我的朋友，我猜你已经了解清楚国王陛下给你的提议的性质了吧……
>
> ——不，先生，没听明白，也不在意，我现在像奴隶一样工作，所以跟着先生去世界上哪个地方，都不会比现在差，我已经下定决心跟您去了，如果您能允许……*
>
> ——你一定要好好考虑，这是一个新定居点，即使你能健健康康地抵达那里，去了之后，你也会面临许多困难…… 336
>
> ——这我知道，先生，我能吃苦，我不担心天气，就算是一死，死在自己的故乡，也总比死在这个天寒地冻的地方要好。[38]

不过，不是每个伯奇镇的居民都想离开。事实上，斯蒂芬·布拉克还把整项计划视为某种对自己领导能力的侮辱。斯蒂芬·斯金纳等谢尔本的要人一直敦促他尽全力劝阻潜在的移民：愿意留下来的人，可以得到若干只羊和一头牛。大约有五十人接受了这个条件，布拉克记下他们的名字，然后把名单交给了帕尔总督。

但从10月27日到30日，克拉克森在谢尔本的住处每天上午都是一幅人进人出的热闹场面：几间屋子里全都挤满了人，斯蒂芬·斯金纳一一在名册上记下他们的名字；而在屋外，人们则耐心地排起了长龙，一点点往里挪。面对这样的场面，就连斯金纳这个对移民计划充满质疑的强硬保皇党，都觉得深受感动，以至于在第一天的筛选结束后，同克拉克森一起吃晚饭时，他还一反常态地表达了个人的欣赏，说不管前路如何，也无论计划最后会是什么结果，

---

* 这句话和下下句话的原文为皮钦语，类似于“you see see you”（你看看你）这类中式英语，但翻译过来后，原文的感觉就失去了，特此说明。

他斯金纳都会坚决地指出，克拉克森的办事过程公正、公平、无可指责。实际上，大部分谢尔本人同他交谈过之后也有同样的感受。只有大卫·乔治还是不太乐观，因为他在宣布准备带领全体浸礼宗信徒移民之后，遭到了暴力的人身威胁，所以极其担心自己和克拉克森的安危。

接下来的几天上午，克拉克森发现自己越来越无法保持镇静。许多来面试的黑人告诉他，他们一定要离开，但不是为了自己，而是为了孩子，因为孩子们有资格过上更好的生活。这种自然而然流露出的无私精神往往充满了一种悲壮的英勇之感。比如一个叫约翰·科尔特雷斯（John Coltress）的黑人便决定与妻儿分离，让他们移民非洲，因为他仍是奴隶，而他们是自由人，有资格去。

> 337 他泪流满面地说，虽然这样的离别会让他痛不欲生，但他已经做好了与他们永不再见的准备，因为他坚信，到头来，这样做会让他们各自都更自在、更幸福。他说，他根本没考虑自己或者此后的经历会有多痛苦，因为就算陷入最卑微、最悲惨的境地，只要一想到妻儿过得幸福，他也就开心了。他还说了很多，但我们当时的那种感受实在无法用语言来描述。屋子里像往常一样挤满了人，听完他凄惨的叙述，无论黑人还是白人都被这个可怜奴隶的高尚情操打动，禁不住为这种举世无双的英雄主义潸然泪下。我同样备受感动，既钦佩他这个人，又同情他的处境，所以我告诉他，只要有可能，我一定会给他赎身，然后立即写信和他的主人商量此事。[39]

但斯金纳告诉克拉克森，鉴于法律的“繁复细节”，这不太可能成功，何况他只在谢尔本待这么短。科尔特雷斯的主人格雷格斯·法里斯（Greggs Farish）目前卷入了一场复杂的财产纠纷当中，而前者正是纠纷的一部分。所以，尽管克拉克森不情愿，但也只能无奈地接受自己暂时无法让科尔特雷斯恢复自由这个事实。当然，他并没有就此放弃，只是无论他怎么坚持，那位奴隶主都无动于衷。最后，科尔特雷斯一家并没有分开，但也都不能去塞拉利昂。

克拉克森很快还发现，这里的法庭办事拖沓，根本帮不上黑人什么忙，所以有时候，他都准备好完全无视它们了。在伯奇镇，他听一个黑人说，自己的儿子同谢尔本一名“极其卑鄙、无赖的屠夫”签了学徒契约，而这个屠夫已经决定回美国的波士顿定居。所以男孩也得去，不但要被迫同他家人分开，还被剥夺了在塞拉利昂可能拥有的未来。愤怒不已的克拉克森向谢尔本的地方法官提出申诉，338
却被告知根据契约的条款，屠夫想带他去哪里，就可以带他去哪里。克拉克森坚信，更可怕的是，一旦到了美国，屠夫就会把男孩当奴隶卖掉。因此，问题似乎很简单，是选英国式自由，还是选美国的奴隶制？屠夫要乘坐的那艘船已经开始在港口装货，乘客也开始陆续登船，不能再浪费时间了。那么，英国政府和塞拉利昂公司的代表给那父亲提了什么建议呢？绑架你儿子，藏到树林里，等船走了再出来。赶紧吧。等屠夫走了，我们再来担心审判的事。某天下午，那位父亲偷偷来找约翰·克拉克森，说事情已经办好了。[40]

这么做是对的。“咨询了最优秀的法律专家的意见之后，我把这个男孩保护起来，然后公开为这一举动做了辩护，没有人站出来反对，所以他还是和家人待在一起，并且去登了记，准备前往塞拉利昂。”

* * *

下雪了。在乘坐“黛博拉号”返回哈利法克斯的路上，克拉克森感觉到了深深的寒意。11 月 4 日，也就是他离开前两天，现在已经被他当成朋友的大卫·乔治来拜访他。乔治比以往任何时候都焦虑，担心有人会以武力阻止浸礼宗教徒离开。不过，他们的恐吓已经有些晚了。因为虽然克拉克森警告他不要贸然行动，可他已经卖掉了自己的五十英亩土地，并且告诉菲莉丝和六个孩子，他们的未来在非洲，现在迫不及待地想离开。克拉克森对于自己在谢尔本和伯奇镇大获成功有些郁闷；一些黑人因为担心美国主人重返自由港，便急急忙忙地把自己的地廉价卖给了那些就爱廉价抢购的无耻投机商。这一切都发生得太匆忙了。他和塞拉利昂公司之前以为，运送移民有两三艘船就够了。但在短短三天内，伯奇镇就有五百一十四人（一百五十名男性、一百四十七名女性、二百一十七名儿童）在名册上签了字，而要运走这么多的黑人，克拉克森现在只能考虑租
339 用一整支船队，并为其配备所需物品。到哈利法克斯后，他会需要所有能得到的帮助。

但事实是，他到处碰壁。哈利法克斯的报纸发表署名“慈善家”的文章，对他和塞拉利昂计划发起了猛烈的抨击。文章宣称，移民计划往好了说是好心办坏事，往坏了说是用心险恶，目的是摧毁新斯科舍保皇党的发展。作者说，如果黑人真的傻到要离开，那他们一定会再次被奴役，或者染病而死。来自普雷斯顿的一群黑人去了克拉克森的住处，一来是明确提醒他，白人正到处向黑人宣读这篇和其他旨在劝阻他们的文章，二来则是向他保证，他们对这类人和言论完全不屑一顾。《每周纪事报》（*Weekly Chronicle*）不得不承认，“在黑皮肤的兄弟会中，有很大一部分人”似乎已经下定决心移民，并恳求公司在接受申请时不要区别对待，不然到时候新斯科舍会只剩下“一群伤残、跛脚、目盲、懒惰之人”。[41]但更严重的是，克拉克森发现帕尔总督已经下令中止谢尔本的登记申请工作。11 月 12 日，两人共进晚餐时，帕尔解释说，他这么做是为了黑人自己好，他们中的许多人“太痴迷于换个环境的想法了，可在他看来，这会

把他们中的许多人送进坟墓”。[42] 克拉克森听了之后很生气，认为这是在说他有意误导黑人；确实，目睹了黑人在新斯科舍的遭遇后，他的个人观点是，他们在塞拉利昂只会更快乐，但不管是在私底下，还是在公开场合，他都没这么对黑人讲过。此外，他还说，认为黑人没有能力决定自己的未来，既是对黑人的侮辱，也是对公司政策的侮辱。（但）“总督回答，我或许真是这么想的，但他的看法恰恰相反。”

两个星期后，六十六岁的约翰 · 帕尔因急性痛风发作去世，并于 11 月 29 日隆重下葬。但对于这场葬礼，克拉克森有些不厚道地说，考虑到帕尔“能力那么差……在我看来，根本不适合担任总督一职”，如此厚葬未免太浪费了。[43] 帕尔的职责暂时由管理委员会主席理查 340
德 · 巴尔克利（Richard Bulkeley）接过；总督在克拉克森最需要彰显自身权威的时候突然去世，无疑减弱了移民计划所受的阻碍。

现在，大批移民开始抵达哈利法克斯，而人数之巨也已经开始改变整个移民计划的性质。谢尔本的登记人数上升至五百六十名（不过，克拉克森认为，并不是所有人都会被准许离开）。而在普雷斯顿，几乎所有的黑人居民，至少还有二百五十人也铁了心要走。他还亲自去了哈利法克斯西北约四十英里处的温莎，向那里信息闭塞的黑人宣讲政府的计划。在厚厚的积雪艰难前行时，克拉克森暂时放下心中的管理焦虑，沉浸在了浪漫又壮丽的景色当中：起伏不平的山坡上，枝叶密实的云杉像一座座错落有致的金字塔，被冰冷的雾气缠绕着。[44]

帕尔的葬礼当日，托马斯 · 彼得斯回到了哈利法克斯。自伦敦一别，克拉克森便再也没有见过他。跟他一起到达的，还有来自安纳波利斯地区和新不伦瑞克的九十多名黑人。这段时间里，他经历了许多事，其中最麻烦的是谣言诽谤，说他诱拐黑人，然后卖给塞拉利昂公司；谣言说，每使一个黑人再次被奴役，彼得斯都能拿到一笔佣金。后来在迪格比集结那些没有听信谣言的人时，彼得斯还遭到了攻击，被打倒在大街上。虽然这一次法律明确地站在了他这边，但他知道攻击自己的人当时喝醉了酒，所以回到镇上后，便大度地决定不起诉对方。[45]

彼得斯遇袭等类似事件更加让克拉克森确信，他的大迁移必须加快速度了。但每过一天，整个计划都会比前一天更艰巨。即使按照最保守的计算，他要护送的人也至少达到了八百人之多，或许还会超过一千人。冬天的脚步声越来越近了，就算他能按照原来希望的那样，在 12 月 20 日之前起航，眼下也得一边先在哈利法克斯给
341 这些人找到临时的安置点（其中许多人穷困潦倒，连御寒的衣物都没有），一边包租船队，仔细检查每条船，并为其配备必需品。随着距离谢尔本人集体离开的时间越来越近，克拉克森开始紧张忙乱地向大卫·乔治和其他领导者传达详细指示，仿佛他是诺亚，正在守卫着方舟的入口一样：每六个家庭允许有一条狗（不过，他通常会放宽对小狗的限制）；不准把猪带上船，但允许带家禽；可以带小床和寝具，但桌椅不行，因为太占地方；锅碗瓢盆必须好好密封在大桶里，以防波涛汹涌时在船舱里到处乱飞，砸到乘客。[46] 此外，克拉克森也开始关注黑人的生理需求。他知道，其中一些乘客第一次坐船便是作为奴隶从非洲被掳走的时候，对于那段旅程的可怖之处，他们十有八九还记忆犹新。所以他下定决心，一定不能让这种痛苦的记忆再次被他这些船上的居住条件唤醒。克拉克森回想了一下贩奴船“布鲁克斯号”的版画，然后给出了明确的要求：每位乘客分到的空间至少得有五英尺宽；双层甲板船上的甲板之间也至少要留出五英尺以上的空间；没有通风孔的船上必须凿出通风孔，以便排出船舱内的污浊空气；食物不能是海员们通常吃的（有时还会生虫的）那种压缩饼干，要有足够的腌（或熏）牛肉、猪肉、鱼。

但所有这些都得花钱，而且远远超过了董事们一开始安排的预

算（最终的总开销达一万六千英镑，三倍于新斯科舍政府的年度开
支），再加上自他到达新斯科舍后连一封来自伦敦的信函都没有收
到，所以克拉克森在整个 11 月期间写给亨利 · 桑顿和威尔伯福斯
的信越来越流露出一种全新的紧迫气氛。威尔伯福斯当初还曾戏称
他为“海军上将”，可现在，幽默竟成了现实。“如果你知道我现在
至少得率领、指挥八艘船的话，我敢肯定你一定会对我有所同情，”
克拉克森写道，“我希望它们全都能在 12 月 20 日前做好出发的准 342
备。”他表示，要是当初隐约知道这项任务最后会有多重要的话，
或许就不会接受它了，但现在既然已经做了，那他就一定会坚持到
底。他向董事们保证，他要护送的这群人，正如他们所期望的那样，
“大部分……都要强过英国本土的劳动阶层。在我看来，他们具备
强大的判断能力、敏锐的理解能力、清晰的分析能力，懂得感恩，
疼爱妻儿，善待邻居”。不过，要是董事们能在开船前再给他一些
指导（尤其是在对付拒不合作的新斯科舍白人或者不太可靠的承包
商方面），那一定会对他接下来的工作大有助益。

* * *

约翰 · 克拉克森或许没收到董事们（包括他哥哥在内）的消息，但他们对他的情况可一清二楚。准备移民的新斯科舍黑人很可能有一千多名的消息，不但让塞拉利昂公司激动不已，还在其基金募集方面帮了大忙：金额从最初的四万两千英镑增至十万英镑，后来又陡增到二十三万五千英镑，而且已经全部到账。托马斯 · 克拉克森在宣传“反糖运动”的同时，也带着他的花椒走遍了全国，到处称赞这个新的殖民地，说它不仅能把商业从可憎的奴隶制度中解救出来，而且也必定让整个非洲大陆面貌一新。毫无疑问，对于弟弟目前取得的成就，托马斯在心底甚是得意。亨利 · 桑顿则暂停了银行

的工作，把时间和精力也全都投入了这项事业。反奴隶贸易运动失败后，塞拉利昂移民计划本来只是一份安慰奖，可现在却不断壮大，远远超出了人们当初的预期。就连仍是董事会成员的格兰维尔·夏普似乎也为了更高的善而说服自己接受了整个计划。他被告知，在弗里敦仍然会选举黑人十户长和百户长，虽然他们只会担任本地的治安官员。

不过，等约翰·克拉克森抵达塞拉利昂后，他会发现，公司在
343 1791 年 11 月针对其他一些问题起草的一份附加指示，会彻底且惊人地违背他给新斯科舍黑人带去的那些预期。其中最重要的改变，或者说将带来无穷后患的改变，是税收问题。先前面对黑人的焦急询问时，克拉克森曾专门做过保证，说不会向他们征收免役税。但实际上，公司最终还是决定要课这个税种，而且税率还相当高：第一年为一先令，三年之后升至百分之四。在一封寄到塞拉利昂的信中，亨利·桑顿向克拉克森解释说，公司不想征收农产品关税，而是更倾向于通过这种手段来收回“我们的巨额花销”，“我相信黑人不会觉得冤吧”。他们会的。

另一个改变是，弗里敦并不会由黑人来管理（除了在当地治安方面）。而这也会成为一个不受欢迎的惊喜，引发他们的严重不满。有个白人在去谢尔本的路上曾遇见一群黑人，问他们要去哪儿。他得到的答案是塞拉利昂，到那儿以后，他们全都会成为“陛下”*。[47]他们中有许多人确实以为，黑人和白人会一同成为自己社区的“治安官”。但塞拉利昂公司排除了这种可能性，转而准备派去一名督察和一群白人顾问，替代格兰维尔·夏普设想的那种全部由自由人组成的议会。这更接近英属马德拉斯或孟买的统治方式，而非当初为塞拉利昂设计的实验性政体。所谓的顾问，大部分都是该公司认

---

* 黑人误把 magistrates（治安官）的音发成了 majesties（陛下）。

为创立殖民地所需要的专业骨干：一名测量员、一名工程设计师、一名医生、一名园艺师、一名牧师等等。他们全都经过了仔细筛选，每一个都清正廉洁，都对这块新殖民地充满热情，而且也都会小心翼翼地遵守指示，在行政和司法方面绝对做到一视同仁——反正公司的初衷是这样。第一任督察*是一位名叫亨利 · 休 · 达尔林普尔（Henry Hew Dalrymple）的退役军官。此人曾向枢密院作过证，介绍了他在戈雷岛的奴隶工厂中目睹的种种骇人景象，并且说这番经历给他带来了巨大的冲击，所以在继承了格林纳达的一座种植园之 344
后，他释放了所有奴隶，把那个地方锁了起来。[48]

但是，上述提拔引起了一个人的不满，这个人就是公司在塞拉利昂的代理人亚历山大 · 福尔肯布里奇。1791 年 9 月下旬，也就是克拉克森启程几周之后，他与妻子安娜 · 玛利亚从塞拉利昂返回了英国。两人在只有区区三十四吨位的“凤头麦鸡号”上经历了一场噩梦般的返乡之旅：船在去佛得角群岛的途中差点儿被龙卷风掀翻，船上的所有家畜全被冲到了海里；九名船员及大部分乘客都生了重病，高烧不退；船蛆在储水木桶上到处钻洞，导致淡水全部漏完。为了活命，安娜 · 玛利亚每天只能靠一茶杯面粉加盐和雨水搅成的糊糊来充饥。[49]休养了一段时间后，他们驾船从这些岛屿中间穿过，结果又不幸搁浅了。当时若非安娜 · 玛利亚乘着皎洁的月色在甲板上散步时，发现大难即将临头，并叫醒了船员的话，那船肯定会撞到圣多美岛的岩石上。乘客们担心帆船会解体，便换到了一条小船上（安娜带来了“几件换洗的衣服和寝具”），可靠近之后，他们才发现这座岩石遍地的岛上没有任何可供安全着陆的地点。

每个人的脸上都挂着沮丧的表情！大家哭喊着我们该怎么

* 实际上就是总督。

> 办，或者有什么好办法。我知道女人在这类事情上没什么发言权，所以一直没作声，但我发现，男人们也想不出什么辙来，便大胆地提议说，我们还是回到“凤头麦鸡号”上吧，相信全能的上帝会保佑我们，因为他的安排从来是公正的。

不管是否真有天意相助，事实证明了安娜的直觉是对的。他们的船最终得以再次起航。不过，在佛得角群岛和亚速尔群岛之间，他们又撞上一场持续了五天的“大风暴”，“惨上加惨……简直是无法忍受、无法描述”。

可当福尔肯布里奇这位自己人安全回国之后，公司却朝伤痕累累的他撒了一把盐：尽管余下的定居者都希望总督一职能由他来担任，但公司最终选择了达尔林普尔。而且，即便在达尔林普尔因
345 为数次与董事们发生争执而被解除总督职务后，福尔肯布里奇也没能顶上他的位置，只是被任命为“商业代理人”，不过年薪增加到了二百五十英镑，是之前的三倍，职责是管理公司在塞拉利昂的投资。

虽然福尔肯布里奇很尊重托马斯·彼得斯，但在得知约翰·克拉克森要带多少人到塞拉利昂之后，他认为这个计划有些草率，或者用安娜·玛利亚的话来说（可能是马后炮），是“一份仓促、轻率和欠考虑的方案”。[50] 不过，无论福氏夫妇有什么保留意见，反正在他们给委员们送去一份预示了弗里敦会拥有美好未来的证据之后，就全抛到一边了。这份证据就是所谓的“黑王子”：约翰·弗雷德里克（John Frederic）。这位二十九岁的年轻人是罗巴纳的奈姆巴纳之子，可能是受到了大王的女婿亚伯拉罕·艾略特·格里菲斯影响，被送到了英国接受教育。（作为一个务实的统治者，奈姆巴纳为保险起见，把另一个儿子送到了法国。）到英国的这个儿子给格兰维尔·夏普捎来了一封他父王写的信。在信中，奈姆巴纳承

诺会保护那些移民，并宣称他仍然“偏爱大不列颠的人民，为此我忍受了他们（指移民）的不少侮辱，比我从其他国家那儿受到的侮辱都多”。他希望夏普能照顾好他儿子，“不要让他自行其是，除非得到你的认可”。[51]

作为“凤头麦鸡号”上的乘客之一，这位“黑王子”同福尔肯布里奇夫妇经历了旅途中的所有磨难，但在心怀偏见的安娜·玛利亚看来，他“连个普通人都算不上，总爱粗言秽语，皮肤黝黑，目光锐利，鼻子扁平，牙齿之间有缝隙，而且还按照当地的习俗把牙磨得尖尖的，有点儿罗圈腿，举手投足间倒是有男人味儿，有自信”。[52] 但是，考虑到他在不久的将来便会继承老奈姆巴纳的王位，要是能通过教育和培养把他变成弗里敦的支持者和盟友，那么就算吉米王事件再次上演，这个定居点也可安然无恙。

亨利·桑顿邀请王子住到了自己位于肯特郡的府上，又请来甘比尔牧师担任他的家庭教师，还同夏普一起以教父的身份，参加了 346
王子的受洗仪式。不久之后，夏普便致信奈姆巴纳，说令郎“天生好脾气，为人谦虚……勤奋好学”。确实，据他的老师们讲，约翰·弗雷德里克拿起书来便不忍放下，“若是被拉去见什么客人，但会面毫无营养，只是白白浪费时间的话，他还会表示后悔”。比如，当托马斯·克拉克森带着他去普利茅斯的船坞参观时，这位年轻的非洲人就有点儿想不通：自己明明可以在伦敦埋头苦读，来这儿干什么。不过，虽然这位“黑王子”看上去几乎就是一个勤奋到令人难以置信的典范，但他也从没忘记自己是黑人，也是非洲人。据说，“他是个情绪很敏感的人，偶尔还会发脾气”，尤其是当一些白人男女鼓励他讲讲塞拉利昂的事情，他怀疑这只是他们想借机表现自身优越感的时候。事实上，这位王子可是一名嘲讽人的高手。比如有人想要以己之长笑人之短，说塞拉利昂这种“境遇不佳”的国家应当取得不了什么能让它有资格同英国对话的成就时，王子便反驳了他。有人在言语之间冒犯或贬低非洲人，“他便破口大骂起来，当旁人提醒他，说原谅敌人是基督徒的义务时，他回道：‘要是有人抢我的钱，我能原谅他；要是有人拿枪打我或拿刀刺我，我能原谅他；要是有人把我和全家人卖到奴隶船上，让我们一辈子在西印度群岛当奴隶，我也能原谅他。’然后，他情绪激动地从座位上站起来，继续说：‘但要是有人侮辱我国人民的品格，那我绝不会原谅他。’”[53]

很显然，塞拉利昂作为一个“宠物计划”，将不仅仅属于那些宣布自己是其赞助者的人。

* * *

随着日子一天天过去，约翰·克拉克森慢慢成了一位弥赛亚，一位不情愿的救世主。虽然他还是忍不住怀疑自身的价值，纠结自己是否能完成肩负的使命，但为了他的人民（到现在，到了12月，
347 他们已经是他的人民了），这位海军上尉把他的恐惧藏在了心底，甚至连好心的劳伦斯·哈茨霍恩都没告诉。自从他在谢尔本宣布自己的住所将对新来的黑人敞开大门，回答他们的问题，听取他们的不满后，他每天都被一群群黑人围得水泄不通。他们排成两三排靠后站着，队伍一直延伸到了门外，然后其中一个会走上前去，历数那些让他苦恼或可能导致他被扣留的种种麻烦，如被人下套后背上了债务，契约条款被篡改，遭遇绑架，受到口头或武力恐吓等。更让他惊愕的是，连白皮肤的英军士兵和黑森雇佣兵也找上门来，死活都想赶紧离开，“眼中含着热泪”恳求他准许他们去塞拉利昂。可就算他再同情他们的遭遇，有些东西也是他给不了的。[54]

克拉克森本以为已经没有什么能让他感到震惊了，但听了一些人的故事后，他还是会被搅得怒火中烧。比如一天下午，有个叫莉迪亚·杰克逊（Lydia Jackson）的纤弱女人来见他，并讲述了她自

已骇人听闻的经历。[55] 她和丈夫原本住在曼彻斯特附近，后来丈夫去了外地找工作，当地的保皇党亨利·海德利（Henry Hedley）见她“生活极度困难”，便请她到他家干活儿，以换取食宿。莉迪亚便住了进去，但八天之后，海德利却要她交房租。他很清楚她根本没钱，便给了她另一个选择：签一份七年的雇用契约。在她拒绝之后，海德利又提出期限可以改成一年，然后拿出合同来让她摁手印。但实际上，雇用期限并不是真如她以为那样只有一年，而是三十九年！第二天，依然对自己的霉运毫不知情的莉迪亚得知，她要先去卢嫩堡的约翰·博尔曼医生（Dr John Bolman）手下工作一年，接着便被送上了去往该港口的纵帆船。曾给黑森雇佣兵当军医的博尔曼随即告诉她，他花二十英镑买了她三十九年的服务，所以她最好乖乖听话，接受自己的命运。而他迫使她听话的方法，就是频繁地施暴。莉迪亚告诉克拉克森，博尔曼曾用火钳打她，把绳子绑在她脸上使劲勒，还在她怀孕八个月的时候将她打倒在地，狠狠踹她肚子。 348

同其他自由黑人一样，莉迪亚·杰克逊虽然不识字，但知道自己可以向法庭求助，于是便在卢嫩堡找了一位律师来代理自己的案子。可上法庭后，她受到可怕的博尔曼恐吓，站在证人席上什么话都不敢说，导致案子最终被驳回。博尔曼把她带回家，然后告诉她，自己对如此忘恩负义之人已经忍无可忍，接着便把她送到了自己的农场做苦工。博尔曼不但吩咐仆人说，只要他们觉得合适，就可以随便打她，还隔段时间就威胁要把她卖到西印度群岛的种植园当奴隶。莉迪亚忍受了三年这种地狱般的生活后，决定逃走。她一路连走带跑地穿过森林，到了哈利法克斯，向首席法官斯特兰奇和总检察长布拉沃斯诉说自己的冤情。但这俩人只是袖手旁观，所以她才来找约翰·克拉克森。深受触动的克拉克森把她的案子交给了一位友好的律师，但律师警告说，她要是以欠薪和欺诈罪起诉博尔曼，那案子就会拖很久，她会赶不上塞拉利昂船队的出发时间。克拉克森十分理解莉迪亚·杰克逊想要沉冤昭雪的强烈渴望，但最终也只得温柔地建议她不要再继续这个官司了，而且就算打，他觉得胜算也不会很大。不过，现在博尔曼知道你在我的保护之下，就不敢把你带走了，克拉克森安慰莉迪亚道，让他自己怨恨去吧，你到非洲去创造你的自由新生活。

克拉克森开始越来越频繁地想办法绕过法律或减轻其严厉程度，尤其是涉及雇用契约的条款时。因为一想到塞拉利昂之旅可能会拆散家庭，有些人能走，有些人不能，他就特别苦恼，有时他还会亲自出面，想办法说服雇主放仆人走。比如，凯撒·史密斯的小女儿同一对姓休斯的夫妇签订了雇用契约，服务期限还剩三年，克拉克森沮丧地想到，期满之后，她父母都已经离开，“这个女孩一定会被卖为奴隶”。由他找到休斯夫妇二人，但未能晓之以理，便又试着从休斯夫人那儿入手，动之以情：

> 我见了休斯太太，用最感人至深的方式恳求她，劝她放
> 349 那孩子走。我求她以母亲的身份想一想，说史密斯一家一想到要丢下女孩便痛不欲生，还让她回想了当初促使女孩签订五年雇用契约的情况：史密斯一家因为房子被烧毁而失去了所有家当……史密斯夫人因为担心孩子，常常以泪洗面，因此，我希望她能设身处地地想一想，假如这个女儿是她自己的，她会希望别人怎么对她。
>
> 但休斯太太不为所动，克拉克森悲伤地写道：“怎么都说不动她。”[56]

克拉克森就这样在痛苦和绝望之间徘徊着，有时几乎无法忍受。12月12日，几近崩溃的克拉克森记录道：“今天下午4点到家，焦虑、疲劳得要命。我每天的状况简直无法描述。归我负责的各色人等至

少八百名。虽然我定了规矩来避免这种事，但他们还是会因为各种鸡毛蒜皮的需求来找我，比起这摊子事的其他方面，回答他们的每一个问题更让我感到困窘。”但每当他快要崩溃的时候，总会有新的黑人跑来诉说自己有多么想去塞拉利昂，因为自己如何受到了地方法官、主人或官员的无耻阻挠，这些故事会给他的愤怒引擎再次充满电，让他为他们再次奋力一搏。比如三天前，一群从新不伦瑞克来的人——理查德·科兰卡蓬（Richard Corankapone）、威廉·泰勒（William Taylor）、桑普森·海伍德（Sampson Heywood）、纳撒尼尔·拉德（Nathaniel Ladd）——拖着沉重的脚步走进了他的家门。但在他们允许这四人离开之前，圣约翰的官员（同两省各地的官员一样）要求他们出示伯奇准将签发的证明原件，或其他在美国独立战争期间签发、可以证明他们曾为英国忠实服务的护照。通常情况下，黑人都会小心保管这些黄纸，但考虑到他们所遭受的一切，有些人肯定会一时拿不出来。正如克拉克森所指出的，新不伦瑞克的黑人既然已经在圣约翰登记了土地分配，那他们之前肯定出 350
示过这些文件；但他们因为现在拿不出来，便在最后一刻被禁止上船，无法同其他新不伦瑞克黑人一起到哈利法克斯“大会师”。

不过，他们并没有因为这个挫折而却步。“这个国家的居民如此野蛮地对待这些人，所以他们哪怕豁出性命，也决定要离开。”在隆冬时节，他们选择了远路，大约有三百四十英里，绕了芬迪湾一圈，“其中的几天里甚至还走过了一些我相信以前从没有人去过的地方”。他们本来还有第五个同伴，但在距离哈利法克斯只剩四十英里的时候，他的腿瘸了，没法继续走，便劝他们继续前进，免得误了上船，不过他“应该很快就到”。克拉克森被他们这种不屈不挠的壮举深深感动，在日记中承认，他真希望能立即给这四个人什么奖励，但考虑到他要负责的人力有很多也遭过大罪，所以他必须小心，不能做出任何可能被别人误解为偏心的举动。“在我有机会好好放纵自己的感情之前，审慎（必须）优先。”[57]

尽管如此，黑人还是继续从这两个沿海省份的四面八方抵达哈利法克斯：安纳波利斯有八十人，谢尔本和伯奇镇有五百多人，其中包括五十名原本在非洲出生的人，比如约翰·基泽尔，他的父亲是歇尔布罗人的一位酋长，他十二岁时被人绑架，现在终于要回家了。而且，绝大多数移民也同基泽尔一样，是举家迁回非洲：丈夫，妻子，有的还有三四个子女。根据到达哈利法克斯的孕妇数量来看，泰勒医生预计在横渡大西洋的途中，至少会有七八个孩子降生。这些淳朴、诚实、勤劳、信奉基督教的家庭聚在一起，加之他们几乎都有一技傍身，有铁匠、锯木工、渔民、农民、制革工、面包师、织布工，他们具备构建一个完美集镇的所有条件。崭
351 新的“自由城”将完全符合18世纪末期那种对理想社区的浪漫想象：既非地狱般的工厂，亦非某些贵族庄园的附属品。没有了邪恶的罪犯和无用的地主，那里将成为黑人在热带地区的快活英格兰（Merrie England）*。

但就眼下来说，克拉克森面临的棘手问题是寻找临时住所；看到载着谢尔本黑人的二十二艘船抵达哈利法克斯港后，他更是有一种火烧眉毛的感觉。鉴于他一直在同负责船队合同的迈克尔·华莱士（也就是那位似乎无所不在的商人）进行曲折迂回的谈判，所以尽管要想在大暴雨季到来之前抵达塞拉利昂，留给他们的时间已经不多，可是运送移民所需的十五艘船到底何时能准备好起航，仍然不甚明朗。谢尔本人抵达的那天，克拉克森和哈茨霍恩跑遍了港口附近，想寻找一座仓库作为临时安置点，然后发现糖厂的营房似乎可以，便叫人打扫干净、装上炉子、架好床板，终于设法在当天晚

* 指的是一种对（工业革命前）旧式生活的田园牧歌式想象，其模板通常为伊丽莎白时期的英国乡村地区。

上准备停当。时间刚刚好。由于许多黑人没有足够的衣物御寒，“来自谢尔本的人有一多半都赤身裸体”，[58] 所以克拉克森便请求代理总督巴尔克利立即分发女式内衣、衬裙、衬衫和外套。但很快，糖厂里就人满为患，搞得克拉克森又开始担心传染病的问题（他的担心不无道理），只得把其中二百人转移到另一间仓库。每当克拉克森被一种巨大的无力感吞没，觉得整项移民计划仿佛比登天还难的时候，他都会在移民做礼拜时，从仓库后门偷偷溜进去，使载歌载舞的黑人海洋中出现唯一一张白色的面孔，让自己沉浸在那个激情澎湃的时刻之中。循道宗的布道是最棒的，失明的摩西·威尔金森做祷告时，声音能响彻云霄：“在这个人讲话期间，我经常替他感到痛苦，他的情感是那么强烈，喊得声嘶力竭，我都担心他会不会出事。”不过，声音最棒的还要属大卫·乔治那些聚集在糖厂房顶
上的浸礼宗信徒：“记忆中，我有生以来还是第一次听到赞美诗唱 352
得如此迷人；比起听祷告，大部分来做礼拜的信徒似乎在唱歌时会更有感觉。我本不想，但还是提前离开了，因为我担心大卫·乔治如果看见我，可能会惊慌失措。但话说回来，以我对他的了解，我觉得不管是谁在场，都不会妨碍他向造物主奉上他的赞美。”[59]

不过，同迈克尔·华莱士打交道的过程，又把他拉回到地上。克拉克森心里十分清楚横渡大西洋之旅会是一段多么恐怖的经历，所以在日常饮食方面，他决定再怎么丰富都不为过：早餐为八盎司的玉米粉（即加了糖蜜或红糖的玉米糊糊）；午餐要么是一磅咸鱼、两磅土豆、一盎司黄油，要么是一磅牛肉或猪肉、半品脱豌豆布丁，或者萝卜炒培根；晚餐是大米，或者还是玉米粉；此外还有茶、面包、麦芽啤酒、醋，身体欠佳的人则可以喝点红葡萄酒。如此丰富的饮食，显然给了哈里法克斯当地的食物供应商一个大发横财的机会，也终于让他们，以及为船只提供服务的船具商、木材商、服装商，突然正确地认识到新斯科舍这场黑人大迁移的价值所在。在组成船队的

十五艘船中，有几艘是二百吨位的全帆装船，如“埃莉诺号”和“维纳斯号”，但也有很大一部分不过是适合在近海地区航行的双桅横帆船。这些船连同船长和船员，则全都在等抽调自从半岛周边的本地船队。克拉克森实在不能继续等下去了，所以只得相信华莱士不会在租船和食物购买的费用上宰他一把。当然，他心里也怀疑自己被人占了便宜，所以就像生活中偶尔发生的那样，当这份信任最终破裂时，他和这位苏格兰人将会吵个天翻地覆。

克拉克森在努力将黑人移民从雇用契约或巨额债务的束缚中解救出来的同时，还得当好一名审慎的船队指挥官，事无巨细地检查所有人和物，从桶装的腌牛肉和腌猪肉到舱内的新甲板（通常都是刚加工完的湿木板，因此他会要求这些木板在被证明可以安装前，
353 必须用木炭火彻底烘干），不一而足。新的风暴依然在出现，但并非都是气象意义上的那种。比如圣诞节的前几天，克拉克森就和托马斯·彼得斯突然很不吉利地大吵了一架，起因则可能是一些已经登船的黑人乘客未能遵守克拉克森为他们制定的严格纪律。“我怎么都无法让他理解严格的纪律对于船上的规律生活和从属关系有多么重要……他依然固执己见，惹得我恼火至极，带着一身的不舒服上了床。”[60]

几天之后，他主动做出了和解的姿态。当时，彼得斯来找他，要求他给每个黑人多发一份新鲜牛肉，好让他们庆祝在北美的最后一个圣诞节。克拉克森二话没说，欣然答应了这个请求。但随着时间的推移，他越来越受到人员管理这个问题的困扰，难以在威严与仁慈之间找到一个合适的平衡点，每天都会有新的挑战来刺激他。比如，许多家庭挤在他的房间里，说他们想和朋友、邻居分到同一艘船上，而另一些家庭的要求则恰恰相反。或者，尽管早日起航的计划继续因呼啸的寒风而耽搁着，但一些船还是驶入了哈利法克斯码头。黑人们冒着不断落下的雨夹雪和冻雨，开始往船上搬东西，

包括箱子、狗、鸡、锅碗瓢盆、被褥，以及出于审慎而准备带到非洲去的一盒盒种子（西葫芦、南瓜、鼠尾草、百里香、马齿苋、卷心菜、西瓜）。可就在他们的准备工作进行到一半时，哈利法克斯港的总港务长却突然下令叫他们把船开走，还说这是对船只未征求他的明确许可便进港停泊的惩罚。忍耐限度已经被抻到极点的克拉克森在日志中挖苦地写道：“我看着都觉得可悲，那些行为举止应当受最崇高的荣誉感和爱国心指引的人，反而对政府的利益毫不关心。”那些船长在他看来倒是挺好相处的一群人，尤其是萨缪尔·威克姆（Samuel Wickham）船长，此人不但跟哈茨霍恩是朋友，还和克拉克森一样，也是一名只拿半薪的海军上尉。在圣诞节前一周的一次晚饭过后，他们一起站起来，举着斟满的酒杯，祝福“指挥官身体健康”，然后又热情地欢呼了三下，而他也马上表达了感激之 354
情——虽然他心里可能也很希望，大家祝完酒之后没有继续狂欢到凌晨 1 点。

克拉克森脑子里想得最多的一件事，就是他决心避免让这次航行的任何方面勾起黑人有关奴隶船和奴隶贸易的回忆。对于皇家海军的一名上尉而言，“同情”这个词的意义——需要幸运的人去体察那些不幸之人的内心情感甚或身体感受——从未像现在这样重大。克拉克森根据自己和哥哥托马斯对“布鲁克斯号”等奴隶船的了解，以它们为反面教材列出了一份规章，并印发给各位船长。首先，船只必须干净无瑕。所有甲板以及间舱每天要清扫三次；每天早饭过后，黑人都要仔细清洁自己的铺位；底层甲板则要红烙铁烫过的醋擦洗，好让“蒸汽钻进每一个角落”，达到熏蒸消毒的目的，频率为每周三次，时间为上午（以便有时间干透）；天气允许的话，被褥每天都要拿到甲板上晾晒；每周给两天的时间洗衣服；桶装的腌牛肉和腌猪肉打开后，里面的量有多少要如实报告给克拉克森指定的黑人船长，如果有不足量的情况，则要记录在册；黑人的行李箱应当用绳子固定在甲板上，每两星期中会指定一天打开箱子，以供物主取用物品。克拉克森甚至还要求各位船长每天对船上的卫生安排进行例行检查。[61]

如果照18世纪的标准来看的话，这一切安排其实很不可思议。克拉克森制定这些标准，既是为了黑人，可也是为了白人船员，因为后者在贩奴船上的高死亡率已经成了废奴主义文学中的一大话题。不过，还有比这更不可思议的事：克拉克森甚至向各船长发出了有关如何对待黑人的指示。“我很担心，”他在起航前写道，“不同船的船长和船员或许不会像他们承诺的那样善待、关心这些乘客
355 （因为在这个省的人看来，黑人和野兽差不多）。”他坚持要求，黑人必须被“视为已经缴纳了船主所要住宿费用的乘客”，船长们必须保证黑人不会“像以往经常发生的那样，遭到辱骂或轻蔑，你们以及船员要耐心对待这些不幸的人，因为国王陛下把他们送回故乡的海岸上，就是为了让他们过得更幸福”。[62]

当然，克拉克森也要求这样的体恤得到相应的回报，所以这位指挥官摆出了教区牧师的派头和态度，要黑人必须：

> 对船员表现出谦虚和得体的态度，因为古语有云：“温言息怒火。”我们提这样的建议，是为了避免出现纷争，不要对海员们无礼，以免他们反过来也对你们无礼，表现出不得体的行为，进而引发骚乱。要与人为善、互相忍让。考虑到你们在航行途中可能会经历一些小小的不便或困难，我们还建议大家尽己所能，多多向神祈祷，时常怀着谦卑的感恩之心，回想一下上帝的仁慈与力量，如果你能如此行事，努力获得他的赞许，那你一定会感到幸福。[63]

虽说塞拉利昂公司的这支创始船队不大可能被误认为是在进行

奴隶贸易，但它同其他航海行为（无论是海军还是商业船队）也不尽相同。约翰·克拉克森规划出来的其实是一个不分种族的海上基督教共和国，正准备驶向自由和荣誉，以及上帝应当给予他们的祝福。这次航行不同于先前那些，因为它不是为了挣脱奴隶制的束缚，而是一次社会转型的实验之旅。克拉克森写道，鉴于区别对待黑人和白人会被禁止，“他们（黑人）将会成为真正的人”。而且，他还 356
希望，他们到了自己的土地上之后，能抛弃旧有的奴性习惯，不光是指不再做奴隶，甚至连仆人也不要再当。“我已经……告诉他们，既然现在有了当家作主、成为社会栋梁的机会，要是有谁还露出奴才相的话，那我一定会非常看不起这样的人……黑人的骨气自此之后将永远取决于他们如何表现自我，而几百万黑人的命运在一定程度上也受此影响。”[64] 现在，是时候让黑人行使自己的权力了。克拉克森任命了四十名黑人船长，并将他们分派到各艘船上，其中包括彼得斯、斯蒂尔、来自圣克罗伊岛的先锋连士兵亨利·贝弗豪特（Henry Beverhout），以及大卫·乔治和波士顿·金。这些黑人船长在船上将拥有监督权，甚至是司法权。如发生酗酒闹事或打架斗殴，那么高级黑人船长则可指派一个五人小组，来审理肇事者并判刑。只有盗窃、暴力犯罪或对女性做出不端行为这类案件，才须向克拉克森本人报告。

因此，如果说格兰维尔·夏普设想的那种黑人民主自治愿景已经成为商业殖民地需求的牺牲品，那么克拉克森至少在这段注定会充满各种焦虑的旅途中，不遗余力地给予了他们一种命运掌握在自己手中的感觉。从某些方面来讲，克拉克森远远比夏普对非洲裔美国人更有热情。对夏普来说，伦敦黑人是一项事业，他接触过的黑人也仅限于那些他曾为其辩护的黑人，那些命运让他心痛不已的“穷苦黑人”，以及伊奎亚诺、库戈阿诺这种能说会道的废奴主义者。相比之下，约翰·克拉克森虽然在蓄奴的加勒比海地区生活的许多年间，并未对自己日日在牙买加或巴巴多斯目睹的那些事感到愤怒或沮丧，但现在的他却像圣保罗一样“改宗”了。在抵达哈利法克斯后的近三个月中，他天天都被自由黑人包围着。老翁、姑娘、小
357 孩围在他身旁，而他在打开房门的同时，也突然对他们的苦难产生了越来越大的同情；他曾给这些痛苦不堪的人提供忠告，努力理解他们内心深处的愤恨和悲凉，并且对那些在他看来应当为这一切负责的白人愈加感到愤怒。他会亲自关心每一名黑人。得知黑人先锋连士兵查尔斯·威尔金森的妻子萨拉在从谢尔本来的途中因流产而去世后，他曾悲伤不已；得知一个叫托马斯·迈尔斯的黑人在港口停泊的船上窒息而死，而死因是吸入了烘干湿木板的木炭火燃烧时产生的废气之后，他曾愤怒至极，因为他坚信，如果他针对船舱通风的那些指示得到认真执行的话，这场事故本来是可以避免的。在船队起航前，他又决定自己将不乘坐那几艘大点儿的船，而是选择了被他指定为医疗船的一艘双桅横帆船，原因则是大部分老弱病患都在这艘船上。他希望自己的这一举动能够“让黑人相信自己的一片热诚和无私之心”。[65] 他们曾经历过那么多卑鄙的背叛，所以他必须站在他们身旁，要么为他们争取到英国式自由，要么为捍卫他们而死。

然后，就在新年前一天，天气有了出人意料的变化。先前凛冽的寒风——不但导致起航日期延迟，还差点儿掀翻了港口里一艘吨位较轻的帆船——突然间消失了，取而代之的是“最为宜人、温和的天气，连这里最老的居民都没见过”。克拉克森由此得出了一个在他看来显而易见的结论：“似乎真的连天意都偏爱这个计划。”第二天，也就是 1792 年的新年，他又得到了一个惊喜。“今天早上 8 点不到，三十名即将前往塞拉利昂的黑人每人举着一杆枪来到我的门前，向我行了军礼，并祝我生日快乐。”[66] 克拉克森虽然喜出望外，但依然保持着正确又得体的举止，并问他们是否愿意去码头那

里，因为他的私人旗帜会在“卢克丽霞号”上升起，大家可以到船上再正正经经地行个军礼。他的心情现在老是忽上忽下。比如，一对双胞胎刚刚出生在其中一艘船上，母子平安；可随后又听说，不知怎的，有个人在“萨默塞特号”的船舱里闷死了——他确信，其罪魁祸首正是他曾竭力提醒各位船长要警惕的那种过失。正因如此，358
他才觉得还不如和他最信任的那些人，比如大卫·乔治，一起乘坐那艘被他指定为医疗船的双桅横帆船。

1月7日，克拉克森把衣物装入行李箱，乘着渡船，登上了“卢克丽霞号”，并且第一次在船上吃了顿饭；第二天晚上，他则睡到了船上。终于，海上大移民的各方面都准备妥当了。在圣保罗教堂举行的礼拜仪式上，英格利斯主教等人做了祷告，祈祷航行一路平安。克拉克森原本希望有人能在布道时赞扬一下黑人的模范表现，因为“时值隆冬季节，一千二百人在这里生活了五个多星期，却没有一个人闹乱子”。但不知为何，这个布道并没有人讲。

1月9日，“卢克丽霞号”离开码头，前往其他船只停泊的哈利法克斯港口。那场面真是激动人心，完全值得在非洲裔美国人的历史年鉴中写上一笔:“贝奇号”“海狸号”“玛丽号”“费利西蒂号”“卢克丽霞号”“凯瑟琳号”“帕尔号”“萨默塞特号”“埃莉诺号”“启明星号”“威廉·亨利王子号”“兄弟号”“维纳斯号”“弗勒里王子号”，还有被重新命名的“塞拉利昂号”。这个加起来几乎达到两千吨位的船队，将会搭载一千一百九十六名乘客，其中三百八十三人为儿童。移民们曾在英属北美争取过上自由的生活，可现在，他们背后的那些小城镇和小村庄已成为一个个空壳：普雷斯顿几乎成了空城，布林德利镇沦为了往日的残迹，伯奇镇则在突然间变成了绝望之地，人口只剩先前的五分之一，由斯蒂芬·布拉克管理。但布拉克的好日子也过去了。他那座大庄园一直未完工，妻子玛格丽特后来弃他而去，回到了纽约。他越来越不受欢迎，连他的赞助人斯

金纳也无力再替他抵挡那些关于他挪用公款的谣言和指控。在船队起航的三年之后，人们在树林中发现了布拉克残缺不全的尸体：上
359 面到处是抓痕，有些部分还被啃掉了——据说是野兽所为。

但是，到了最后关头，当克拉克森终于处理完那些没完没了到让他恼火的文书工作后，航行却再次被耽搁了。哈利法克斯的天空倒是晴朗，但很可惜，风向并不顺。1 月 10 日时，克拉克森虽然身心俱疲，觉得很不舒服，但还是参加了代理总督巴尔克利与首席法官斯特兰奇安排的送行仪式。两人对他的表现大加赞赏，以至于在道别时，克拉克森竟然对哈利法克斯产生了一丝留恋——或者说，至少对社会上那些对移民计划态度友好，甚至勇敢地表达同情的人有了感情。当天晚上晚些时候，他的老对手迈克尔·华莱士协助他查看了完整的乘客名单。经过那么多次的争执，华莱士终于对这位有些神经质的海军上尉所展现出的毅力和决心表达了应有的尊重。随后，克拉克森自己划着小船，查看了整个船队，并在每艘船上阅读了要求黑人和白人均需遵守的行为规范，还发表了一小段兼具劝诫、祝贺和祈福意义的演讲。但这场小仪式的高潮，是他挨个儿读出乘客名单，并向每个家庭发放了他在镇上专门印制的证明书，上面标注的日期为 1791 年 12 月 31 日，且表示了他们“抵达非洲后”可以“免费获得”的土地——他们中的每一个人，自从决定逃离美国奴隶主，将命运掌握在自己手中的那一刻起，便一直渴望得到这份文件吧。

上面这些，约翰·克拉克森重复了十五次，从“海狸号”到“费利西蒂号”，一直忙碌到深夜。此时，哈利法克斯港的气温从“酷热难挨，突然下降到了严寒刺骨”。约翰·克拉克森也突然从大汗淋漓变成了浑身发抖，并且被一种快要生病的感觉搞得十分“不方便”。到半夜上床睡觉时，他已经发起了高烧。

但是，那该死的“方向让人捉摸不定”的风，现在吹得更猛烈了。

想赶紧离开的克拉克森为了打发时间，把心思都用在担心船上的毯子有多少和食物消耗得太快这些事上；他又写了一些告别信，不过最后还是亲自把信里的话告诉了那些最亲密的朋友，比如哈茨霍恩。
在起航前的最后一个星期里，克拉克森还拿起笔，在他的日志里画 360
下了一些优美的画，如船队的三角旗，以及最美妙的是，他还在一个对开页上画下了整个船队：每艘双桅纵帆船、双桅横帆船和三桅横帆船，都绘制得十分精确，在羊皮纸上面向东南方，小三角帆、大三角帆、主帆都在欢快地随风飘扬，准备飞向它们的命运。

1 月 14 日，风向似乎出现了变化的迹象。克拉克森虽然还是不舒服，可也掩饰不住心里的兴奋，便毫不在乎地耸了耸肩，在晚上的时候，同哈茨霍恩以及一些女性朋友乘着雪橇出去玩了一趟，到晚些时候才回到哈利法克斯吃了点晚饭，稍微睡了会儿。第二天早晨，“一阵清风终于吹了起来”，克拉克森在“卢克丽霞号”上发出信号，示意船队在 11 点起锚。领航的将是威克姆指挥的“费利西蒂号”，而克拉克森的船则负责殿后。

中午时分，从海军上尉转为船队指挥官的克拉克森伴随着悠扬的管乐曲，再次登上了“卢克丽霞号”。起锚后，他又特意向整个哈利法克斯船队的领队行了军礼，并放下了顶桅帆，向全城的人致敬。码头上出人意料地站着一群人，其中许多还挥舞着帽子和手帕，甚至是欢呼——当然，有人肯定很高兴克拉克森走了。他走下船舱，来到指挥官室的一张小桌前坐下，然后拿起鹅毛笔，在 1792 年 1 月 15 日这个吉祥的日子里，给亨利 · 桑顿写了一封信：

亲爱的先生，我现在起航了。天气风和日丽，十五艘船上的一千一百九十二人*，个个精神饱满，所需物品也一应俱全。我希望他们注定会幸福。[67]

他的希望是好的。

* 此处与第351页“一千一百九十六名乘客”的说法相矛盾。据书后注释，作者的数据来自Ellen Gibson Wilson的*Loyal Blacks*（1976），该书表示，这支船队搭载了“三百八十五名成年男性、三百四十九名成年女性、七十三名十岁到十六岁的青少年、三百八十三名十岁以下的儿童”，共计一千一百九十人，与本书中的两个数字皆不相同。在加拿大新斯科舍省黑人保皇党遗产协会（Black Loyalist Heritage Society）创办的网站Blackloyalist.com上，收录有克拉克森的这篇日志，但人数却是一千一百人。不过这份日志资料是经手写原件转录而成，存在讹误的可能。究竟哪个数字才是正确的，仍莫衷一是，本书只得暂时保留此处的矛盾。遗产协会收录的克拉克森日志见http://blackloyalist.com/cdc/documents/diaries/mission/160-169.htm。

第十章

这位总指挥官感觉不太对劲儿。在哈利法克斯港那个寒冷的夜晚，他划着船查看船队时不知染上了什么病，反正一直不见好转。有好几次，他都担心自己可能就这么死掉了。船队起航时那种 1 月中旬温和到有些古怪的天气，随着北美洲最后几块岩石消失在地平线上，也一并消失了。[1] 现在，大西洋上的寒冬正在以它的全部威力侵袭着整个船队，而且似乎要击垮克拉克森那瘦弱的身体，用疾病把他包围起来，搞得他一会儿发烧，一会儿出汗，一会儿又瑟瑟发抖。剧烈的疼痛在他的头颅中翻腾，他的大脑仿佛在被钳子不停地撕扯。而与此同时，他还得竭力指挥不断遭受暴风雨威胁的船队，以及同样受到风暴蹂躏的身体。离开哈利法克斯四天后，暴雨开始猛烈地捶打“卢克丽霞号”，然后又变成冰雹，把甲板当鼓敲，疯狂地砸在那些挣扎着控制左右支索的水手们的脸上。两天后，一场狂飑突然袭击了船队。那些他之前在恶劣天气中也能竭力使其保持在视线范围内的船只，现在彻底消失在了从天空斜插下来的雪幕当中。所以克拉克森只能被迫来领航，然后以枪声为信号，希望它们能穿透呼啸的狂风，告诉船队应该改变航向了。有一段时间，船队确实设法躲过了最坏的情况。但在 1 月 20 日，海上又刮起了一场极其猛烈的大风，于是克拉克森便命令船队全体右舷抢风缓行，等待风暴过去。但在用望远镜扫视地平线时，他发现有两艘船不见了，情急之下只得让自己的船倒行回去，并命令其他船稍微拉近一些距离。

可次日天刚亮，克拉克森便发现又有三艘船不见了。他发出信
362 号，示意余下的船只中速度最快的“费利西蒂号”靠近到高声呼喊所及的范围内，命令其船长萨缪尔·威克姆将船调转四十五度，沿路去寻找失踪船只。然后，他便支撑不住了，因为身体太不舒服，他不得不离开甲板，下到船舱里去。随后，他命令威克姆要不惜一切代价保证船队都在一起，并且向速度快一些的“塞拉利昂号”和“玛丽号”发送信号，叫它们收帆缓行。下午 4 点钟时，威克姆告诉克拉克森，其他船只均已归位，但“萨默塞特号”在前夜暴风雨最猛烈的时候失踪了，至今还未找到。克拉克森时而感到宽慰，时而又焦虑不已，而且他的头痛依然很严重，所以他便把朋友查尔斯·泰勒找来，就是那位随船医生，问他自己该怎么办。泰勒的意见是，他在这种天气情况下指挥船队于他自己的恢复不利，于船队也不利。所以，克拉克森便把日常的指挥权交给了萨缪尔·威克姆。对此，他在日志中写道：“在身体状况好转之前，我不会干涉船队的管理。”

那之后，克拉克森的私人日志变成了航海日志，而他记录下的——且不论有多简要——则是那种只有大西洋在其最无情的时候才会制造的海上灾难。在他移交船队指挥权两天之后，先前的强风已升级为巨大的暴风雨。一系列程度各异的天灾，现在似乎凑到了一起，形成了一连串让人魂飞魄散的气象灾害。航海经历已经够丰富的波士顿·金本以为这辈子已经见识过大西洋最可怕的一面，但当他在另一条被困的船上目睹如此滔天巨浪，看到一条条白色的泡

沫在一堵堵或黑或绿的巨型水墙上翻滚时，也禁不住感到吃惊和害怕。他写道：“有些在海上生活了一辈子的人也说他们从来没见过这么吓人的暴风雨。”[2] 金在这狂风暴雨之中眼睁睁地看着一个自由黑人被巨浪拍到海里，丢下了伤心欲绝的妻子和四个孩子。金自己的妻子维奥莱特当时病得非常重，重到他已经接受了她会死去的现实——他心里的唯一愿望只是妻子能再坚持一下，因为他对海葬深恶痛绝。“我怀着一颗赤诚的心恳求上帝能仁慈些，至少等我们上岸后再带走她，好让我给她安排个体面的葬礼。”上帝做了一件 363
更好的事：“耶和华看到了我的赤诚之心，便让她恢复了健康。”

1 月 22 日，一道巨大的闪电击中了“卢克丽霞号”的后桅，虽然没有把它完全劈烂，但把顶部的主帆撕成了碎片，导致乔纳森·考芬上校不得不下令收起其余的后桅帆，顶风停航。船上的黑人大部分都生了重病；其中一人在 25 日去世，这是船队自离开哈利法克斯以来的第二次海葬。很多海员尽管身经百战，但也被如此艰险的浪涌撩到了；另一些海员则和克拉克森一样患上了热病，所以在风力减弱之后，考芬连把修好的船帆扬起来的人手都凑不够。船队被这场狂风暴雨吹得七零八落，想再集结到一块儿是没什么希望了——十五艘船中只有五艘现在还在彼此的视线范围之内。不过，几艘稍微大些的船都还在，如“费利西蒂号”“维纳斯号”“埃莉诺号”，所以风势弱一些后，考芬便派小船把几艘船上那些身体还健康的人接到“卢克丽霞号”上，修补好损毁的主帆，终于又将它升了起来。

但对这些磨难，约翰·克拉克森并不晓得，因为他已是个行将就木之人，反正查尔斯·泰勒医生是这么认为的。克拉克森发着烧，躺在自己床位上瑟瑟发抖，时而清醒、时而糊涂，一直语无伦次，常常昏迷不醒。泰勒进来看望他时，见他虽然盖着毯子，可身体仍在打哆嗦、抽搐，便明白克拉克森还有一口气，但某天，他惊恐地发现克拉克森的身上起了四个水疱，也许是天花的不祥预兆。紧接着，在海平面的高度降下去后，克拉克森的生命体征也弱了下来。他就那样躺在床上，一天一夜都纹丝未动。泰勒试了试，但既没摸到他的脉搏，也听不见他呼吸，只得宣布他已经病逝。[3] 船员们将克拉克森的遗体抬到甲板上，放入一个用帆布缝成的装尸袋里，并把国旗盖在上面，准备为他举行海葬。

可正当两名扶灵人准备把那口一头开口的棺材抬起来，将尸体沉入大海中时，有人突然注意到帆布下面似乎有什么轻轻动了一下。原来，克拉克森还不打算就这么葬身大海。于是，大家赶紧把仍处在昏迷状态的他抬回了他位于船尾的房舱里，好把身体暖和过来。

364 但事实证明，这里并不是个适合他待的好地方。天气稍微平静一些后，船员和乘客都以为这表明暴风雨即将过去。可结果却是，他们遭到了残酷的欺骗，这场海上灾难将会无情地持续两个多星期，中间偶尔缓和一下，给船员和乘客们一点希望，然后再变本加厉地袭击他们。1 月 29 日，又一场强风以令人恐惧的速度突然袭击了“卢克丽霞号”。但这一次并没有伴随雷电，只有越吹越猛的狂风在船帆间呼啸而过，掀起一波又一波高到让人目瞪口呆的巨浪。“卢克丽霞号”不断地爬上高大的波峰，又猛地跌向陡峭的波谷，整条船的骨架不断地嘎吱作响。铁灰色的海水翻滚着冲过甲板，船体倾斜得非常严重，滔天巨浪完全遮住了天空。这种情况下总会有东西支撑不住，而在“卢克丽霞号”，这个东西是船尾的舷窗内盖，就在克拉克森房间的正前方。在强风那震耳欲聋的咆哮声中，他不知从哪来的力气，竟然在神志不清的情况下从床上爬下来，正跌跌撞撞地往外走。这时，一个巨浪打在船尾上，将整条船掀了起来，船头直直地指向天空，船尾则插入海浪之中。舷窗和内盖一下子全被撕成木屑，翻腾的海水猛地涌进来，卷跑了再次失去知觉的克拉克森。幸运的是，他没有被卷进海里。感受到冲击力之后，“卢克丽霞号”

的船长冲下船舱，扯着嗓子命令船员抢险。如果不赶紧把舷窗的破损处修补好，这艘船一定会沉没。考芬冲进克拉克森的房舱，看到这位海军上尉正躺在地板上，无助地从一边被甩到另一边，在墙之间撞来撞去，遭受了严重的擦伤和割伤，“浑身都是鲜血和海水”。[4]

最终，“卢克丽霞号”和克拉克森九死一生，他们的拯救者考芬船长则未能幸免。在2月第二个星期，当风暴基本上消下去后，大家统计了一下损失情况。处在视野范围内的船仍然只有五艘；“卢克丽霞号”的桅杆虽然出人意料地躲过了一劫，但索具和帆布损毁严重，可因为船员的人手不足，一时还无法修理；能够履行职责的 365
只有身体还算健康的大副和船长，其他人都病倒了，而原因不光是暴风雨，还有船上现在正流行的某种热病；“维纳斯号”“埃莉诺号”“费利西蒂号”上的人被叫来帮忙，但也很快病倒了；“维纳斯号”上有四十多名乘客和船员已经虚弱到了性命垂危的地步，威克姆只得派查尔斯·泰勒先去那边救人。

到2月15日，大风已经减弱为和煦的微风，但乔纳森·考芬却染上了热病，不得不回到甲板下面，成了第二位被迫因病移交船只指挥权的船长。克拉克森现在大部分时间都处在清醒状态，能同船员、乘客沟通了，但身体还没有完全恢复到原先的状态，四肢还是软弱乏力、颤抖不止，仿佛得了瘫痪，而且最糟糕的是，他那可怜的脑袋不是被钉刺一样的剧痛折磨，便是有一种奇怪的沉闷压抑之感，好像大脑额外长出了一层膜，将之同外界隔绝开来（有可能是得了脑膜炎）。但让克拉克森感到最痛苦和最丢脸的地方，是他丧失了短期记忆和一部分长期记忆，导致他时常堕入痛苦与恐慌之中。几分钟前刚听到的信息，几分钟后他就想不起来了。而在回想自己掌握的航海技术时，他又惊恐地意识到自己已经完全记不得当初在海军学校学过、后来又在十艘船上付诸实践的那些知识。事已至此，他只得叫来其他船的船长，老老实实地解释了自己的处境，并请他们为了各自船只的安康，尤其是黑人乘客的福祉，承担起更多的责任。“这病把我搞得很紧张，还时常导致身心虚弱，所以我要求在座的各位船长在我们应当走哪条路的问题上，随时都能畅所欲言，因为我发现自己完全不记得任何有关船舶航行的东西了。”[5]

雪上加霜的是，曾在克拉克森陷入严重昏迷时精心照顾过他的
366 黑人仆人彼得·彼得斯（Peter Peters），在2月18日病逝了，克拉克森难免感到自己难辞其咎，因为彼得斯“可能是从我这儿染上了热病”，因此他大部分时间都沉浸在自责和忧郁当中。不过，他终于能出去透透气了，但因为连踉跄着都不行，更别说正常地走路，所以他一般会躺在床垫上，再由萨缪尔·威克姆和另一名水手抬到甲板上；与此同时，他的舱室里则会被人用滚烫的醋擦洗一遍，再用沥青和火药球进行熏蒸，以便祛病消毒。

可热病还是悄悄溜到了其他地方。2月22日，也就是把克拉克森从水中救上来三个多星期之后，乔纳森·考芬也去世了。现在，克拉克森受到了一种更无情的内疚感煎熬，因为彼得斯死后，考芬上校便经常到他这儿来坐一坐，陪他度过不稳定的康复期，结果也不可避免地染上了热病。克拉克森悲痛地写道：“他是一个可敬可佩的好人，他的离世会让他的主人悲痛不已。”[6]差点儿葬身大海的克拉克森，现在不得不为考芬举办同样的仪式。他又被抬到甲板上，“作为对他最后的一点缅怀，我竭力想把悼词念好，但我既站不起来，又握不住书。”《圣经》从他手中滑落下来，然后，考芬的遗体被推入了大海。

这时，查尔斯·泰勒感到必须想办法给克拉克森提提气，防止他悲伤过度，便提议说，他要是能出去露个面，看看船队，无论是对他自己，还是对整个船队的士气，都会有好处。咸湿的空气非但无碍，反而有益。“于是，我被抬到一条小船上，然后随它一同被慢慢降到海上。我每靠近一艘船，已经集结在甲板上的黑人乘客便

会拿起他们的步枪，朝天打三枪，再欢呼三次，因为我的康复对他们来说至关重要，而在此之前，他们已经完全放弃了这个希望。”

后来，克拉克森认为这一时刻可以算作整个航程的转折点。那之后，天气无疑好了很多，气温升高，风变得清爽，海水从暗灰色变成了南大西洋的深蓝色，而先前失踪的“萨默塞特号”也终于归队了。于是，在2月的最后一个星期，克拉克森觉得身体恢复得差 367
不多之后，便把所有船长都召集到“卢克丽霞号”上吃了一顿午饭。不过，他有时候还是会工作过度。比如有一天，他试着在船上布道，想念一段主日祷文，结果突然觉得疲劳不堪，好几天都没缓过来。到28日，身体恢复得差不多之后，他坐在椅子里，轮着被吊到各艘船上，又巡视了一番。在“埃莉诺号”上，他同雷德曼上校一起吃了午饭。雷德曼告诉他，有位黑人乘客特别想见他。此人是一个一百零四岁的目盲老妪，小时候曾被奴隶贩子从塞拉利昂掳走。在新斯科舍时，她曾恳求克拉克森带她回去，好让她“魂归故里”。虽然他当时极力想确保乘客都身强体壮，能吃得消这场艰苦的横渡大西洋之旅，但最终还是同意了。而现在，她来到了甲板上，正欣喜若狂握着他的手，恭喜他身体恢复了健康。[7]

他们现在离目的地已经不远了。鲸在叫，鱼在飞，明亮而平静的海面上吹拂着足够温和的风，使得黑人可以坐着小帆船到各自的船上拜访。有的人互相拥抱，有的人默默流泪，有的人失声痛哭。对于其中一些人来说，已近在眼前的非洲，重新唤起了快乐与恐惧交织的童年记忆。3月4日，离塞拉利昂还有几天航程时，另一艘名叫“玛丽号”的船从他们旁边驶过，只不过这艘船是开往安纳马博的“布里斯托尔的玛丽号”，像往常一样要去取运它们的“活货物”。克拉克森觉得这正是个好机会，便拿出自己的全部力气，向“卢克丽霞号”上的黑人发表了讲话，表示虽然他们自离开北美后，这一路上经历了许多暴风骤雨，但表现始终良好，所以自己感到十分欣慰。翌日，他又到其他处在视野范围内的船上重复了这段充满长辈式慈爱的讲话。“大看起来全都兴高采烈，并保证上岸后一定会继续服从指挥。看着他们那一张张幸福而满足的面庞，我甚是开心；他们此时此刻对我表达的尊重和感激让我十分欣慰，也深受感动。我衷心希望，他们马上要做出的改变，到最后既会有利于他们自己，也能造福后代。”[8]

两天后，他命令速度最快的“埃莉诺号”加速向前，开始测量
368 水深，如果水深变为八英寻，就用大炮发信号。尽管身体依然虚弱，但克拉克森已经望眼欲穿：“不管别人怎么劝，我就是不想到甲板下面去。”3 月 7 日凌晨 2 点，他听到了“埃莉诺号”发出的炮声；不久之后，“卢克丽霞号”也测到水深已到七英寻。海水越来越浅，意味着海岸也不远了。那之后，克拉克森终于回到了床上躺下，但发现自己因为又焦虑又期待，根本睡不着。辗转反侧到早上 7 点后，他干脆下了床，来到了甲板上。天有些阴，黎明的薄雾还未散去。他焦躁不安地迈着大步子，在甲板上走来走去，一会儿打开他的望远镜，一会儿又合上。终于，在东南方约五里格 * 处，他第一个瞥见了塞拉利昂角。随后他便听见另外两艘船用大炮发出信号，接着是整个船队的欢呼声，以及隆隆滚向前方海湾的一连串枪响。

但过了一会儿，就在这欢喜的氛围中，饱经世事的约翰 · 克拉克森又像以前一样，心头突然涌上来一种奇怪的感觉。“我无法描述此时此刻的感受，因为接下来的几个小时会发生什么，我一无所知。加上几乎一夜没合眼，内心还十分焦虑，所以我现在身心俱疲，脑子里满是阴郁的念头。”[9] 突然之间，他脑子里残酷又清晰地浮现出到达哈利法克斯的第二天晚上在约翰 · 帕尔的餐桌旁听到的那番谈话，以及自己如何断然驳斥了土著人敌视移民的谣言。可万一

* 1 里格（league）为 3 海里，即 5556 米。5 里格距离约为 28 千米。

那个法尔茅斯的船长说对了呢？万一真就又发生了一场袭击呢？而且考虑到他自离开英格兰之后便再也没有收到董事会成员的只言片语，万一他们根本就没收到他的信，因此也没有做出任何迎接这些黑人的适当安排呢？万一他们仍旧以为只会有一两艘船载着一百名黑人过来，甚或更少呢？“尤其是想到船上的供给本来就没有多少，就算有需要，运输船也不可能补充物资（虽然厉行节约，但吃穿用度也已捉襟见肘一个月了），再加上我们还不知道海岸和附近的居民是什么情况，即便需要我指挥什么行动，我现在这样也无力做到， 369
所以我会忍不住去想这些令人沮丧的事情——要是身体健康的话，我可能根本不会想这些。”

正午时分，船队过了豹子岛（Leopard’s Island）。现在，他们已经可以清楚地看到半岛上那些林木葱郁的山峰在一点点地变高，就像从水里慢慢冒出来一样。大卫 · 乔治写道：“那高高的山脉看起来就像云彩。”[10] 然后，让克拉克森感到“高兴到难以形容”的是，先头船发出信号，示意有许多船停在河的上游。克拉克森拿出望远镜，看到一支小船队，根据其中一艘船的大小，他立即辨认出那是塞拉利昂公司派出的补给船队。等近到能分辨出船上的旗子时，他看到绿色的旗面上有一头狮子和一黑一白两只紧握在一起的手——正是塞拉利昂公司的商标。他心里总算舒了一口气。“英国的物资支援已经抵达。”终于，克拉克森心想，这场航行终于结束了。然后，他容许自己稍微奢想了一下：“希望我的焦虑和疲劳能快点儿过去。”

371

第十一章

> 醒来吧！歌唱摩西和羔羊
> 醒来吧！每颗心，每张嘴
> 都来赞美救世主的名字！……
> 禧年已至，
> 汝等蒙赎的罪人回家去[1]

在微风中轻轻摆动的白色帆布下，一千个黑人在引吭高歌。欢声笑语不断地倾泻进塞拉利昂的早晨，一直流到移民船队抛锚的海湾，漂向黑暗地平线上的那些圆鼓鼓的离岸小岛，冲进半英里外的吉米王村庄，还爬上树木葱郁的山坡，同山上那些叽叽喳喳的猴子一较高下。那悦耳的声音让人无法抗拒，颤动的低音，如天使的舞蹈一般跳跃、浮动的女高音音符，那是一种非洲从未听过的声音。

唱歌的人都在帆布篷里——一个临时搭建起来的大帐篷，主要用来开会和做礼拜——虽然正在唱的这首赞美诗出自亨丁顿夫人的书，但浸礼会教徒、循道宗教徒和她的“新光”教徒却在一起唱，因为这首圣歌赞美的是他们抵达的奇迹。那天是 3 月 11 日，他们在塞拉利昂的第一个礼拜日，大家谁都没有偷懒，全都露面了：目盲的摩西老爹来了；大卫·乔治、菲莉丝和他们六个孩子来了，其中最小的那个被取名为约翰，是在致敬那位带着他们平安度过暴风雨的"尊贵的先生"；波士顿·金和他的妻子维奥莱特也来了。对于教众中的许多人来说，他们是真正回到了故乡：现在已经四十九岁的露西·班伯里（她就出生在非洲西部，还是个少女时便被人掳走，后来成了阿瑟·米德尔顿的奴隶，然后在阿瑟签署《独立宣言》的那年逃往了英国前线）；约翰·基泽尔（也就是那位歇尔布罗酋长的儿子，他曾在 1780 年与帕特里克·弗格森［Patrick Ferguson］ 372
率领的美洲志愿军在北卡罗来纳的国王山并肩作战）；[2] 弗兰克·彼得斯（Frank Peters，现年二十九岁，也是童年时便被人从塞拉利昂掳走，并被卖给了南卡罗来纳芒克斯角（Monks Corner）的伍德沃德·弗拉沃斯（Woodward Flowers）做农场奴隶，1779 年加入英国军队，后移居伯奇镇，在大迁移之前一直以伐木为生）。两个星期后，一位老妇人会跑到彼得斯面前，将他紧紧地搂入怀中：这是她失散多年的母亲。[3]

此外，移民当中还有不少白人男女——共一百一十九人，由塞拉利昂公司派遣，乘坐名为"艾米号"和"哈比号"的两艘补给船到达——他们的歌声无疑要比黑人尖厉一些。年轻的圣公会牧师纳撒尼尔·吉尔伯特（Nathaniel Gilbert）是安提瓜岛（Antigua）上一位富有种植园主的儿子，但他见到了光，现在开始宣扬《旧约·诗篇》第一百二十七章的内容："若不是耶和华建造房屋，建造的人就枉然劳力。"[4] 站在教众最前面的约翰·克拉克森听见后，（如果有力气的话）无疑会大喊一声"阿门！"克拉克森现在还远未康复，仍然遭受着慢性失忆、严重头痛的折磨，时而感到呼吸短促，就连下船上岸这样简单的活动都能让他莫名其妙地犯晕。他的情绪波动十分剧烈，一会儿是些许的心满意足，一会儿又陷入了自我惩罚般的抑郁和恐慌。他其实还是值得为一些事自豪的，比如七个星期前从哈利法克斯出发的船队全部平安无事，十五艘船都奇迹般地抵达了目的地。最后艰难驶入海湾的是“启明星号”，克拉克森尤其担心这艘船，因为他特意为这艘船配备了相关必需品来运送孕妇。让他高兴的是，航行期间共有三个婴儿出世，母子都平安。接见船队的那些黑人船长时，他也感到一阵欣慰，因为他们都“穿戴整齐”，还“表示他们都很高兴……也很高兴我安全抵达了这片乐土……他们的每一个眼神都流露着尊重和感激之情，显然让我深受感动，他们得体的穿着和举止……每一艘船上，那些沉浸在最完美的和平与和谐气氛中的人们，都注意到了这一点”。[5] 同样让克拉克森满意
373 的是，白人船长们也感谢了他，因为正是他要求黑人们在对待他们和船员时举止“端正、守序”。此外，黑人也没有抱怨白人船员苛待他们。克拉克森曾希望这场从哈利法克斯到塞拉利昂的横渡，将不仅是奴隶船航程在地理方向上的逆转；而现在，虽然有些难以置信，但他的愿望似乎确实成真了。

不过，克拉克森和这些黑人、白人船长闲谈时，也不时会悲痛地想起已经去世的两名船长——一位是他的救命恩人、“卢克丽霞号”的乔纳森·考芬，另一位是“贝奇号”的梅上校（Captain May）——和他的仆人彼得·彼得斯（Peter Peters）。而听闻整个船队总共有六十五名乘客（可以料到，大部分都是老人、病人和小孩）去世后，他突然间更是内疚不已，接着聊了一会儿后，便猛地瘫倒在地，“我不得不被人抬回床上，被癔病折磨了近两个小时”。[6]

如此表现有些不符合人们的预期，因为他现在已然就是塞拉利昂和尚未建成的弗里敦的“总督”了——当然，这项主动谋求的任命，只会给他增加更多的震惊和悲痛情绪。3 月 7 日上午，“卢克丽霞号”在海湾抛锚后，克拉克森令人升起一面特殊的三角旗（很奇怪，

是倒过来的荷兰旗），这是他事先和亨利·休·达尔林普尔约好的信号；由于近期消息不太灵通，他仍旧以为达尔林普尔会担任塞拉利昂总督。可没过多久，克拉克森却看到，站在那艘缓缓靠近的小船上的并不是达尔林普尔，而是一群打扮有些过头的白人绅士。他们全都戴着帽子，热得满头大汗，而克拉克森只认识其中一个，那就是公司的商业代理人亚历山大·福尔肯布里奇。经引荐，他得知这些人是：公司派来的贝尔医生（克拉克森一看到他就怀疑他是个好酒之徒）、测量员理查德·佩皮斯（Richard Pepys）、工程师詹姆斯·考克斯（James Cocks）。再加上吉尔伯特牧师、威克瑞尔先生（Mr Wakerell，会计，还没抵达）。这些人构成了所谓的“政务委员会”。 374
按照公司董事的安排，他们将和克拉克森一起管理弗里敦——这时，克拉克森才得知，自己将取代已被解职的达尔林普尔担任总督一职。

他既没有料到也不希望这样。就算身体没有抱恙，克拉克森在此之前也一直认为，护送这些自由黑人安全抵达，并测量、分配完他们有权获得的土地之后，自己的工作就结束了。他估摸着这只需要几个星期，然后他就可以回国与那位嫁妆丰厚的未婚妻结婚，继续协助哥哥打理废奴事业，并凭借自己在新斯科舍省取得的成就，再次申请个海军司令的职务。可现在，当他接过一摞信件，开始一封封翻阅后，约翰·克拉克森突然觉得自己被困住了，因为哥哥托马斯、威廉·威尔伯福斯、约瑟夫·哈德卡斯尔（Joseph Hardcastle）*、亨利·桑顿都在跟他讲，这是他的责任，是他不可避免的命运。“整个英国都在盯着你和这个新生的殖民地，”托马斯的来信不乏溢美之词，“还没有哪个机构能在报纸上引发如此反响，也没有哪个机构受到如此交口称赞……这是有史以来建立的最高贵

* 英国商人、伦敦传道会的创始人之一。约翰的哥哥托马斯是哈德卡斯尔家的常客，并且娶了哈德卡斯尔夫人的一位侄女为妻。

的机构，而你的命运，就是成为它的管理者。”[7] 就私心而言，托马斯当然巴不得赶紧与弟弟重逢，但他也明白，为了大局，这样的私愿只能被搁到一旁。他希望约翰可以考虑一下，至少在那里待上一年，然后又在信末加了一句不太有说服力的话：“你自己的幸福还得由你来决定，所以不管你留不留，我都会为你高兴。”但信中要求他留下来的呼声变得一封比一封高。比如，约瑟夫·哈德卡斯尔就把贵格派的预言同启蒙运动中的乌托邦思想结合在一起，完美地设计出一个让克拉克森无法拒绝的提议：“你带着一颗珍贵的种子，不远万里把它种在了非洲大地上。这种子或许注定会长成一棵参天大树，供无数人乘凉，但它也得有人来爱护、施肥，而你的领导、你的持续影响就是它的阳光和雨露。你要填补的是一个极其有趣的
375 职位，你将领导这个尚在萌芽状态的社会，激发它的潜能，看护那些未受教育之人的美德雏形。”[8]

约翰被这些赞誉压得有些喘不过气，而且也笃定地认为，为了身体的健康，“为了对得起自己和亲人，我应该毫不犹豫地回北方去，那里的气候更适合我休养”，但他心里也明白，自己已经被套牢。他会留下来，但不是为了那些董事，而是为了黑人。虽然他的记忆还是有些模糊，但突然间，他感到自己在实践智慧方面比董事们强多了。这些人似乎只痴迷于他们的愿景，幻想着自由贸易会从塞拉利昂率先发展起来，进而辐射整个非洲。也许这才是他们运来这么多煮糖设备的原因。但即便约翰·克拉克森在过去对这个宏伟计划有过什么兴趣的话，如今这兴趣也已经索然了。现在的他更倾心于格兰维尔·夏普设想的那种自由、高尚的黑人社会，更想给这个世界带来某种崭新而兴奋的东西。为此，他愿意鞠躬尽瘁。

但是，他哥哥和其他董事用“章程”和“政务委员会”，把这项工作变得无比艰难。他可以召集并主持议会，投下决定性的一票，

但无权否决委员会的决定，不管这决定有多愚蠢！克拉克森认为，这个体制根本行不通，所以后来他感到骑虎难下时，还气冲冲地斥责过哥哥，说他把“这荒唐的管理制度”强加在他身上。因为他让他弟弟背上了“你们荒谬的政府形式”的包袱。说到底，这个定居点要想安定，要想有效地运转，要想博得黑人的信任，委员们就必须首先把他视为名副其实的总督，因为黑人需要知道，无论自己和那些白人发生什么矛盾，他们的首领都将会是一名公正、公平、有同情心的裁判人和保护者，可那些委员们又没跟他去过新斯科舍，更没经历过那场危险重重的横渡，所以指望他们能理解这有多重要，是不太可能的。克拉克森很肯定的一点是，麻烦一定会来，因为他刚到塞拉利昂时就吃了一惊：虽然他向公司提出过要求，而且运输船两个星期前就到了，但安置一千多名移民的临时住所却连个影儿都没有。政务会的委员们待在船上胡吃海喝，不是被热晕过去，就是相互斗嘴或者跟各位船长争吵。而在森林边上，一根树都没被砍 376
过，一片草地都没被镰刀碰过。4 月的哈马丹风到来前，移民的临时住所必须建好，但这些白人似乎认为，清理空地或搭建帐篷、棚屋的工作有失身份——说到底，这些是黑人才干的活儿。鉴于时间不等人，克拉克森只好把他的黑人船长动员起来，到达后的几天内，便清理出了八十英亩空地，并开始按照当地的建筑方式，利用木杆、泥土和茅草，以最快的速度搭建起茅屋。

那些白人委员和他们的众多雇员、附庸——海军陆战队士兵、船员、仓库工人、工匠，以及委员们的夫人——则完全是另一个样子。忍了一个星期后，感到难以置信又厌恶至极的克拉克森写道，这群人的表现“只能用铺张、懒惰、争吵、浪费、账目违规、以下犯上来描述，他们的所作所为与一切为善为正之事背道而驰”。这不仅仅是管理上无能的问题。除了福尔肯布里奇和吉尔伯特牧师以外，其他人非但没有把自己当成黑人的朋友和保护者，去帮助他们，为他们树立榜样，让他们明白什么是建立在“良善原则”之上的社会，反而表现得好像自己是掌管什么商业或军事殖民地的大人一样。对克拉克森而言，在新斯科舍和横渡期间种种感人至深的经历，可以称得上是一种至高无上的道德与精神指引，堪比某位早期的基督教神父或使徒的经历。他并不指望这些从英国来的绅士能效仿他们，但至少可以听从他的指导。可他发现自己在这方面束手无策，完全无法“践行我在信中向董事们提的建议”，这让他非常恼火。他期待的是柏拉图的“城邦卫士”，但得到的却是一群虚荣、蛮横、好争辩、爱风流、装腔作势的泛泛之辈，有许多还成日里酒气熏天。

其中最讨厌的当数那个贝尔医生——此人据说是因为在热带疾病方面很有研究，才获得了任命。他第一次见到克拉克森时，正巧刚从班斯岛见完奴隶贩子回来，可能是去买酒了，所以醉得一塌糊
377 涂，连克拉克森是谁都不知道。也难怪“总督”大人会对这种不尊重上级的行为极度不满。[9] 一天晚上，克拉克森在“哈比号”上吃饭，忍受了半天“贝尔医生的胡言乱语”。然后 9 点半时，贝尔因为发烧，被人抬回了床上；克拉克森认为，肯定是喝酒闹的。大约又过了半小时，一个仆人发现贝尔死了，死因——其他委员仁慈地断定——是癫痫发作。克拉克森显然没有悲痛欲绝。“就算他没死，我也已经决定要让他回英国了。”但他还没来得及感谢上天为自己解了围，便震惊地获悉其他委员计划为贝尔举行一场全套的军事葬礼，不但要各船降旗致哀，还得鸣十三响礼炮。“我回答，要不是听他们亲口说，我无论如何也不会相信，他们作为塞拉利昂公司各位董事的代表，作为一群受命根据良善原则建立殖民地的委员，竟然会提出如此不可思议的要求，为一个从离开英国到去世都几乎处在醉酒状态的人举行这般隆重的纪念仪式。”[10] 克拉克森提出，这会让黑人震惊，因为他们无法理解为什么要纪念这样一个人，想以

此为由阻止这场规模盛大的葬礼，但委员会人多势众，在投票时否决了他——而且还说，他们期待他会出席。就这样，感觉身体依然虚弱的克拉克森被人抬到定居点后面的小山上，看了降半旗，也听了军炮响。下午晚些时候，他听人报告说，一个叫托马斯·托马斯（Thomas Thomas）的炮手在鸣炮期间不小心炸掉了自己的一条胳膊，随后不治而亡。“这真是让我悲痛不已，回到‘艾米’号（他就寝的地方）后，我突然感到天旋地转，癔症猛烈地向我袭来，结束了这一天的屈辱。”[11]

他可怎么才能好起来啊？正如他在日志中写到的那样，唯有“赶紧回到北方气候带”。不管哥哥和董事们会怎么想，反正从道义上来讲，他并没有在非洲多待一段时间的义务。但是，考虑到公司派来的那群“人才”，自己现在离开就等于让整个弗里敦计划胎死腹中。 378
他不能在黑人正需要帮助的时候抛弃他们，反正现在不能。此时的克拉克森慢慢陷入了一种舍我其谁的绝望之中，他写道：“我不得不放下所有私心，同意留在这里。和那些根本不听我指挥的人合作，虽然有可能让我名誉扫地，但我已经决定承担可能的后果，接受目前这个让我反感的治理形式，陪着那些可怜的新斯科舍人与这个定居点共存亡。”[12]

1792 年 3 月 18 日，克拉克森断掉了自己的退路，命令降下他的指挥官旗帜，并解散了船队。那些把黑人运到非洲来的船只，“费利西蒂号”“启明星号”“塞拉利昂号”“贝奇号”“埃莉诺号”“凯瑟琳号”等，现在可以自行返回哈利法克斯了。那座港口城市的白人保皇党，依然对“他们的”黑人大规模移民这件事愤愤不平，所以到处散播克拉克森的舰队已经彻底毁灭的消息——比如出发时的一千两百人中只有十二个活了下来，而且处境相当可怜，全都后悔离开新斯科舍——等这些船回去后，他们的谣言就会不攻自破。

* * *

不久之后，塞拉利昂的形势将会变得十分严峻，以至于约翰·克拉克森都感觉有必要去问问那些困顿和不满的移民是否希望回北美去。虽然这个问题招来了一阵笑声，[13] 但在最初的几个星期，甚至是几个月里，确实发生了很多让人想哭的事。首先是又有四十名自由黑人死亡，而其中一个便是维奥莱特·金。自从离开杨上校位于北卡罗来纳威尔明顿的种植园后，她和丈夫可以说是患难与共：在查尔斯顿和纽约经历过被再次抓捕的恐怖；在寒冷的伯奇镇，她因摩西·威尔金森的布道整个人五体投地，重新站起来之后，已经变得纯洁异常，以至于她那位痛恨誓言的丈夫都觉得自己相比之下完全是个十恶不赦的罪人，应该每天晚上跑到积雪的树林里跪求宽恕。
379 他们一起安然度过了太平洋上的暴风雨，一起挺过了维奥莱特的重病。但在 3 月底时，她又不幸染上了斑疹伤寒。“有好几天，她都没有知觉，像个婴儿一样无助”，但突然间，又恢复了说话的能力，认定自己很快就要去见上帝了。“星期天时，我们的几个朋友过来陪她，她就一动不动地躺在那里；但当他们开始唱‘救主驾云降临，他曾为罪人舍命’的圣歌时，她也加入进来，一直和大家唱完最后一句，并且开始大声欢呼，在一种爱的狂喜中逝去。”两个月后的雨季期间，波士顿也染上了同样的病，但终究躲过一劫。其他人就没有他这么幸运了。“人们死得太快，”他写道，“连给他们寻找埋葬的地方都成了难题。”[14]

其次是医疗和药物（尤其是用于疟疾的金鸡纳树皮）极其匮乏。贝尔医生（无论他可能派上多大用场）已经去世，而他的继任者托马斯·温特博特姆医生（Dr Thomas Winterbottom）——备受克拉克森敬佩，撰写了第一部有关非洲疾病的严肃著作——得 7 月才能到。修建医院所用的木材直到当年年底才运来，可那个时候热病最严重的时期已经过去了。仓库里的腐烂食物被随意丢弃，结果招来了各种害虫，也增加了健康风险。黑人和白人定居者主要吃的是“虫蛀的面包”、腌肉和腌鱼，但只能分到定量的一半。当地的村民拿来了木薯和花生，但这些新斯科舍人不知道该拿它们怎么办。所以，当酸橙、木瓜、菠萝、甜瓜、香蕉这些新鲜水果到来时，简直就是天赐。

白人的免疫力很差或者根本就没有，因而死亡速度最快，死的人也最多。安娜·玛利亚·福尔肯布里奇得了重病后，躺了三个星期，其中有四天处于“完全失明”的状态，感觉“时刻都可能是我生命的最后一刻”，而且还不得不忍受头发被剃光的痛苦，用她自己的话来说便是成了“一个丑八怪”。她写道，在疫情最严重时，每天死五个、六个或者七个人是司空见惯之事，而死者下葬的仪式则“像埋葬猫狗一样简单”。她还写道，每天早上的惯常问候语都 380
成了“昨晚死了几个”。[15] 死亡率到 7 月底、8 月才降下来，原来的一百一十九名白人只剩下了不到三十人。

除了瘟疫之外，其他传染病和灾难也接踵而至。3 月底，黑人船长卢克·乔丹（Luke Jordan）看到厚厚的云层像高塔一样不祥地积聚在森林茂密的山顶后，心急如焚地写信给克拉克森：“我本不想给您写信，因为知道您身体还没有恢复，但我们身在一个陌生的国家，对于雨季也不太了解……如果雨季真的到来，我们又没房子住的话，该怎么办？”*[16] 问得好。因为这个移民点现在依然只有一堆看起来很不结实的帐篷和简陋棚屋。4 月 2 日凌晨，第一场雷雨伴着狂风猛烈地袭来之后，黑人定居者才发现他们的茅草屋顶和篱笆墙到底有多容易漏水。雨水一下子冲刷出无数凶猛的虫子：一群

* 作者为了表现黑人奴隶的文化水平有限，在原文中多处保留了拼写和语法错误，但为了不影响中文阅读，译文只能改正相关内容。后面的类似引文也是如此，不再一一注释。

群的蟑螂，一群群红黑相间的甲虫（六英寸长、半英寸厚，克拉克森形容其色如庞蒂浦陶器），还有最吓人的，一群群来势汹汹的黑蚂蚁、白蚂蚁和破坏力最强的红蚂蚁。安娜·玛利亚激动地写道，“这种昆虫在英国微不足道，在另一个国家却能占领人们的居所，将他们赶出家门”，实在有些奇怪，但她确实目睹了十二或者十四个家庭被迫从屋子里逃出来，然后用火或者开水来保护自己。在阻止红蚂蚁的无情进攻期间，有些屋子还被烧着了。红蚂蚁所经之处片甲不留，无论是活物还是死物，有时候连鸡或者山羊这么大的动物也在劫难逃。它们一出动，连一些致命的毒蛇都会从茅草屋顶中的藏身之处掉到棚屋的地板上，赶紧逃命。不过，除了树眼镜蛇、眼镜蛇、金环蛇这些毒蛇，更可怕的还是那些埋伏在一旁、对家禽和家畜虎视眈眈的大蟒蛇（安娜·玛利亚宣称她看见过一条九英尺长的“大蛇”）。

381 伺机而动的并非只有蟒蛇。豹子有时也会溜到村子里，偷吃山羊、鸡和定居者的狗。听说有人看到豹子竟然跑到了棚屋的门口，克拉克森非常担心它们会叼走小孩子，因为不久之前，他还听说一个人正在睡觉时，被豹子咬着脖子往外拖，他对着豹头一顿猛捶，才捡回了一条命！绑架计划在最后一刻被挫败的，还有其他一些行踪诡秘的动物。比如 3 月 27 日晚上，一只出来觅食的大狒狒便抓住一个十二岁的小女孩，试图将其拖出帐篷。她尖叫起来，睡在同一个帐篷里的某个男人被吵醒后，赶在狒狒把她拖出去之前抓住了她的双臂。“一场角力开始了，”克拉克森写道，“那只狒狒使出全身的力气要把她抓走，但那个男人也同样决心不让它得逞。”[17] 他们的哭喊声招来了更多人帮忙，这时那只狒狒才最终放弃，逃回了树林里。

面对如此悲惨凄凉的景象，克拉克森越来越沮丧，但并不完全绝望，因为每当他心生绝望，想要认输时，总会有奇妙的事情发生。

比如3月底的一天，某个当地人趁着上一场暴风雨刚刚结束，下一场暴风雨还未来临时，拿着一条变色龙来和他换朗姆酒。克拉克森收下了这只爬行动物，并细细观察它，从篮子里拿糖喂它吃，好奇于它那伸吐自如的六英寸长舌，在眼窝里滴溜溜转的凸眼，以及颜色不断变化的皮肤：一会儿暗灰，一会儿深蓝，一会儿墨绿，一会儿浅绿，一会儿又成了金黄。这让他很好奇，因此也很高兴。他还知道，尽管自己常常感到身体很虚弱，但仍能打起足够的精神，展示出足够的尊严，来让那些给格兰维尔镇的移民制造了许多麻烦的当地酋长尊敬他。吉米王虽然拒绝了前往弗里敦的邀请，但却穿着盛装（旧海军制服和三角帽），摆出酒水，欢迎他到村里做客，而且还先把葫芦杯子端起来喝了一口，以示安全——这可是兄弟友爱的重要表示。圆形屋顶下伸出的灯芯草挡住了烈日，克拉克森一边 382
享受着阴凉，一边观察那些在圆屋之间茂盛生长的棕榈树、芭蕉树、木瓜树、柑橘树，想象着他带来的那些移民也有可能拥有如此丰饶的热带生活。

几天后，奈姆巴纳坐着"凤头麦鸡号"来到吉米王的村子，同他交涉。此时的奈姆巴纳年纪大了一些，头发白了一些，身形瘦了一些，而且非常想念他那位定居伦敦的儿子约翰·弗雷德里克。克拉克森有点兴奋地打量着这位酋长的装束：镶着银色花边的天蓝色丝绸外套、条纹长裤、绿色摩洛哥拖鞋、镶着金色饰带的三角帽。过了一会儿，奈姆巴纳摘下那顶有些奇怪的帽子，露出了一顶长度及肩的老式法官假发（早已过时），发辫的末端有一条项链晃来晃去，上面悬挂的吊坠是一头举着旗子的羊羔。这在基督教中是许愿物，象征耶稣的复活，但戴在他身上似乎不太和谐，不过克拉克森怀疑奈姆巴纳根本不知道这层含义。看到奈姆巴纳这样，他也很高兴地自己精心打扮了一下（全套的温莎红制服，胸口别着一枚亮晶晶的军队勋章）。听闻对方礼貌地询问（在相互拥抱之后），他向奈姆巴纳保证，是的，他的好朋友乔治国王身体很好。在这第一次会面期间，克拉克森稍微有些担心，因为奈姆巴纳冲着他一会儿微笑，一会儿大笑；后来他才表示，他之所以笑，是因为他从没见过如此年轻的国王（在腾内人中，高龄是获得最高权威的必要条件）。晚上，他们到岸上走了走，得知奈姆巴纳十分尊敬年长者之后，克拉克森介绍他认识了那位目盲的老妪，也就是先前那个曾经祝贺克拉克森身体康复的老太太。只不过，她现在坚持说自己已经一百零八岁了——很显然，在这些星期里，她又长了四岁。

参加这次交涉的还有其他土著酋长，如布勒姆人的女王雅玛库巴、非洲裔葡萄牙人酋长“多明戈先生”（Signor Domingo），以及奈姆巴纳的另一个儿子（去法国受教育的那位）——但此人似乎一直想挑事，所以当时的气氛很微妙。之前那些旧账，比如萨维奇海军上校发起袭击导致吉米王的村庄被焚毁，以及安德森兄弟的贩奴代理人在班斯岛上的“侮辱性”作为，又被他重新翻了出来。但
383 克拉克森分辩说，自己和这两件事毫无干系，“我们抱着和平的意图，因此会竭尽全力不让他们感到冒犯，也不会轻易向他们表达愤怒……因为他们很清楚，我们要是遭到不正义的袭击，完全有各种办法来捍卫自己，所以他们会发现，无论在什么情况下，我们都会坚定、坚决地充分展现我们的实力”。（为了表明这一点，克拉克森会时不时地令人发射榴弹炮。）

克拉克森正确地预料到，虽然汤普森和福尔肯布里奇已经谈好了土地租约，但他还会被要求再次支付土地使用费，所以他便拿出了一份已谈妥项目和已付款项的记录，并强调说，再叫他付钱简直就是“傻瓜交涉”。[18] 像往常一样，大家基本上难以达成多少共识，不过紧张的气氛倒是有所缓和——尤其是当克拉克森违心地拿出烈酒，递给那些吵嚷着要喝酒的酋长之后。“吉米王村子里的每个人都酩酊大醉，我这时候再继续道德说教，就纯粹是白费口舌了。”

在某种程度上，他已经成了一位非洲实用主义者，而且也很清楚自己掩盖了公司董事们的哪个重要企图：桑顿、哈德卡斯尔、托马斯·克拉克森满脑子都是要把殖民地向沿海上下和河流上游扩展的宏图大计，但约翰·克拉克森一直在竭尽全力向各位酋长保证，他完全没有租用更多土地的计划。他的脑海里止不住地回想起一天下午，有个“容貌十分美好的”非洲姑娘来到定居点，愤怒地争论道，白人想要占领她的国家，把这里的人变成他们的附庸。虽然克拉克森再三强调自己没有这样的企图，但那个漂亮的姑娘指着海滩上的一门大炮说：“这些大炮……你们白人把它们弄到这里来，就是为了抢走我可怜的国家。”克拉克森没有记录他是如何反驳的。[19]

他知道雨肯定会来，但没想到这里的龙卷风会如此凶猛：一间间本来就不结实的棚屋被吹得七零八落，一顶顶帐篷更是被吹得转来转去，甚至飞上了天。之前在海上遇到的一场暴风雨，水手们都说前所未见；现在遇上的雨季，当地人又说是记忆中最强的。毋庸 384
置疑，有些日子里，厌恶感和无能为力的愤怒感会排山倒海般向克拉克森袭来——比如在空气湿热到令人难以忍受时，他沮丧地望着那些从船上卸下来的板条箱，其中一些被丢在海里，不断地被海浪冲刷，里面的东西散落在海草之间；或者，他会想到所有锋利而精密的物件，如剪刀、刀子、钉子，都被一层湿气附着，变得锈迹斑斑、毫无光泽。现在几点了？除了根据太阳的位置判断，他从何而知？大家的手表都因为空气湿度太大而坏掉了！有时候，他会去反复检查渐渐耗尽的供给品存货，因为他不相信其他人，感觉那些委员、海军陆战队员、水手和白人工匠一定正在私吞任何还没有发霉、发臭的东西，尤其是朗姆酒和白兰地。而与此同时，他那些备受白人虐待的黑人则在森林里辛苦地干活儿，根本无暇顾忌隐匿其中的野兽，只想着竭力克服他们对暴风雨的恐惧，加固他们的棚屋，以免这些栖身之所被洪水冲走。

如果非说有什么不同的话，那就是到这儿之后，克拉克森对这些自由黑人的感情，比他在新斯科舍和那场海上奥德赛期间更深了。他十分自豪地让他们列队站在老奈姆巴纳面前，而奈姆巴纳还来来回回同他们一一握了手。“这些新斯科舍人若不受掣肘，完全可以证明我一向对他们的称赞绝非虚言，但问题是他们没有公平竞争的机会。”将他困在其中的这个败坏体制给了白人肆意凌驾于黑人之上的机会，彻底毁掉了他在新斯科舍的冬天辛辛苦苦同黑人建立起来、在船队航行期间竭力维护的全部信任。现在，他们面对的是殖民者的极端蔑视。这些白人不但虐待、辱骂他们，有时还会扬起手来打，或者听到他们抱怨没有分到原本许诺给自己的耕地和城镇用地时嘲笑他们。这些白人还把他们挤出了滨水地区，而且更糟的是，这群显然缺乏基督教精神的人——醉酒、淫乱，还得了梅毒——从
385 来没有参加过他们的礼拜仪式，竟然恳求全能的上帝宽恕他们所有的罪孽。事实上，克拉克森担心他们根本就是“无神论者”。与此同时，他又会收到一些备受折磨的黑人写来的令人感动又心碎的悲惨短笺：

> 先生，我是您的卑微奴仆，我恳求尊敬的阁下给我一些肥皂，因为我很需要它们。到这儿之后，我连一块都没见过，可我急需一些肥皂来给家人洗衣服，因为我们不应该以肮脏的形象示人。
>
> 您卑微的奴仆 苏珊娜 · 史密斯[20]

最麻烦的是，白人的种种不端行为引发的信任危机，开始逐步腐蚀克拉克森和自由黑人的关系。这些被他视为自己“孩子”的人，无论有什么疑问或牢骚，长久以来都能从这位“尊敬的阁下”所展现出的坦诚和威望中得到安慰和信心。可现在，他感觉这些人开始

有了抱怨和不满，因为他们慢慢觉得（或许还坦率地指出了）当初克拉克森在伯奇镇的小教堂向他们做出的种种承诺——如黑人自治、黑人陪审、免税耕地——都未能兑现。在离开哈利法克斯之前，克拉克森曾和托马斯·彼得斯有过激烈的争执，自那之后，他便敏锐地意识到，心怀不满的黑人极有可能会转而投靠这位“自己人”。现在，他开始怀疑彼得斯变得越来越危险，而这些疑虑最终在3月22日被彻底坐实。

> 托马斯·彼得斯今晚过来找我，然后一通抱怨。他说话的时候非常粗暴无礼，仿佛是在吓唬那些黑人，让大家失去信心。他的行为让我回想起我的朋友和助手哈茨霍恩先生给我写的一封信里的一段话。临行作别时，他把信塞到我手里，并且叮嘱说，一定等我在海上航行了一段时间之后再看。在那封信中，他写道：“如果事实证明彼得斯并不是那种你认为值得尊重的人，我 386
> 希望你不要感到太窘迫。我很担心，他在英国受到的极大关注，会让他误解自己的重要程度，最终既对他自己不利，也会让你觉得不舒服。”但是，对于他在今晚的所作所为，就连知道以上事实真相的人也会惊诧不已。他真是让我火大。[21]

但即便如此，即便彼得斯的语气让人非常不舒服，面对这么一长串的抱怨，克拉克森也觉得自己有责任把大家召集到“帆布篷”（现在已经成了多功能“篷”，用于吃饭、祈祷、聊天，白人军官则用来睡觉）来聊一聊。他耐心地分析了大家不满的原因，感觉自己已经“彻底消除了他们的恐惧，也对他（彼得斯）那些愚蠢的论点做出了令大家基本上满意的答复”。不过，当时的紧张气氛还是再次把他搞得心烦意乱。和大家在帆布篷聊完后，克拉克森回到了住处。但他刚躺到床上，蛐蛐儿和牛蛙就开始叫了，它们的合唱声“在镇子和森林中不断回响着”，搞得他又一次忍受了“两三个小时的严重癔症”。[22]

* * *

这一切彼得斯都看在眼里、怒在心里，越看越觉得生气、厌恶。他意识到，格兰维尔·夏普原本设想的那种自由黑人社会——或者说只是一个黑人至少能自己来维护治安、进行审判的殖民地——根本无法实现，所以他感觉自己和移民同胞们其实被卖给了一群好逸恶劳、傲慢固执的白人，而这些人正在竭尽全力地剥夺黑人应该得到的所有东西。难道新斯科舍的故事又要在热带的阳光下再次上演吗？有他彼得斯在，就不会。说到底，这是他要背负的重任，因为正是他在 1790 年 11 月到了伦敦，把自己的故事告诉夏普、威尔伯福斯、桑顿，然后才引发了这场大移民。所以他现在是否也要对这
387 份背叛负责任呢？毫无疑问，克拉克森先生的本意是好的，但他疾病缠身，哪里有力气去反抗那些委员的恶行和白人的傲慢。

不过，即使在他搞清楚同胞的处境之前，彼得斯也已经是一副自己至少在某些方面能与克拉克森平起平坐的做派。抵达塞拉利昂后，他越过克拉克森和众委员，好像大使一样直接致信殖民事务大臣亨利·邓达斯，感谢“大人”的支持，使得此次移民行动能够实现，“我们对目的地和这里的气候都十分满意，希望那些先前因为条件不允许未能与我们同行，现在仍然（在新斯科舍）受苦受难的同胞们，能早日有同样的福气”。他还报告说，黑人在船上受到的待遇“非常好”，虽然食物“很普通”：每周有四天能吃到腌鱼，但有一半都坏了，萝卜基本上一样。塞拉利昂的本地人“对我们十分友好，我们也很感激国王陛下把我们迁移到这里。我们会按照陛下的宗教和法律，一直努力地改造自我，也会尽力教导我们的子女这样

做”。作为第一位非洲裔美国人领袖，托马斯·彼得斯在信的结尾毫不含糊地宣誓了自己真正的效忠对象：“愿陛下和王室此世永远生活在和平与繁荣的庇佑当中，来世生活在永恒的荣耀当中。”[23]因此，彼得斯效忠的是乔治三世及其大臣，是英国以及英国式自由的承诺，而非那些让他越来越感觉已经将其破坏的人——而且他开始认为，克拉克森海军上尉也得被算进去。

复活节那天，克拉克森参加了大卫·乔治为四个孩子举行的洗礼——在他心目中，乔治仍然是自己的挚友之一——走出帆布篷后，他像往常一样又被黑人移民团团围住，并接过了他们写给自己的信件和请愿书。晚些时候，在“艾米号”上用膳时，他读到了托拜厄斯·休姆斯（Tobias Humes）的信。此人警告他说，黑人内部出现了“分裂和内讧”，决心“推选彼得斯先生担任总督，并打算就此向国内尊敬的塞拉利昂公司请愿”。他写道，

> 如果阁下已经听说这个消息，那您应该已经做好了防范措 388
> 施，请原谅您的谦卑奴仆多嘴；但如果您还未做好防范，那么我希望这些话能让您提高警惕——我写下这些时，双手一直在颤抖，因为我眼下有些不知所措。如果我的名字传到他们的耳朵里，而您无法保护我，那我的情况会很糟——普雷斯顿人并未插手此事，他们也愿意坚定地站在阁下这一边，并承受任何后果。我们愿意成为阁下的谦卑奴仆和忠实朋友。
>
> 另外，我们相信阁下会把我们的名字当作秘密来保守，因为我们知道不仅仅是我们的性命安危取决于此。[24]

看完信后，震惊不已的克拉克森早已把饭后安静一会儿的想法抛到了九霄云外。他确信，黑人马上要反抗了，就算不是彻底的革命，也将会是某种形式的叛乱，因此必须将其扼杀在萌芽状态。他

叫来一条船，让人赶紧把他送到岸上。他先把情况告诉了测绘员理查德·佩皮斯，然后像着了魔一样，不顾身体虚弱，大步流星地走上帆布篷后面的小山，来到一座木制的开放式高塔前——塔里挂着一口大钟，也就是殖民地的警钟。钟声越过河岸，传到了渔船上，传到了正在树林里劳作的人们耳朵里，传到了山上。大家吓了一跳，纷纷抛下手头正在做的事，冲到了那棵参天的丝绵树下，这里已经成了大家召开严肃会议的场所。彼得斯也来了，但面无表情，也毫无愧意。克拉克森站在树荫下开始讲话，先是对着彼得斯说，但声音足够洪亮、清晰，其他人也能听到。他没有拐弯抹角：

> 我说，在谈判出什么结果前，我们两个人很可能会有一个被吊到那棵树上。我举着这封信，介绍了信的内容，同时也注意到，我应当始终把写信的人视为这个地方最优秀的人。我希望在我把话说完之后，整个殖民地的人都能感到满意，可以认为写信的这些人让我提高警惕，其实是对所有人最大的恩惠。
> 389 我也希望他们认为我果断地面对了这件事，让他们及其后代躲过了一场灾祸，因为他们要是继续让自己受到此等恶毒建议的鼓动，那么灾祸将不可避免。[25]

人们高声呼喊着，要他说出告密者的名字。克拉克森挥了挥手里的信（写信的人可能早已吓得魂飞魄散），迅速把它塞进衣兜，然后就像在德鲁里巷皇家剧院的舞台上扮演什么英雄一样，宣布只要他还有一口气，就不会说出这些名字，更不会忘记他们的模范品行。“接着，我请他们回想一下我为了促进他们的福祉，曾经做出、现在每天也仍然在做的种种牺牲。”而且仿佛自己正在受审一样，他还“请大家回顾一下自从认识他们以来，我是如何对待他们的”。克拉克森坚称，此事不仅是有关现实灾难的问题，还是针对法律和正确品行的暴行。如果他们要找公司的茬儿，那是不是该先想想，“虽然他们对公司而言完全就是陌生人”，可公司已经在他们身上花了多少钱了？他“苦口婆心地叫他们牢牢记住，公司为他们做了那么多，他们要是有一刻怀疑塞拉利昂公司的态度是否真诚，那就是罪大恶极了”。如果他们允许“不和谐的魔鬼”在这里生根发芽，那么等待他们的将只有苦难。

可以理解的是，移民们听完之后都很吃惊（可能也对克拉克森终于结束了这场惊人的表演感到松了一口气），其中一些胆子较大的人试图“拨乱反正”：恕他们直言，不管别人跟他说了什么，他都严重误会了他们的提议。大家只是看到克拉克森先生每天都要被各种大事小事叨扰，希望能帮他减轻一点负担。原因就这么简单。“他们推选托马斯·彼得斯担任首席发言人或者主席，只是因为正是由于他的介入和关怀，他们才得以离开新斯科舍。一百三十二个移民在 3 月 23 日联名签署了一份阐释相关意图的文件，彼得斯昨晚本打算把它交到总督手中。”他们真的没有其他目的，只是希望“能 390
给总督减轻负担，让他不必再如此辛劳。他的反应如此激烈，让他们很难过，但他们希望他能换个角度看问题，并且向他保证，他们的动机真的受到了严重的曲解”。[26]

克拉克森又跟他们说了半天。“但大家都很警惕、很焦虑，所以我发现很难让他们认识到自己做错了。不过，跟他们争论了很长一段时间后，他们终于让步了。他们怀着最深切的感激和尊敬之情，说他们对于发生这样的事感到很难过，并答应了我提出的所有要求。他们还关心地恳求我不要继续待在这晚风里，因为他们注意到，跟他们讲了这么久之后，我已经很累了，他们担心晚风会对我的健康造成严重的伤害。”

弗里敦的复活节“起义”就这样结束了。克拉克森仔细读了读那封请愿书，发现其实根本就没有什么起义。因为在签名的一百三十二人中，许多都是他最亲密、最信任的朋友，比如大卫·乔治。虽然其中有不少签名者来自新不伦瑞克，来自布林德利镇和迪格比，都是彼得斯在前往伦敦前就已经取得其信任的人，但也有很多人来自伯奇镇。至于彼得斯，克拉克森则谨慎地认定，他虽然是“一个极具洞察力，也很有心计的人”，虽然那封警告信里说一场政变即将发生，但彼得斯可能并没有什么“取代政府”的企图。当然，克拉克森还是决定“不仅要亲自留意他，也要让别人监视他的一举一动，然后私下跟我汇报”。

当然，就算克拉克森这种草木皆兵的紧张心态夸大了这场危机，但毫无疑问的是，确实有些严重的事发生了。这份为克拉克森“减轻”殖民地琐事负担的提议，无论措辞有多么恭敬，背后潜藏的其实是格兰威尔·夏普有关自由黑人自治思想的萌芽：先从地方性事务开始，也就是那些适合由正式选举出的十户长和百户长来处理的事情。
391 但克拉克森跟随着告密者的思路，认为当前的局势无异于篡夺他自己辛苦得来的权威，所以最终把自尊心放到了政治反思之前。可问题是，黑人承担一部分公共职责，难道真的要比那些无能、腐败的白人在黑人愈加离心离德的目光中天天上演闹剧更糟糕吗？

大卫·乔治等朋友竭尽全力安抚克拉克森。他们说，还记得新斯科舍的种种背叛吗？到这儿之前，英国人也说要给我们分地，但都是空话！你确实说过我们应该不用交免役税，但据说公司还是打算征类似的税，使我们再次沦为变相的奴隶。我们这些人被骗了太多太多次，所以难免会起疑，且不管是否有充分的理由。

几天之后，那场丝绵树下的交涉依然让殖民地的人颤抖不止——有的是因为生气，有的则是因为恐惧。克拉克森得知，有人甚至还因此被吓死了。“一位年轻姑娘见我上了岸，以不同寻常的速度上了山，又听到洪亮的钟声，便立即吓得魂飞魄散，因为她知道丈夫在那份彼得斯准备在会面时拿出的文件上签了名，所以她开始剧烈地抽搐起来，不久就去世了。”[27]

虽然克拉克森认为自己已经把最糟糕的局面控制住了，但他听说，一些丑陋的事情依然在发生，比如有人被怀疑是告密者，因而遭到了恐吓，或者受到了审讯。一位叫亨利·贝弗豪特的循道宗黑人船长找到他，坚称他的教众与此次的骚动无关。树下交涉三天之后，克拉克森又召集了一次集体大会，这次是在帆布篷里举行，所有自由黑人都由各自的黑人船长领队，按船上划分的队伍排好。克拉克森要求他们签署一份文件，声明他们在弗里敦期间将遵守当地的法律——“只要情况允许”,这些法律将“与英国法律相一致”。[28]大家纷纷表示同意。

一股龙卷风刮了起来。丝绵树的银丝被卷到高空，开始到处飘 392
散，有些甚至是从远在北边的布勒姆人地盘的河岸上飘来。然后，这些纤弱无力的细丝落了下来,落得到处都是。人们看到,在海湾里，“哈比号”上的水手们正在摘除落在被单和侧支索上的条条细丝。[29]

* * *

在1792年复活节后的几天，甚至几周内，向来态度严厉的克拉克森面对黑人时都很谨慎。但他也清楚，要想在黑人之间重新确立自己已经有所动摇的权威，关键是要在那些白人委员、士兵和水手中间树立威信，因为他们对黑人的态度正是大部分愤怒的根源。所以只要有展示自己秉公办事的机会，克拉克森便会热情地扑上去。棚屋被暴风雨毁坏后，急需青草和茅草来维修，但随着森林和灌木丛的边界线不断后退，黑人要背着一捆捆草行走的距离越来越远，进而导致整个维修工作也越来越困难。于是，克拉克森便命令“凤头麦鸡号”的一艘快艇逆流而上，把草收集起来，再运回定居点。随着暴风雨越来越频繁，他感觉时间不能再耽搁了，便下令在某个星期天做这些事，因为即便在这一天，黑人也会在定居点附近从事各种各样的工作。但“凤头麦鸡号”上的水手们不乐意了，不想仅仅为了让黑人的日子好过些，就放弃自己的休息日。于是，他们决定在这天庆祝主日，虽然在此之前，大家并没有看出来哪个水手有虔诚之心。

克拉克森决定惩罚一下这些顽固不化的人，以示儆诫，其实还有一个原因，那就是这些水手老是把定居者称为“黑流氓”，还经常使用“其他带侮辱、贬损意味的用语严重破坏殖民地的和谐环境，尤其是触怒了那些来自新斯科舍的人”。[30] 另一个问题是，总督对船队的指挥权也遭到了挑战，比如“哈皮号”的船长、海军上校威
393 尔逊（Captain Wilson）便越来越爱找碴儿，不管克拉克森说什么，他几乎都会反对。不展示一下权力是不行了。于是，他命令“凤头麦鸡号”的罗宾逊上校（Captain Robinson）出席对四名水手的审判，而这些据说就是“罪魁祸首”的人，每个都被判了三十六鞭。奴隶种植园的世界被颠倒过来，变成黑人聚集在一起，看着白人总督命令白人水手当众接受鞭刑，因为他们拒绝提供帮助，减轻黑人的辛苦，还经常辱骂黑人！此外，执行鞭刑的人也是黑人，叫西蒙·普鲁弗，以前在英国部队时偶尔也干这个。但普鲁弗不是很愿意成为总督大人践行种族正义的工具，所以克拉克森不得不去给他做思想工作，说这场公开处刑或许叫他很反感，但却关系着整个殖民地的福祉。[31]

在低垂的乌云之下，山上的大钟再次鸣响，将所有移民和船员召集到一起。然后，克拉克森再次发表了演讲。

> 刚才，我向新斯科舍人简单讲了一下保护他们各个家庭的必要性，并告诉他们，除非我们能确保殖民地的每个部门都有合理的从属关系，否则我们就无法成功。我说，我根本无意区

别对待黑人和白人。恰恰相反，我希望他们能把对方当成兄弟，在目前的困境中互相要求尊重。对于他们的行为，我最愿意看到的是，他们努力以和解的态度，用符合基督教精神的品行，帮助对方减轻生活的困苦。[32]

第一名被判有罪的水手双手被绑着，由行刑人员领着走到前面，然后被捆到了鞭刑柱上。克拉克森宣布，“惩罚的目的只是为了改造”，并示意普鲁弗开始行刑。为了忍住痛，这名水手的牙齿间咬 394
着一枚子弹。鞭子落到他背上时，他的整个下颌便紧紧咬住这一小块金属。在头十三鞭时，犯人虽然疼得龇牙咧嘴，但没有出声，打到第十四下，他背上的肉突然绽开，子弹从嘴里掉出来后，他才发出一声尖叫。克拉克森命令普鲁弗住手，然后走到那名水手跟前，问他是否为自己的过失感到抱歉，是否愿意改过自新。他嘟囔出一声“是”之后，被人松绑，并带到了禁闭室。不出所料，挨了几鞭后，第二个、第三个囚犯也都表示了悔意。“然后，我解散了人群，”克拉克森记录道，“因为我相信这次惩戒已经起到了足够的作用。”[33]

但光有姿态是不够的。执行完鞭刑几天后，克拉克森派遣纳撒尼尔·吉尔伯特乘坐船队中最快的“费利西蒂号”，携带给桑顿和董事们的信件回到了伦敦。在写给董事的信件中，他详述了移民们遭受的一些严重虐待，尤其是仓库里发生的腐败现象。他告诉董事们，无耻的白人每天都在劫掠公司运来的物资，而老实的黑人每天都在受苦受难。除非或者说直到他们赋予他适当的权力，让他有权否决政务委员会的决定，不然这种一团糟的状态还会持续下去，而且他不会对此种事态负责。在信件的末尾，他发出了最后通牒：“赋予我权力吧，如果亡羊补牢，那我发誓我可以扭转整个局面。但如果你们不同意，那我也已经下了回国的决心。”[34] 至于那些私人信件的口吻就更激动、更愤怒了。他指责哥哥托马斯谋划的政府形式完全是为了让定居者过得尽可能悲惨；他在写给桑顿的信中怒吼道，“上帝可以为我作证，他从心底知道我愿意牺牲自己的性命，来实现塞拉利昂公司的伟大愿景”，但他们要是无法满足他的需求，那就赶紧考虑换个人来当总督。[35]

为了能让他湿冷的肺里吸进一点温暖的海风，克拉克森搭乘“费利西蒂号”航行了一段距离，去香蕉群岛转了转。但 4 月 26 日，当他回到定居点时，一道霹雳击中了托马斯·彼得斯：某位移民投
395 诉说，彼得斯盗取了一位刚刚去世的人的财产。克拉克森明白彼得斯还有很多追随者，所以并未借机败坏这位对手的声誉。在亲耳听到投诉前，他宁愿将其视为私人恩怨引发的谣言。但很快，局势便明朗起来：在证据似乎已经确凿无疑的情况下，不起诉彼得斯可能会引发许多黑人的不满，起诉彼得斯同样会招致众怒。29 日，弗里敦遭遇了迄今为止最严重的风暴，闪电密集地连续闪了十分钟，“仿佛从空中飞流直下的火瀑布”。[36] 最终，克拉克森下了决心。彼得斯必须接受审判。

5 月 1 日，彼得斯承认自己确实拿了对方的财物，但又坚持说，那个人在新斯科舍时跟他借过债，后来一直没有还，所以他只是拿回了本就属于他的东西。不过，全由黑人组成的陪审团并未采信他的说法，最终裁定他无权获得这些财物，并勒令他把它们还给那人的遗孀。除此之外，彼得斯没有受到其他形式的惩罚。显然，克拉克森认为这样的羞辱已经足够给彼得斯的领导地位造成永久性的伤害。其中一个征兆是彼得斯自己的一封信，他在信中知会克拉克森说，他不要那些财产了，但他要对陪审团的裁决提出上诉。“当然，”克拉克森记录道，“我没再进一步插手此事。”[37]

虽然彼得斯已经威风扫地，但克拉克森还是觉得不保险，又隔三岔五地把移民们召集到一起训话，只是除了时不时地间接威胁外，内容基本上都是漫无边际的忏悔。5 月 3 日，他对移民们说，他“快

累坏了，来到这个殖民地时，我便预料到会有很多困难，如果无法避免，我也都会乐观地迎难而上”，但让他难过的是，移民们并不重视公共工程的建设，“劳动时间还没结束，就偷偷溜了”。他要起小性子，一半像个小学校长，一半又像《旧约》中那种受到冒犯的先知，向他们宣布，他要不是热爱非洲的话，早就回英国去找朋友们了，他们可是巴不得再次见到他呢，所以“除非看到他们的行为表现有大的转变，否则我一定会丢下他们；当然，我并不想拂袖而去，恰恰相反，我会同他们一一握手，从心底希望他们能得到他们 396
想要的幸福。如果他们认为没有我能过得更好……那就赶紧说出来，这样更好，也更值得尊敬，因为这总比我在这里牺牲自己、受苦受累地为他们服务，却没给他们带来任何好处要强”。[38] 如此厚脸皮的自哀自怜之语，再加上他描绘的那幅即将同大家一一告别的场景，完全达到了克拉克森预想的效果：“众人当即表达了他们的感激之情。”

不过，克拉克森并不能无限制地发动这种赤裸裸的情感攻势来呼唤忠诚和自我牺牲。有时候，他实在疲于应付那些一天到晚纷至沓来的投诉，会到“艾米号”上就寝。但即便在那儿，他也难以入眠，塞拉利昂的声音从四面八方向他袭来：吉米王的地盘上传来的鼓点和歌声；循道宗和浸礼宗信徒举行夜祷仪式时哭喊着赞美上帝的歌声；醉酒的士兵在帐篷里咆哮的声音；昆虫那铺天盖地、不绝于耳的嗡嗡声，数百万条虫腿摩来擦去；以及在他饱受折磨的脑袋里那些曲里拐弯的腔室深处，其他嗡嗡作响、让他无法安宁下来的声音。他那本已破碎、撕裂的记忆，以后会变成什么样子？在记忆最糟糕的时候，他设法瞒过了那些他必须在其面前展示权威的人。现在，他也一定不能流露出困惑不解的样子。

他向董事们提出要求后，一直在不耐烦地等待他们答复，可克鲁湾（Kru Bay）那黑灰色的海水上虽然不断有船只来来去去，他要的回复却一直没有到。不过，有些船只倒是为他载来了新面孔；而这些人，他当即认为，很可能会支持他的使命。现在急需新鲜的血液，因为他在新斯科舍的老战友、外科医生查尔斯·泰勒生了病，而且情绪低落，（虽然泰勒羞于承认，但时常）会露出酗酒的迹象，且毫不掩饰自己想返回英国的强烈愿望。而亚历山大·福尔肯布里奇——克拉克森觉得他倒是那群差劲的委员中最不差劲的一个，本质上来讲是个好人，甚至是个通情达理之人（虽然在商业方面似乎
397 没有任何才能）——现在也日日贪杯，时常恶心、呕吐，语无伦次到让人觉得可悲，而且动不动就大发脾气，有时甚至拿他那无辜的妻子撒气。但出于某种原因——或许是因为他那本有关奴隶贸易的小书让许多原本头脑闭塞或冷漠的人开了心窍——克拉克森很同情他，但同时也明白，并写信告诉董事会（毕竟他们肯定得关心投资）：福尔肯布里奇根本不适合担任殖民地的“商业代理人”。

因此，克拉克森对这些新来的人很热诚，其中有个从美国来的年轻保皇党十分平易近人，名字叫艾萨克·杜布瓦，来自北卡罗来纳州的威尔明顿（就是彼得斯逃离的那个地方）。他以前是一位富有的棉花种植园主，但向来都对黑人怀着深深的同情。此外，还有两位瑞典人（毫无疑问，他们都受到了卡尔·沃德斯特罗姆的影响）：一位是林奈的学生、博物学家亚当·阿夫泽利乌斯（Adam Afzelius）；另一位是矿物学家奥古斯都·诺登斯克约德（Augustus Nordenskjold），此人很渴望（克拉克森觉得他有些急不可耐）到内陆去探寻他听人说起过的金矿（位于老奈姆巴纳手下那位女酋长的领地中）。但他现在还去不了，因为大雨一直下个不停，温度开始骤降，尤其是到了夜间，被淋成落汤鸡不说，还得挨冻。而城乡土地的测绘和规划工作也像蜗牛在爬，让移民们更加担心他们会像在新斯科舍时那样，分不到自己的土地，最后只能去给他人做苦力。

鉴于物资的供应十分有限，所以大家的吃穿用度都很紧缺。终

于，一艘名为“信赖号”的邮船运来了急需的物资，但克拉克森发现，这些东西全都被人随随便便地装在了外面没有铁箍的便宜木桶里，在颠簸的航行过程中，桶壁裂的裂、破的破，导致里面的食物腐烂，布料腐坏，工具也都生了锈。仓库附近的垃圾区本就已臭气熏天，而一桶桶变质的腌牛肚还被胡乱堆放在里面，让人更加感到窒息，还引来了一群群老鼠在弗里敦那些两侧绿草如茵的街道上横行无忌。酗酒成为一个越来越严重的问题，水手和委员们全都嗜酒成性，酒喝光了，就派人沿河而上，到班斯岛和甘比尔岛（Gambier Island）上的奴隶工厂去购买。但让克拉克森沮丧的是，酒也开始 398
侵入到“他的”那些黑人中间。比如，循道宗牧师亨利·贝弗豪特居然抱怨说，克拉克森不给那些在他房子旁边的一座实验性菜园里劳动的黑人们酒喝，搞得克拉克森惊愕不已。因此，他认为，这只能说明贝弗豪特可能受到了彼得斯的影响，而先前曾短暂蒙羞的彼得斯显然也已经恢复过来，还被人看到去参加循道宗和浸礼宗信徒的夜祷仪式。克拉克森认为，彼得斯仍然想被推选为黑人的“总议长”，而且越来越像黑人版的克伦威尔，不但竭力煽动他们表达不满，还老是以“黑人离开新斯科舍的促成者”自居，炫耀自己的权威。5 月 31 日，克拉克森收到了彼得斯的一封信。在信中，彼得斯俨然以这种自封的身份要求他“遵守你的诺言”，同黑人会面，“如果做不到，那请允许我今天跟他们讲几句话，因为我实在不想继续生活在这种混乱的状态当中”。[39]

约翰·克拉克森能怎么办呢？尽管他不愿意承认，且仅仅把此事视为“无知”或轻信带来的结果，但事实是，非洲裔美国奴隶的身上已经发生了诸多转变，而他正在目睹的则是黑人政治诞生初期的阵痛。鉴于自己的身体状况越来越差，克拉克森不想再经历一场大规模的谈判，便沿海岸做了一次短途航行，想清醒一下脑子。但他返回后，更觉自己拿不准是否应当继续走同黑人谈判这条路，因为要是再争下去，实际上就等于争论宪法权利了。但大家的争论越来越多，想压也压不住，让他进退两难（虽然他承认许多不满确实有根有据），而且他还惊讶地发现，奈姆巴纳的秘书兼翻译、夏普的门徒亚伯拉罕·艾略特·格里菲斯，这个他本以为可以信赖的人，似乎也站到了彼得斯“党”那一边：6月15日时，两人联名给他写了一封信，明确提议成立一个十二人陪审团（包括他们二人），并委派该小组来调解定居者的内部纠纷。说实话，这个要求并不极端，也完全合理，但戒心重重的克拉克森因此被搞得心神不宁。

399 他认为，积极参与才是冲淡这种自治要求的唯一途径。鉴于吉尔伯特牧师不在，所以克拉克森不顾身体削弱，接过了圣公会的布道工作，以便见缝插针地加入一些道德训诫，来改善殖民地目前的状况。此外，他还感到自己有必要参加浸礼宗和循道宗教徒的夜祷仪式，以便在彼得斯对向大家滔滔不绝地演讲时，他也能相应地要求他们来听听他的说法。但到最后，他已经找不出任何的理由来阻碍彼得斯设立十二人陪审团。实际上，他见过首先同意担任陪审员的十二个人之后，发现自己完全赞同他们的许多抱怨，比如测绘队的持续阻挠，尤其是其中的工程师考克斯。于是，克拉克森比彼得斯更进了一步，干脆建议说，那些黑人船长在航行期间做得很好，或许正是陪审团的最佳人选，或者让十二条街道（目前均以公司的十二名董事命名）中所有二十一岁以上的黑人男性各自推举一人。

随后，他为了给病人（包括他自己）购买药品，又沿河而上，去了一趟班斯岛上的贩奴工厂。6月25日回来后，他收到了一封非比寻常的信：由亨利·贝弗豪特代表他自己的人署名，但显然也代表了更多的人。[40] 在信中，贝弗豪特针对一些急需解决的实质性问题，提出了自己的看法：“我们的人同意您提出的薪酬建议，即每日劳动可得两先令报酬，但前提是我们可以分到自己的食物。”他们很乐意每条街上有一位治安官来维持秩序。但在被告知要自费购买仓库中的食品后，他们觉得无法接受，因为说到底，他们本来想的是能分到自己的地，靠种地来养家糊口。

不过，6 月 25 日的这封信，并非只是一份申诉不满的清单，而是更接近一份社会和政治契约，是黑人第一次主张自身本应享有的公民和政治权利。确切地说，这是非裔美国人第一次提出代表权的 400
要求——真正地分享英国式自由。“我们愿意完全遵从英国的法治，但不愿意在没有黑人代表我们的情况下把统治权拱手交给你们。”克拉克森之前曾威胁说，若他们不遵守他提出的一切要求，自己就要离开他们，但听了那么多遍后，黑人显然已经受够了他这种感情和政治上的勒索。他们提醒他，别忘了他在伯奇镇威尔金森牧师的教堂里对他们做出的承诺，而且他们也根本不信他会离开，虽然他经常这样威胁：“我们都不希望阁下离开，把我们丢在这里。但请您回想一下，阁下在谢尔本的时候，是怎么跟大家说的。您说不管谁去塞拉利昂，都会恢复自由身，拥有法治，而且在审判时，陪审团里既会有白人，也会有黑人，所有人都是平等的。我们考虑了一下这些，认为我们有权选择我们认为合适的人，以合理的方式来代表我们。”现在，轮到他们（委婉地）威胁克拉克森了：“如果可能的话，我们当然祈望和平，但拱手相让，我们做不到。阁下知道我们内部也有法律，有规范，且与英国的法律相一致，因为我们不管去哪里，都目睹过。我们真的不是想把司法权夺过来，只是想得到阁下您的赞同,因为我们很感谢您做我们的头领,做我们的总督。”[41]

如果我们认为贝弗豪特的抗议在措辞上很笨拙，那其实是误把土语当成了口齿不清。事实上，它非常具有说服力，既表达了人们内心的深刻不满，也表现出黑人对于政治权利及解决办法已经有了初步的理解。更重要的是，在读到信中有关黑人将有条件地接受克拉克森的行政权力，并反复强调会遵守英国法治的内容后，我们就无法不把它视作大西洋两岸的漫长自由史中的重要一章。18 世纪

70年代时，美国爱国者的基本态度是，他们自己的代表权，虽然暗含于对国王的效忠里，却不知何故被他的奴才们抛到了一边。而黑人保皇党的整个苦难史则把这种指责还给了美国，因为美国在《独
401 立宣言》中曾承诺人人平等，但却保留了奴隶制。现在，他们本想创建一个属于自己的自由社会，却又一次目睹了这样的承诺遭到背叛。所以，他们才请求克拉克森信守他在伯奇镇发表演讲时的承诺，兑现他们心里依然坚信的那种真正的英国式自由。第二天，一名黑人在交涉时这样向克拉克森回复有关请愿书的事宜："我们知道，国王依然是我们的朋友，我们也不责怪那些把我们带到新斯科舍和新不伦瑞克的人（比如盖伊·卡尔顿和詹姆斯·帕特森），因为他们待我们很好。但我们要怪罪那些向国王编造谎言，导致我们至今没有分到土地的人（白人保皇党和白人委员）……这样让我们很是不安，让我们担心自己可能会再次遭受那样的残酷待遇。"[42] 无论发生什么事，他们都绝不会再当奴隶了。

即便把克拉克森对彼得斯的怀疑抛开不说，我们在读到6月26日的那份小宣言时，也不难看出托马斯·彼得斯在其中插了一手。不过，克拉克森并没有明说，因为彼得斯已经病了一个星期，而且病得很重，没能像往常那样再出席晚祷。因此，当克拉克森把黑人召集到一起，讨论他们递上来的请愿书时，他面前的人们还未从震惊的情绪中走出：他们那位"有实但无名"的"总议长"托马斯·彼得斯已在前一晚去世了。

令人错愕的是，克拉克森对此事并没有多说什么，只是承认它确实发生了，并且造成了"殖民地的骚动和混乱"。彼得斯的遗孀萨拉写了一封悲痛欲绝的信，但收信人不是克拉克森，而是亚历山大·福尔肯布里奇——估计她认为前者不会表示同情吧。克拉克森有些羞愧，心想自己对于彼得斯夫妇而言竟然成了这样的敌人，以至于这位寡妇都不愿意直接写信给他，所以他把那封信抄进了自己

的日志中。萨拉恳求福尔肯布里奇先生帮帮忙，给她一些葡萄酒、波特酒、朗姆酒、蜡烛和一块白布（无疑是用来包裹托马斯的尸体）："我丈夫死了，我现在穷困交加……我的孩子们都病了。我的苦难没人能比。我仍然痛苦万分。"[43]

克拉克森立刻差人给萨拉送去了她所需的一切。而当一小群人在不知道他会怎样回答的情况下来找他，提心吊胆地询问虽然不合 402
规定，但他可否允许他们为托马斯制作一副木棺时（通常情况下，只有死者的亲朋好友自己提供木料的情况下，才允许制作棺材），他也同意了，虽然可能只是不想被认为报复心太强。至于他自己，回想起贝尔医生那个醉鬼的奢侈葬礼后，克拉克森刻意表现得很高尚。如若他在塞拉利昂病故（看起来很有可能），那么委员会和移民们绝对不能浪费木料给他做棺材。不必收殓，就让他沉入湿透的土地中吧。但应大家的请求，托马斯·彼得斯被装进了结实的木棺中，葬在了弗里敦。不过，这棺材却不够结实，困不住彼得斯的鬼魂的程度，因为一个月后，据说有人看到他在村子里走动。得知此事后，克拉克森难以置信地写道，"我以后绝对不会再听信任何有关他的事。"

* * *

那之后，弗里敦便奇迹般地变和谐了。或者至少可以说，那里有了"和谐堂"（Harmony Hall），一座新建的单层框架建筑，竣工于 1792 年 8 月中旬，名字是约翰·克拉克森起的，最初是想给公司的职员及其妻子提供一处舒适的就餐场所，但后来进行了扩建，增加了单身员工的用餐区域。克拉克森将它视为一个新开端的标志，大家不论肤色，都可以聚集在这里，吃饭、聊天，或者聆听克拉克森那鼓舞人心的布道，"为了公众利益而走到一起"。但不久，食堂变成了多功能厅，比如接待非洲的部落酋长（如吉米王，他终于克服了对弗里敦的反感，在一群拿着马枪的男孩的簇拥下来过几次），或者招待塞拉利昂公司邮船的军官与海员；克拉克森想找黑人船长议事时，也会来这里。"从早到晚……有时直到午夜"，这里都聚着一群人，"有黑人，也有白人，有认识的，也有不认识的，有忙碌的，也有懒散的"。[44]

但和谐没有在一夜之间到来。即便在那些更好相处、更有能力
403 的新人——瑞典博物学家亚当·阿夫泽利乌斯、艾萨克·杜布瓦、新医生托马斯·温特博特姆——到来以后，白人委员与官员之间的关系，和他们对待工作的态度，也没有明显的改善。比如土地测量员理查德·佩皮斯和妻子就愤愤不平、没完没了地跟克拉克森抱怨他们的邻居，掌管仓库的"那些卑鄙无耻"的白人。无能的"商业代理人"亚历山大·福尔肯布里奇，到现在不但没有促成任何商业交易，还因为染上酒瘾被解雇了。"哈比号"那位肠胃不好的威尔逊海军上校则越来越疯魔。他因为没有在奈姆巴纳来访时请对方登船并行军礼，遭到了克拉克森的斥责，便转而禁止克拉克森以及任何与他意见一致的人登上"哈比号"。于是，克拉克森便解除了他的军权，但威尔逊擅自控制了"哈比号"，并威胁说，谁要是不怕死就上船。最终，他载着一群被困其上的白人乘客（其中许多都生病了）驶出海湾后，才被拦截下来。

然而，到 8 月底时，长期饱受噩梦、狂躁和忧郁折磨的克拉克森感觉自己的身体好了一些，即使没有全好，也比之前强了许多；他内心虽然不能说高兴，但至少对弗里敦目前的状况满意了不少。雨慢慢停了，虽然偶尔还是会有龙卷风来袭，但出现的次数越来越少，破坏力也越来越小。蚂蚁们还在行军，尤其是在深更半夜里，而且各种蜘蛛、蟑螂也会成群结队地跑出来，简直叫人毛骨悚然。克拉克森和安娜·玛利亚都注意到，红蚂蚁会攻击黑蚂蚁，还能吞

噬鸡仔，甚至爬进鸽笼吃鸽舍里的鸽子。豹子偶尔会在晚上跑到村里来，看看能踅摸到什么吃的，但其中一只有些自不量力，想把大卫 · 乔治的宠物狗叼走。但结果那条从新斯科舍带来的纽芬兰犬骁勇善战，只是受了点皮肉伤。

尽管经历接二连三的考验，但那些活过了头六个月的人身体明
显健康了许多。死亡率也在逐步下降，尤其是黑人的死亡率——不 404
过，那年晚些时候，克拉克森曾坦陈自己其实非常担心人口普查的结果。最终，统计显示，新斯科舍移民中有百分之十四的人已经去世，而白人的死亡比例则接近百分之七十。

病人现在也有了福音：一座医院在弗里敦拔地而起。这可是一家货真价实的医院，长一百英尺，由某艘补给船运来的预制材料建成。现在，补给船在塞拉利昂停靠得更加频繁，不但运来了修建医院所需的耗材，还为移民们送来了新鲜食物和工具，以及对克拉克森来说更为重要的东西：他哥哥托马斯、威尔伯福斯及其他董事的信件，而这些信也赋予了他根据自己的想法来管理殖民地的权力。除了这些官方的好消息，以及发粉、巧克力、葡萄酒、腌菜之外，补给船还带来了许多充满亲情与友情的信，尤其是托马斯 · 克拉克森，因为他听说弟弟被杀、殖民地也再次覆灭后大惊失色。后来，董事们读了纳撒尼尔 · 吉尔伯特捎回英国的信，才意识到约翰 · 克拉克森还活着，便松了口气，于是只好答应他提出的所有要求。“鼓起勇气，亲爱的约翰，”威尔伯福斯写道，“我希望你身体健康、精神抖擞地迎接所有考验——我们在这边会竭尽全力为你创造更舒服的环境，以及每当我的思绪被那些特别有趣的人吸引时，我一定会时常想到你。”

就这样，这位海军上尉得到了他想要的东西。原来的八人委员会被解散，由一名总督与两名下级议员取而代之。鉴于自己当时在委员会里只能算是个不得志的“领头羊”，这一改变让克拉克森大

喜过望，就连董事们对于似乎要把“独断”之权交给一位最高领袖而流露出的那种辉格党式的焦虑，他也大度地给予了赞扬。在日志中，他决定这个庄严的改革才应该被视为殖民地的真正奠基。除了
405 担任总督外，约翰·克拉克森现在还成了主日牧师（因为吉尔伯特的继任者霍恩牧师得过一段时间才到）、军事指挥官、测绘和城市规划方面的全能督导，以及总裁判司——有权根据自己的判断，以最符合弗里敦的最高利益为宗旨进行裁决和立法。

不过，克拉克森没有疏远黑人，反而利用他新得的权力尽量笼络他们。事关移民的案件，现在完全由黑人陪审团来审理。其中最早也最令人不快的案子，是对格兰维尔镇的幸存者、伦敦黑人移民组某组的“头儿”约翰·坎布里奇的审判，而且其罪行也让克拉克森错愕不已：向一艘荷兰奴隶船贩奴。坎布里奇受审并被判有罪后，克拉克森注意到，移民们对此人恨得咬牙切齿。他承认，“此事让我颇感困扰，因为他的罪行太新奇、太出人意料，我都不知道该如何面对了。”[45] 他慷慨激昂地发表了一场半是布道、半是教训的长篇演讲，批评自由黑人变成奴隶贩子这种事情，会影响殖民地在黑人和白人之间的声誉，会伤害英国人的善意，而殖民地要想生存下去、繁荣起来，这种善意是必不可少的。最终，镣铐加身的坎布里奇由“哈比号”（在发疯的威尔逊像海盗似的将其开走之前）被押送回英国。

出于对殖民地人民道德素质的保护，克拉克森起初很担心格兰维尔镇那些懒惰成性、嗜酒如命的“老移民”会把新斯科舍人带坏，所以禁止他们来弗里敦。但后来，他从亚伯拉罕·艾略特·格里菲斯等人那里听说这些“老移民”生活困苦，便软下心来，将他们重新接纳为弗里敦的正式公民。和其他移民一样，他们也在 8 月 13 日投票选出了自己的治安队和治安官，而且当天这些人便在克拉克森的注视下宣誓就职了。此外，为了对格兰维尔·夏普的原计划有

所表示，每十户家庭中还推举出一名十户长，每十名十户长又推举出了一名百户长。这其实不能算是夏普所设想的那种民主下放制度，但无论如何，这都是非裔美国人第一次进行投票选举，而将权力下放到社区居民身上产生的效果，也基本上符合了克拉克森的预期。406
比如，某白人水手抢劫百货商店而被当场抓获后，移民们义愤填膺，幸亏有巡警四处巡逻，才阻止事态进一步恶化为骚乱。

克拉克森现在拥有了在事态严重失控之前便将其化解的权力，所以公司给他下达的指示如果与他先前在新斯科舍向移民做出的保证相抵触时，他通常会选择忽略甚或撤销前者。比如，在他不知情的情况下，公司决定向移民征收免役税，但从董事的来信中得知这个坏消息后，他直接决定不往下传达。又如，公司将滨水地区征用为码头和仓库用地，直接切断了移民们灌溉土地的渠道，鉴于移民们当初在新斯科舍的迪格比等地就曾因类似情况而受过侵害，所以此事被大家发现后，艾萨克·安德森等移民代表便在会上言辞激烈地斥责了克拉克森，搞得他最终拂袖而去。不过，他在私下里也不得不承认，移民们的抱怨有理有据，于是再次单方面决定，放弃公司对海滨地区的独霸权力，允许任何人通过抽签来获得一片水域的所有权，而且如果他们愿意，还可以建造自己的码头和仓库。在写给伦敦各位董事的信中，他直白地写道，公司若希望殖民地获得成功，“就必须遵守我的指示”。[46]

到 1792 年 10 月时，弗里敦已经不再是空中楼阁，而是成了一个实实在在的地方，一个由自由的非裔美洲英国人组成的社区，与大西洋两岸的任何地方都迥然不同。十二条街道中有九条与海岸线垂直，街道两旁排列着整齐的木结构小屋，里面居住着移民及其家人。虽然这些屋子时常需要重新用茅草封顶，且容易吸引一队队贪婪的蚂蚁、一群群饥饿的老鼠，以及偶尔前来觅食的食蚁动物，但它们最终还是挺过了最猛烈的暴风雨。与那几条街道相交的，是

克拉克森所谓的三条“美丽的大道”，其中一条与海岸线平行，两旁坐落着各类公共建筑。此外，弗里敦还有两个供居民集会和交涉
407 的露天场所，其中一个就在钟塔下面。每天日出时分，那座大钟便会响起，告诉移民们该去上班了。除了和谐堂，移民们还兴建了一所学校，老师则是来自布林德利镇的约瑟夫 · 伦纳德（Joseph Leonard）。还有，弗里敦终于拥有了一座像模像样的教堂，礼拜日时人头攒动，每天晚上也有不少的信徒前来敬拜，以至于安娜 · 玛利亚 · 福尔肯布里奇老是被里面传出的布道辞、赞美诗、虔诚热情的呼喊声搞得无法入眠。在零售店里，黑人可以把商品卖给来访船只上的白人，也可以互相交换。而热闹非凡的小渔港每天则会目送十二艘渔船驶向海湾，等待它们满载而归。

随着降雨逐渐减少，佩皮斯和手下的三十名测绘人员也终于可以用线标记出供黑人移民耕作的土地了。虽然不是所有地块都已经被清理干净，但 9 月时，一些小菜园里的药草和蔬菜已经从地里探出了头。“移民们的菜园子，”克拉克森在 9 月 21 日的日志中写道，“看起来已经相当喜人。这些新斯科舍人带来了很多好种子，而且除了能满足自己的需要，还给船员们供应了许多蔬菜，尤其是卷心菜。”[47] 黑人们用园艺在这片土地上书写了自己的卓越历史：过去在美国种过的甜瓜、绿豆、玉米，在新斯科舍种过的南瓜、卷心菜，还有他们这个新故乡的番木瓜、芒果、木薯、山药、花生、水稻。乘坐着“卡利普索号”来到塞拉利昂的约书亚·蒙蒂菲奥里（Joshua Montefiore）——曾带领一群人和塞拉利昂公司竞争，想抢先向布勒姆人的岛屿移民，但那场探险失败了，他是狼狈不堪的幸存者之一——看到弗里敦后，赞美之情溢于言表：“简直无法想象，他们每天早上 5 点兴高采烈地就起来参加劳动（公共工程），一直干到下午，然后各自回家去处理家事、打理花园。到了晚上，他们又会去参加集会，而且这样的聚会特别多，他们会激情澎湃地唱起赞美

诗，一直唱到深夜。星期天，他们则会盛装打扮去教堂做礼拜，脸上挂着满足和幸福的表情，那幅情景看起来真让人开心。”[48] 如此
看来，就算说得夸张点，但这个地方可能确实美得像一幅画，而克 480
拉克森的秘书约翰 · 贝克特（John Beckett），一位水彩画高手，便在 11 月时为他创作了一幅。

这画是送给他做纪念的。因为在 10 月下旬时，克拉克森向移民和公司的人宣布，他年底就要离开弗里敦了。所有人对这突如其来的消息感到错愕，不光是黑人恳求他重新考虑一下，就连吉米王、雅玛库巴女王、多明戈先生、奈姆巴纳等当地的酋长也不希望他走。就在上个月底，他还把这些人召集到一起，讨论了殖民地的边界问题，而这些人也毫不掩饰他们对他的信任甚或钦佩。这位紧张不安、身材瘦削的年轻人，现在不但会讲他们的洋泾浜英语，还渐渐喜欢上了他们的鼓乐。而当某移民对多明戈先生的一位妻子表现得过分亲昵，引得这位愤怒的丈夫威胁要射杀这个罪人时，克拉克森甚至扮演起了当地酋长的角色。他盛气凌人地谴责了犯事者及其恶行，然后又对喜欢戴十字架坠链的多明戈先生说，你的所作所为不像个基督徒，要是有任何抱怨，应该来找我。“我说，多明戈先生，你不喜欢战争，但假如你冲我的人开枪，就是在向我宣战，而我又无法阻止我的人再向你开战。你也明白，那样就更麻烦了。”[49] 克拉克森现在很会说洋泾浜英语，而且让他惊讶的是，他自己还相当喜欢这么讲话，就如他现在也很喜欢吉米王村庄的鼓乐韵律一样——虽然之前听到那鼓声时，他会觉得仿佛有人正在他的太阳穴上钻孔。

望着这些表情忧郁的人，听着他们对自己的赞美，克拉克森向大家保证，他的离开只是暂时的。自离开英国，时间已经过去了一年多，他从来没想到自己会成为殖民地的总督。这次回英国，他只是想休息几个月，养养身体，见见兄长、朋友和耐心等他的未婚妻苏珊娜（他还以她的名字命名了这里的一个海湾），并借此机会亲

自跟董事们聊一聊殖民地的未来，毕竟不能老是依靠他们时断时续
409 的信件吧。他向黑人们保证，这样他才能最好地代表他们的利益。

无论如何，克拉克森的辞行都让 11 月 13 日成了一个尤其令人伤感的日子，所以他决定把这一天变成“庆祝日”，然后领着所有的人，包括男人、女人和孩子，爬上了小镇后面的山。尽管为了开辟小农场，山上的地已经清理了一部分，但山路还是“崎岖又陡峭”，大家爬得并不快。克拉克森一边走，一边借机和黑人聊天，称赞他们到目前为止已经取得的成就——摆脱了奴隶制，迎来了自由——但若想让非洲也从他们的成就中受益，那么他们还有很长的路要走。走到半山腰，大家在一条小溪旁停下来，吃了点午饭。那小溪“在岩石间潺潺流动，美不胜收”，给克拉克森本已汹涌澎湃的内心又注入了一丝庄严之感。最后，大家终于爬到了山顶，大汗淋漓又兴奋不已地欣赏着山下那一排排整齐的房子，还有教堂、钟楼与和谐堂，然后又望向碧绿的大海、河流、树林、海湾，那幅景色“美得无法形容”。接着，该用奖励回报努力了。克拉克森拿出四十份政府赠地证明书，交给了通过抽签选出来的四十位移民（十一个女人，二十九个男人，每人分到了五英亩）——虽然不如他预想的多，但这至少兑现了一年之前的那个雨天，他在伯奇镇的摩西 · 威尔金森教堂里对他们做出的一项承诺。这些人追随着他，就像古时候的希伯来人追随摩西上山一样。此时有些心潮起伏的克拉克森再次发表演讲，说他们的子孙后代乃至塞拉利昂河附近所有地方的幸福，将取决于他们和他们的行为。

大家搭起一个帐篷，又把桌子摆好，和谐的气氛现在萦绕在“董事山”上（他给这座山新取的名字）。饭毕，克拉克森举起酒杯，敬了第一杯酒：“祝塞拉利昂公司和他们的善举成功。”然后，先前把山清理出来的六十个人举起火枪，向天齐射三枪，并大喝三声。
410 紧接着，山下的堡垒发射了应答的礼炮，炮声隆隆滚向河口，停泊

在此处的各条船只也因应着发射了礼炮，烟雾袅袅升空，飘向桅杆上悬挂的彩旗。就这样，在隆隆的炮声中，大家一边喝酒，一边大声欢呼着，暮色越来越浓。终于，大家能得闲放松一下了。一杯杯酒举起来，一道道火光照亮了山坡，音乐声此起彼伏，一句句祝酒词回荡在漆黑的夜色中。敬新斯科舍人！敬苏珊娜·李小姐！敬献所有的妻子和爱人！在这一连串的祝酒词中，克拉克森随后在日志中闪烁其词地记录道，有一句尤其“引来了兴高采烈的叫好声和礼炮声，等等”。[50]

但到 11 月下旬时，凉“烟”来了：海雾从港口飘进了弗里敦，天气开始变得时冷时热、无法预料。海军上尉也是如此。一方面，他比以往任何时候都确信，自己终于可以稍微离开一段时间了——或许是六个月——因为殖民地的一切都已安排妥当，繁荣的种子也深深地种到了土壤中。可另一方面，缭绕的海雾飘来之后，他又担心起来。临时代他担任总督的人叫威廉·道斯，一名军人，最近的一份工作是在植物学湾管理、看守囚犯。为了让道斯明白塞拉利昂总督的工作远远不只是治安和惩戒，克拉克森给他好好上了上黑人的历史课，介绍他们如何摆脱了美国的奴隶制，以及之后发生的所有事情。如果说他们看起来不太好管，容易对白人感到愤怒或怀疑，那是因为他们有充分的理由不信任白人，直到最近，他们从白人那里得到的只有欺骗、虐待和背叛。道斯可能觉得自己并不需要克拉克森来跟他讲什么公平问题，毕竟，他从植物学湾被撤职，就是因为拒绝讨伐原住民。但就算这样，克拉克森还是带着道斯到殖民地各处走了走，想让这个年轻人变得随和一些，让他的谈吐和举止不要再那么刻板、拘束。还有一件让克拉克森担心的事是，旧委员会的一些成员，尤其是那个测量员佩皮斯，向来都直言不讳地认为他对这些移民迁就过头了，而且可能也这么和道斯讲过，想让他采取更加严格的管理。

411 如果真是如此，那佩皮斯可能还向道斯指出了克拉克森最近一次是如何在黑人的胡搅蛮缠下屈服的。随着补给品的减少，移民们每天两先令的工资现在只能购买原先一半的口粮。这个如此武断的决定，让移民们感到惊愕、愤怒，纷纷上书请愿。其中一位黑人船长卢克·乔丹写道：“考虑到您曾承诺要让所有人都过上幸福生活，我们很想知道我们是否要为一半的口粮付全价。”第二天，包括波士顿·金、凯托·珀金斯牧师、暴脾气的艾萨克·安德森在内二十八位户主，再次联名上书请愿：

> 我们的辛勤工作只换来了一点点报酬，少得可怜。可购买工具的花销很高，我们需要的工具又多，因此我们达成了一项决议，现在提交给您，希望您能为我们考虑一下。我们不想冒犯您，但我们希望每天能拿到三先令，然后食物免费；或者给我们更高的工资，食物我们自己花钱买。愿神无条件地恩典，我们可以得到工人应得的全部食物，我们的薪酬一半以现金付，一半以殖民地的货币付。这样我们就不会再抱怨了……[51]

由此看来，弗里敦虽然已经有很多“第一次”了，但现在还得再加上一条：自由黑人的第一次劳工谈判，而且还成功了。佩皮斯可能觉得恼火，道斯可能觉得茫然，但克拉克森接受了他们的请求，恢复了原来的定量。

正是克拉克森这种愿意倾听、愿意改变想法、以诚相待、真心疼爱黑人的态度赢得了他们尊重，而除了格兰维尔·夏普之外，还没有其他英国白人能做到这一点。也正因如此，虽然克拉克森费尽心机为道斯铺路，有好消息时有意让他去传达，自己则唱黑脸，当
412 起了训诫者；虽然在他把道斯夸上天时，移民们也认真听他说完了，但许多人还是很紧张，直到笃定地感到克拉克森还会回来之后，才

接受他即将离开这个现实。

12 月 16 日，克拉克森像当初第一次看到移民们在伯奇镇聚集时那样，又向大家讲了一次话。当然，讲话的主题来自《出埃及记》：年仅二十八岁的他，以族长、先知、父亲、朋友的身份，动情地说道，在这个殖民地，我并没有把自己当成“一般意义上的总督……而是上帝的仆人，是你们的道德守护者，是你们宗教和世俗责任的教导者”。他是这群黑人的摩西，是他们的亚伦，是他们的约书亚，是他们的大卫。然后，他发自肺腑地向他们说道：“我已经向你们许多人表达过我对你们的喜爱。现在，我要宣布……只要能增进你们的幸福，我甘愿献出自己的生命；因为如果我能让你们幸福，让你们安居乐业，那我就不会感到绝望；我只希望，你们谦卑、勤奋、节制、和平、宽容的品行，能大大地影响这块大陆上那些未开化的异教徒，叫他们也渴望皈依基督教。”

但接下来，克拉克森如往常一样，摇身一变成了训诫者，告诉移民们不要把他们的权利，也就是自由，和放纵混为一谈；他说，自己对他们的讨薪行为感到失望，对他们越来越沉湎于他所痛恨的烈酒感到失望。他很遗憾，有些人还没分到地，没有如他希望的那样在圣诞节前就有地可种，但他郑重承诺，尚未分到地的人，很快就会分到。不管他在不在这儿，他们都必须努力做到品行端正，因为“全世界每一个黑人的幸福”都将取决于塞拉利昂这场大冒险的成果。然后，挤在教堂里和那些只能站在外面凉棚下的教众，心里猛地一沉，因为克拉克森在这时直白地说，他们也知道，他从来不喜欢做那种自己都不知道能否兑现的承诺，“所以，我不能答应你们我一定会回来，但可以告诉你们，我觉得自己十有八九会回 413
来。因为我想不出这世界上还有比尽自己的最大努力建设好这个殖民地，能更让我自己以及——我希望——我的造物主更愉快的工作了”。[52]

当作别的时间终于到来时，约翰把力所能及、心所能愿的事情都做了。或许是想起了自己在“卢克丽霞号”上冒汗、发抖、东拉西扯说胡话，直到颤抖着靠近人生边缘时那些一直陪伴在他身边的人吧，克拉克森现在也坐在那些同样处在黑暗边缘的人身旁，紧紧握住了他们濡湿的双手。那位到内陆去寻找矿藏的奥古斯都 · 诺登斯克约德——克拉克森其实一早就有不祥的预感，确信他会因此而丧命——派人传话说，自己现在遭了难，急需援助。于是，克拉克森便派人把他救了回来。但诺登斯克约德回来时已是衣不遮体、骨瘦如柴，病得抽搐不止，“与其说是人，不如说更像幽灵”。最终，还没挨到年尾，他便与世长辞了。

亚历山大 · 福尔肯布里奇也一样。照他妻子的说法，虽然病得很重，但他终于“从病床上爬起来”，想试着做点事，至少给人留下他是一名商业代理人的印象。可就在他安排一项贸易任务的最后阶段时，克拉克森却给他带来一条消息：他被解雇了。不过，让克拉克森有些惊讶，得知此事后，福尔肯布里奇竟然没有多大反应。当然，他只是在装样子，安娜 · 玛利亚并未被蒙蔽。长期以来，患有抑郁和阳痿毛病的福尔肯布里奇便一直借酒消愁，现在，他更是开始变本加厉地喝。“为了平复内心的痛苦，”安娜 · 玛利亚写道，“他不停地喝酒。你会说，这办法既可怜又可悲。但酒能满足他的愿望——我认为，他是想以酒为毒，把自己喝死。”约翰 · 克拉克森也认为，刚开始时，福尔肯布里奇酗酒是为了减轻心中的屈辱之苦，但后来越喝越过分，显然是有了自杀的想法。“过去三个月里，他一直在慢性自杀。有些日子里，他身上的好些地方看起来就是皮包骨头。”[53] 当有人提出他要坐哪艘船回家的问题时，福尔肯布里奇一半听天由命、一半拒不接受地回道，他再也不会回英国了。他
414 幻想的是，自己可以在殖民地外找个空房子住。但 12 月 19 日，不出所料，他突然昏厥随后便去世了。安娜 · 玛利亚没有假装悲伤，

因为长期以来，对他的自怨自艾、酒后的胡言乱语以及无数次的家暴行为，她都是首当其冲。而且，她还和年轻的艾萨克·杜布瓦开启了一段风流韵事；可能对她而言，杜布瓦既给了她某种慰藉，也提供了保护吧。“我决不会卑鄙地在这种时候撒谎，说我对他的死感到难过。不！我真的不难过，因为对他自己、对周围的人来说，他的生命已经成了一种负担。在过去的两年多里，他待我都很不好（不想用更难听的词），彻底耗光了我对他的全部感情和尊敬。”[54]安娜·玛利亚一点时间都没浪费（因为在塞拉利昂，没人知道自己能分到的幸福比例），立即向克拉克森申请了与杜布瓦的结婚证明。克拉克森把自己的家具和祝福送给了他们，但还是像往常一样，以慈爱叔父的口气要求他们等上一个月再结。

还有许多伤感动人的告别。在罗巴纳，老奈姆巴纳送了克拉克森一头阉牛（他在非洲见过的最肥的牛），以及一个刻着一小段《古兰经》经文的护身符，以保佑他一路平安。那年早些时候，福尔肯布里奇曾送给奈姆巴纳一幅他儿子约翰·弗雷德里克的画像，他对着这幅像已经叹了很多气、流了很多泪，所以他还希望克拉克森能代他去看看这个儿子。此外，面对克拉克森的离去，就连一些白人官员也说出了让他感到意外的话，比如一直以来都与他不睦的理查德·佩皮斯，就声称自己永远“不会忘了他，永远会敬爱他”。[55]

克拉克森一直待到了圣诞节——这是黑人在弗里敦的第一个圣诞。无论他们过去忍受了什么，将来还要经历什么，现在都是欢庆的时刻。平安夜里，大家把自己彻底交给了或甜美而悲伤，或深沉而狂野，或来自美国和新斯科舍，或是非洲本土的音乐。约瑟夫·伦纳德带着他的一队小学生挨家挨户去唱圣歌。还有一群人则吹着横笛、敲着鼓，走街串巷地演奏，一直绕到了官员们的住所，向他们致以节日的问候，同时也表达了演奏者自己的喜悦。

从来都无法做到喜怒不形于色的克拉克森，现在更是不惮于真 415

情流露。在登上“费利西蒂号”前，他又到移民的家里走了走，同他们一一握手、拥抱，竭力安抚他们的焦虑情绪。不过，当一群弗里敦的女人拿着自家小农场出产的东西——山药、木瓜、洋葱、七十二只鸡和六百枚鸡蛋，每个女人基本上只能拿出一点点——叫他带着路上吃的时候，先前还镇定自若的克拉克森终于绷不住了。毫无疑问，他回想起了一年前坐船离开哈利法克斯时，普雷斯顿的英国·自由和其他艰难谋生的农民也曾许诺要送他一些鸡和蛋（也确实给了），真是恍如昨日，又似经年。在这种饱含了某种神圣感的时刻，一股强烈的情绪涌上克拉克森的心头，不可避免地冲破了他那堵薄薄的自控之墙。“听到许多可怜的寡妇说，她们十分欣慰能各自拿一枚鸡蛋，为我在航行中的食物储备尽一份绵薄之力之后，我禁不住泪如雨下。”[56]

当然，克拉克森人生中的重大时刻要是没有点儿小事故，就不算完整。12月29日下午，“费利西蒂号”收起船锚，驶出了港口，岸上的炮兵连和各条船只纷纷鸣礼炮为他送行，可就在这时，他看到“艾米号”上的一名水手，因为粗心大意地朝装满火药的炮筒里瞅了一眼，而被轰进了海里。克拉克森回过头，看到码头上挤满了移民，他们一边挥舞着手帕或帽子，一边大声向他道别。他将带着此景此景，以及那些鸡蛋，一起踏上漫漫的跨洋之旅。

当然，船上还有其他一些重要的货和人，比如第一批在塞拉利昂长出来的种子（要送给约瑟夫·班克斯爵士），多明戈先生的一个女儿（准备去接受英式的基督教教育），以及约翰·克拉克森舍不得离开的一个人：大卫·乔治。这个曾与奴隶、印第安人、英国士兵生活过，曾越过沼泽、蹚过溪流、穿过风雪、跨过河冰的人，现在要面对的是伦敦附近各郡那些戴着黑色的高顶礼帽、白色的系带软帽、脸颊绯红的浸礼宗信徒。

大卫·乔治也有一件珍贵的东西要带到英国去：移民们写给

亨利 · 桑顿、托马斯 · 克拉克森及其他董事的一封请愿书。他们希 416
望董事们能让克拉克森继续回去当他们的总督，并且用他们自己的话讲述了克拉克森对他们而言意味着什么，为他们做了哪些事和付出了什么。签署人一共有四十九名，包括大卫 · 乔治自己、波士顿 · 金、赫克托 · 彼得斯（普雷斯顿的浸礼宗牧师）、理查德 · 科兰卡蓬和桑普森 · 海伍德（曾在寒冬时节从新不伦瑞克出发，一路跋山涉水到达了哈利法克斯）、约翰 · 基泽尔（那个歇尔布罗岛上的布勒姆族人，已被带回故乡）、约瑟夫 · 伦纳德（小学校长）、八名黑人妇女和寡妇（许多女人都失去了丈夫）——其中包括夏丽蒂 · 麦格雷戈（Charity McGregor）、菲莉丝 · 豪斯特德（Phyllis Halsted）、卡特琳 · 巴特利（Catrin Bartley）、露西 · 怀特福德（Lucy Whiteford）。请愿书的内容如下：

> ……我们这些谦恭的请愿人，我们这些黑人，跟随着政府代表约翰 · 克拉克森从新斯科舍来到了这个地方。自从在新斯科舍第一次见到我们，他在各方面都像一个绅士一样对待我们，为我们的航行提供了一切，尽全力让我们过得舒服，一直到我们抵达塞拉利昂。他对我们一直很好，为我们提意见和建议，耐心又充满爱意地对待每个男人、女人和孩子。因此，我们这些谦恭的请愿者想在此对英国塞拉利昂公司的诸位绅士表示感谢，感谢你们费心为我们这些受苦受难的人着想，全能的上帝对此很是喜悦。我们希望，总督大人暂时离开我们回到英国，能让公司的诸位绅士感到开心。但我们也希望诸位绅士能理解，我们强烈希望约翰 · 克拉克森还能回来担任我们的总督。有史以来，我们第一次有了统帅，我们会竭尽全力服从总督的指示，遵守英国的法律。至于他对我们做出的分地承诺，大家都同意
> 一部分人现在先分，其余的人也会尽快分到。我们祈祷尊敬的 417

约翰·克拉克森阁下能在航行中平安地回到朋友身边，然后再回到我们身边。我们这些谦恭的请愿人义不容辞，会永远祈祷。签署人亲笔……

大卫·乔治等[57]

第十二章

1793 年新年。在法兰西第一共和国，“公民路易·卡佩”（即路易十六）这位被废黜的国王正因为自己过去犯下的罪而受审。但在塞拉利昂，随和的卡罗来纳棉花种植园主、黑人的铁杆朋友艾萨克·杜布瓦，无论从哪个方面来看，都相当满足。他正在制作自己的婚戒，心里十分期待自己和有主见的寡妇安娜·玛利亚·福尔肯布里奇即将举行的婚礼。于是，他拿起羽毛笔，蘸了点儿墨水，开始写日志，“公正、坦白、如实地记下所有事”。[1] 约翰·克拉克森要到当年后半年才回来，所以为了不中断殖民地的历史记录，他在出发前特意请这位朋友继续帮忙记日记。杜布瓦当然乐意效劳。克拉克森辞行时，他难过得要命（“情绪比平常更压抑”），依依不舍地坐船跟出去了几里格，才在茫茫的黑暗中最终作别。这本日志既是他对自己的义务，也是对总督的义务，是他们二人之间的一条纽带。

随着笼罩塞拉利昂的冬日“冷烟”慢慢退去，人们的沮丧情绪也渐渐消散了。不过，就在新年前夜，一场冬季并不多见的烈飑袭击了这个殖民地，急雨直接打穿了安娜 · 玛利亚的茅草屋顶，但雨过天晴之后，1 月的艳阳又挂在了赤道的天空中。杜布瓦又恢复了天生的热情洋溢。奈姆巴纳王——据说之前病得很重——刚刚给殖民地送来一头公牛，杜布瓦和其他人一样，十分想目睹一下屠宰过程。白天时，他不是在指挥山坡的清理工作（用来修建公司的新仓库），就是去汤普森湾（Thompson's Bay）筹建棉花种植园；到了晚上，他则会和俊俏的“邻居”安娜 · 玛利亚共饮红酒。两人的关
420 系从来不无聊，因为安娜 · 玛利亚是个思维活跃、性情火爆的人，也难怪艾萨克有时会觉得，她很容易把他对工作的上心误认为是对她的不上心。然后，她就会陷入“愠怒”当中——最激烈的一次发生在婚礼的前一晚，不过同往常一样，这场火也很快就灭掉了。1 月 7 日，声如洪钟的牧师梅尔维尔 · 霍恩（Melville Horne）为这对爱侣主持了结婚仪式。虽然安娜 · 玛利亚对于自己未能遵守守丧一年这条惯例丝毫不感到难堪，但二位新人还是请求牧师把他们已经结婚这个秘密保守两周时间。只是那“可怜的牧师哪里守得住这样的喜讯，见谁都说，还叮嘱人家别把这事儿讲出去——结果，不到两个小时，整个殖民地便人尽皆知了”。[2]

不过，俩人没有度蜜月，因为杜布瓦正忙于修建石造仓库，来取代那座害虫成灾、老是被狂风暴雨吹垮的茅草仓库。但他发现，代理总督威廉 · 道斯却在想尽办法给他帮倒忙。比如，杜布瓦这边缺了石匠就没法工作，道斯便命令他们停止给杜布瓦干活儿，转而去修建他觉得这里急需的堡垒。道斯是个十分严肃的年轻人，和克拉克森一样当过海军上尉，尤为得意于自己在火炮和工程方面有所专长。他认为，一旦英国同胆敢弑君的法国开战，一座真正的堡垒可是不可或缺的。不能再浪费时间了。但杜布瓦并不这么认为。既然法兰西共和国自称是自由之友，其国民公会还废除了奴隶制，那怎么着也能说服法国把塞拉利昂视为中立者吧？杜布瓦深信，牢固

的仓库和商店给殖民地带来的好处，要比任何堡垒都多得多。那“俩工程师”——道斯和测量员理查德·佩皮斯——他觉得，在修堡垒这件事上已经“走火入魔”了。而且杜布瓦还发现，自己越是表达这样的观点，道斯就变得越冷淡。没过多久，他便意识到，自己最
不能做的事就是向这位代理总督提起某某项目是约翰·克拉克森特 421
别关心的问题。因为道斯似乎很不想听到有关前任的任何消息（虽然克拉克森估计再过几个月就回来了），佩皮斯也一样（在克拉克森回国前，他曾虚情假意地表示过自己的钦佩之意，但他向来就与这位总督不睦）；1 月中旬，随着扎卡里·麦考莱的到来，“严苛三人组”正式成立。

四年之后的 1797 年，当上了殖民地总督的麦考莱再次陷入同黑人定居者之间的激烈斗争时，肯定有人机敏地指出过：他在对待那些新斯科舍人的时候，要是能稍微学会一些通融，别老是以虔诚福音派教徒的脸色示人，那能免去多少麻烦呀。他也知道自己的态度举止在外人看来过于严厉，比如在二十九岁生日那天，他就曾写信给未婚妻赛琳娜·米尔斯（Selina Mills）说：“我已经在非常努力地改正自己在外表和举止上给人的那种不近人情之感了，但改起来真的好难。”[3]“改不了”可能更确切。对于一只眼睛天生失明、眉毛又浓又黑、右胳膊因故残废的扎卡里·麦考莱来说，鄙视虚荣会来得更容易些。为了逢迎而牺牲原则，更是不道德的权宜之计，同样令人深恶痛绝。他就是块原始石器，也不觉得有理由隐瞒这一点。事实上，他就出生在一个石头很多的地方（阿盖尔西部高地的因弗拉里［Inverary］），是宗族长的后代，而他的父亲，一位贫穷的长老会传教士，一共生了十三个孩子。他对自己的种种要求，以及那些他确信苛刻的上帝期望他满足的要求，像硬邦邦的老茧一样把他包了起来，所以终其一生，他都将保持这种严厉的脾性。

由于他那位传教士父亲无钱供他上大学，所以这个独眼男孩

自学了拉丁语和希腊语。在格拉斯哥这片新苏格兰学识的温床，他有那么一瞬间被危险的知识搞得晕头转向，结识了所谓的先进思想家——这些人爱在教堂前宣讲大卫·休谟的怀疑论，还经常陶醉在渎神的污言秽语和烈酒当中。更糟糕的是，扎卡里还放松了警惕，
422 让自己深陷虚幻世界而不能自拔："半夜时，我不是在贪杯，就是在浪费灯油，埋头阅读那种在流动图书馆里会被分进小说类的可耻却有趣的书。"[4] 十六岁那年，这位罪人被派到了牙买加的甘蔗种植园当监工。在那里，"几百个黑皮肤的人在甘蔗地里咒骂、哭泣，鞭子落在他们肩膀上的声音和这些倒霉鬼的哭喊声，让你以为自己好像不幸被打入了阴曹地府"，[5] 而麦考莱则继续看他的伏尔泰。

但接着，在二十一岁时，他觉醒了。1789 年乘船返回英国期间，他内心长期压抑的长老会教徒跑出来，到甲板上兜了一圈。在海阔天空下，麦考莱发誓再不喝酒，且无论天气好坏，他都没有食言。然后为了上帝，他又去了乡下生活。他姐姐珍嫁给了莱斯特郡（Leicestershire）的乡绅托马斯·巴宾顿——此人见到光明后，转为福音派教徒，加入了克拉珀姆圣徒会——而他留住在这位姐夫家时，彻底地皈依了后者的教派。当然，巴宾顿（这个名字被永远地保存在了英国史册当中，因为扎卡里和塞琳娜给儿子托马斯起的中间名就是这个）不仅让麦考莱获得了心灵上的重生，还为这个小舅子找了一份工作。巴宾顿的密友兼"圣徒"教友，正是那位福音派银行家、塞拉利昂公司的董事会成员亨利·桑顿。

桑顿和麦考莱虽然都是福音派信徒，以废除奴隶贸易为己任，但俩人对自由这个问题其实都没多少兴趣。他们对法国大革命一直持怀疑态度，目睹了那里因自由的滥用而冒出来的各种怪物后，他们对自由的态度更是从温暾变成了冰冷。克拉珀姆圣徒派的动机源于商业和基督教，因为这二者通过相互滋养，最终把信异教的欧洲大陆变成了上帝的信徒，变得文明又繁荣，所以他们认为，格兰维

尔·夏普虽然有着良好的初衷，但方法过于纵容，他要建设的那个塞拉利昂只能是一种天真的幻想。如果他那番事业要成功，更需要 423
有效的管理，而非宽容大度。鉴于他们自己的思想模式就是服从——无条件屈从上帝的意志——所以在他们看来，黑人循道宗那种多愁善感的情绪激昂、浸礼会信徒那种狂乱吵闹的情绪爆发，全都幼稚得令人恶心。麦考莱听说塞拉利昂有位黑人牧师喊出“上帝就是爱”这种话后，简直难以置信、厌恶至极。上帝不是爱，而是真理，是律法，他需要的是顺服。麦考莱认为，约翰·克拉克森并未能在弗里敦那些受蒙蔽的黑人中培养出这种对权威的尊重——威廉·道斯显然也“所见略同”——现在没了这位无病呻吟、装腔作势的海军上尉来碍事，是时候开始宗教改革了。

消息由早晚召唤定居者祈祷的大钟宣布，就像在学校似的——安娜·玛利亚认为，这项所谓的创新设置得实在荒谬可笑，因为这里的信众是她见过的最狂热的一群。所以她同丈夫艾萨克，还有他们那位和蔼可亲且学识渊博的朋友、瑞典植物学家亚当·阿夫泽利乌斯，就故意不去参加每日的祷告活动——结果，三人因此被定性为可怕的无神论者。当然，对于“那帮伪善的清教徒”怎么看待她和艾萨克，安娜·玛利亚才不在乎。在她眼里，那群人根本没有一丁点儿基督教信徒的精神，比如先前奈姆巴纳曾送给殖民地一头耕牛，结果他们却把牛杀了，还以每磅四便士的价格把牛肉卖给定居者。更可恶的是，可怜的福尔肯布里奇去世后尸骨未寒，代理总督道斯便迫不及待地要回了“他的制服、外套、剑、手枪等”。[6] 当然，要只是心胸狭隘也就罢了，但让杜布瓦越来越不安的是，他觉得道斯、佩皮斯和麦考莱正沆瀣一气，想要根除克拉克森用以赢得移民信任的种种“妄想”（依他们所见），而且为了让人们不再抱有任何幻想，他们还采取了咄咄逼人的手段。克拉克森离开前，有些移民的土地还没被规划出来，所以他曾诚挚地向他们表达过歉意，并真

424 诚地保证说，测绘工作很快就会完成，他们在雨季到来之前一定能有地可种。对于定居者来说，克拉克森的话就是金科玉律。可他前脚刚走，土地测量员佩皮斯就立即下令无限期暂停相关工作，致使黑人移民根本无法靠自己的土地养活自己。他们要想活下去，只能从公司的商店购买口粮。但商店在移民地只此一家，因而可以把价格定得高很多，利润远远超过了资本和运输成本的百分之十（这是克拉克森当初认为比较合理的加价）。结果，移民们为了购买生活必需品，只能再次向公司出卖劳动力——比如去修堡垒——且拿到的工资也完全是由公司的人硬性决定的。新斯科舍那种劳役偿债的经历似乎正在重演。因为说到底，就像许多移民愤恨抱怨的那样，他们现在难道不是在给拥有无上权力的公司当奴隶吗？

杜布瓦气得火冒三丈，活脱脱就是一副世俗的美国保皇党模样，誓要与冷血的英国福音派信徒纠缠到底。杜布瓦来自北卡罗来纳的威尔明顿，很可能认识托马斯·彼得斯。虽然他曾是奴隶主阶级，但比起那些刻板的英国人，他同曾为奴隶的黑人更容易合得来，也会更专心听他们说话。在他看来，约翰·克拉克森与那些英国人完全不同，是个仁慈、慷慨、随和的人，所以他越来越爱戴克拉克森，将任何蓄意破坏其权威和名誉的行为，都视为是对他本人的冒犯。总督大人应该了解他不在时这里发生了什么。他在日记中插入了一段仅供克拉克森过目的备忘录："如果我没完成那些我自己开始的工作，我就会辞去殖民地的职务……可为什么他（佩皮斯）没完成土地规划（却还在这里）？这项工作已经花掉公司两千多英镑，而除了新斯科舍人无法获得自己的土地的不公外，代价还会更多——土地分配的工作难道要拖到明年再完成吗？"[7]

就在杜布瓦写备忘录的当晚（1793 年 2 月 6 日），弗里敦还发生了一场"大交涉"。移民们吵吵嚷嚷、愤怒不已——这也难怪，因为克拉克森的所有承诺似乎都被抛到了一旁。曾运来新鲜补给的

“约克号”，按照克拉克森的指示，本应作为海上医院服务殖民地，但现在却被公司官员挪为己用，成了他们居住和娱乐的场所。而最后一根稻草则事关黑人移民所持有的滨水土地和在上面修建的房屋。佩皮斯草率地通知说，这些土地他们只是暂时持有，现在得搬走，给公司的建筑腾地方。聚集的黑人移民感到怒不可遏。安娜·玛利亚记录道：“克拉克森先生在新斯科舍时曾承诺，我们和白人不会受到任何区别对待；现在，我们要求这一承诺得到遵守，我们是自由的英国臣民，希望获得相应的待遇；我们再也不会顺从地被踩在脚下。”[8] 土地分配的工作为什么中断了？克拉克森先生是绝对不会容忍这种事的！

听到这些指控，理查德·佩皮斯非但没有辩解，反而转守为攻，令人惊讶地抨击了克拉克森同黑人站在一起。“克拉克森在新斯科舍做出的任何承诺，”杜布瓦援引他的话报告说，“全是他擅自行事……他的话没有任何权威，因为他相信，克拉克森说那些话时喝醉了。”杜布瓦继续写道，佩皮斯重复了好几次这条诽谤，并且说“克拉克森先生很少明白或思考过自己在说什么，所以做出这类不切实际的承诺不足为奇……除此之外，他还有做了许多无礼之事”。[9] 最后，佩皮斯又把矛头对准了杜布瓦本人，抨击他竟然让定居者以为他们可以占据上佳的滨水土地。

与会的黑人中间爆发出了懊恼、愤怒与惊慌的声音——反抗的声音。交涉结束后，大家张口闭口谈论的全是克拉克森和他们自己遭受的不公，第二天也一样，之后的几天亦是如此。移民们在内部商量了一下之后决定，鉴于他们无法相信现在发生的这些事会被如实禀告给董事会，所以他们最好自己起草一份请愿书，找两个自己人亲自送到英国，交给桑顿先生及其同僚，让他们的恩人克拉克森 426
亲自了解一下他那些庄严的承诺究竟遭到了怎样的践踏。自己也遭到人身攻击的杜布瓦，把他们的这件事当成了自己的事来办。在写给克拉克森的“备忘录”中，他形容佩皮斯是“有史以来最黑心的恶棍”。[10] 而且他还决定，要是大家真的要请愿，那他就来指导黑人，告诉他们该说什么，以及如何准确无误地说出来。咱等着瞧。

* * *

约翰这是怎么了？十八个月前同亨利 · 桑顿、威廉 · 威尔伯福斯告别时，他还是一位亲切厚道、朝气蓬勃、直率谦卑的年轻人，很有可塑性，能听得进赞助人的忠告。可此时出现在塞拉利昂公司董事面前或者说突然闯到他们面前的约翰 · 克拉克森，却判若两人：原本的亲和友善现在变成了焦虑不安，令人愉悦的率真和热情变成了牢骚满腹的威吓和暴怒。诚然，他们亏欠他很多，所以私下里只要逮住个机会，便会对他在新斯科舍和塞拉利昂的所有付出表示衷心的感谢。他们毫不怀疑是他及时拯救了非洲西部的殖民地，让它免去了夭折的命运。他刚离开三个月，他们不就立即延长了他的总督任期，并同意把一套结实的框架住宅原料运往弗里敦供他建造居所，以表达他们的感激之情吗？如此全心全意的支持，难道等于允许克拉克森对公司的经营随便指手画脚吗？或者说得更确切一些，就等于准许他斥责各位董事“墨守荒谬的成规”？批评他们“做事没条理，没尽力”，（在他看来）还往移民身上强加各种“暴虐的”经济要求？愤怒地抱怨他们派去的管理人员素质奇差？这可不是一回事啊。[11] 对于他的关切，对于他在董事们面前表现出的坦率，他们很感谢。克拉克森先生大可放心，他们会好好考虑这些问题，也很乐意在适当的时候再次同他会面。

427 就到这里吧。约翰 · 克拉克森觉得，这基本上什么问题都没解决，于是他就在伦敦等了一个月，接着是两个月，可并未等到董事们的邀请。此外，他还注意到，桑顿等人虽然私下对他表示了感激，可在公开场合却惜字如金，不愿还他的人情债。他想得到的只是他们的尊敬和感激，从来都没有奢望更多，但总不能连这个都没有吧？

发自内心的温暖已经被刻意而为的冷漠所取代，还能从其他一些不祥的征兆中窥见端倪。比如，托马斯·克拉克森曾拜托威廉·威尔伯福斯，鉴于他和皮特兄弟（年长些的皮特就是那位担任海军大臣的查塔姆伯爵）私交甚笃，能否好心帮帮忙，让约翰晋升为海军上校，毕竟他当之无愧。可威尔伯福斯并没有表现得很热心。1793年的春夏时节，托马斯本就面临着重重压力，资金已经被殖民事业耗尽，健康也因为为同一事业四处奔走而每况愈下，所以受到如此含蓄的怠慢后，他一下子失去了耐性，给这位志同道合的老朋友写了一封措辞强硬的信："我的看法是，查塔姆伯爵对我弟弟表现出的态度可耻至极，而你的胆小怕事导致他没能晋升……写信没用，你要真想帮他，就该亲自去提此事。"[12] 被戳到痛处的威尔伯福斯回道，托马斯对弟弟的关心值得钦佩，所以言辞有些过激也可以理解，可他真没有料到自己竟会从好友那儿听到这种"受挫的求婚者"才会说出的言辞。他斗胆希望，没有什么事会"妨碍我们的友好关系"。[13]

但有件事已经且将继续妨碍他们的友情，那就是法国大革命。曾审判并处死国王的共和国国民公会，为表彰他们在废奴事业中所付出的努力，授予了威尔伯福斯和克拉克森荣誉公民的称号。作为小威廉·皮特和埃德蒙·伯克的挚友，尴尬又惊恐的威尔伯福斯对于这一荣誉避之不及，而托马斯·克拉克森却感到不胜荣幸。他从来没有忘记巴士底狱陷落后自己在巴黎度过的时光，并且还在1791年（至少在他那位更审慎的朋友眼中，草率地）参加了英国举行的 428
大革命两周年庆祝活动。虽然革命变得越来越激进和暴力，但克拉克森却公然拒绝加入谴责革命者的行列。就在约翰·克拉克森于2月回到英国的几天前，法兰西第一共和国向英国宣战，于是在英国的抨击文字和漫画当中，法国人被描绘成了毫无人性的弑君狂魔，毫不掩饰地要把法国那不信上帝的暴民统治从欧洲的一头传播到另一头。所以，面对这群法国“土匪”无人性、无政府、不敬神的如山铁证，任何还要祝福他们（或者说未能从爱国角度对其所犯的罪行表示憎恶）的英国人便根本不是英国人，而是法国土匪的共犯，想要通过他们的可怕阴谋彻底摧毁王权、教会和议会，摧毁自由英国人的整个古老宪法制度。

克拉克森兄弟的那些好友虽然从未认为他们是雅各宾党人，但怀疑他们有过共和政治的想法。1792 年底，托马斯曾不甚明智地表达了类似观点，觉得法国的共和政体可能不似英国的君主立宪政体那么冗繁。而当曼彻斯特的废奴主义者、曼彻斯特宪法协会的主要人物托马斯 · 沃克尔（Thomas Walker）遭到一群爱国暴徒的围攻，被妖魔化为雅各宾党人，并因煽动叛乱罪而被捕后，克拉克森非但没有与这位朋友划清界限，反而刻意在沃克尔受审前一天登门看望了他。既然约翰的哥哥曾与如此邪恶的革命主义有过这种令人遗憾的瓜葛，那么约翰本人对桑顿及董事们的态度，以及他为维护黑人的权利而慷慨激昂地向公司的既定体制发难，就开始显得不仅幼稚，而且十分危险了。一场血腥的暴乱正在圣多明各岛上蔓延，董事们现在最不希望的就是容忍任何可能鼓励塞拉利昂黑人表达不满的事。正当他们考虑延长克拉克森的总督任期是否明智时，麦考莱和道斯的来信证实了他们的疑虑。对于道斯，麦考莱在信中大肆赞扬，宣称他是基督教精力与效力的典范，是“一位世间英才”；对
429 于克拉克森和杜布瓦，麦考莱则横加批判，指控他们有意违背公司对黑人做出的承诺，抬高他们的期待，进而播下了争论与无序的种子。该相信谁，亨利 · 桑顿心中毫无疑问。扎卡里 · 麦考莱是他的门徒，是他的邻居，是他的克拉珀姆圣徒会会友，有着无可指摘的正直个性和判断力。桑顿想让约翰 · 克拉克森清清楚楚地知道接下

来会发生什么，所以直接给他看了麦考莱的来信。对此，克拉克森着实吃了一惊，自己在新斯科舍时、在横渡大西洋期间、在非洲的第一年中遭受的种种考验，麦考莱既没经历过，也不了解，可他竟然敢对自己的能力横加指责？不过，对于自己的这位批评者，克拉克森只是评价说他“思想狭隘”。

就在约翰·克拉克森动身离开伦敦，准备前往诺福克与苏珊娜·李结婚的当天，董事们通知他，很感谢他过去的贡献，但经过公司的进一步考虑，他不必再辛苦回非洲了。他们祝他一切顺利，且希望他能立即辞职。威廉·道斯将接替他担任总督。克拉克森勃然大怒，当即回绝了这个要求。他致信哥哥托马斯，说他不会“主动让出这份工作，无论现在还是过去，我的心都深深希望它能成功”。[14] 随后，他便遭到了解雇。但不管董事们阻止的是什么，他们都无法阻止克拉克森对这个新生殖民地的关心，也无法阻止他履行许下的诺言。约翰发现自己被诋毁成一个无能的酒鬼后依然故我，继续为他钟爱的移民们跑腿儿。他有一张很长的购物单，要为玛丽·珀斯买一副眼镜，为约瑟夫·布朗买一台织布机，为卢克·乔丹买些钩子，为迈尔斯·迪克森买几匹亚麻布。此外，他还想找一下当年在战争期间曾帮助过约翰·卡斯伯特（John Cuthbert）和理查德·科兰卡蓬的那些英国军官。[15] 他至少会信守自己的诺言。

* * *

艾萨克·杜布瓦和安娜·玛利亚·杜布瓦实在是受够了。公司 430
那些人和他们愈加不睦，黑人移民的投诉被粗暴驳回让他们感到痛苦，克拉克森遭到诽谤让他们惊诧，加上艾萨克原本在卡罗来纳积攒的那笔可观财富在他成为保皇党的过程中损失了不少，所以夫妇二人决定回英国去，试着挽回一些损失。他们这可能并不单纯的意图，以及与实践并不相符的原则，是两人在乘坐一艘奴隶船前往牙买加期间产生的（船长是安娜·玛利亚的内兄）。无论如何，艾萨克还是写信给克拉克森，热切地说道：

> 听到我要离开殖民地的消息，你一定会不高兴。但愿这是个好的选择。相信我，除非董事们能听听实情，否则他们的殖民地一定会不复存在——如此的行为，一件件你都很少梦想的事——两名黑人定居者受众人委托，乘坐“艾米号”回国去申诉他们的不满，自你走后却遭到了可耻的践踏。我在你离开后所受的一切恶劣待遇，我坚信，是因为我不愿参与那个让我不寒而栗的恶毒阴谋——毒害人们的思想，让他们反对你——但那些人的一切努力都徒劳无益——人民呼天抢地，想让你回来——再见。[16]

他们确实是这样。理查德·科兰卡蓬是克拉克森最关切的移民之一（就是那个曾经和同伴在新不伦瑞克的深雪中一路跋涉，去哈利法克斯投奔舰队的人），他去信说：“殖民地的所有人都盼着大人能回来，继续做我们的总督。”[17] 1793 年 6 月，克拉克森复信表达了对佩皮斯的嫌恶，说此人“一直在忘恩负义或者说恶毒至极地抹黑我”，并嘱咐科兰卡蓬一定要明明白白地告诉移民，他当初在新斯科舍向他们做承诺时，是受了塞拉利昂公司和英国政府的全权委托。接着，他告诉科兰卡蓬要当心佩皮斯，并且一定要让移民们保
431 存好他在新斯科舍发放给他们的土地权利证明书。但与此同时，他也竭力不让自身的立场在弗里敦引发进一步的纷争：“我向你保证，我会永远支持你们的人权，也建议你们不要容许任何人夺走你们的权利，但你们还是得遵纪守法，否则殖民地就完了。”[18]

然而，顺从在塞拉利昂已经不可能实现。政治已经来到殖民地，

且不会自行消失。格兰维尔·夏普最初的黑人“十户联保”微型民主社会规划不是所有内容都成了多余之物。到1792年末时，正如夏普明确说明的那样，塞拉利昂进行了“十户长”和“百户长”的选举（百户长原本是从每十个十户长中推举一人担任，但后来增加了数量，变成每五户推举一人）。十户长由各家的户主投票选出，但殖民地三分之一以上家庭的户主是女性，所以她们也拥有选举权。考虑到就连法国大革命在其最激进的阶段都没设想过女性投票这种事（事实上，雅各宾党人对此强烈反对），那么，世界上最先投票选举公职人员的女性竟然是黑人，而且是诸如来自弗吉尼亚州诺福克的玛丽·珀斯、南卡罗来纳州卡尔顿的玛莎·黑兹尔利（Martha Hazeley）这些选择了英国式自由的被解放奴隶，就具有了突出的意义。

不过，值得赞许的是，虽然塞拉利昂逐渐发展成为一个英非混合的城邦国家，但麦考莱非但没有阻挠一年一度的选举，反而认为由十户长和百户长组成的议会或许可以成为一种集体责任制的样板。1796年，他甚至起草了一部宪法，而其中最重要的内容便是设立“下议院”和“参议院”（三分之一的席位将每年选举产生）。但是，麦考莱也想当然地认为，这个议会将会遏制而非激化当地人的争论，而且在很大程度上只是个地方政府的组成机构，不会构成什么威胁，拥有的权力也就是围捕走失的猪，或者立法制定公共场合醉酒行为的罚款标准。然而，投票选举这种事无论发生在哪里，都像一种强力的政治万灵药，释放出其药效。投票给人们带来了推举代表和合 432
法当权者的希望。如果说在这个由四百户人家组成的社区里进行选举有什么不同的话，那就是选民都互为邻里，选举激发的那种情感力量会更加强烈。我们能想到的一切与政治竞选有关的事情，在弗里敦都上演过微缩版。人们在临时召集的会议前（有些是在公共场所，有些则是在死人住所）发表着热情洋溢的演讲，商店和住所外张贴着竞选海报和标语；以及，鉴于这一时刻还标志着货真价实的黑人政治的开始，所以在那些大大小小的教堂里，信众们既能听到竞选言辞，也能听到赞美诗：浸礼宗的不太激进，循道宗的斗志则要昂扬许多。

既然如此，那么十户长和百户长组成的议会推选曾在查尔斯顿为奴的循道宗牧师凯托·珀金斯，带着他们三十一人签署的请愿申诉书去伦敦，上呈给桑顿和公司董事，也就不足为怪了。与珀金斯同行的，还有一个叫艾萨克·安德森的木匠，此人也来自查尔斯顿，不过他生来便是自由人，且已经对公司强占滨水地块发泄过自己的不满。他们的请愿书由杜布瓦协助起草，列出了一系列很具体的投诉：承诺的土地划分被终止；堡垒可能永远也建不成，“我们觉得你们的钱就被这样浪费掉实在可惜，但道斯先生说，如果能完成他想做的事，那就算浪费大人们一千英镑，他也不介意”；他们被公司商店敲竹杠；公司拿粮食换取他们的劳动，可又给得非常少，“导致我们根本存不下什么东西，以备不时之需，或者在死后留给子女”。[19]（事实上，子女的命运是他们这首悲歌中被反复咏唱的动人叠句。）但除了这些物质方面的不满，移民们的请愿书还渲染了他们因新政府那种专制的家长式作风而感到冒犯的情绪。一方面，请愿书小心翼翼地赞扬了公司，尤其是克拉克森：“你们的代理人在新斯科舍向我们做出的承诺非常好，好过我们以前从白人那里得到的任何承诺，大家都情不自禁地说，克拉克森就像父亲一样，和善、
433 温柔地对待我们，他做了很多充满了柔情和善意的仁慈之事，我们永远不会忘记。”但另一方面，塞拉利昂现在有了个傲慢又顽固的新法老，拿着棍棒抽打我们的后背（还往朗姆酒里掺水！）。“道斯先生似乎想像统治奴隶一样统治我们，这我们无法忍受。”

请愿者们小心翼翼地表示，他们不会给殖民地制造麻烦，但各位董事也不要把他们仅仅视作请愿者。毕竟，凯托·珀金斯和艾

萨克·安德森是当选议会派来的代表，因而语气中常常流露出一丝强硬。“我们不希望在殖民地制造任何骚动，在得到你们的回复前，我们会选择让一切平静如常地继续，因为我们相信我们会得到公正的裁决。”他们想要的是自决权。如果让他们自己来划分土地的话，那工作早就做完了。如果可以选择自己的总督，“那我们会选克拉克森先生，因为他比任何人都更了解我们……各位大人，很抱歉地说，我们之所以感到痛苦不堪，是因为我们没被当成自由人对待，我们不知道该怎么办，从各位大人那里了解到我们现在到底是什么地位之前，我们支持殖民地的唯一原因便是对上帝的敬畏”。[20]

其实，就算这是一份温顺听话、低声下气的请愿书，桑顿和董事们也会觉得难以接受，因为移民们表现出的主动性，既出人意料，又未经许可。但让公司的诸位绅士更觉恼怒的显见原因则是：第一，请愿书隐隐流露出了威胁的口气；第二，杜布瓦极有可能插手了起草工作（他也被公司免职了，理由是对道斯“不敬”）；第三，请愿书试图推翻他们对克拉克森做出的处理决定。安娜·玛利亚于1793年10月回到英国后，专门去见了安德森和珀金斯。据她报告，两人抵达朴茨茅斯时已身无分文，公司的代理人大度地借给他们两英镑，让他们去伦敦见桑顿。起初，桑顿似乎还愿意听取他们的请愿，但很快，他就突然改变了态度，通知他们说，来自塞拉利昂的信件（安德森和珀金斯很清楚是谁写的）认为请愿书里提到的种种申诉毫无
根据、无关紧要。两人若还想再借钱的话，必须把他们在塞拉利昂 434
的土地抵押给公司，而且他们虽然很快就会回去，但在那之前，他们得去当仆人。最后，约翰·克拉克森已经和公司没关系了，所以董事们很抱歉，无法把他的地址告知二人。

但安娜·玛利亚和艾萨克·杜布瓦乐意至极。约翰·克拉克森和妻子苏珊娜搬回约翰的老家去住了，就是剑桥郡的威斯贝奇（Wisbech）。如此，在11月初，克拉克森读到了他们的请愿书，并

立即回信说，他们说的那些事，他觉得都非常对，希望董事们能给予应有的关注。为此，他还会写信给桑顿，建议两名代表、他自己、桑顿以及任何愿意参加的董事一起坐下来开个会。“我们猜，董事们应该不愿意同克拉克森先生和我们见面，”凯托·珀金斯告诉安娜·玛利亚，“所以桑顿先生没有回信。不得已，克拉克森先生又写了一封；这封信他没有封口，悄悄递给了我们，好让我们相信他对我们是善意和诚实的。”[21]

在他位于英国东部沼泽地带的家中，约翰·克拉克森火冒三丈，既为董事们对自己表现出来的失礼而生气——他认为，这完全就是充满敌意的报复——也对珀金斯和安德森遭受的卑劣待遇感到愤怒。自从一年半之前踏上哈利法克斯的土地，黑人便把他视为他们的“摩西”,而他也尽力不辜负这份崇高的期望。每次他们写信说“我们非常尊敬您，把您视为我们的朋友，认为您一定会给我们一个公道”，[22] 克拉克森都会为自己的无能为力而深感痛苦。而且，他也明白地感觉到，如果董事那么粗暴地对待珀金斯（被派到了一所神学院工作）和安德森，是为了吓住他们，迫使他们屈服，那显然事与愿违了。“他们怎么都不给我们答复，”二人写信给克拉克森，“而是要把我们当傻瓜，就这么送回去（塞拉利昂）；我们敢说，先生，如果他们这样对我们，那么公司必将会失去殖民地。移民们现在之
435 所以还保持安静，是因为他们觉得公司一旦听取他们的申诉，就会还他们一个公道。”[23]

后来，桑顿终于同意再次会见两名代表了（当然，克拉克森没在场），却只是为了告诉他们，投诉必须以书面形式提交。结果，这引发了珀金斯和安德森迄今为止最尖锐的反驳——事实上，这是未来长期反抗公司统治的第一枪。这些黑人保皇党虽然依旧自己宣誓爱戴国王（“上帝保佑他”），希望他能亲自给他们任命一位总督，但是他们要奋起反抗了——这将为他们漫长而艰难的历史最后画上

一个讽刺的句号。他们不再毕恭毕敬的模样着实令人惊叹。要不是他们那充满义愤的怒火和本能的背叛感还有着更深的根源——一直可以追溯到奥利弗·克伦威尔的军队和议会中那些神圣的自由使徒们——我们或许还会说他们的口气听起来像极了美国人。但事实是，凯托·珀金斯和艾萨克·安德森也许当时并不知道（尽管1793年时，伦敦到处都能听到此类言辞），可他们是在用17世纪共和派的声音在说话（后来这一派的思想被改造成了现代那种以权利为导向的激进政治）。艾萨克·安德森这位来自查尔斯顿的木匠，现在也同曼彻斯特的纺织工或伦敦的裁缝一样，成了一名英国革命者。

“各位先生，我们认为，除了我们代表人民向你们提交的请愿书之外，没必要再拿出什么别的东西来。可是，你们非但没有如我们所期望的那样认真对待那份申诉，反倒要求我们就相关问题上再多说一点儿……”他们一直都相信克拉克森在新斯科舍对他们说过的话——尽管最近有人坚称他无权那么做，但现在他的信已经清清楚楚地表明他在这件事上是诚实可信的。

> 我们当然希望各位大人能履行那些承诺，也恳切地想知道大人们会不会履行……恕我们冒昧，如果我们对这个国家而言，还没有重要到能享有一位国王亲自任命的总督，那至少也应该有资格提名那个将要管理我们的人……我们绝不会接受你们现 436
> 在在非洲的那些代理人来管理我们，也无法想象向他们提出申诉会是什么样——如果我们没理解错各位大人的意思——让伤害我们的人来给我们主持正义，各位大人竟会暗示如此有悖常理的事情，实在让我们惊诧……我们希望各位大人不要觉得我们这里说的话有任何不尊敬或者不得体，因为我们觉得，告知你们真相是我们的义务；我们除了正义，别无他求，你们当然不会连这个都不给我们吧。我们已经受过白人的太多欺骗，所

> 以他们做出的承诺，我们会有所猜忌，只能在不安中等待，看看它们到底会不会兑现。
>
> 各位大人，最后我们想说的是，我们自来到这儿，就一直避免给你们多添麻烦，我们并不是像孩子那样一时兴起跑来的，而是代表了一千个人的不满和痛苦。
>
> 我们原以为你们会慎重对待我们的投诉，但你们却还是把我们当成奴隶一样对待，仿佛我们是来向主人抱怨某个监工的行为有多残忍和严苛似的……[24]

珀金斯和安德森后来跟艾萨克·杜布瓦和安娜·玛利亚讲了当时的情况，“他们读完这篇文章时，看起来非常不高兴”。[25] 这倒不足为奇，毕竟董事们不习惯被别人训斥，所以他们便再次要求，必须以合乎规矩的方式郑重地提出申诉。可结果是，他们又收到了黑人写来的一封告诫信。信上说，当初在新斯科舍，他们得到的承诺是，“公司会提供垦荒所需的全部工具，生活用品或必需品”则能在公司的商店以合理的价格买到，可事实恰恰相反，他们不但遭人剥削，更恶劣的是，“我们绝对没有受到大不列颠律法的保护”。[26] 对于这份答复，“董事们并不比收到第一封信时更满意”。

437 什么事都没解决。1794 年 2 月，珀金斯和安德森乘坐载着他们来到英国的“艾米号”，返回了塞拉利昂。或许董事们是觉得，他们已经碰了一鼻子灰，也因鲁莽行事而受到了责备，该被送回去了。但又或许，董事们其实是不知道怎么才好——对于哪种选择更明智，是把他们送回非洲，还是阻止他们回去，董事们拿不定主意。但无论如何，他们回去了，只不过心里少了些幻想，多了些抵抗的决心。在英国度过的那段时光，尤其给艾萨克·安德森带来了决定性的影响。这位被董事们送回塞拉利昂的木匠，因为他们，最终成了一名斗士。

* * *

望着七艘横帆船驶入弗里敦港，扎卡里 · 麦考莱的心里多少有些满足。虽然经历了种种逆境和纷争，可塞拉利昂逐渐繁荣起来了。定居者突然病亡这种事，现在也很少了。牛、木材和靛蓝可以从上游运来；小渔船队每天能在外海捕到一些鱼。木薯、山药、甜瓜、豆类作物，现在也有了收成。时为 1794 年 9 月，他现在是总督，不带感情、精打细算地管理着这块殖民地——在他看来，本来就该这样管。[27] 当然，不和谐之音总还是有，而始作俑者，他认为，则是那群长期心怀不满的煽动者，其中最招眼的——很可悲——便是艾萨克 · 安德森。在英国逗留期间，他肯定从英国的雅各宾党人那儿学来了各种煽动性的思想，要是他没有回来的话，该多好！现在，他还有了盟友——其中有不少都是循道宗教徒，唉，一点就着；比如纳撒尼尔 · 斯诺鲍（Nathaniel Snowball）、安塞尔 · 齐泽（Ansel Zizer）、纳撒尼尔 · 旺西之流，动辄便装出一副义愤填膺的样子，在那些容易上当受骗的人面前抱屈。麦考莱不想让议会里的三十六名百户长和十户长变成一群牛虻，在他的政府里嗡嗡地飞来飞去，叮这个咬哪个，惹他心烦；但他仍然希望它能孕育出一个负责任的政府。再者，要是把它当作什么政治麻烦除掉的话，只能是火上浇油。

于是，麦考莱就把希望寄托在了大卫 · 乔治、理查德 · 科兰卡 438
蓬这种靠得住、信得过的定居者身上，要是出了什么麻烦，他可以放心地任命他们为执法官。比如，他们就曾团结在他周围，协助处理了殖民地夏天时发生的骚乱。同往常一样，那次骚乱也因逃跑奴隶而起。他们把弗里敦当成了避风港，突然在港口和船上冒出来，而安抚那些气势汹汹前来追捕财产的船长，自然就成了他的职责。可定居者又把逃跑奴隶藏了起来，仿佛认为曼斯菲尔德伯爵大人的裁决也适用于殖民地，塞拉利昂的空气“太洁净了，不适合奴隶呼吸”。于是，双方开始争吵、辱骂、动手，扭打成一团，甚至还威胁要动斧头和刀子。其中有个来自苏格兰的商人警告定居者说，他们现在窝藏他的逃跑奴隶，那他们去西印度群岛的时候，也会被他扣下来。结果，他遭到围攻，脑袋差点儿被锤子砸烂。麦考莱想要惩办那些肇事者，但负责逮捕的执法官也遭到袭击，很快，整个定居点便陷入了暴力混乱当中。最终，秩序和威权占据了上风，骚乱元凶被送至英国受审，但众议仍在继续，也永远不会消散。但这又怎样？殖民地要想生存下去，只能坚定地认清现实。也许未来的某一天，非洲奴隶会成为历史的过去，但就眼下而言，定居者只能顺应现实。而现实就是，他们周围生活着奴隶主，有些就在部落里，有些则是船长。在河流上下游来往的船只中，总有几艘会装着“活货物”。比如，那几艘船就是如此，而且其中一艘似乎还是三帆快速战舰。好奇怪，他怎么没接到船队要来的通知？它们来干什么？

很快，麦考莱就有了答案。透过望远镜，这位总督大人看着战舰的大炮不紧不慢地抬起并瞄准了他，然后只听一颗炮弹从他头顶呼啸而过，他便顺势扑倒在露台上。接着，一颗颗十二磅重的炮弹从船上射出，又如雨点般落在港口上。爆炸声震耳欲聋，离海最近
439 的房子吐着火舌、喷着浓烟，人们呼喊尖叫着四散奔逃。麦考莱举起望远镜又看了一眼，结果看到假英国国旗降下，“土匪”的三色旗升起。他靠什么来保卫弗里敦啊？道斯的堡垒一直未能完工。法国战舰上有一百门大炮，而他只有二十四门，有些还因为潮湿的热带气候生了锈，炮架也烂掉了。他没得选。轰炸持续一个半小时后暂停，法军指挥官、公民船长阿诺（Arnaud）传来条件，要求殖民地升起法国的三色旗。扎卡里·麦考莱哪里有，只好叫人升起一块白色的亚麻桌布，以示投降。

后来回想起来，有些定居者抱怨说，麦考莱投降得太仓促。但考虑到战力如此不均，麦考莱肯定觉得只有投降才能让弗里敦逃过

一劫吧。毕竟，法国的一千五百名水兵和海军陆战队员全都武装到了牙齿，可以任意蹂躏殖民地。不过，神奇的是，在炮击中遇难的只有一名七岁的小女孩。当时，她正被母亲抱在怀里，结果被弹片击中而死。当然，不少定居者也受了伤，有的断了胳膊，有的断了腿。

在殖民地被占领的两个星期里，法国人除了没有大屠杀，基本上干尽了坏事——但针对的不仅是英国政府的财产，还包括已被国民公会正式解放的黑人。抢掠殆尽后，公民船长阿诺在熊熊燃烧的房屋之间，明确表示自己看不出不列颠人和这些曾经的奴隶有什么区别——都是“英国人”。玛丽 · 珀斯、索菲亚 · 斯莫尔（Sophia Small）等人的小店被洗劫一空，弗里敦公共图书馆被付之一炬，殖民地的印刷机被拆卸并炸飞，诊所和药房被劫掠，教堂被毁坏（原因是对理性和最高主宰的崇拜似乎还没在弗里敦流行起来），《圣经》被践踏，亚当 · 阿夫采利乌斯的热带植物学手稿被损毁，一千多头猪被宰杀，受伤残疾的狗猫被扔在草地上流血至死。分配的地块被乱挖一气，能吃的全被吃光，剩下的都给烧掉了。想找乐子时，那 440
些法国水兵就虐待定居者，扒光他们的衣服，然后殴打。

有机会逃走的黑人，带着那些魂飞魄散的白人逃往他们最熟悉的山林中，到附近的土著村庄躲避。但不是所有白人都愿意接受帮助。比如测量员理查德 · 佩皮斯，也就是克拉克森的那位宿敌，便和法国人一样害怕黑人定居者——当然，他们也有账要和他算——于是携妻带子跑到了雨林中，结果一周之后，他便呜呼哀哉了。还有一些人，则在这场劫难中找到了某种共同目标。麦考莱回想起大家一起举行的夜祷仪式；玛丽 · 珀斯，也就是那位店铺遭法国人洗劫的店主，把那些正在总督府上学的黑人孩子安全护送到了旁边的滕内人村庄。麦考莱对她的智谋和勇气深感钦佩，而他去帕戴姆巴（Pa Damba）那里看望孩子们时，玛丽也给他沏了茶，并安排了一张床让他过夜。[28] 此事叫身为福音派信徒的麦考莱永生难忘。事态平息后，他便把孩子们交给了玛丽来照顾。1795 年春，当他自己终于也有机会休假时，还带了几个孩子回克拉珀姆上学，并让玛丽来担任其保姆、舍监和主管。而克拉珀姆公地那些戴软帽的淑女们，不但品尝了她的果酱，还有机会见识了她那尖酸俏皮的民间智慧。

不过，我们要是以为两周后，当法国人离开时，麦考莱会如浴火重生一般有所悔过，就要大失所望了。如果说他有什么改变的话，那只能说是变本加厉，在对待移民的问题上，比先前更加坚决。他一点儿时间都没浪费，在移民们忙着重建被毁的家园时，便又和他们争斗起来。一些黑人在逃跑时，从废墟和大火中抢出来一些东西——如一些不值钱的家具、公司仓库里的食物、糖蜜、绳子、钉子、木材等——并欣然把这些分享给那些一起逃亡的白人。麦考莱认为，
441 定居者的行为属于偷窃公司财产，下令要他们退还。定居者则认为，那些东西属于他们既合理又合法，因为是他们冒着生命危险才抢救出来的，否则弗里敦损失殆尽，拿什么来复建。他们坚决不还。而麦考莱征用当地状况最好、损害最少的房屋，用以安置白人官员及一百多名被法国船只抛弃在殖民地焦土上的白人囚犯，更是于事无助，引发了双方的对峙。

麦考莱威胁，谁不归还被抢救的财产或拒绝正式宣誓效忠，他就剥夺谁享受教育、医疗资源和投票的权利。此外，由于克拉克森签发的许多珍贵的土地分配证书已在大火中被焚毁，麦考莱在签发新证书时，还附加了一些与原协议内容背道而驰的条件。其中最引人注目的一条，是规定定居者有义务为他们分到的土地支付每英亩一先令的免役税。在新斯科舍时，克拉克森曾明确向移民保证，他们永远不用交这种税。当时，坚持征收免役税的亨利·桑顿还写信给克拉克森，说尽管有矛盾，但他期望移民们不会将此视为“某种委屈的原因”。可问题是，公司给他们规定的税率，是新斯科舍白人以及那些被流放至澳大利亚的前囚犯所缴税率的五十倍，移民们

怎么能不觉得委屈？于是，十户长和百户长组成的议会警告移民，不要签署任何包含此类非法义务的土地分配证书，移民们基本上听了进去——被公司在房外画了黑箭头的不合作家庭，占到了殖民地家庭总数的四分之三。此外，被剥夺教育资源后，移民们还自己开设了私立学校作为回敬。不过，有些移民彻底对殖民地失去了信心，在纳撒尼尔 · 斯诺鲍（他在幼年时同母亲逃离了弗吉尼亚安妮女王县的一座种植园）和卢克 · 乔丹（曾在横渡期间被克拉克森任命为黑人船长）的带领下，决定干脆搬离殖民地，在海盗湾自建一处定居点，建设用地租自滕内酋长杰米 · 乔治（Jemmy George），位置大概在弗里敦和塞拉利昂角中间。然后，1794 年 11 月，乔丹、艾萨 442
克·安德森、“老爹”摩西·威尔金森——在此之前一点儿都不激进——致信克拉克森，声言“我们曾经确实把这里称为‘弗里敦’（意为自由之城），但自您走后，我们完全有理由叫它‘奴隶制之城’”。[29]

麦考莱和道斯是他们的法老，约翰 · 克拉克森是他们的“摩西和约书亚”。他们是在他的带领下，漂洋过海来到了这片他们都期望能成为应许之地的乐土，视他为自己真正的救赎者，所以才抱着一线希望写信给他，盼着他有一天能再回到他们身边。比如，乔丹等人写道：“我们真的是用自始至终都充满渴望的目光望向你——我们唯一的朋友。”1796 年 3 月，詹姆斯 · 利亚斯特（James Liaster）写道：“您离开殖民地那天，便是政府开始压迫我们之日。我们认为，您来领导我们，是全能上帝的安排……好心的大人，尊敬的大人，请不要生我们的气，但我们诚心祈祷上帝能再次赐予你一个回这里看望我们的渴望。”1796 年夏（搬到海盗湾前），斯诺鲍、乔丹则写信说：“我们有千言万语想对您说，但归根结底，都可以总结成一句，那就是我们爱您，一直铭记着您因为爱我们、同情我们而受的苦，我们祈祷上天永远偏爱您与您的家人。”[30]

克拉克森读到这些求助信，尤其是想到自己对于他们的困境爱莫能助，也不可能获准回塞拉利昂时，内心一定很痛苦。不过有时候，故人也会自己找上门来。1796 年，波士顿 · 金来到埃塞克斯的珀弗利特（Purfleet），拜访了当时正在此经营一家石灰厂的克拉克森。金从新斯科舍的普雷斯顿开始自己传道和授业的使命，后来又到了塞拉利昂河北岸一个叫克拉克森种植园的地方，建起一座小教堂，收了二十名小学生，在里面给他们上课。不过，他意识到，要想当好一名传教士，自己还需要接受更好的培训，所以便跟着道斯回到英格兰，并在后者的安排下，进入了位于布里斯托附近的金斯伍德学校*。在那里，他为循道宗记述了自己的不平凡经历。也是
443 在那里，他渐渐不再仇视白人："因为白人的残酷与不公，我受了很大的苦，也因此把所有白人都当成了我们的敌人：即便在主向我昭示了他的仁慈后，面对白人，我也依然会觉得胆怯、不自在，无法信任他们。但有一天，主抹去了我的所有偏见，所以我定要赞美主的圣名。"[31] 但他可能言之过早了。公司发现他违背命令，背地里去拜访克拉克森后，便收回了先前的承诺，不再为他支付往来非洲的路费，让他回去当传道士兼老师。结果，他现在得为此项优待支付十五基尼的费用。可他自逃脱被奴役的处境后，经历过的许多事比这惨多了。金写信向克拉克森汇报了公司最近的这次刻薄举动，字里行间似乎都能听到他长长的叹息："可是，大人，我一点都不在意，因为我知道这钱我付得起，而且我敢说，这只会让我更加热爱您，因为我知道他们的所作所为仅仅是为了泄愤。"[32]

金的赤胆忠心如此感人，或许让克拉克森在听闻大卫 · 乔治身上发生的事情后，心里多少获得了一些慰藉吧。先前，他带着乔治回到英国，并为其引见了当地著名的浸礼宗信徒。而乔治也照例一一去见了，其中就有那位从奴隶变成传教士，并创作了《奇异恩

---

* 该校由循道宗创始人约翰·卫斯理于 1748 年创办，是世界上最古老的循道宗信徒教育机构。

典》的约翰·牛顿。此外，他还通过口述出版了传记，讲述了自己如何天天挨监工鞭打，如何去河上游同乔治·加尔芬和印第安人一起生活，如何差点儿在萨凡纳遭围期间被天花夺去性命，以及在谢尔本时如何生了冻疮、如何受到神示，最后又如何漂洋过海去了非洲的曲折经历。他还说，克拉克森“是个好人，待我、待大家都很好……没什么架子，心地也好”，在得知乔治为刚出生的儿子取名克拉克森后，他非常开心。但在英国的六个月期间，乔治成了董事们最宠爱的基督徒，而为了回报这份慷慨，他选择了背叛故友。克拉克森其实已经注意到乔治在往来通信中的态度变化，所以从塞拉利昂的一位通信人那里获知他成了公司的人之后，并不觉得特别惊讶。“乔治先生说了你的很多坏话”，读到此，被乔治的背弃伤透心的克拉克森，在信封背面写下了“大卫·乔治的忘恩负义”几个字。[33] 这件事之后，虽然他还会收到移民们恳求他回去的信， 444
但他几乎已经无法再承受这一切了。

* * *

所以，在 1796 年回到塞拉利昂的人，不是克拉克森，而是麦考莱。就本质而言，麦考莱没什么变化，但殖民地有，而他也注意到了：这里越来越自立、自信，且（让他极为遗憾的是）在政治上越来越顽固。从物质方面来看，殖民地无疑越来越好了。曾经用泥土和茅草搭成的陋室，现在已经被四百多幢牢固的木结构房屋取代，里面还分出了小房间，虽然仍然没有烟囱，但可以在屋子旁边的小院儿里做饭。鸡可以在院子里抓虫子吃，趾高气昂地走来走去，和一两头猪做邻居。房与房之间栽种的芒果树，既能提供果实，又能供人乘凉。

饥荒这种事已无人再提。这些自称“新斯科舍人”的移民，在这里扎下了根。他们知道自己是谁、从哪儿来，也知道自己在非洲人、英国人、美国人的历史中处在哪个位置。他们是上帝选出的新子民，是黑皮肤的“以色列人”。他们非常想念自己的“摩西”，但就像第一批以色列人那样，如果这是上帝的意志，那他们就自己闯出一片天地来。这段史诗般的大规模移民历史，被他们铭记心中，连穿衣、吃饭、说话时，也时刻在脑海里萦绕。男人头上戴着用动物皮革或者稻草做成的高帽子；女人们也不管非洲的炎热天气，里面穿着宽松的衬裙，外面穿着方格布或印花布做成的长裙，还系着围裙。许多女人把头发精心梳成那种一排排紧贴头皮的辫子，或者高高地扎起来，看着就像“荷兰花园里的古老紫杉树”。男人们更不愿意走热带的着装风格，依旧穿着裤子、马甲和外套。男女都会随身装块手帕，而且无论晴雨，乔纳斯·汉威的雨伞都是出门必备。他们喜欢吃玉米糊糊，不久之后，日常饮食中还多了一种新饮料。1796 年 2 月，安德鲁·摩尔（Andrew Moore）从奥古斯塔逃出来
445 的奴隶，后在普雷斯顿当过园丁）在山坡上焚烧灌木时，清清楚楚地闻到了咖啡的香气。原来，地上的咖啡豆被他不小心烤焦了。随后，植物学家亚当·阿夫泽利乌斯跟着他来看了看，并最终证实了这里长有野生咖啡树。到 3 月，大家收集的咖啡豆已经足够开一次品尝会，而且产出的咖啡在质量上据说毫不逊于伦敦那些咖啡屋的产品。两年后，这里种植的咖啡树已有约三千株，年产咖啡豆超过三百磅，成了殖民地的第一种经济作物。

移民的口语和歌曲，正如我们在其请愿书和信件中所见，混合了非洲的节奏、美国的赞美诗和正式的宣言式英语。这种语言在移民子女的学校里迅速发扬光大，加上移民们每天还要聚集在七座教堂里唱圣歌、祈祷，狂热而虔诚地表达自己的喜悦或悲伤，所以塞拉利昂很快就成了一个识文断字的社区。他们就是他们，越来越不愿听命于人。他们不想把自己冒险在法国人突袭期间抢救出来的货

物交还给公司。他们不愿被迫从公司仓库买东西（鉴于此，公司最终不再实行垄断经营），所以选择光顾索菲亚·斯莫尔货源充足的商店。他们更无意支付惩罚性的苛刻免役税，虽然公司声称他们必须交，可正如某个移民所说的，那是“一条锁链，要将我们永远束为奴隶”。在他们看来，公司更需要他们，但反过来并不成立。所以他们向白人官员提出质疑，想迫使其承认这一点。最终，他们这个判断,通过武装民兵连的设立(以防法国人又回来)而得到了证实:在民兵连中，许多黑人担任军官，白人在其手下服役。这是一个明智又审慎的革新，毕竟，这些黑人的从军经验可以追溯到在美国打的那些战役时。

对于如何管理自己的私生活，他们当然更不会听别人发号施令。最近，麦考莱转换了目标，开始狂热地抨击弗里敦的私生子女数量（严格来讲确实是非婚生），认为其根源是邪恶和异端的配偶安排。当然，这些孩子并未被抛弃，照顾他们的家庭有一个甚或多个，因而完全不同于伦敦林肯律师学院广场的托马斯·科拉姆之家收到的那种可怜弃婴。这位有德的总督大人之所以恼火，是因为殖民地的 446
人对此毫无羞耻感，而且男女关系还时常变换，夫妻会在不抛弃对方的情况下各自拥有长期情人，并与之生儿育女。在弗里敦，情爱只会过剩，从未不足。当然，这类偶然的结合，其实源于这些黑人移民曾经历过的绝望和前途未卜之感，可以追溯到曾禁止此类关系的种植园；可以追溯到战争的奥德赛期间，许多人为了保护子女的安全而不得不与亲人分离；可以追溯到船只在哈利法克斯港口等待时，一些家庭被打散，身为奴隶或签过雇用契约的家庭成员被迫留在当地；可以追溯到抵达塞拉利昂后，传染病肆虐的第一年。不过，这一切对扎卡里·麦考莱来说毫无意义，因为他根本没经历过，而上帝的律法于他而言，则是在英国一座乡间别墅中发现的。此外，非圣公会的神职人员竟容忍这类不正常的结合及其产物，也让麦考莱大为惊骇。他把忠实可靠的大卫 · 乔治叫到自己位于山顶的农场庄园，向这位倒霉的浸礼宗牧师痛斥了此类恶行，以及弗里敦人的其他恶习，比如嗜酒。经营着一家麦芽酒商店的乔治痛哭流涕，内心涌上来一种深切的罪恶感。

但有些事，即使是唯唯诺诺的乔治，也无法容忍。比如当麦考莱宣布，除了正规的圣公会神职人员许可和主持的婚姻外，其他任何教会准许的婚姻都属非法后，非圣公会的牧师们便予以了强烈谴责。主持婚姻仪式可是他们最重要的神职事务之一，怎能被随意剥夺？乔治警告麦考莱，如果他非要坚持，势必会在殖民地引发动乱。但麦考莱想让圣公会垄断洗礼和婚姻仪式，所以还是这么做了（虽然最终不得不放弃），结果几乎为整个黑人群体所不容，并在十户长和百户长组成的议会中激起了义愤。这个仍处在萌芽阶段的议会，既是立法机构，也是法院和行政机构，而且已经越来越敢于发声、
447 勇于迎战。但麦考莱当时觉得，自己还能管得住。所以他隔三差五就把移民们召集到一起，给他们来一顿严厉的训斥。他的口吻听起来像极了 18 世纪 70 年代时英国驻美洲或者一个世纪后驻印度的殖民总督。比如，他曾斥责黑人“听信那些喋喋不休、诡计多端、搬弄是非之人，听信那些辱骂或诽谤你们总督的自私、卑劣之徒……你们经常看到此类行为的荒唐之处，可就是不长记性，好像在同一个泥坑里反复挣扎的母猪”。[34] 面对这样的语言暴力，也难怪愿意听他训话的人会迅速减少。移民们越来越不喜欢逆来顺受。比如，当麦考莱试图选举时，结果适得其反，促使一些移民成立了激进的反对派组织，其成员之一正是因为在英国受到羞辱而变激进的艾萨克 · 安德森。可麦考莱认为，移民们之所以搞起了派系，是因为女性拥有投票权，于是在 1797 年，他废除了该权利，觉得如此一来，议会就会好对付一些。在次年的选举中，确实有两名白人首次当选为十户长，但仍是多数派的黑人并没有做出明显的妥协。事实上，

一些黑人的竞选纲领就是只限黑人参选十户长及百户长。白人竟然会因为肤色而失去参选资格？这让麦考莱觉得很好笑。

1799年，麦考莱永远地告别了殖民地，回到伦敦担任董事们的秘书，继续从那里远程贯彻他的坚定观念。他在担任总督期间的作为，就像某种不可思议的悖论：对于移民们既有威吓，也有宽容。虽然他一有机会就强迫新斯科舍人接受各种不受欢迎的政策，但也曾鼓励他们践行自治，从没有威胁解散十户长和百户长组成的议会，也没有剥夺他们的任何行政和立法权。议会仍然可以任命黑人陪审团，或者组织“劳动税”，也就是移民们每年要有六天时间参加道路、桥梁等公共设施的建设——类似于格兰维尔·夏普当初的设想，虽然是强制要求，但无人反对，与至今仍未收上来的免役税形成了鲜明对比。麦考莱唯一一次拒绝议会的要求，是一些百户长要求任命 448
黑人治安官和法官的时候，而他给出的理由则是黑人不熟悉英国的普通法，此举“缺乏可行性”。

在这一点上，他说得确实有道理。但问题是，在弗里敦人民的记忆中，他们的漫漫征途正是从法庭开始的。曼斯菲尔德伯爵对“萨默塞特叔叔”一案作出裁决的消息，不知怎的就在美国南方的种植园传播开来，证实了英国式自由这种东西确实存在，“英国的空气太洁净了，不适合奴隶呼吸”。自那以后，无论是在保皇党奴隶排着队被赶上停在查尔斯顿的撤离船只时，还是在新斯科舍受到欺诈时，无论是面对公司商店的漫天要价时，还是因为公司故意拖延而分不到土地，或者被强制征收可恶的免役税，使得他们在实质上无法对土地享受所有权时，黑人都认为自己依法得来的宝贵自由已经被人抛到了一旁，而这些人违背的是国王的仁慈，是他们的大家长格兰维尔·夏普的善意，是他们的大救星约翰·克拉克森的爱心，是真正的英国法庭与议会的博爱。因此，他们决心拥有自己的治安官和法官，而且如有必要，还需制定自己的法律。

因此，矛盾出现了：这些追随联合王国国旗的黑人，曾强烈地热爱且忠诚于英国，但桑顿、道斯、麦考莱却在他们中间，在非洲的西部，制造出了一个好斗的“小美洲”：不但好斗，还会表达，对于他们认为不合法的税收，对于他们的教会遭到干涉，对于专横而武断的统治，对于无能的军事防御，据理力争地表达他们的愤慨。这在以前曾引起造反，现在亦然。所以，麦考莱在离开塞拉利昂的前几个月中，会在自己的寝室里彻夜点着蜡烛，在身侧放着上了膛的枪，也就不足为奇了。

* * *

如果说麦考莱是一条木棍，那他的继任者托马斯·拉德兰姆总督似乎就是一根芦苇。此人年届二十三，身形比起健壮的麦考莱要
449 瘦小些，而且容易反胃，常年因为职务压力而肠功能紊乱。作为一根芦苇，拉德兰姆上任后的第一件事就是“弯曲”：先是撤销了禁止持不同政见移民的子女在公司所办学校就读的命令，后又放弃了收取免役税的计划（公司曾威胁不交就剥夺选举权）。他竭力想当个体恤人民的总督，但为时已晚。十户长和百户长中最激进的那些人，如艾萨克·安德森、詹姆斯·罗宾逊（James Robinson，一个零售店店主）、约翰·卡斯伯特（来自萨凡纳的逃跑奴隶，先前曾是温和派），自认为他们已经彻底拒绝了公司的权威，不能再退回线内。所以，他们仍然坚持要选举自己的治安官和法官。拉德兰姆和董事们不出所料地拒绝这一要求后，议会便径自任命罗宾逊为法官，卡斯伯特为治安官。这还只是开始。黑人领袖们还想重新定义谁才是和不是塞拉利昂真正有投票权的公民。十户长和百户长发表一份声明，宣称从今以后，只有“跟随克拉克斯顿先生（拼错了）来到这里的”新斯科舍人和格兰维尔镇曾经的居民，才会被认为是

殖民地真正的“业主”，享有选举、担任公职及为殖民地立法的权利。公司那些白人官员从今往后会被当成“外国人”,只享有贸易权。在1799年底，他们又主动与滕内人的汤姆王接触，就黑人移民和酋长直接签订土地租约重新进行了谈判。而到1800年夏，议会中甚至还流传起了捕风捉影的议论，说白人如果继续拒绝黑人的要求，就会被扔到小船上，而且不给船帆、船桨或指南针，就让他们随波逐流。身在伦敦的威尔伯福斯听闻此消息后惊恐不已，斥责说这些新斯科舍人“是彻头彻尾的雅各宾党，简直就像在巴黎接受过他们的培训和教育”。[35]

董事们决定从严治理殖民地。他们已经受够夏普那套荒唐透顶的十户联保民主制，接下来会颁发一份新的特许状，废止这种装腔作势的体制，彻底让大家明白有权管理塞拉利昂的是“公司”，而
非十户长或百户长。他们还要派遣一艘快速帆船，带上足够的火炮 450
和海军，让塞拉利昂的反革命活动成为现实。此外，他们还决定将五百五十名牙买加的西印度群岛黑人运往塞拉利昂——这些人在牙买加内陆的密林中建立了自己的社会，并在1796年向殖民地政府发动过战争。这些西印度群岛黑人的历史（本身也是一部离奇而惨痛的史诗），几乎步了黑人保皇党的后尘：从奴隶制度下逃脱；与帝国力量的关系剑拔弩张；后被送至新斯科舍，并在北美逃亡奴隶遗弃的村庄，如普雷斯顿，生活过一段时间，只是他们从来都没有假装对务农有兴趣。而现在，这些西印度群岛黑人又要跟随他们的前辈去塞拉利昂了。公司之所以这样做，显然是看中了他们打起仗来心狠手辣的名声，想让他们去非洲当援军。但拉德兰姆却十分紧张——这也情有可原，毕竟要是真叫他们打仗的话，他都不确定这些人会是为公司而战，还是倒戈加入作乱的新斯科舍人。

但芦苇已经弯得够厉害，再弯下去就得折了。所以，拉德兰姆总督任命了新的黑人治安官，清点了他能靠得住的移民（拢共

二十七人，包括科兰卡蓬），并准备把他们武装起来，以保卫公司的政府。然后，他又向黑人领袖发出警告，公司派来的海军很快就会到达，如果他们继续胡闹下去，公司一定会叫他们尝尝厉害。然而，拉德兰姆的这番威吓之词，取得了相反的效果。艾萨克·安德森认为，趁着皇家船队还没把西印度群岛的那些黑人运来，激进派得赶紧行动了。因为大部分黑人虽然支持他们，但对于彻底反叛仍旧心存疑虑——这倒不难理解，毕竟那些让他们最为不满的事，如征收免役税、教会举行婚礼和洗礼的权利受到干涉，实质上已被搁置到一旁。他们仍拥有自己的黑人陪审团；男性移民有投票权；学校和药房也重新对他们开放；他们还有自家的农场，有沿河贸易或者开商店出售物品的权利。因此，一些较为谨慎的移民很担忧，不想为建立什
451 么黑人共和国而失去这一切。

但艾萨克·安德森、安塞尔·齐泽、纳撒尼尔·万齐、詹姆斯·罗宾逊等人却是志在必得、雷霆万钧。9 月 3 日，当他们来到循道宗教堂，站在凯托 · 珀金斯的讲坛上发言时，听起来就像一个新黑人国家的开国元勋。这是他们的费城时刻。他们宣布，推翻总督的权力后，政府管理、法律制定和执行的权力，将被完全交给民选的十户长和百户长议会。而且，他们还宣布，新法典和临时宪法会在一周后颁布，并于 9 月 25 日公示后生效——其速度之快，估计连美国费城的那些开国元勋都得大吃一惊。那之后，他们将不再效忠旧政府："所有来自新斯科舍的人，都必须遵守此法，否则就请离开。"其他人（也就是白人）若仍听命于旧政府便是犯罪，每触犯一次，都将被罚款二十英镑。

公布后的"新法"，显然缺乏装腔作势的政治理论，而是更关注如何让塞拉利昂人过好日常生活。食品被设定了价格上限，如黄油、腌猪肉、牛肉最贵只能卖到九便士一磅，棕榈油一先令一夸脱。公司要从移民手中购买农产品，且出售或出口时均免税。此外，新

法还规定了各种罚款标准，如房屋料理不周为一英镑；擅闯民宅、盗窃、未经许可擅自砍伐枝条或板材、对他人拔出武器为二点一英镑；通奸、不守安息日、致使绵羊或山羊走失为五英镑；男人为情妇而抛弃妻子或女人为情人抛弃丈夫，均会被处以十英镑的高额罚款（塞拉利昂的又一个第一）。最乐观的一条法规，则与儿童行为不端有关：父母必须对屡教不改者“严加管教”，否则就得缴纳十先令罚款。为了更果断地夺取议会的控制权，百户长和十户长将签发令状和传票的权利留在了自己手中。而对于债务的讨要，只有在治安官认可其合法之后，才能继续。 452

这场政变进展虽快，但还不够快，因为皇家海军“亚细亚号”已经载着五百五十名西印度群岛黑人从哈利法克斯起航（麦考莱的弟弟亚历山大是该船的一名军官）。安德森显然希望他们那份大胆的宣言，能在某种程度上说服拉德兰姆与他们谈判，最终和平地移交权力。如果必要，他可以召集起大部分定居者，来捍卫新政权。但是，这两件事都没有发生。9 月 25 日，一张写有 3 日所提宣言和法律的大字报，被贴在了箍桶匠亚伯拉罕·史密斯家的百叶窗上——这位曾经的奴隶来自费城，并于 1779 年在那儿加入了英军，贴在他家口算是很恰当了——有人将其撕掉后，激进派又重新贴了一张。第二天早上，定居者成群结队地聚集到史密斯家的门口，讨论起海报的内容，有些人对上面的话并不满意。

但拉德兰姆已经受够了争论，决心将叛乱镇压下去。他把忠于政府的定居者和公司的白人召集到桑顿山上的总督府，给他们分发了武器，然后宣布激进派犯有煽动叛乱罪，起草了激进派头目的逮捕令，并命科兰卡蓬及另一名忠诚的黑人执法官去抓捕其中四人——据说这几人正在一位名叫以西结·坎贝尔（Ezekiel Campbell）的定居者家中开会。结果，旺西和罗宾逊被抓，其他人趁乱逃脱。旺西被带到桑顿山时，正因刀伤而流血不止。据科兰卡蓬讲，他试图逮捕激进派头目时，被罗宾逊用打谷棒袭击，而同去的埃德蒙兹执法官已被打昏在地。就在此时，保皇党开火了。但其他目击者的说法有所不同：火力从一开始就对准了手无寸铁的叛乱者，之后，他们才跑到外面，拆下围墙护栏，以此为武器还击逮捕队。

庆幸自己当时不在以西结·坎贝尔家的艾萨克·安德森认为，
453 既然血已流，就不能回头了。他把能召集来的激进分子都召集到一起——约有五六十人——分发了武器，然后带着他们来到巴克尔桥的营地（就在弗里敦城外通往格兰维尔镇的路旁边）。在那里，已经成为此次叛乱实际领导人的安德森，拒绝了桑顿山要求叛军缴械的呼吁，并警告说，如果公司不释放 26 日被捕的囚犯，他的小军队就将袭击总督府。当时的情况对拉德兰姆十分不利。他手下只有四十名白人和忠于公司的黑人，以及四十名来自公司舰队的非洲水手，但他拿不准后面这些人到底忠于谁。而且，他还有一定理由认为，安德森可能会向汤姆王求援，借助滕内人勇士来壮大他的小军队，变成一股不可小觑的力量。但就在此时，正如拉德兰姆后来写道的那样，“上天出乎意料地介入，彻底扭转了事态”。[36] 就在 9 月 30 日，一艘横帆海军船缓缓驶入了弗里敦港：“亚细亚号”载着武装的西印度群岛黑人和四十五名英国正规军来支援了。拉德兰姆这辈子还从没因为见到一艘船而如此高兴过。

天气变得阴云密布，潮湿的云层高积在树木葱茏的山林顶端，给人一种不祥的预感。而山下的巴克尔桥旁那不堪一击的叛军营地里，除了安德森、粗鲁的弗兰克·帕特里克（Frank Patrick）、黑人治安官明戈·乔丹（Mingo Jordan）和约翰·卡斯伯特外，还多了一些人。他们都是不远万里从新泽西、南卡罗来纳，从普雷斯顿、伯奇镇、小乔金赶来参加这场决战的。亨利·华盛顿和英国·自由也在这一小群叛军之列，两人都决定要为自己的名字多增加点意义。

天雷滚滚，大雨倾盆，塞拉利昂最猛烈的暴风雨排山倒海般扑向西印度群岛黑人和白人士兵组成的三列纵队。他们正悄悄向巴克尔桥行进，准备将叛军包围起来。可突然间，道路就变成了泛着泡沫的泥浆，士兵们四散躲雨，竭力保护好自己的武器。围攻暂时中断。桥上的叛军则缩成团儿，躲在各自的斗篷下。无疑，中间还有一两把新斯科舍的雨伞。

雨过之后，在黎明的阳光中，在鹦鹉清晨的鸣叫声中，西印度 454
群岛黑人发动了突袭。叛军被打了个措手不及，彻底溃败。政府军只开了几枪，击毙了两名叛军（姓名不详）。包括艾萨克·安德森在内的其他人则如鸟兽散，逃进了森林。安德森寻求一位土著酋长的庇护，但两天后便被那人押回了弗里敦。西印度群岛黑人对森林和附近村庄进行了彻底搜查，共抓获三十一名犯人。

拉德兰姆认为，等着把叛乱分子送回英国受审是不可能的，但让殖民地的法庭来审判也行不通，因为陪审团成员都是黑人，不太可能定他们的罪。委任白人法官的新皇家特许状虽然已经在路上了，但要在 10 月 12 日才能到，而处置叛乱分子的工作又刻不容缓，于是，拉德兰姆便效仿保守的英国当局和革命的法国当局在紧急状态下选择的办法，设立了一个特别的军事法庭来审判叛军。“亚细亚号”的三名海军上尉担任法官，并迅速完成了审理工作。被认定为参与煽动叛乱的定居者共五十五名，其中三十三名被永久逐出塞拉利昂；另一些人，如詹姆斯·罗宾逊，被送到了同为英国殖民地的戈雷岛。大多数人则被流放到布勒姆人的海岸上。他们如若偷偷返回殖民地，一经抓获就要接受三百鞭的惩罚，和死刑差不多。作为麦考莱势不两立的死对头和公司统治的肉中刺，艾萨克·安德森和弗兰克·帕特里克被绑起来，成了新成立的法庭第一季度季审期的重罪犯人。帕特里克被控偷了一把枪。安德森被控给总督寄送匿名信，也就是那封要求释放 26 日晚在以西结·坎贝尔家被抓俘虏的信：“拉德兰姆大人，我们想知道，如果你不交出女人和孩子，那是否会放我们的男人走。”[37] 两项罪行都可判处死刑，二人也最终被定罪并绞死。
455 按照老规矩，他们在绞刑架上被暴尸数日。就在两年前，艾萨克·安德森收获了第一茬水稻后，还曾开心地给约翰·克拉克森送去了一桶。可如今，给他收尸的却只剩下一条条鬣狗。

11 月 6 日，在“亚细亚号”的隆隆炮声中，公司的新皇家特许状正式生效。不过，拉德兰姆没有主持仪式，因为他实在无法继续忍受反胃和心绪烦躁的折磨，提前递交了辞呈。这或许更好，毕竟他不是扎卡里·麦考莱，丝毫不会被胡思乱想所左右；对于黑人自治政府这一非凡实验无果而终，他或许会感到焦虑和不安。再不会有十户长和百户长，再不会有人到教堂里说教。夏普十户联保民主制仅存的硕果，如今只剩下了黑人陪审团。

这场政治暴动的终结，让一些黑人定居者终于松了一口气。没人试图把他们从自家的地块上赶走或收取免役税（虽然公司仍然宣称自己有权这么做）。没人干涉他们的教会事务。波士顿·金可以继续传教，多年前在歇尔布罗村被掳为奴隶的约翰·基泽尔，现在可以以自由人的身份继续赚钱，驾着他那艘“三友号”，与同胞进行贸易。安德鲁·摩尔发现的野生咖啡，现已发展成塞拉利昂最重要的贸易产品，让他赚了不少钱。索菲亚·斯莫尔又开了商店，并将其打造成了弗里敦最大的零售企业，不但购买了更多的地产，还把女儿嫁给英国木匠乔治·尼克尔。大卫·乔治于 1802 年去世后，被他派往普雷斯顿传教的赫克托·彼得斯，欣然接过了他的衣钵。

当然，起义的余火还未完全扑灭。在巴克尔桥战斗期间，一些叛军从西印度群岛黑人手下逃了出来，在滕内人的汤姆王那里找到了庇护，并且在部落勇士的帮助下，于 1801 年、1802 年两次袭击了弗里敦和桑顿山。但他们面对的是西印度群岛黑人，而有罪叛军
456 的财产被没收后都奖给了这些人，他们可不会轻易交还回去。大部分新斯科舍人，要么谨慎地保持着中立，要么就如向来可靠的科兰

卡蓬那样（牺牲在了保卫总督府的战斗中）站到了政府那边。雨季和“冷烟”在殖民地来了又走。一些熟悉的名字又出现了，比如道斯和拉德兰姆，为了证明自己，都曾继续当过一段时间的总督，而扎卡里·麦考莱则坐在他的办公室里发号施令。亨利·桑顿议员虽然名义上仍是董事会主席，但议会内外都知道真正在管理塞拉利昂的人是谁。但直到 1807 年，人们才不情愿地相信，或许公司快把殖民地搞垮了。本地贸易势头良好，非洲紫檀、咖啡、大米、蔗糖的出口也还可以，但这些基本上都掌握在私人手中，而公司在不征收免役税的情况下，根本无法负担防务或行政方面的开销。议会在当年最终通过废除奴隶贸易的相关法案后，人们预料，那些由皇家海军从奴隶贩子手中解救或自己从工厂逃走的“被解放的非洲人”（法案中的叫法），一定会去塞拉利昂，所以弗里敦必然会成为这场伟大解放运动的基地和总部。鉴于此，每个人都清楚地意识到，塞拉利昂从今往后必须置于国王的直接保护之下。桑顿和各位董事对此更是赞同。就这样，在 1808 年，塞拉利昂公司正式歇业，公司旗帜缓缓降下，英国国旗徐徐升起。

谁目睹了这一切？有一些是 1800 年被流放的叛乱者，尽管会遭到严厉惩罚，但他们还是一点一点被允许回到了弗里敦。还有一些则可能是在改名换姓之后，偷偷溜了回去。不过，我觉得英国·自由不在其中。历史上有关他的最后记载，是他和亨利·华盛顿等人一起去了北边的布勒姆人海岸，在艾萨克·杜布瓦那座位于克拉克森种植园的半废弃棉花农场上生活。那之后，他便在我们的历史中销声匿迹了。我们可以想象他活下去的情景，也许就像在普雷斯顿那样，耕种着几英亩土地，或者更可能的是，想办法和当地的酋长们做起了生意。如果他确实还以那个名字生活，那也只能在弗里敦的河对岸。因为他一定明白这个名字已经风光不再。在弗里敦，人 457
们已经不需要英国式自由。那边已今非昔比，那边现在是大英帝国。

459

结束，开始

历史从不会完结，只会暂时停下写作的笔。历史中的一个个故事，就如前面刚刚讲过的这个，如果真实发生过，那一定是纷乱混杂的，无法利落地了结、圆满地解决。它们或许已筋疲力尽，但会继续往前走，具体到本书的话，便是走进了愤怒的 19 世纪。可就算时过境迁，历史也会在身后留下回忆的痕迹，在幽暗的时间海洋上留下一缕细光，不停地跳跃、舞动着，就如我们最终闭上双眼时，眼前会短暂闪过的一幕幕画面。

1802 年

461

由拿破仑 · 波拿巴（Napoleon Bonaparte）领导的法兰西共和国执政府最高行政法院，又恢复了已废除八年的奴隶制。

1806 年

1799 年，威廉 · 威尔伯福斯提交的废除奴隶贸易法案再次受挫，让他几乎对议会失去了希望。当时，法国军队已驻扎在布洛涅（Boulogne），英国即将遭遇入侵。没有人愿意在全球斗争中给敌人任何经济优势。1801 年，爱尔兰并入英国，给下议院带来了新成员，其中许多都公开反对臭名昭著的奴隶贸易。1805 年，英国取得特拉法尔加战役的胜利，终结了法国的侵略威胁，废奴主义者更多了些乐观。1806 年 1 月，小威廉 · 皮特去世，曾在 1791 年便主张废除奴隶制的查尔斯 · 詹姆斯 · 福克斯成为下议院领袖，开始领导新政府。查尔斯 · 米德尔顿爵士，也就是詹姆斯 · 拉姆齐的保护人、克拉克森和威尔伯福斯的导师，担任海军大臣。在议会两院通过法案，禁止从已占领的殖民地进口奴隶，并禁止英国臣民在中立国船只上进行奴隶贸易后，福克斯采取了更大胆的行动。6 月 10 日，一项提请议会“考虑奴隶贸易违反了正义、人道和政策原则……采取有效措施废止奴隶贸易”的动议，再次在上下两院以多数票通过。福克斯宣布，若这一议案能顺利施行，那他认为自己这辈子“也值了”。四个月后，福克斯去世。

在美国，人们担心黑人和白人的数量失衡继续下去，圣多明戈 462
岛上依然在激烈持续的暴动可能会在美国上演，所以开始转而支持废除奴隶贸易。杰斐逊总统公开表示，支持立法禁止该贸易。但自美国于 1804 年从法国手中购入路易斯安那州后，该州的奴隶人口在两年内便增加了两倍。而南卡罗来纳也在 1804 年恢复了早先废除的奴隶贸易，想抢在即将到来的进口禁令前做最后一搏。

在弗吉尼亚，种植园主们被 1800 年由加布里埃尔 · 普罗瑟（Gabrie Prosser）领导的奴隶起义吓得不轻，便着手想办法把那些惹是生非的自由黑人从该州赶走。在本杰明 · 哈里森州长的倡议下，自由黑人被禁止持有枪支，为其子女开办的学校也被关闭。被解放的奴隶则必须在一年后离开该州。

在塞拉利昂，曾经给哈里森当奴隶的威廉·奇斯和安娜·奇斯及其后代，在弗里敦过着平静的生活。

1807 年

3 月，杰斐逊签署了禁止向美国输入奴隶的法案，使之正式成为法律。1808 年 1 月 1 日之后，违法者将被罚款两万美元，并处没收船只和货物。

格伦维尔男爵在上议院提交“废除奴隶贸易法案”，并宣称该法案的通过，将是“世界上任何国家的任何议会所做过的最辉煌的一件事”。[1] 由于法案在下议院通过毫无悬念，副总检察长还拿拿破仑·波拿巴和威尔伯福斯做了对比，说前者在睡觉前一定良心不安，而后者则可以“在幸福、快乐的家人的怀抱中”问心无愧地睡去，因为他知道自己拯救了数百万同类的性命。[2] 该法案于 2 月 10
463 日在下议院以二百八十三票对十六票通过。3 月 25 日，乔治三世御准。1808 年 1 月 1 日后，任何英国船只都严禁再运输奴隶，而向任何在大英帝国领土范围内航行的其他船只装载奴隶也属非法。

1808 年 5 月，托马斯·克拉克森的《英国议会废除非洲奴隶贸易的兴起、发展和成就史》（*History of the Rise, Progress and Accomplishment of the Abolition of the African Slave Trade by the British Parliament*）出版。在此之前，四千本已被预定。诗人塞缪尔·柯勒律治（Samuel Coleridge）在给同行罗伯特·骚塞（Robert Southey）写信说，此书的“前三页温和、友好到乏味”，但之后便“非常有趣，写作的语言纯粹而精炼……他在介绍自己、讲述自己在那场不朽战争中的最高标准时的那种方式，有一种无与伦比的道德之美——相比之下，拿破仑和亚历山大的所有征服都卑劣不堪”。[3] 该书还专门为美国的主日学校出了一版节本。

塞拉利昂公司歇业后，扎卡里·麦考莱和亨利·桑顿把注意力转到了创立“非洲协会”之上，希望通过这个机构，向这块仍然信奉异教的大陆传播基督教和文明的益处。托马斯·克拉克森曾经犯下的激进错误虽未被遗忘，但已被原谅，所以他也获邀重新加入了指路明灯的行列。格兰维尔·夏普就更不用说，被誉为了创始人。

英国皇家海军被派驻到塞拉利昂，专门追捕奴隶贩子、解放他们的“活货物”。不过，在最初十年的巡航中，大部分被截获的船只都属于美国（尽管国会已经废除奴隶贸易）和法国。

1811 年

许多人都目击了英国皇家海军在弗里敦截获美国纽约的贩奴船“丽贝卡号”，其中之一便是五十二岁的自由黑人保罗·卡夫。他来自马萨诸塞州的韦斯特波特（Westport），父亲是一名奴隶，母亲是马萨葡萄园岛上的万帕诺亚格印第安人，而现在，他成了美国成 464
功传奇，有自己的地、磨坊和捕鲸船。但他也是一位贵格会教徒，读过上面提到的那本托马斯·克拉克森的著作后，更是成了一名热烈的废奴主义者。他不仅对美国奴隶的困境感同身受，也非常同情各州（包括已废除奴隶制的马萨诸塞和宾夕法尼亚）那些自由黑人的艰难处境。通过贵格会的跨大西洋关系网，他听说了塞拉利昂和非洲协会，便希望博得它们的允许，建立一家贸易企业，专门在那块居住着非–英–美裔自由黑人的殖民地和美国之间做生意。如果一切顺利的话，他或许还可以资助美国黑人移民塞拉利昂。卡夫是个爱国者，但他所在的教会禁止信徒参军，所以独立战争期间，他便在海上帮助美国封锁英国皇家海军。不过，此番壮举依然无法消除人们对他内心是个亲英派的怀疑。美国国旗和英国国旗要是能在解放奴隶的高尚事业中并肩飘扬，他会很高兴。

但他挑错了时间。1810 年 12 月底，卡夫坐着他的“旅者号”

出发了。船上共有九名船员，都是黑人，包括他的侄子托马斯 · 温纳（Thomas Wainer）和侄女玛丽的丈夫约翰 · 马斯特恩斯（John Marsterns）。航行三十二天后，在2月初，“旅者号”遭遇了强风暴的袭击，开始漏水。第二天凌晨三点，船被吹得“差点儿侧翻”，甲板几乎与海面垂直。在船正过来之前，约翰 · 马斯特恩斯被冲到了海里，靠着几根被扯断的绳索，才在巨浪和狂风中捡回一条命，并设法爬回船上。接下来的三天里，“旅者号”始终面临着沉没的危险，但最终还是挺过了风暴。起航五十三天后，这艘横帆双桅船迎来了万里晴空，还捕到了海豚做晚餐。第五十八天时，保罗 · 卡夫看到了从海面上一点点升起的塞拉利昂群山。

抵达塞拉利昂后，这位美国人同英国总督在桑顿山的总督府共
465 进了晚餐，去了循道宗的教堂祈祷，还向汤姆王赠送了一本的贵格会《圣经》和一本《论战争》（*Essay on Wars*）——内容自然是控诉战争的邪恶和无意义，但这样的信息估计给汤姆王留不下多少印象，虽然他现在已经胡子花白。随后，卡夫又去了布勒姆人的海岸，在克拉克森种植园附近拜见了乔治王，并且也送了他一本贵格会《圣经》，以及一本贵格会年度会议的书信集。他迫不及待地想开始和约翰 · 基泽尔等人做买卖——基泽尔的大型船队会往河下游运送成吨的紫檀木——可又不得不等着非洲协会的批准。此时的英国政府对美国极为不满，甚至到了考虑禁止对美贸易的程度，而原因则是英国人认为暴君波拿巴对英国实行经济封锁后，麦迪逊总统仍对其屈从谄媚。在漫长的等待期间，卡夫继续欣赏着弗里敦，尤其是学校（目前有二百三十名学生，另有一所学校专门为成年黑人开办）。而且，他还注意到，书本和纸张全部免费。“如果在殖民地大力推行贸易，”他在写给伦敦贵格会教友的信中说，“就可能带来一种良好的趋势，把年轻人留在本地，未来某一天，或许让他们也有资格当上老板，具备从事商贸的能力。到那时，我认为，这里完全有理

由成为一个真正的国家，被历史学家归入世界国家之林。”[4]

贸易许可证终于批下来后，卡夫准备起航，把塞拉利昂的货物运回美国。但就在此时，他收到了去英国的邀请。这让他无法拒绝。在北上途中，他自然也遭遇了恶劣天气，“对航行造成了严重考验”。走到一半时，他碰到了正从利物浦驶往纽芬兰的凯泼船长。在交谈中，他了解到一条“不幸的消息”：一艘美国的三帆快速战舰和一艘英国的单桅帆船在纽约的桑迪胡克附近发生了摩擦。对卡夫的跨大西洋贸易和商誉使命来说，这似乎不是什么好兆头。但 1811 年 7 月 12 日，利物浦的码头上却聚集了一大群人——直到三年前，利物浦还和布里斯托一样，是奴隶贸易的资本制度——迎接“旅者号”的到来，大家都想一睹那位戴着贵格会帽子的黑人船长及其黑人船员的风采。卡夫对自己立即受到如此欢迎，感到异常高兴。可乐极 466
又生悲，紧接着，他的三名船员便被强行征入英国海军。其中两人的释放，他没费太多周折，但花了好几个月时间，才救出第三名。

不过，他还是受到了友好接待，一下子成了名人。在美国，他都没多少机会和白人贵格会教徒来往，更别说其他白人。但在英国，他到哪儿都会受到欢迎:《泰晤士报》(*The Times*)和《爱丁堡评论》(*Edinburgh Review*)对他极尽溢美之词；由威廉·艾伦（William Allen）* 及其儿子陪同，一起游览伦敦（皇家铸币厂、动物园）；参观了曼彻斯特的一家工厂，对煤气灯惊叹不已；去了议会，并且见到了威尔伯福斯和扎卡里·麦考莱。在拜见非洲协会的赞助人、国王的侄子格洛斯特公爵（Duke of Glocester）时，他送了对方一件非洲长袍、一把匕首和一个信箱，全部来自塞拉利昂。让卡夫开心的是，在克拉克森兄弟的朋友和门徒艾伦的引荐下，他还认识了托马斯和约翰。在给哥哥约翰的信中，卡夫乐观地写道：“我正在努

---

* 英国科学家、贵格会教徒、废奴主义者。

力打开一条英国到美国再到塞拉利昂的通道……好让一些优秀、持重的人能到那个国家去。”[5]

1811 年 9 月，卡夫再次顶风冒雨回到塞拉利昂，给人们带回了曼彻斯特棉布、铁锅、烟草和英国陶器。作为交换，他收购了这里出产的非洲紫檀和棕榈油。威廉·艾伦委托他把多种植物种子和极为珍贵的桑蚕带给殖民地，但总督告诉他，塞拉利昂人还是先学会种棉花，再学怎么生产丝织品吧。

1812 年

2 月，卡夫准备载着他在塞拉利昂购买的出口货物回美国。他希望以此为开端，成就某种辉煌的未来。在写给托马斯·克拉克森的信中，他说自己想让美国和英国建立起商业和殖民伙伴关系，让
467 塞拉利昂这类崇高的实验继续下去，“帮助非洲人实现文明”。他还听说有几个非洲裔美国家庭“已经下决心移民塞拉利昂”。[6]

但两国正在打仗，哪有心思合作。而且同上一次一样，英国也承诺，任何逃到英军防线内或舰船上的奴隶，都可获得自由。所以尽管这一次面临的地理因素更艰巨，但还是有成千上万的奴隶再次接受了英国的提议。战争结束后，几千名自由但赤贫的逃跑奴隶，再次被送往新斯科舍。自黑人保皇党移民后便几乎空无一人的普雷斯顿，迎来了第二波非裔美国人。他们的后代至今仍然生活在那里。其中一些后人还创立了黑人保皇党遗产博物馆和网站；博物馆和历史中心外面的路，便是 1791 年那个美丽的秋天，约翰·克拉克森和劳伦斯·哈茨霍恩骑马来到普雷斯顿时走过的那条。在普雷斯顿，你最先注意到的一定是教堂和学校，每天下午，都有穿着运动衫和运动鞋的黑人孩子从里面走出。新斯科舍和加拿大其他地区至今仍然不知道该怎么定义普雷斯顿，比如哈利法克斯人会告诉你，那里出了很多伟大的拳击手。

在回美国途中，保罗·卡夫照例遭遇了大风，结果没能在新贝德福德上岸，而是被吹到了韦斯特波特。这是他的老家，但并未能阻止美国海关以与敌国贸易为由扣下他的船和货。为了要回自己的船，保罗·卡夫去了一趟华盛顿，且奇迹般地见到了财政部长艾伯特·加勒廷（Albert Gallatin）和麦迪逊总统。据《贵格会情报》（*Friends Intelligencer*）报道，这位直性子的黑人贵格会教徒对麦迪逊说："詹姆斯，我遇到了很多麻烦，受到了虐待。"麦迪逊十分同情，并下令归还他的财产。

但从首都返回马萨诸塞的途中，他才突然意识到，这里不是英国，更不是弗里敦。乘坐驿站马车时，他受到了白人乘客的粗暴对待。这个黑人竟如此放肆，与他们共用一个车厢，实在是让人难以置信。他们想把卡夫赶下去，但这位戴着贵格会垂边帽的高贵老绅士岿然不动。

不久之后，英国攻占华盛顿，并烧毁了白宫。更多的奴隶逃跑了。 468

1814 年夏

格兰维尔·夏普现在有点儿像流浪者。他似乎还想寻找重要的事情来做，但已不确定该到哪里去找了。他如今已七十有八，早过了古稀之年。自他见到乔纳森·斯特朗那张血淋淋的脸，并被惊出废奴的热情以来，时间已过去了半个世纪。邪恶的奴隶贸易已经被打倒，他可以死而无憾了。当然，在美国和西印度群岛上，依然还有奴隶在辛勤劳作。哎，那桩恶行就由别人来了结吧。他心里十分清楚，自己能做成一些事，其实是兄弟、姐妹、神圣事业的盟友一起努力的结果。而现在，他们都走了，就像海顿先生的交响曲《告别》快要结束时，演奏者一一熄灭了自己的烛光，消失在黑暗中。詹姆斯的蛇号自他二十年前去世后便一直保持着沉默。四年前，羽管键琴的盖子同妹妹伊莱莎的眼睛一起合上了；没过几个月，亲爱的哥哥威廉也撒手人寰。天堂的号角一定会响起，欢迎他的到来吧。格兰维尔自己也没有力气吹他的双长笛了，但每天早晚，他都会走到竖琴旁，召唤大卫王的灵魂，吟唱赞美诗和和希伯来歌曲。[7]

同任何人一样，他也逃不过体力的日渐衰弱，但没有人可以指责他无所事事。最近，他还去参加了圣经协会、新教联盟和非洲协会的活动；并且尽最大努力整理了记忆和信件，把它们变成历史记录。格洛斯特公爵收到他的手稿后表示十分高兴。[8] 在体面地退休前，他还有很多事要做。但偶尔，在急切地讨论某个重要问题时，他会突然顿住，觉得脑子有点儿糊涂，也说不清是为什么；曾经博
469 闻强识的他，似乎无法回忆起想要说的东西，所以有时候，他说着说着，便不了了之了。

威廉健在时，格兰维尔曾和这位哥哥一起住在富勒姆的家中。但哥哥死后，他也还是喜欢住在那所空落落的房子里，凝视着曾将他们的和声带往远方的潮水，默默回忆往事。他的寡嫂似乎并不介意。不过，格兰维尔也在圣殿教堂租了一间屋，来存放他的书和文件，或者独自思考《圣经》里的文句，免得有仆人打扰。1813 年 6 月，他选出一些代表着自己漫长法律生涯的文件，想送给内殿律师学院图书馆。图书馆很感动，表示愿意接受，但格兰维尔又坚持要亲自把它们安全地送到圣殿去。富勒姆的侄子、侄女们看着这位日渐衰朽、恍惚的叔父，担心他会走丢，便纷纷劝他不要去。说服未果后，他们只好叮嘱自家的马车夫前往别让格兰维尔用马车。

但格兰维尔·夏普还是像以前一样固执。第二天早上，家人一起吃早饭时，见他没出现，便叫仆人来问话。其中一个说，夏普先生起了个大早，坐驿站马车去伦敦了。家人只好赶紧差人去圣殿教堂找，但没有找到。此时，他已经在回家路上，并在傍晚时回到了富勒姆。他看起来衣冠不整、筋疲力尽，承认自己一大早到现在还什么都没吃。家人继续询问后，最终了解到：那位车夫把夏普送到

伦敦后，回想起他的模样和行为，有些不放心，便又回圣殿教堂找他，结果发现他正在屋子门口“疑惑地走来走去，想不起该怎么去他打算去的地方。好心的车夫没费多少口舌，便说服他跟自己一起返回富勒姆。就这样，他才得以幸免于更多的麻烦”。[9]

从那之后，直到 1814 年 7 月在无比的安详中去世，格兰维尔·夏
普都一直待在或者说被迫待在富勒姆。很久以前，在同样的盛夏时 470
节，他们全家曾坐着“阿波罗号”和“联盟号”沿河游玩；曾为国王和河岸上的人举办音乐会；曾在悠然前行的船上，在飞来飞去的小虫中间，与那架名叫“摩根小姐”的管风琴、那条爱音乐的猎犬鲁马，以及茶和亨德尔做伴。时不时地，格兰维尔会突然闯进侄女、侄子及其子女所在的房间，好像有什么话要对大家说。但他从未开过口，只是坐到他们身旁，沐浴在夏日的阳光中，享受他们的陪伴，一坐便是几个小时。偶尔，他瘦削的下巴会微微抬起，嘴角涌上一丝笑意，所以家人没有理由认为他觉得不满足。但他一句话都不会说，什么也不说。[10]

1815 年

拿破仑兵败滑铁卢后，现在已成为和平主义者的托马斯·克拉克森，在巴黎和平会议上见到了俄国沙皇亚历山大一世（Tsar Alexander I），而且这位皇帝对克拉克森兄弟和塞拉利昂的事还十分了解。“如果我能做点儿什么，帮帮那些可怜的非洲人，”亚历山大告诉托马斯，“您就给我写封信，我随时愿意效劳。”三年后，当托马斯提议将奴隶贸易归为跨国海盗行为的一种时，亚历山大予以了声援。而托马斯为表示感谢，送了他一把非洲的匕首。[11]

1816 年

世界永久和平促进会在伦敦宣布成立。这在很大程度上源于英

美共同的理想主义。威廉·艾伦、本杰明·拉什等贵格会教徒是其重要的拥护者。向来乐观的拉什希望说服美国政府成立一个和平秘书处。当然，克拉克森兄弟也在促进会创始人之列。二十年前，约翰·克拉克森曾以不符合基督教原则为由，拒绝了海军最终提供给他的类似工作；现在，他成了和平促进会的第一任财务总管。九年
471 后的 1825 年，非洲和平协会在费城成立——很相称的地点。[12]

1816 年 2 月，保罗·卡夫返回塞拉利昂，并且还带去了三十八位黑人移民。那次横渡，即使对经验丰富的水手而言，也非常恐怖。"我经历了记忆中最可怕的二十天，以前从没遇到过那样的天气。船和船员们似乎随时都可能葬身海底，但好在上天庇佑，我们活了下来。"

卡夫和移民们最终安全抵达，并受到了总督查尔斯·麦卡锡（Charles MacCarthy）的热情接待。但他运来的面粉却被禁止卸货，原因是麦考莱和塞拉利昂的重要贸易商巴宾顿给总督写来一封信，认为这给巴宾顿自己出口塞拉利昂的面粉带来了不正当竞争。[13]

在塞拉利昂期间，卡夫注意到，皇家海军俘获的许多贩奴船，都来自一些已经取缔了奴隶贸易的共和国。在两个月的时间里，皇家海军巡逻队共抓获了六艘美国的贩奴船（三艘双桅横帆船、三艘双桅纵帆船），并将其全部带回了塞拉利昂。卡夫还了解到，一些美国船悬挂着其他国家的旗帜（西班牙的居多），仍在大量从事秘密的奴隶贸易。杰斐逊的废奴法案对此并未禁止，让他有一种深深的背叛感，而听闻南卡罗来纳州的奴隶起义遭到残酷报复后，他更加感到沮丧。好在麦卡锡总督为他来到塞拉利昂的九个家庭（大部分都来自波士顿）提供了城镇用地和农田，多少让他感到一点欣慰。1817 年，卡夫抱着"塞拉利昂–英国–美国"自由贸易三角还未实现的遗憾，忧郁地离开了这个世界。

美国殖民协会开始将自由黑人送往今天的利比里亚。1846 年，

纽约反奴隶协会出版了格兰维尔 · 夏普的传记，其作者查尔斯 · 斯图亚特（Charles Stuart）专门指出，塞拉利昂的建立与美国殖民协会将自由黑人运往利比里亚的行为，有着本质的不同。斯图亚特表示，英国建立定居点，是废除奴隶制的先兆；美国把黑人送到非洲，则是一种邪恶的选择：

> 塞拉利昂源自爱，公正无私、情同手足、包含了基督教精 472
> 神的爱。而利比里亚则源自对肤色的仇恨和蔑视……塞拉利昂的建立，体现了英国最美好的情感——对受压迫者的同情，对孤苦陌生人的善意，因为他们都曾被这个骄傲的世界拒绝和迫害。而利比里亚的建立，则体现了美国人最丑恶的情感，体现了将他们同其他文明人区别开来的偶像崇拜——肤色仇视……[14]

斯图尔特夸大了英国人的优点和美国人的缺点。不过，这种会招致仇恨的区分，并非只有他提出过。

1826 年

新上任的塞拉利昂总督尼尔 · 坎贝尔爵士（Sir Neil Campbell）曾试图征收免役税，但他几个月后便去世了，这项颇具争议的税负也最终被放弃。在塞拉利昂的人口中，从奴隶贸易中解放的黑人和来自西印度群岛的黑人占了大多数，“新斯科舍人”的比例还不到百分之十。但无论是在教堂还是在学校，他们的身影都引人注目。弗里敦举办市集时，曾在谢尔本被禁的“黑人嬉戏”获得了重生，成为塞拉利昂一年一度的狂欢节。高高的帽子、印花的长裙、宽松的衬裙，仍然是赛马和赛艇时的时尚着装。

1828 年

4 月 2 日，约翰 · 克拉克森躺在沙发上，读起了《反奴隶制通讯报》(*Anti-Slavery Reporter*)。自 1820 年被珀弗利特石灰厂的新主人从管理职位上赶下来后，他便一直住在萨福克的伍德布里奇(Woodbridge)，并担任了当地一家银行的高级合伙人。他最后一次收到新斯科舍人的消息是在 1817 年，当时赫克托 · 彼得斯来信说，希望“我们在离开人世前，能有机会再见一面”。[15] 不过，他一直通过第二代新斯科舍人编辑的《塞拉利昂公报》(*Sierra Leone*
473 *Gazette*)，关注着殖民地的最新动向。1815 年，他根据日记和笔记，整理出版了一本介绍塞拉利昂创建过程的书，不过他 1791 和 1792 年那充满戏剧性的人生经历，依然被紧紧锁在他——一位如今平和又亲切的老人、克拉克森家族的“纯真快乐之泉”[16]——的日记和脑海中。

但这天，他并不怎么快乐。已经六十四岁的他(在 1 月时立了遗嘱)，对未来生出了一种甚于以往的凄凉感。他一条腿有些不舒服，而且发现自己老是喘不上气来，所以就叫人挑一些通讯报上的文章读给他听。可听着听着，他的心便被惆怅占满了。他和哥哥托马斯都以为奴隶贸易被取缔之后，奴隶制本身也会渐渐消亡；但很显然，事情未能如愿。他们的工作只做完一半。听到西印度群岛的种种苦难仍未有任何改观，克拉克森示意别念了，然后有些吃力地说：“想想都可怕，我哥哥和他的朋友们辛苦努力了四十年，可这些事还存在。”[17]

然后，约翰 · 克拉克森没再说什么，便与世长辞了。

1829 年

在波士顿，黑人裁缝大卫 · 沃克尔发表了他极富煽动性的《告世界有色公民书》，抨击了美国的伪善：一面以自由、平等的原则立国，一面又拒绝赋予三百万奴隶这两项权利。同时，他还说“英国人”是全世界黑人的“好朋友”。沃克尔知道英属西印度群岛上还存在奴隶制，但显然觉得那里废除该制度已指日可待。

1831 年

大卫·沃克尔预料对了。牙买加奴隶起义遭到残酷镇压的消息，让英国废奴主义者再次行动起来。1830 年在伦敦共济会大厅成立的 474
反奴隶制协会,最终放弃了循序渐进的废奴策略。托马斯·克拉克森、威廉·威尔伯福斯、萨缪尔·霍尔，都是该协会的资深活动家。此外，《玛丽 · 普林斯的故事——一位西印度奴隶的自述》(*The History of Mary Prince, A West Indian Slave Related by Herself*）出版后，在第一年便加印五次，极大地推动了废奴事业。玛丽写道 :“当我们筋疲力尽时，除了一匹瘸马，还有谁关心我们？这就是奴隶制。我说出来，是为了让英国人民知道真相 ; 我希望他们不停地向上帝祈祷，向伟大的英格兰国王呼吁，直到所有可怜的黑人获得自由、奴隶制永远灭亡。”[18] 但威廉四世和他的保守党大臣们似乎都对这种紧急情况漠不关心。不过，一场要求改革议会的骚动当时正席卷英国，两场运动的支持者出于同样的道德热情和政治、经济上的权宜，最终把它们合成了一股。议会改革能让英国免于革命，废除奴隶制能让西印度群岛免于屠戮、王国免于灭亡。扎卡里 · 麦考莱的儿子、刚当上议员的托马斯 · 巴宾顿 · 麦考莱，对此也表示认同，但他觉得那些废奴主义者有些热情过头，让人反感。

1833 年

议会收到了五千多份要求废止奴隶制的请愿书，其中一份由三十五万名女性联名签署。[19] 辉格党政府的殖民地大臣于 5 月提交的一项法案，在改革后的下议院以绝大多数赞成票通过。之所以通过得如此顺利，是因为法案承诺向奴隶主提供慷慨的补偿，并且规定了一个从奴隶制度到全面自由的两年过渡期（后被放弃）。8月，国王威廉四世御准了这份奴隶解放方案。

一个月前，威尔伯福斯离世。虽然他同托马斯·克拉克森在法国革命和战争问题上长期存在严重分歧，但临死前，他最终同托马斯言归于好。“我亲爱的老朋友，”威尔伯福斯在绝笔信中写道，“……
475 虽然我们已很久没有来往，但你和你的家人依然在我的美好记忆中占据着一席之地。”[20]克拉克森得知噩耗后，他的妻子凯瑟琳听到他锁上书房的门，在里面失声痛哭起来。

1846年

他是最后一个了——不光是指废奴事业的最后一个元老，更令他难以置信的是，或许还是普雷福德庄园的最后一位住户（庄园在伊普斯维奇附近，由十分崇拜废奴主义者的布里斯托伯爵［Earl of Bristol］租给他）。托马斯·克拉克森住在那里，一直活到了八十多岁。不去参加反奴隶制大会时，他就是一位仁慈的老乡绅，总是确保他的村民和农民都吃到牛肉和培根。在四十年代的大饥荒期间，他那片地方至少会还是“快活英格兰”。通过让美国的奴隶制加速灭亡，他还可以做很多事，所以他继续奋笔疾书，时不时地才从桌上抬起头，看一眼正在花园里闲逛的妻子。

托马斯·克拉克森老则老矣，但依然不可小觑。他的声音依然洪亮，他的头脑依然出奇地活跃，他似乎比以往任何时候都富有见地、洞悉一切。世界各地的废奴斗士们纷纷跑到英国来协调他们的反奴隶制运动，不来拜见一下这位老人都不能走。尤其是那些美国的废奴主义者，老是缠着克拉克森要签名或者求他赐一绺白发，搞得妻子凯瑟琳都担心他很快就会变成秃子。

1846年8月20日中午刚过，两个美国人（一黑一白）同激进的英国议员乔治·汤普森（George Thompson），走进普雷福德庄园，并被带到客厅坐下。那个美国白人叫威廉·劳埃德·加里森（William Lloyd Garrison），来自马萨诸塞，是《解放者报》（*The Liberator*）的编辑，曾亲历了1833年的解放时刻。而汤普森本人也因为在1834年借着大西洋两岸高涨的废奴热情到美国就该问题发表演讲而赢得了赫赫威名。当时，一帮马车夫还威胁要用鞭子抽他，并把他送到南卡罗来纳，因为那儿的人知道该怎么处置他——废奴主义者 476 惯常遭遇的威胁。虽然克拉克森当天早上九点钟才得知这俩人及其黑人同伴会登门拜访，可他还是一如既往地热情接待了他们。

为什么不呢？毕竟，美国的废奴运动现在也是他的事业。1840年，世界反奴隶制大会首次举办，已经八十高龄的克拉克森被推选为大会主席，五千名代表默默起立，向他致敬。托马斯在演讲中对他们及废奴事业表达了祝福，引得与会代表眼泪直流。他深切的悲痛是看到基督教如何被扭曲成了捍卫种族罪恶的工具：百分之七十的美国神职人员（他被告知）显然认为能在《圣经》中找到奴隶制的存在理由。1844年，他的《论美国有色人种因肤色而受到的不公正待遇》（*On the Ill Treatment of the colored People In the United States*）在美国印发了五万册，猛烈地抨击了这种渎神行为。[21]

因此，弗雷德里克·道格拉斯（Frederick Douglass），也就是那个夏日午后坐在普雷福德庄园客厅的第三位拜访者，早就听说过托马斯·克拉克森的大名。而到这会儿，托马斯·克拉克森也一定听说过弗雷德里克·道格拉斯是谁。因为当年5月，这位演说家就曾在英国内外反奴隶制大会上用自己的口才惊呆了与会者；而两周前，他又在科芬园举办的世界禁酒大会上引起轰动。时年二十八岁的道格拉斯是一位来自马里兰的逃跑奴隶。1841年在新贝德福德结识加里森后，原本就能说会道、英俊潇洒、风趣幽默、魅力非凡的道格拉斯在他的鼓励下，很快便成为废奴者巡回演讲团里的明星，一面无比激情地控诉种植园中发生的暴行，一面无比尖刻地嘲讽支持奴隶制的神职人员。他不断收到被抓去重新为奴的恐吓或是人身威胁，在印第安纳的彭德尔顿（Pendleton），他的一只手还被一群歹徒打断过，但这反倒让他越战越勇。1845 年 5 月，加里森出版了《弗雷德里克 · 道格拉斯的人生自述》，四个月内便卖出了五千本，非
477 常抢手。从道格拉斯的身上，克拉克森看到了被救赎之后的美国会是什么样子，所以肯定也有一本。那天下午，这位老人伸手握住道格拉斯那只受伤的手，像个先知一样大声说道：“上帝保佑你，弗雷德里克 · 道格拉斯！我为解放你的同胞，已经奋斗了六十年，如果能再活六十年，我也会把它们奉献给同一事业。”[22]

真是惺惺惜惺惺。在道格拉斯看来，托马斯 · 克拉克森体现了英国式自由中那些最美好的部分，因为对他而言，英国式自由不是他所鄙视的那种华而不实的美国式自由，而是华并且实。他说，正是英国，让他从一件东西变成了一个人。

让道格拉斯惊讶的是，这种转变甚至在他还没到英国的时候就开始了，而地点就是冠达邮轮“坎布里亚号”上的社交厅。1845 年 8 月，他乘船从波士顿前往利物浦。回想起自己在美国的最后几天，道格拉斯更加确信了自己为什么要离开那里。马萨诸塞州或许已经废除了奴隶制，但绝对没有废除种族偏见。“就在我离开前……我去坐公共汽车……但他们拒绝让我上车……就在我离开‘自由摇篮’的前几天，我……因为肤色而被踢下了公共交通工具。就在我离开那个‘自由国度’的前三个月，我被从一座教堂里赶出来，就因为我想像其他人一样走进去，却忘了自己的肤色。”[23]

然而，屈辱并没有因为他上了“坎布里亚号”而结束——和他一起登船的詹姆斯 · 巴法姆（James Buffum）是一位白人废奴主义者，会陪他去做巡回演讲；此外，二人还说服了哈钦森家族的四重唱组合（杰西、艾比、贾德森、阿莎）同往，在他演讲前进行暖场表演[24]

——加里森给道格拉斯安排了特等客舱（八乘十二英尺、两盏油灯）；但不必说，他最终被迫住进了下等客舱（巴法姆为了表示对朋友的支持，也搬了下去）。不过，失之东隅，收之桑榆：道格拉斯出乎意料地发现，自己在这艘船上竟然还是个名人。当然，对一些乘客 478
来说，他是声名显赫，对另一些乘客来说，则是声名狼藉，而原因都是一样：他是“生平自述”的作者。到达都柏林后，他写信给加里森：

> 我想，你听到之后一定会很高兴：从美国的海岸线消失在视野中开始，一直到抵达利物浦，我们这条英勇的蒸汽船都是一座奴隶制话题的讨论场，大家争个不停——刚开始还比较冷静，然后越说越火爆……而且是人人都在讨论。社交厅的讨论刚被压下去，下等客舱就开始了；下等客舱不说了，社交厅里又续上；要是两个地方都被压下去，人们又会以成倍的热情去社交厅外的甲板上，吹着新鲜而自由的海风，继续讨论。我好开心。[25]

哈金森家族的四重合唱组也一样。读过道格拉斯的自述后，他们深感钦佩，所以便在横渡的两个星期里，到处给乘客发他的书。那些来自佐治亚、新奥尔良、古巴以及拥有奴隶的人很不高兴，认为他们自以为是。但其他人则希望弗雷德里克·道格拉斯能发表一次演讲，说说他的经历和美国的奴隶制。那些奴隶主听闻，更是怒不可遏。面对如此的盛情，道格拉斯本人一反常态，表现得有些顾忌。这倒可以理解，他肯定也听说有人威胁要把那个无礼的黑人扔进海里。在船上发表这样的演讲是否合适、得体，最终得由船长决定。若在平常，船长一定会出于谨慎，劝说演讲者放弃。

但查尔斯·贾金斯可不是一般的冠达邮轮船长。恰恰相反，他是一位改过自新的前奴隶主，有着强烈的道德感。所以，他亲自向道格拉斯发出了邀请。为了让道格拉斯和某些气势汹汹的听众隔开一些距离，贾金斯让人在社交厅外的甲板上吊起一块篷布，但内心充满了斗争激情的哈钦森四重唱组合劝服道格拉斯到外面去，站在
479 主桅杆旁边发表演讲。傍晚时分，贾金斯命人拉响了船铃，宣布演讲会开始。甲板上聚集了一大群人，但并非每个人都友好。道格拉斯穿着他最好的衣服走上甲板，看起来高大、威严，颇像个有道德、有修养的贵族。但他还没开始念可恶的南卡罗来纳奴隶法，便开始有人喝倒彩了，并且很快演变成如海上风暴一般猛烈的谩骂。哈钦森四人组见状，便唱起鼓舞人心的废奴主义赞美诗和颂歌，进行回击，“仿佛古代的天使在歌唱，狮子们闭上了嘴，有那么一刻，安静极了”。[26] 贾金斯抓住这个档口走上前来，发表了一段半恭维、半严厉的开场白。但道格拉斯刚一开口，便又被打断了。贾金斯再次插话进来，说他在尽力让所有乘客都满意，但有些人明确表示他们很想听道格拉斯先生讲话，那些不想听的人可以到船上的其他地方去。道格拉斯又试了一次，结果还是招来一片谩骂：“啊，我真希望他是我的奴隶。我们会让他累死在萨凡纳”，或者“我要和大家一起把它扔海里”。

“吵嚷声越来越大，我根本没法继续讲下去，”道格拉斯写道，“虽然我被阻止了，但事业还在继续。反奴隶制才是最重要的，那群抗议者自以为在反对这项事业，其实是在为之服务。”有一个“暴民”（道格拉斯对他们的蔑称）找到船长，斥责他不该让“黑鬼”说话。这下，他可犯了个大错。贾金斯当即命水手长拿来镣铐，然后警告道，有谁胆敢再威胁道格拉斯或者干涉他的言论，就将其关到禁闭室，一直关到船在利物浦靠岸。骚乱戛然而止，挑事者气冲冲地溜回了社交厅。贾金斯转过身，对剩下那些同情废奴事业的乘客说道：“我曾经是奴隶主，有两百名奴隶，但大不列颠政府解放了他们，我很高兴。”来自新罕布什尔的哈钦森四重唱组合深受感动，不由自主

地唱起了《天佑女王》（“God Save the Queen”），然后（为强调这 480
表现的是一种跨越大西洋的善意）又演唱了《胜利之歌》、《美国》（“America”）和《海浪上的人生》（“A Life on the Ocean Wave”）。距利物浦还有一天航程时，船上举办了一场告别晚宴；大家为维多利亚女王和美国分别祝了酒，然后杰西·哈钦森提议：“全世界都是我们的国家，全人类都是我们的同胞。”奴隶主们没敢打断热烈的掌声。[27]

道格拉斯永远无法忘记这次横渡的戏剧性结局，而一个重要原因便是这段插曲还被英国媒体报道了，进而充当了他这次巡回演讲的“名片”。贾金斯的行为，首次让他认识到了“君主制下的英国式正义”和“民主制下的蓄奴式暴民政治”之间的区别。

巡回演讲期间，这种差别变得更加明显。但原因不只在于他从曼彻斯特到格拉斯哥，再到伦敦的芬斯伯里教堂，都受到了无数听众的热烈欢迎，还包括他能做什么、去哪里。他记得很清楚，无论是在波士顿的巡回动物园，还是在新贝德福德的某次奋兴派会议上，抑或是在哲学演讲厅，迎接他的从来都是同一句话：“黑鬼禁止入内。”[28]可在英国，事情却完全不一样。在伦敦，他去动物园、克雷莫恩游乐园、大英博物馆，去皮卡迪利大街的埃及展厅看全景画展览时，没有一个工作人员表示过反对或犹豫，都让他顺利进去了。参观威斯敏斯特侯爵夫人的乡间别墅伊顿庄园，道格拉斯碰到了一些“坎布里亚号”上的白人乘客。这些人可不是他的支持者。在排队等待参观时，他们大惊失色，诧异于那个黑人竟然被准许同他们一起入场。但正如他在1847年伦敦酒馆的告别演说中对观众所讲的那样：

> 我走遍了英国各地——英格兰、爱尔兰、苏格兰和威尔士。我坐着汽车走公路，坐着马车走小路，坐着火车走铁路，坐着

> 蒸汽船走水路。你或许可以说，我走得风驰电掣。可在这些交
> 481 通工具中，在任何社会阶层中，我都没有发现哪个人撇着嘴对我表示轻蔑……在伦敦时，我当然就想抓住这个机会，以人的身份走进各个地方，检验一下各处的惯例。没有一个地方把我赶出去。大剧场、博物馆、画廊，我全都进去了，甚至去了你们的下议院，以及一位贵族……还允许我参观了上议院……在所有这些地方，没有一个人反对我进入……

无论美国人多“喜欢鄙视、蔑视黑人”，道格拉斯接着说，“英国人——最聪明、最高贵、最优秀的英国人——从来都不吝把表达男性友情的右手伸向我这个黑人……先生们呐，美国人可不认为我是人，他们说起我时，就像在说一个东西；他们把我同羊、马、牛相提并论”。但英国不一样。他坚持说，就连“老英格兰”的狗都把他当人，引得听众一阵欢呼。他继续道，在肯特郡的贝肯汉姆，“一条狗竟然走到讲台前，把爪子撑在上面，然后冲我笑了笑，认出来我是个人。（笑声）在这个话题上，美国人真该向老英格兰的狗好好学习一下”。[29]

在 1846 年对大西洋两岸的这两个国家进行这种不公平的比较，其实要比表面上看起来更具挑衅性。因为英国和美国当时正处在新一轮的相互猜忌和指责当中。双方争议的焦点是美国北部和西部的边界，尤其是俄勒冈（Oregon）的边界；对英国来说，这事关加拿大的领土完整。皮尔政府和波尔克政府的谈判，从冷淡升级为暴躁，最后干脆变成了剑拔弩张。因此，道格拉斯对美式爱国主义的伪善大加批判时，实际上等于高高地举起了英国国旗。“事实是”，他在伦敦酒馆怒斥道：

> ……美国社会的整个体制、整个社会网络，是一个彻头彻

> 尾的弥天大谎……在著名的《独立宣言》中，他们（国父）响亮、清楚地强调了人的权利，可与此同时，这些起草《独立宣言》、 482
> 构建美国民主宪法的人，又在买卖同类的血液和灵魂……从他们正式通过美国宪法开始，美国人民内心全部善良和伟大的东西——胸中一切爱国的东西——都被用来向全世界捍卫他们的谎言……美国人大胆地炫耀他们的自由，响亮地表达他们对自由的热爱，可地球上的哪个国家能拿出一本如美国法典那样充满了残暴、恶毒、邪恶的法令全书？那书中的每一页都沾满了美国奴隶的鲜血。

接着，道格拉斯话锋一转，夸起了英属美洲上唯一的亮光——加拿大——“未被奴隶制诅咒的土地，由英国统治的领土。”[30]

以上还只是他的热身活动。1847 年春天返回美国后，道格拉斯为捍卫自己批评美国的权利，正面发起了更加猛烈的抨击。“就美国本身而言，我不爱；我不爱国，我无国可爱。我属于哪个国家？这个国家的制度根本不认识我。”[31] 在英国，他可以自由进入议会；可在美国，要是他胆敢去华盛顿，就会被监禁起来，并卖为奴隶。对比二者，道格拉斯说：“鉴于目前的情况，如果我说我宁愿待在伦敦，也不愿待在华盛顿的话，我的共和党朋友一定不觉得奇怪。因为海德公园的自由，远胜过奴隶监狱里的民主。”[32]

当然，道格拉斯确实有些天真，但他就是不愿听美国人那套老
掉牙的反驳：在造次批评美国的奴隶制之前，英国人还是先想办法 483
改善一下他们那些可怜的制造业工人的境况吧——其实四分之三个世纪前，本杰明·富兰克林就采用过这种策略。道格拉斯对美国的听众讲道：

> 不管你怎么评价英国——堕落、贫穷——确实随处可见——

> 也不管你如何评价那里的压迫和苦难……但英国还有自由，不仅白人有，黑人也有。我一上岸，就打量了一下周围人的面孔，我从每个人身上都能看到我自己的人性，但他们身上却没有这个国家用来追捕我们的那种可恶仇恨，一点儿也没有。[33]

乘“坎布里亚号”返回美国时，尽管道格拉斯得到保证，说他一定会住进特等客舱，但最终，他还是被迫住到了下等客舱（因为贾金斯船长不在）。虽然这样的轻慢让他刺痛，可他心中依然对英国式自由抱着一种浪漫的激情。他向《泰晤士报》讲了这件事之后，高兴地看到“雷神”* 在社论中代表他怒斥了向美国式种族偏见屈从有多罪恶，完全玷污了英国式的公正无私。这条由道格拉斯的客舱引发的丑闻不断发酵，最后，冠达邮轮的创始人萨缪尔·丘纳德不得不低声下气地向他公开道了歉，并保证以后再不会出现此类事件。

不过，道格拉斯为什么会坚定地认为英国人就痛恨奴隶制？这里面其实有个很私人的原因。在伦敦酒馆的告别会上，他说：“回到美国的我，绝不是刚抵达英国的那个我——我来的时候是奴隶；回去的时候是自由人；我以物的身份来这里，以人的身份回去。”他这可不是随口一说，也不是在打比方。真正的是英国拯救了他。一个叫艾伦·理查德森（Ellen Richardson）的纽卡斯尔妇女发起了一项募捐活动，准备把道格拉斯从其主人休·奥尔德（Hugh Auld）那里赎出来。消息传开后，赎身所需的七百英镑便很快筹齐。奥尔德收到钱后，在解放证上签了字。从此以后，道格拉斯便自由了，不仅拥有了法律意义上的自由，而且摆脱了一直以来折磨他的那份
484 恐惧。从此以后，他不必再担心自己某一天会被重新抓住，也不必再害怕“坎布里亚号”上的奴隶主会兑现承诺，对他傲慢的反抗进

* The Thunderer，《泰晤士报》的绰号。

行可怕的惩罚。

因此，至少对他来说，英国式自由从承诺变成了现实。在写给加里森的信中，他曾说：“比起名字，我更喜欢事物。”那么鉴于他在威斯敏斯特待了很长时间，我们可以认为，他应该去看了诗人角的那些纪念碑。这是教堂最坚实的东西之一，纪念的是七十五年前那些心怀善意、排除万难，开始了那场正义之战的英国人。或许，他还和其中最重要的一块默默交流了一会儿——那是 1816 年非洲协会为纪念格兰维尔·夏普而立的。碑上的颂词，即便以纪念碑的标准而言，也略显夸张：

> 他的一生为炽热的虔诚之心和不倦的慈悲之心
> 提供了一条美好的注解……他的祖国曾用自由的手臂
> 去固定奴役的脚镣，而他的志向便是将祖国
> 从这样的罪责与矛盾中
> 拯救出来……

为了避免后人怀疑地扬起眉毛，后面又谨慎地加了一段特别的补记：

> 读者，如果您仔细看过这篇献给个人的文字
> 倾向于怀疑它只是一面之词
> 或是批评它只是泛泛之言，那你要知道，这不是颂词
> 而是历史。

大事年表

1756—1763　七年战争，主要在欧洲、印度和北美大陆进行，主要参战国为法国和英国，目的是争夺帝国控制权。英国在加拿大的胜利，促使法国人在二十年后支持美国独立，以便夺回失地乃至占领更多领地。

1770　波士顿大屠杀。3月5日，人们抗议英国驻军时遭到枪击。

1773　波士顿倾茶事件。由于英国长期向美国殖民地征税，但又不允许其有相应的政治代表，殖民地定居者为表示反抗，象征性地将一箱箱征税的茶叶扔进了波士顿港。

1775—1783　美国独立战争（亦称美国革命战争）。美国人（后得到希望从中渔利的法国、荷兰、西班牙支持）反抗英国，主要是与英国常规部队打游击战。

1775　莱克星顿、康科德和邦克山战役。第二届大陆会议召开。美国军队开进加拿大，并占领蒙特利尔。

1776　《独立宣言》签署，反抗变成战争。

1776　英军占领纽约。

1777　英军赢得布兰迪万河战役。英军占领了费城。伯戈因率领的英军在萨拉托加投降。

1777—1778　华盛顿领导的美国军队在福吉谷经历严冬。

1778　法国向英国宣战，扩大了战场范围，牵制了英国的资源。

1779　西班牙向英国宣战。

1780　荷兰向英国宣战。英军占领查尔斯顿。

1781　南方战场失败后，康沃利斯在约克镇战役中投降华盛顿。

1783　美国的黑人和白人保皇派难民抵达新斯科舍。

1787　第一个黑人定居点在塞拉利昂建立（格兰维尔镇）。

1789　法国大革命爆发，其中自由、平等、博爱的原则深受美国革命影响。

1792　第二个黑人定居点在塞拉利昂建立（弗里敦）。

1807　大英帝国取缔奴隶贸易。国会立法禁止向美国输入奴隶。

1812　英美 1812 年战争后，新一批黑人移民抵达新斯科舍。

1822　第一批获得自由的奴隶离开美国，到非洲西部定居，就是后来的利比里亚。

1834　大英帝国废除奴隶制。

1861—1865　美国内战，交战双方是主张解放奴隶的北方和坚持蓄奴的南方。

1865　南方战败后，国会通过宪法第十三修正案，在美国废除奴隶制。

注释与参考文献

资料来源缩写

AO：审计局（Audit Office），伦敦
BL：大英图书馆（British Library），伦敦
CO：殖民地部（Colonial Office）文件
FO：外交部（Foreign Office）文件
JCAF：约翰·克拉克森，《赴非任务》（John Clarkson, "Mission to Africa"）
JCAM：约翰·克拉克森，《赴美任务》（John Clarkson, "Mission to America"）
GRO：格洛斯特郡档案馆（Gloucestershire Record Office）
NMM：国家航海博物馆，格林尼治（National Maritime Museum, Greenwich）
NYHS：纽约历史学会（New-York Historical Society）
NYPL：纽约公共图书馆（New York Public Library）
PANB：新不伦瑞克公共档案馆（Public Archive of New Brunswick）
PANS：新斯科舍公共档案馆（Public Archive of Nova Scotia）
PRO：公共档案馆，伦敦（Public Record Office, London）
SRO：什罗普郡档案馆（Shropshire Record Office）

“英国 · 自由”的希望

1. 英国 · 自由是 1791 年向约翰 · 克拉克森海军上尉联名请愿的普雷斯顿居民之一；当时，克拉克森正在组织船队，准备把黑人保皇党送到塞拉利昂，但目的不是让他们与邻里分开，而是想让他们一起去新殖民地生活。见克拉克森日志的手稿副本，vol. I, “Mission to America” (JCAM), NYHS Library。
2. 有关英国 · 自由的土地分配情况，见 PANS, vol. 370, 1784。See also James W. St G. Walker, *The Black Loyalists: The Search for a Promised Land in Nova Scotia and Sierra Leone 1783–1870* (New York, 1976), p. 29.
3. 对于普雷斯顿的情况，见克拉克森 1791 年 10 月 11 日的日志记录：“由于土地贫瘠，他们的处境非常恶劣，除了靠地吃饭，他们别无其他维生手段。”
4. Graham Russell Hodges, *Root and Branch: African Americans in New York and East Jersey 1613–1863* (Chapel Hill, North Carolina, and London, 1999), p. 89.
5. Benjamin Quarles, *The Negro in the American Revolution* (Chapel Hill, North Carolina, 1961), p. 173; 贝尔致盖伊 · 卡尔顿爵士的信，7th June 1783, Carleton Papers, NYPL。
6. David Walker (ed. Herbert Aptheker), “One Continual Cry,” *David Walker's Appeal to the Colored Citizens of the World 1829–1830* (New York, 1965), p. 106.
7. Frederick Douglass, 4th July 1852, in Sidney Kaplan and Emma Nogrady Kaplan, *The Black Presence in the Era of the American Revolution,* revised edition (Amherst, Mass., 1989), p. 277.
8. Quarles, op. cit., pp. 51–52.
9. 有关奴隶制和独立战争的经典著作，依然是 David Brion Davis 所著的 *The Problem of Slavery in the Age of Revolution 1770–1823* (Ithaca, New York, 1973)。更近期的作品，见 Ira Berlin 的变革性著作，尤其是 *Generations of Captivity: A History of African-American Slaves* (Cambridge, Mass., 2003)，详见第三章，pp. 129–57。
10. Ibid., p. 115; Theodore G. Tappert and John W. Doberstein (trans.), *The Journals of Henry Melchior Muhlenberg,* 3 vols. (Philadelphia, 1942–58), III, p. 106.
11. Quoted in Elizabeth A. Fenn, *Pox Americana: The Great Smallpox Epidemic of 1775–1782* (New York, 2001), p. 55. See W. W. Abbot and Dorothy Twohig (eds.), *The Papers of George Washington,* 39 vols. (Charlottesville, Virginia, 1983–), Series 2, pp. 64, 66.
12. Walker, op. cit., pp. 3, 12.
13. 见 Gary Nash 为 Quarles 著作新版所写序言，op. cit.; Sylvia R. Frey, *Water from the Rock: Black Resistance in a Revolutionary Age* (Princeton, New Jersey, 1991), p. 211。
14. 拉尔夫 · 亨利的主人（以及亨利 · 华盛顿的主人）的身份、两人逃亡的年份，《黑人名册》中均有记录；名册在 1783 年起草于纽约（NYPL 现存拷贝），后由 Graham Russell Hodges 编辑整理成 *The Black Loyalist Directory: African Americans in Exile after the American Revolution* (New York and London, 1996), p. 196（以下简称 *BLD*）。哈里森、米德尔顿等人的逃跑奴隶的姓名和逃跑日期，也同样能在其中找到。
15. Ibid., p. 11. 1783 年春，亚伯拉罕·马利安登上了“淑女冒险号”，前往新不伦瑞克的圣约翰。
16. 新斯科舍谢尔本县宗谱学会现存一份人员名册，其中也记录了亨利 · 华盛顿在伯奇镇拥有一块城镇地皮和四十英亩土地。

17. 见 Gary Nash 为 Quarles 著作新版所写序言，op. cit., p. xix。
18. 见 Gary Nash 精彩而愤怒的描述，"Thomas Peters: Millwright, Soldier and Deliverer"，收录于 David Sweet and Gary B. Nash (eds.), *Struggle and Survival in Colonial America* (Berkeley and Los Angeles, 1981), pp. 69–85。
19. PRO AO 12/99 86.
20. Benjamin Woods Labaree, *The Boston Tea Party* (Oxford, 1964), p. 10.
21. James Otis, *The Rights of the British Colonist Asserted and Proved* (Boston, New England, nd), pp. 43–44; see also T. K. Hunter, *Publishing Freedom, Winning Arguments: Somerset, Natural Rights and Massachusetts Freedom Cases, 1772–1836,* Ph. D. dissertation (Columbia University, 2003). 我非常感谢 Dr. Hunter 允许我引用其论文内容。
22. *Virginia Gazette*, 30th September 1773; ibid., 30th June 1774; Gerald W. Mullin, *Flight and Rebellion: Slave Resistance in Eighteenth Century Virginia* (New York, 1972) p. 131.
23. Hunter, op. cit., chapter 2, fn 6.
24. 从安东尼·贝内泽与格兰维尔·夏普在 1772—1773 年间的通信中可知，贝内泽认为，富兰克林就算不是彻底的废奴主义者，也是个全心全意、积极反对奴隶贸易的人。鉴于富兰克林一直都对奴隶贸易的非法性和非道德性表示出强烈的愤慨，贝内泽当然有理由这么认为。但事实证明，在反对奴隶贸易的立场方面，富兰克林与其费城同胞本杰明·拉什并不一致，在提出当下就得进行的深远改革时，他要谨慎许多。See Sharp Papers, NYHS.
25. Benjamin Franklin, "A Conversation on Slavery" in J. A. Leo Lemay (ed.), *Writings* (The Library of America, 1987), pp. 646–53.
26. Ibid.; Hunter, op. cit., chapter 2, p. 25.
27. 帕特里克·亨利的信件，由安东尼·贝内泽抄录并寄给了人在伦敦的格兰维尔·夏普。该信现存于 NYHS 的夏普手稿藏品中。
28. Charles Francis Adams, *Familiar Letters of John Adams and His Wife Abigail Adams* (New York, 1876), pp. 41–42; Wilson, op. cit., *Loyal Blacks,* p. 5.
29. 所有这些请愿书和文章，都引自 Kaplan and Kaplan, op. cit., pp. 11–13。
30. Gerald W. Mullin, op. cit., p. 131; *Virginia Gazette,* 30th September 1773.
31. Ibid.; *Virginia Gazette,* 30th June 1774.
32. William Henry Drayton, "Some Fugitive Thoughts on a letter signed Freeman Addressed to the Deputies assembled in the High Court of Congress in Philadelphia. By a Black Settler" (Philadelphia, 1774), cited in Hodges, op. cit., *Root and Branch,* p. 136.

第一章

1. 惊人的是，近代并没有人为格兰维尔·夏普作传。不过，Prince Hoare 所著的 *The Memoirs of Granville Sharp Esq. Composed from his own Manuscripts,* 2 vols. (London, 1828)，全面介绍了他的废奴运动信仰以及参与斯特朗、萨默塞特案的经历。E. C. P.

Lascelles 所著的 *Granville Sharp and the Freedom of Slaves in England* (Oxford, 1928) 可作为补充读物，而 David Brion Davis 的权威著作 *The Problem of Slavery in the Age of the American Revolution* (Ithaca, New York, 1975), pp. 386–402，也有极富见地的介绍。斯特朗、海拉斯、刘易斯、萨默塞特案的细节，均来自夏普自己的手稿、信札、日志，以及他在王座法院所作的庭审记录，见 Sharp Papers, NYHS。

2. Hoare, op.cit., I, pp. 119 ff; II, Appendix VI, p. xix; 有关夏普一家的音乐会及约翰·佐法尼所绘画作，见 John Kerslake, "A Note on Zoffany's 'Sharp Family,' " *Burlington Magazine,* 20, no. 908 (November 1978), pp. 752–54；另见伦敦国家肖像美术馆的约翰·佐法尼展览目录册 (London, 1976), nos. 87–88。
3. 伦敦或者说英国当时到底有多少黑人，依旧存在争论。萨默塞特案期间，据说英国可能有多达一万四千或一万五千名黑人，但考虑到给出这一数字的人警告说，如果萨默塞特获得有利判决，那么将会有大量黑人离开服务行业，导致贫民救济税增加，因此其可信性值得怀疑。Norma Myers 所著的 *Reconstructing the Black Past: Blacks in Britain 1780–1830* (London and Portland, Oregon, 1996), especially pp. 18–37，根据受洗记录给出了一个较为保守的估计，但所有在伦敦的黑人不可能都受洗，所以这个估计可能有些谨慎过头。
4. Sharp Papers, NYHS.
5. Ibid.
6. Hoare, op. cit., I, pp. 49–50; p. 61; see also Gretchen Holbrook Gerzina, *Black London: Life Before Emancipation* (New Brunswick, New Jersey, 1985), p. 97; David Dabydeen, *Hogarth's Blacks* (Manchester, 1987).
7. Sharp Papers, NYHS.
8. Ibid.; Hoare, op. cit., I, pp. 49–50.

第二章

1. 关于夏普一家的音乐巡游，见 Prince Hoare, *The Memoirs of Granville Sharp Esq. Composed from his own Manuscripts,* 2 vols. (London, 1828), I, pp. 215–17; E. C. P. Lascelles, *Granville Sharp and the Freedom of Slaves in England* (Oxford, 1928), pp. 119–26；以及 Sharp Papers, NYHS。他们还有一艘更大的船，名为"联邦号"，建造于 1775 年，长七十英尺，泊于富勒姆台阶。另有三艘船以夏普家的女人命名："杰玛号""玛丽号""凯瑟琳号"（一条独木舟！）。
2. John Kerslake, "A Note on Zoffany's 'Sharp Family,' " *Burlington Magazine,* 20, no. 908 (November 1978), pp. 752–54; 另见伦敦国家肖像美术馆的约翰·佐法尼展览目录册 (London, 1976), nos. 87–88。
3. Sharp Papers, NYHS, 有关托马斯·刘易斯案的手稿笔记本。
4. Sharp Papers, NYHS, ibid.
5. Lascelles, op. cit., p. 16, n. 1.
6. Thomas Clarkson, *History of the Rise, Progress and Accomplishment of Abolition of the African Slave Trade by the British Parliament,* 2 vols. (London, 1808; 1836 年在美国出版时，更名为 *The Cabinet of Freedom*), pp. 68–79.

7. Ibid., pp. 65–72.
8. Sharp Papers, NYHS, 有关托马斯 · 刘易斯案的手稿笔记本。
9. 关于萨默塞特案的情况，见 Thomas Jones Howell, *A Complete Collection of State Trials,* vol. 20, 1771–72, "The Case of James Sommerset, a Negro⋯," vol. 12, George III, 1771–72; and T. K. Hunter, *Publishing Freedom, Winning Arguments: Somerset, Natural Rights and Massachusetts Freedom Cases, 1772–1836,* Ph. D. dissertation (Columbia University, 2003)，尤其是第一和第五章。See also Edward Fiddes, "Lord Mansfield and the Somerset Case," *Law Quarterly Review,* 50 (1934), pp. 509–10; Jerome Nadelhaft, "The Somerset Case and Slavery: Myth, Reality and Repercussions," *Journal of Negro History,* LI (1966), pp. 193–208; James Oldham, "New Light on Mansfield and Slavery," *Journal of British Studies,* 27 (January 1988), pp. 45–68; idem, *The Mansfield Manuscripts and the Growth of English Law in the Eighteenth Century,* 2 vols. (Chapel Hill, North Carolina, 1992).
10. Lascelles, op. cit., p. 30.
11. Hunter, op. cit., chapter 1, p. 32.
12. Hoare, op. cit., p. 119.
13. Ibid., p. 114.
14. Folarin Shyllon, *Black Slaves in Britain* (London, 1974).
15. 感谢 Stella Tillyard 提供这段有关威斯敏斯特厅的描述。
16. 曼斯菲尔德伯爵到底在这份总结中说了些什么，一直以来都无定论。根据历史文献中的版本，曼斯菲尔德伯爵主张，由于没有哪条惯例或古老习俗承认人可以成为他人财产，所以奴隶主对奴隶的权利要获得认可，那么议会就必须明确制定确确实实的法律来批准。这个版本可见于 Capel Loft 与 1776 年出版的 *Reports*。但正如 Jerome Nadelhaft 首先指出的那样 (op. cit., pp. 193–208)，*The Gentleman's Magazine* 大约在 1772 年的判决前刊登过一篇报道（也在 1785 年得到了曼斯菲尔德伯爵本人的证实），则给出了更为有限的版本：法官只讨论了奴隶主是否有权强迫奴隶离开英国。本书采用的版本来自夏普文件中由其抄写员誊抄的庭审笔记，且似乎证实了曼斯菲尔德伯爵的判决实际上较为保守的观点。否则在同一份总结中，曼斯菲尔德伯爵前面还坚定支持约克和塔尔伯特的说法，后面却来了一个非同寻常的态度大转弯，就说不通了。
17. Gretchen Holbrook Gerzina, "Black Loyalists in London after the American Revolution," in John W. Pulis (ed.), *Moving On: Black Loyalists in the Afro-Atlantic World* (New York and London, 1999), p. 130; *Morning Chronicle and London Advertiser,* 24th June 1772.
18. Sharp Papers, NYHS; Hoare, op. cit., I, p. 137.
19. Gregory D. Massey, *John Laurens and the American Revolution* (Columbia, South Carolina, 2000), pp. 47, 62–63; 另见亨利 · 劳仑思致约翰 · 劳仑思的信，20th January 1775, in *The Papers of Henry Laurens* (eds. Philip H. Hamer, David R. Chesnutt et al.), 15 vols. (Columbia, South Carolina, 1968–), vol. 10, p. 34。
20. Nadelhaft, op. cit., p. 195.
21. Quoted in James Oldham, op. cit., pp. 65–66; see also Gretchen Holbrook Gerzina, *Black London: Life Before Emancipation* (New Brunswick, New Jersey, 1985), p. 132.

第三章

1. 省议会主席、安全委员会主席亨利·劳仑思于1775年8月20日致信儿子约翰："从7月到今天,天天都在下雨,这是我记忆中雨水最多的夏天。" *The Papers of Henry Laurens* (eds. Philip H. Hamer, David R. Chesnutt et al.), 15 vols. (Columbia, South Carolina, 1968–; Model Editions Partnership, 1999), p. 326.
2. PRO CO 5/396.
3. Ibid.
4. Ibid.
5. 亨利·劳仑思致约翰·劳仑思的信，18th and 23rd June 1775, Hamer et al., op. cit., vol. 10, pp. 184–85, p. 320 n.4, p. 323。
6. 查尔斯·马修斯·克斯莱特致威廉·坎贝尔勋爵的信，Ibid., 19th August 1775。
7. 坎贝尔致劳仑思的信，17th August 1775, Hamer et al., op. cit., p. 328。
8. PRO CO 5/396.
9. Sidney Kaplan and Emma Nogrady Kaplan, *The Black Presence in the Era of the American Revolution* (Amherst, Mass., 1989), p. 25.
10. Sylvia R. Frey, "Between Slavery and Freedom: Virginia Blacks in the American Revolution," *Journal of Southern History,* 49, no. 3 (August 1983), p. 376; William T. Hutchinson, William M. Rachal et al. (eds.), *The Papers of James Madison,* 13 vols. (Chicago, 1962–), I, pp. 129–30.
11. Sylvia R. Frey, *Water from the Rock: Black Resistance in a Revolutionary Age* (Princeton, New Jersey, 1991), p. 56. 接下来的许多内容都受惠于 Frey 的记述，以及 Benjamin Quarles 在其所著的 *The Negro in the American Revolution* (Chapel Hill, North Carolina, 1961) 当中的探索性叙述。
12. Ibid., p. 55. See also *Virginia Gazette,* 4th May 1775.
13. Frey, op. cit., *Water,* p. 56.
14. Edward Rutledge to Ralph Izard, 8th December 1775, *Correspondence of Mr Ralph Izard* (New York, 1844), vol. I, p. 165; Benjamin Quarles, "Lord Dunmore as Liberator," *William and Mary Quarterly History Magazine,* 15 (1958), p. 495, n. 3.
15. Gary Nash, "Thomas Peters: Millwright, Soldier and Deliverer" in David Sweet and Gary B. Nash (eds.), *Struggle and Survival in Colonial America* (Berkeley and Los Angeles, 1981) , pp. 72–73.
16. Ibid., p. 59.
17. Ibid., p. 62.
18. Kaplan and Kaplan, op. cit., p. 25.
19. 华盛顿致理查德·亨利·李的信，26th December 1775, in R. H. Lee, *Memoir of the Life of Richard Henry Lee* (Philadelphia, 1825) II, p. 9; Quarles, op. cit., *Negro,* p. 20。
20. Graham Russell Hodges (ed.), *The Black Loyalist Directory: African Americans in Exile After the American Revolution* (New York and London, 1996), p. 212. 皇家海军"丰饶号"的登船黑人名单中有温斯洛的相关记录，他于1783年11月30日随最后一批保皇党乘船离

开纽约。

21. Frey, op. cit., "Between Slavery and Freedom," p. 378.

22. "Diary of Colonel Landon Carter," *William and Mary Quarterly History Magazine,* 20 (1912), pp. 178–79; Quarles, op. cit., *Negro,* p. 27.

23. 此处提到的所有个案均出自《黑人名册》，在 1783 年起草于纽约（NYPL 现存拷贝）。See Hodges, *BLD*.

24. Allan Kulikoff, *Tobacco and Slaves: The Development of Southern Cultures in the Chesapeake 1680–1800* (Chapel Hill, North Carolina, and London, 1986), pp. 418–19.

25. PRO CO 5/1353/321. 尽管写于 1775 年 12 月初，但邓莫尔直到次年 2 月才找到船，把他这些信件送到国务大臣手上，但到那会儿，他的地位已经所有下降。邓莫尔不愿把修改过的事件概要发给达特茅斯和乔治 · 杰曼大人，而是把信原封不动地寄过去，无疑是想保存完整的记录，以防需要自我辩解。

26. PRO CO 5/1353/335; see also Francis Berkeley, *Dunmore's Proclamation of Emancipation* (Charlottesville, Virginia, 1941).

27. Quarles, op. cit., "Lord Dunmore," p. 501.

28. *Pennsylvania Gazette,* 17th July 1776.

29. Louis Morton, *Robert Carter of Nomini Hall: A Virginia Tobacco Planter of the Eighteenth Century* (Williamsburg, Virginia, 1945), pp. 55–56; Kulikoff, p. 419.

30. 最翔实的记录来自邓莫尔自己，见他 12 月 6 日致达特茅斯的信，PRO CO 5/1353/321。

31. William J. Schreeven and Robert L. Scribner (eds.), *Revolutionary Virginia, the Road to Independence,* 7 vols. (Charlottesville, Virginia, 1973–83), vol. V, p. 9.

32. 邓莫尔致达特茅斯的信，18th February 1776, PRO CO 5/1353/321。

33. Gerald W. Mullin, *Flight and Rebellion: Slave Resistance in Eighteenth Century Virginia* (New York, 1972) p. 134.

34. Ibid.

35. Ibid., p. 133.

36. 有关黑人先锋连的内容，可见 Todd W. Braisted, "The Black Pioneers and Others: The Military Role of Black Loyalists in the American War of Independence" in John W. Pulis (ed.), *Moving On: Black Loyalists in the Afro-Atlantic World* (New York and London, 1999), pp. 3–38。

37. Ibid., p. 13; Clinton Papers (William L. Clements Library, University of Michigan), vol. 263.

38. Ibid., pp. 11–12; 克林顿致马丁的信，12th May 1776, Clinton Papers, vol. 263。

39. Frey, op. cit., *Water,* p. 67.

40. Ibid., pp. 64–65; Peter H. Wood, "'Taking Care of Business'— Revolutionary South Carolina: Republicanism and Slave Society" in Jeffery J. Crow and Larry E. Tise (eds.), *The Southern Experience in the American Revolution* (Chapel Hill, North Carolina, 1978), pp. 284–85, 给出的数字更高，说突袭中有五十名逃亡黑人被杀（但 Frey 表示怀疑）。

41. Pauline Maier, *American Scripture: Making the Declaration of Independence* (New York, 1997), p. 37.

42. 有关瘟疫的历史，见 Elizabeth Fenn 在其 *Pox Americana: The Great Smallpox Epidemic of 1775–1782* (New York, 2001) 中的精彩讲述，尤其是 pp. 57–61。

43. "Particular Account of the Attack and Rout of Lord Dunmore," Peter Force (ed.), *American Archives,* 6 vols. (Washington, D. C., 1837–53), I, p. 151; see also Fenn, op. cit., p. 60.

44. John Thornton Posey, *General Thomas Posey: Son of the American Revolution* (East Lansing, Michigan, 1992), p. 32.

第四章

1. Prince Hoare, *The Memoirs of Granville Sharp Esq. Composed from his own Manuscripts,* 2 vols. (London, 1828), I, p. 184.

2. Ibid., pp. 185–86; E. C. P. Lascelles, *Granville Sharp and the Freedom of Slaves in England* (Oxford, 1928), pp. 39–40.

3. Hoare, op. cit., I, pp. 189–90.

4. Hansard, *The Parliamentary History of England* (London, 1813), XVIII, pp. 695 ff.

5. Hoare, op. cit., I, pp. 211–12.

6. Charles Stuart, *A Memoir of Granville Sharp* (New York, 1836), p. 21.

7. Sylvia R. Frey, *Water from the Rock: Black Resistance in a Revolutionary Age* (Princeton, New Jersey, 1991), p. 147.

8. Hansard, op. cit., XVIII, p. 733.

9. Ibid., p. 747.

10. Hoare, op. cit., I, pp. 216–17.

11. 有关战斗的详细介绍，参见坎贝尔致乔治·杰曼大人的信，16th January 1779, PRO CO/5/182/31。Benjamin Quarles 所著的 *The Negro in the American Revolution* (Chapel Hill, North Carolina, 1961) 将夸米诺·多利描述为一位"上了年纪的奴隶"，不过坎贝尔在信中并未提到这位黑人向导的年纪。

12. PRO CO 5/182/31.

13. 大卫·乔治在此页及本书其他地方的叙述，都直接引自"An Account of the life of Mr David George, from Sierra Leone in Africa, given by himself in a Conversation with Brother Rippon in London and Brother Pearce of Birmingham, " *Annual Baptist Register* (1793), pp. 473–84；这是最早的奴隶叙事和非裔美国人自传之一。

14. Quarles, op. cit., *Negro,* p. 145.

15. 普雷沃致克林顿的信，2nd November 1779, PRO CO 30/55/20, 2042。

16. Todd W. Braisted, "The Black Pioneers and Others: The Military Role of Black Loyalists in the American War of Independence" in John W. Pulis (ed.) *Moving On: Black Loyalists in the Afro-Atlantic World* (New York and London, 1999), p. 21; *Royal Georgia Gazette,* 18th November 1779.

17. Allan Kulikoff, *Tobacco and Slaves: The Development of Southern Cultures in the*

Chesapeake 1680–1800 (Chapel Hill, North Carolina, and London, 1986), p. 419.

18. Gregory D. Massey, *John Laurens and the American Revolution* (Columbia, South Carolina, 2000), p. 155.
19. Sidney Kaplan and Emma Nogrady Kaplan, *The Black Presence in the Era of the American Revolution* (Amherst, Mass., 1989), pp. 64–65; Quarles, *Negro,* p. 80.
20. Massey, op. cit., p. 93.
21. 亨利 · 劳仑思致约翰 · 劳仑思的信，26th January 1778, *The Papers of Henry Laurens* (eds. Philip H. Hamer, David R. Chesnutt et al.), 15 vols. (Columbia, South Carolina, 1968–), 12, pp. 367–68。9 月时，亨利 · 劳仑思曾提醒儿子，"说服富人心甘情愿地放弃其财富来源和自认为的宁静，无疑任务艰巨"，ibid., vol. 15, p. 169。
22. Massey, op. cit., p. 131; 约翰 · 劳仑思致亨利 · 劳仑思的信，17th February 1779; Hamer et al., op. cit., vol. 19, p. 60.
23. Quarles, op. cit., *Negro,* p. 63; Massey, op. cit., p. 141.
24. Massey, op. cit., p. 143.
25. Ibid., p. 162.
26. Quarles, op. cit., *Negro,* pp. 108–10.
27. John Marrant, *A Narrative of the Lord's wonderful dealing with John Marrant, a black (Now gone to preach the gospel in Nova Scotia)* (London, 1788).
28. Sylvia R. Frey, op. cit., *Water,* p. 142.
29. Ibid., p. 120.
30. "Memorandum for the Commandant of Charlestown and Lieutenant General Earl Cornwallis," 3rd June 1780, PRO 30/55/23, 2800.
31. "Memoirs of the life of Boston King, a Black Preacher, written by himself during his residence at Kingswood-School," *Methodist Magazine,* XXI (1798), p. 106; see also Phyllis R. Blakeley, "Boston King: A Negro Loyalist Who Sought Refuge in Nova Scotia," *Dalhousie Review,* 48, no. 3 (August 1968), pp. 347–56.
32. Boston King, "Memoirs...," op. cit., p. 107.
33. 11th December 1779; PANS RG1, vol. 170, pp. 332–33.
34. George, op. cit., p. 477.
35. 关于这一事件及后续，见 King, op. cit., pp. 107–11。
36. Ibid.
37. Graham Russell Hodges, "Black Revolt in New York City and the Neutral Zone 1775–1783," in Paul A. Gilje and William Pencak (eds.), *New York in the Age of the Constitution 1775–1800* (Cranbury, New Jersey, 1992), p. 43, n. 26; see also Leslie M. Harris, *In the Shadow of Slavery: African-Americans in New York City 1626–1963* (Chicago and London, 2003), pp. 54–55.
38. Graham Russell Hodges (ed.), *The Black Loyalist Directory: African Americans in Exile After the American Revolution* (New York and London, 1996), p. 16.

39. Ibid., pp. 34–35.

40. Graham Russell Hodges, *Root and Branch: African Americans in New York and East Jersey, 1613–1863* (Chapel Hill, North Carolina, 1999), p. 143.

41. Hodges, op. cit., *BLD*, p. 16.

42. Ibid., p. 146.

43. Ibid., p. 151.

44. 虽然泰的"上校"称谓只是英军授予的荣誉头衔，而非正式军衔，但他的英勇事迹和坚定品质无疑得到了正规军官的极大钦佩。

45. 有关泰的英勇事迹，见 Hodges, op. cit., "Black Revolt," pp. 36–38。

46. 所有这些个案历史都来自《黑人名册》，Hodges, op. cit., *BLD*。

47. Frey, op. cit., *Water*, p. 165.

48. Ibid., p. 169; 此部分描述源于一位黑森雇佣兵军官的日记，他曾在战争末期遇到过这样一队人，Johann Ewald (trans. and ed. Joseph P. Tustin), *Diary of the American War* (New Haven, Conn., 1979), p. 305。

49. 一位北卡罗来纳贝萨尼亚的摩拉威亚教徒在日记中曾写道，1781 年 2 月，康沃利斯的军队在追击纳撒尼尔 · 格林时，丢下了两车肉。See Elizabeth Fenn, *Pox Americana: The Great Smallpox Epidemic of 1775–1782* (New York, 2001), p. 124.

50. Fenn, op. cit., p. 132.

51. Frey, op. cit., *Water*, pp. 147–48.

52. 这方面有时被引用的证据，即爱国者种植园的奴隶成了英军的一部分战利品和非法交易品，时常被爱国者用作宣传（自邓莫尔宣言之后便是如此），但都是以推测为主，并不足信。康沃利斯在给亚历山大 · 莱斯利的一封信中，曾提到所谓的"市场"，说朴茨茅斯的天花瘟疫会毁掉"我们的市场"，但这不应该被理解为贩卖人口的市场。如果当时的英军中有此类秘密的奴隶贸易，就是明确违背了克林顿在菲利普斯堡宣言中所下的命令，而且也不大可能在将军之间的正式通信中被提及。

53. 约翰 · 拉特利奇州长致弗朗西斯 · 马里恩将军的信，2nd September 1781, in Robert Wilson Gibbes, *Documentary History of the American Revolution* (New York, 1855–57), vol. 3, p. 131。

54. PRO 30/11/110.

55. Frey, op. cit., *Water*, p. 167; Fenn, op. cit., p. 129.

56. 这份令人动容的珍贵文件由 Todd Braisted 发现，Clinton Papers, vol. 170, p. 27，后被收入他的重要论文 "The Black Pioneers," op. cit., p. 17。

57. Fenn, op. cit., p. 130.

58. 丹尼尔 · 斯蒂文斯致约翰 · 温德尔的信，20th February 1782, in *Proceedings of the Massachusetts Historical Society*, XLVIII, October 1914–June 1915, pp. 342–43。

59. 克鲁登致邓莫尔的信，5th January 1782, PRO CO 5/175/267。

60. 邓莫尔致克林顿的信，2nd February 1782, PRO CO 5/175/264。

61. *Proceedings of the Massachusetts Historical Society*, XLVIII, March 1915, p. 342.

62. 莱斯利致克林顿的信,30th March 1782, PRO 30/55/9957;有关"黑人骑兵连的薪酬"摘要,PRO, Treasury Office, Class 50/2/372 ; 有关瓦德布种植园，见 Frey, op. cit., pp. 138–39。
63. 芒克利夫致克林顿的信，13th March 1782, PRO 30/55/90/9955。
64. 有关熊溪突袭的细节，见 Charles C. Jones, *The Life and Services of the Honourable Major General Samuel Elbert of Georgia* (Cambridge, Mass., 1887), p. 47; Kaplan and Kaplan, op. cit., p. 85。

第五章

1. 首席法官威廉·史密斯的日志，是塔潘会议的重要资料来源。据他记录，"灵缇犬号"是"游艇"，但在其回忆录的其他地方，正如 Isabelle K. Savelle 在她所著的 *Wine and Bitters: An account of the meetings in 1783 at Tappan NY and aboard* HMS *Perseverance* (Rockland County Historical Society, 1975) 中指出的那样（p. 20），那艘船被认定为快速帆船。两艘船从下纽约湾航行到道布渡口，罕见地耗费了三十小时（更不用说惊人了），而两地的距离才二十多英里，因此 Savelle 正确地指出，他们一定是逆潮、逆风而行，且是那种时常让哈得孙谷的春天很难捱的风。
2. 有关卡尔顿的内容，参见 Paul David Nelson, *General Sir Guy Carleton, Lord Dorchester, Soldier-Statesman of Early Canada* (Cranbury, New Jersey, 2000); Paul R. Reynolds, *Guy Carleton: A Biography* (New York, 1980); Paul H. Smith, "Sir Guy Carleton, Peace Negotiations and the Evacuation of New York," *Canadian Historical Review,* 1969, pp. 245–64。
3. Smith, op. cit., pp. 251 ff.
4. Marion Robertson, *King's Bounty: A History of Early Shelburne, Nova Scotia* (Halifax, 1983), p. 69.
5. Ellen Gibson Wilson, *The Loyal Blacks* (New York, 1976), p. 42.
6. Sylvia R. Frey, *Water from the Rock: Black Resistance in a Revolutionary Age* (Princeton, New Jersey, 1991), p. 176.
7. Ibid.; also George Smith McCowen Jr., *The British Occupation of Charleston 1780–82* (Columbia, South Carolina, 1972), pp. 106–7.
8. 克鲁登致尼布斯的信，16th March 1783, PRO CO 5/109/379。
9. See also PRO CO 5/109/375 and 377.
10. Frey, op. cit., *Water,* p. 178. 克鲁登这个人，正如 Frey 表明的那样，同样迫切希望帮助南方保皇党抓回那些逃跑奴隶。
11. Gregory D. Massey, *John Laurens and the American Revolution* (Columbia, South Carolina, 2000), p. 228.
12. 劳仑思的"被捕和被囚伦敦塔的日记和故事"（"Journal and Narrative of Capture and Confinement in the Tower of London"），收录在 *Papers of Henry Laurens,* vol. 15, pp. 330 ff。原稿藏于 NYPL 的珍本和手稿部。
13. 在其权威著作 *The Negro President: Jefferson and the Slave Power* (New York, 2003) 中，Gary Wills 提出，整个早期宪法机构的设立初衷，就是为了维护南方的统治地位及其不

可或缺的社会和经济制度。

14. 卡尔顿显然非常担心判决的影响，所以过了几个星期才通知华盛顿，然后又等了五个星期，才将军事法庭审判记录发过去。See Smith, op. cit., p. 200.

15. An engraving by Jordan 和 Halpin 是根据一幅 19 世纪油画创作的版画，据说准确描绘了德文特府在 1783 年时的样子，目前藏于 NYHS. Savelle, op. cit., p. 13.

16. Graham Russell Hodges (ed.), *The Black Loyalist Directory, African Americans in Exile After the American Revolution* (New York and London, 1996), introduction, p. xl, n. 1; 有关 1782 年 10 月 20 日的航行，见 PRO CO 30/55/5938。

17. W. H. W. Sabine (ed.), *The Historical Memoirs of William Smith* (New York, 1971), p. 586.

18. Ibid., p. 587.

19. 盖伊 · 卡尔顿爵士致华盛顿将军的信，12th May 1783, PRO CO 5/109/313。

20. Wilson, op. cit., p. 52; 华盛顿致哈里森的信，6th May 1783, *The Writings of George Washington from the Original Manuscript Sources, 1745–1799* (ed. John C. Fitzpatrick), 39 vols. (Washington, D. C., 1931–44), vol. 26。

21. Wilson, op. cit., p. 51.

22. Hodges, op. cit., *BLD* introduction, p. xvii.

23. "Memoirs of the life of Boston King, a Black Preacher, written by himself during his residence at Kingswood-School," *Methodist Magazine,* XXI (1798), p. 157; Phyllis R. Blakeley, "Boston King: A Negro Loyalist Who Sought Refuge in Nova Scotia," *Dalhousie Review,* 48, no. 3 (August 1968), p. 350.

24. 事实上,《黑人名册》中登记了两位凯托 · 拉姆齐，另一个为五十岁，来自马里兰，曾给塞西尔县的本杰明 · 拉姆齐为奴。自 1778 年起，这个凯托便在陆军总医院担任护理员，现在他已娶妻生子，妻子叫苏琪，其子五岁，也叫凯托。不过，被标记了 GBC（伯奇将军证书）的是弗吉尼亚的凯托 · 拉姆齐。Hodges, op. cit., *BLD,* pp.39, 204.

25. "Precis relative to Negroes in No. America," PRO CO 5/8/112–114.

26. Hodges, op. cit., *BLD* introduction, p. xviii.

27. 这些以及接下来记述的简略传记，均直接引自《黑人名册》(见 Hodges, op. cit.)。1783 年 7 月 31 日从新斯科舍的罗斯韦港起航的"丰饶号"的名单，见 pp. 81–88 和 103–17。在所有从纽约出发的撤离船只中，"丰饶号"(后在秋天时还航行过一次) 运送到新斯科舍的黑人数量最多。另见 Esther Clark Wright, "The Evacuation of Loyalists from New York in 1783," *Nova Scotia Historical Review*, 5 (1984), p. 25。

第六章

1. 细节均来自同时代人的描述，尤其是亚历山大 · 福尔肯布里奇，他曾在 1783—1787 年间四次在贩奴航行中担任医生；*An Account of the Slave Trade on the Coast of Africa* (London, 1788).

2. 来自复审听证会的手稿记录了对他的描述，手稿记录现存于 National Maritime Museum archive, Greenwich (hereafter NMM/*Zong*)。

3. 福尔肯布里奇(op. cit., p. 25)明确写道,这在奴隶甲板上是正常状况,地上“满是鲜血和黏液,仿如屠宰场。任何人都无法想象出比这更可怕或更恶心的情景”。

4. NMM/*Zong*.

5. 此说法源自达文波特，与保险公司会面的律师之一，见 NMM/*Zong*。

6. Ibid. 此说法直接来自肯萨尔的法庭证词（现已遗失），并被保险公司的律师援引过。

7. “回旋炮”是指架在炮台上、可进行一百八十度旋转的火炮，常用在贩奴船上，目的是在奴隶被带到甲板上时维持秩序。见 Jay Coughtry, *The Notorious Triangle: Rhode Island and the African Slave Trade 1700–1807* (Philadelphia, 1981), p. 73。“桑当号”（现仅有 1793—1794 年间的航海日志幸存下来）上就装了这种炮。见 Bruce L. Mousser, *A Slaving Voyage to Africa and Jamaica: The Log of the Sandown 1793–94* (Bloomington, Indiana, 2002), p. 7, n. 31。

8. NMM/*Zong*.

9. *The Life of Olaudah Equiano, or Gustavus Vassa, the African* (London, 1789) ; facsimile reprint (London, 1969). 发现记录伊奎亚诺在南卡罗来纳出生地的施洗及海军文件的人，是文森特 · 卡莱塔，他所著的 *Equiano the African, Biography of a Self-Made Man* (Athens, Georgia) 是最新和最细致的伊奎亚诺传记。

10. Charles Stuart, *A Memoir of Granville Sharp* (New York, 1836), p. 30.

11. Prince Hoare, *The Memoirs of Granville Sharp Esq. Composed from his own Manuscripts*, 2 vols. (London, 1828), I, appendix, p. xxxiii.

12. 有关拉姆齐的经历，见 Folarin Shyllon, *James Ramsay: The Unknown Abolitionist* (Edinburgh, 1977)。

13. Ibid., p. 33.

14. 有关早期贵格会废奴主义者的介绍，见 Judith Jennings, *The Business of Abolishing Slavery 1783–1807* (London, 1997), especially pp. 22–32。

15. Ibid., p. 27. 有关“宗号”事件之后反奴隶贸易的高潮期介绍，见 Robin Blackburn, *The Overthrow of Colonial Slavery 1776–1988* (London, 1988), pp. 136 ff。

16. Ellen Gibson Wilson, *Thomas Clarkson: A Biography* (York, 1980), pp. 25 ff.

17. Thomas Clarkson, *History of the Rise, Progress and Accomplishment of Abolition of the African Slave Trade by the British Parliament*, 2 vols. (London, 1808; 1836 年在美国出版时，更名为 *The Cabinet of Freedom*), I, p. 203.

18. J. R. Oldfield, *Popular Politics and British Anti-Slavery: The Mobilization of Public Opinion Against the Slave Trade 1787–1807* (Manchester and New York, 1995), p. 71.

19. Thomas Clarkson, *An Essay on the Commerce and Slavery of the Human Species particularly the African*··· (Philadelphia, 1786), p. 90.

20. Norma Myers, *Reconstructing the Black Past: Blacks in Britain, 1780–1830*, p. 72.

21. PRO AO 12/19.

22. Ellen Gibson Wilson, *The Loyal Blacks* (New York, 1976), p. 138.

23. PRO AO 13/29.

24. PRO AO 12/102; PRO AO 13/119; Gretchen Holbrook Gerzina, “Black Loyalists in

London after the American Revolution," in John W. Pulis (ed.), *Moving On: Black Loyalists in the Afro-Atlantic World* (New York and London, 1999), p. 92.

25. Mary Beth Norton, "The Fate of Some Black Loyalists of the American Revolution," *Journal of Negro History,* LXVIII, 4 (October 1973), p. 404. 有关对白人保皇党的区别对待，见同一作者所著的 *The British Americans: The Loyalist Exiles in England 1774–1789* (Boston, 1972)。

26. PRO AO 12/99.

27. Ibid.

28. PRO AO 12/19.

29. AO 12/99; PRO AO 13/27; Norton, op. cit., p. 406; Wilson, op. cit., *Loyal Blacks,* p. 139.

30. Steven J. Braidwood, *Black Poor and White Philanthropists: London's Blacks and the Foundation of the Sierra Leone Settlement 1786–1791* (Liverpool, 1994), p. 25.

31. James S. Taylor, *Jonas Hanway, Founder of the Marine Society: Charity and Policy in Eighteenth Century Britain* (Berkeley, California, 1985).

32. 按 Steven Braidwood 的说法，奴隶主有可能主动参与了委员会的工作，目的是想证明他们并非如废奴主义者宣称的那样缺乏人情味。不过，汉威的朋友安格斯坦曾参与过一个十分活跃的慈善网络，而该网络非常愿意动用情感或金钱，来支持任何值得支持的事业。

33. Braidwood, op. cit., p. 67.

34. Ibid., p. 68.

35. Henry Smeathman, *Some account of the Termites which are found in Africa and other hot climates* (London, 1781), p. 33; idem, *Plan of a settlement to be made near Sierra Leone on the Grain Coast of Africa* (London, 1786).

36. 尤可参见 Folarin Shyllon 所著的 *Black People in Britain 1555–1833* (London and New York, 1977), p. 128，"用不了太久，政府和自由而反动的权势集团便会因爱国热情而团结起来，将'没有律法的下等人种'赶出英国，以保护英国血统之纯洁。" Mary Beth Norton (op. cit.) 也持类似观点，不过说得没这么坚定。对证据更为可观的评估，见 Braidwood, op. cit., pp. 72–107。

37. 霍普金斯致夏普的信（复本），Rufus King Papers, NYHS.

38. Hoare, op. cit., II, pp. 3–17.

39. Ibid., I, p. 370; 另见夏普摘记簿中的手稿版本，GRO, Hardwicke Court Muniments, MSS, H:36.

40. Braidwood, op. cit., pp. 88–89.

41. Wilson, op. cit., *Loyal Blacks,* p. 144.

42. Ibid., p. 98.

43. *The Interesting Narrative of the Life of Olaudah Equiano or Gustavus Vassa: The African Written by Himself* (Leeds, 1874) in Henry Louis Gates (ed.), *The Classic Slave Narratives* (New York, 1987).

44. PRO T1/643–487. 另见 Christopher Fyfe 在其所编书中的有益注解，Anna Maria Falconbridge, *Narrative of Two Voyages to the River Sierra Leone During the Years 1791–*

1792–1793 (Liverpool, 2000), p. 40, n. 38。

45．Braidwood 对有关白人女性的证据进行了全面调查，op. cit., pp. 281–86.

46．Wilson, op. cit., *Loyal Blacks,* p. 149.

47．Ibid., p. 151.

第七章

1．安娜·玛利亚·福尔肯布里奇说，奈姆巴纳老是把那些欧洲人称作“无赖”，不过说的时候会保持微笑，并且补充道，他认为英国人是其中“最老实的”，*Narrative of Two Voyages to the River Sierra Leone During the Years 1791–1792–1793* (Liverpool, 2000), p. 24。

2．从创作于 1791 年的《“自由省”风景》(A *View of the “Province of Freedom”*) 中可以看到，旗帜仍然飘扬在圣乔治山的木头旗杆上，山下便是定居者的茅屋(虽然一年前被吉米国王烧毁了)。汤普森还绘制了一幅塞拉利昂河口定居点周边区域的精细地图。See Ellen Gibson Wilson, *The Loyal Blacks* (New York, 1976), between pp. 226 and 227.

3．格兰维尔·夏普致詹姆斯·夏普的信，31st October 1787, Sharp Papers, NYHS ; see also Prince Hoare, *The Memoirs of Granville Sharp Esq. Composed from his own Manuscripts,* 2 vols. (London, 1828), II, p. 83.

4．John Matthews, *A Voyage to the River Sierra-Leone* (London, 1788), reprinted in *The British Transatlantic Slave Trade* (ed. Robin Law), 4 vols. (London, 2003), 1, p. 79. 马修斯的叙述是基于 1785—1787 年在塞拉利昂的经历。他虽是奴隶贸易的坚定捍卫者，但对该地区的地形、自然历史、社会经济和当地习俗(从对阴蒂割礼，到非常重要的“交涉”)介绍得丰富又详尽，我自己在描述相关内容时便大量参考了他的介绍。

5．奈姆巴纳着装风格的描述，来自 Falconbridge, op. cit., pp. 24–25.

6．Steven J. Braidwood, *Black Poor and White Philanthropists: London's Blacks and the Foundation of the Sierra Leone Settlement 1786–1791* (Liverpool, 1994), p. 183.

7．有关当地植被及滕内人、布勒姆人、门迪人的名字，见 Matthews, op. cit., pp. 82–93。

8．Hoare, op. cit., II, p. 108.

9．Ibid., pp. 132–33.

10．J. R. Oldfield, *Popular Politics and British Anti-Slavery: The Mobilization of Public Opinion against the Slave Trade 1787–1807* (Manchester, 1995), pp. 155 ff; 有关女性对运动的积极参与，见 Linda Colley, *Britons: Forging the Nation 1707–1837* (New Haven, Conn., 1992), pp. 254, 260。

11．Judith Jennings, *The Business of Abolishing Slavery 1783–1807* (London, 1997), p. 54. 有关该版本的重要性，见 Oldfield, op. cit., pp. 164–65。

12．近期对这一恼人问题的讨论，见 Gary Wills, *The Negro President: Jefferson and the Slave Power* (New York, 2003), especially pp. 1–15。

13．见他写给富兰克林和鲁弗斯·金并意欲将其复制和广泛传播的长信 (Rufus King Papers, NYHS)。

14．Hoare, op. cit., II, p. 83.

15. Ibid., pp. 95–96.
16. 韦弗致夏普的信，23rd April 1788, in Hoare, op. cit., II, p. 96。
17. Ibid., p. 98.
18. Ibid., p. 99.
19. Ibid., appendix xi, pp. xxviii–xxix; Braidwood, op. cit., pp. 195, 192–291.
20. Hoare, op. cit., II, p. 112.
21. Ibid., pp. 114–15.
22. Braidwood, op. cit., pp. 196–97.
23. PRO, Adm 1/2488, Savage's report, 27th May 1790.
24. Hoare, op. cit., II, p. 98.
25. 有关福尔肯布里奇及他们 1791 年在塞拉利昂的经历，见 Falconbridge, op. cit.; 亚历山大 · 福尔肯布里奇的 *An Account of the Slave Trade on the Coast of Africa* 亦收录其中。

第八章

1. 彼得斯的第二份请愿书藏于 PRO FO 4/1 f 419 ; see also Ellen Gibson Wilson, *The Loyal Blacks* (New York, 1976), pp. 180–81.
2. 乘客名单引自 Graham Russell Hodges (ed.), *The Black Loyalist Directory, African Americans in Exile After the American Revolution* (New York and London, 1996), pp. 177–80。
3. James W. St G. Walker, "Myth, History and Revisionism: The Black Loyalists Revisited," *Acadiensis,* XXIX, no. 1 (Autumn 1999), p. 89. 沃克尔强力反驳了 Barry Cahill, "The Black Loyalist Myth in Atlantic Canada," *Acadiensis,* XXIX (Autumn 1999), pp. 76–87，认为彼得斯这类人既清楚自己忠诚所在，也清楚自己有权享受自由。
4. 波士顿 · 金如何熬过最艰苦的那些年，这边是一个例子：见 "Memoirs of the life of Boston King, a Black Preacher, written by himself during his residence at Kingswood-School," *Methodist Magazine,* XXI (1798), pp. 209–12。
5. Walker, op. cit.
6. Wilson, op. cit., p. 72.
7. Ibid., p. 21.
8. PANS.
9. Millidge to Parr, PANS MG, 15, vol. 19.
10. Ibid.
11. 有关华莱士，见 Caroline Troxler, "The Migration of Carolina and Georgia Loyalists to Nova Scotia and New Brunswick," Ph. D. dissertation (UMI edns, Michigan, 1974), p. 134.
12. 帕尔致卡尔顿的信，5th October 1782, PRO FO 3/ 为保皇党……提供食品；Mary Louise Clifford, *From Slavery to Freedom: Black Loyalists after the American Revolution* (Jefferson, North Carolina), pp. 43-44.

13. Wilson, op. cit., *Loyal Blacks*, p. 82.
14. See Marion Robertson, *King's Bounty: A History of Early Shelburne, Nova Scotia* (Halifax, 1983), pp. 64–66.
15. 至 1784 年 1 月，谢尔本的人口为四千七百，其中白人士兵一千一百九十一，自由黑人一千四百八十八，被婉称为“仆人”的黑人一千二百六十九。Robin W. Winks, *The Blacks in Canada: A History* (Montreal, and New Haven, Conn., 1971), p. 38.
16. Robertson, op. cit., pp. 182–85.
17. See Benjamin Marston, *Journal*, 26th May 1783.
18. Ibid., 4th June 1783.
19. Shelburne County, Court of General Sessions, 1784–86.
20. Diary of Captain William Booth, Shelburne Historical Society, Shelburne, Nova Scotia, transcript, p. 52.
21. 此说法源自 Millidge ; see PANS MG, 15, vol. 19.
22. 后据一位目击者称，在 1795 年布拉克去世前，布拉克府也依然很简陋。
23. Sarah Acker and Lewis Jackson, *Historic Shelburne, 1870–1950* (Halifax, 2001), pp. vi–vii.
24. Marston, op. cit., 28th August 1783.
25. Ibid., 4th August 1784.
26. D.C. Harvey (ed.), *The Diary of Simeon Perkins, 1780–1789* (Toronto, 1958), p.238; Winks, op. cit., p. 38.
27. “An Account of the life of Mr David George, from Sierra Leone in Africa, given by himself in a Conversation with Brother Rippon in London and Brother Pearce of Birmingham,” *Annual Baptist Register* (1793), pp. 478 ff, for the verbatim text that follows.
28. Ibid., p. 478.
29. Ibid.
30. Ibid., p. 479.
31. Ibid., pp. 480–82.
32. Walker, op. cit., p. 77.
33. 近来对伯奇镇的挖掘（结果可在 Black Loyalist Heritage Society 网站找到，该网站是 Canadian Digital Collections 的一部分），以及伯奇镇本地的情况，都令人信服地展示了人们的居住环境有多简陋。See also Laird Niven and Stephen A. Davis, “Birchtown: The History and Material Culture of an Expatriate African American Community,” in John W. Pulis (ed.), *Moving On: Black Loyalists in the Afro-Atlantic World* (New York and London, 1999), pp. 60–83. 波士顿 · 金在他的回忆录中曾提到在“雪下了三四英尺深”的隆冬时节去树林里。
34. Wilson, op. cit., p. 104.
35. Caroline Watterson Troxler, “Hidden from History: Black Loyalists at Country Harbour, Nova Scotia,” in John W. Pulis (ed.), op. cit., p. 43. 有关盖斯伯勒县保皇党，见 G. A. Rawlik, “The Guysborough Negroes: a study in isolation,” *Dalhousie Review*, 48 (Spring

1968), pp. 24–36。

36. Shelburne County Court of General Sessions, August 1786; see also Troxler, op. cit., "Hidden from History," pp. 46–48.

37. Shelburne County Court of General Sessions, 5th August 1786; Walker, op. cit., p. 51.

38. Shelburne County Court of General Sessions, 5th August 1786.

39. Ibid., July 1791.

40. Wilson, op. cit., p. 96.

41. Ibid., p. 94.

42. 这些制品中的一部分，以及通过推测复原的定居者木屋，可在规模不算大、由黑人保皇党遗产协会主管的伯奇镇博物馆看到。See Niven and Davis, op. cit.

43. 斯蒂芬·布拉克于 1791 年 7 月 6 日向谢尔本地方法庭提交了请愿书，呼吁修缮伯奇镇和谢尔本之间的道路，方便人们赶集，尤其是在冬天用背扛或用雪橇运送货物的时候。Shelburne County Court of General Sessions, PANS.

44. Wilson, op. cit., pp. 95–96.

45. Boston King, op. cit., pp. 208–12.

46. Winks, op. cit., p. 44.

47. 例如，可见 1790 年 4 月 18 日有关减免济贫税的请愿书，PANB, Land Petitions, 1790, RS 108, F1037。

48. Ibid.

49. 据托马斯·克拉克森的描述，彼得斯最初就是听说了塞拉利昂计划，而 Wilson(op. cit., p. 178) 则指出，众所周知，彼得斯经常与克拉克森兄弟长谈。不过，鉴于不久之后，行为从来都无可指摘的托马斯·克拉克森便将此事发表在了 *The American Museum or Universal Magazine* (11, 1792) 上，所以应该是真有其事，或者至少彼得斯自己是这么说的。

第九章

1. 托马斯·克拉克森当时坐在旁听席，后来把这段故事讲给了什罗浦郡朗诺尔府的凯瑟琳·普莱姆利，她的弟弟是一个热烈的废奴主义者。她的日记现存于什罗浦郡档案馆，十分详细、生动地记录了 1791 年 10 月之后废奴运动的进展和考验。参见 10 月 20 日和 21 日的日记(第一卷)。

2. Judith Jennings, *The Business of Abolishing Slavery 1783–1807* (London, 1997), p. 65.

3. Ibid., p. 55.

4. Plymley, op. cit., 24th October 1791.

5. Folarin Shyllon, *James Ramsay: The Unknown Abolitionist* (Edinburgh, 1977) p. 111.

6. Ibid.

7. 有关拆除现场成为庆祝地点，见 Simon Schama, *Citizens: A Chronicle of the French Revolution* (London, 2004), pp. 347–48。

8. Thomas Clarkson, *History of the Rise, Progress and Accomplishment of Abolition of the*

African Slave Trade by the British Parliament, 2 vols. (London, 1808; 1836 年在美国出版时，更名为 *The Cabinet of Freedom*); Ellen Gibson Wilson, *Thomas Clarkson: A Biography* (York, 1989), p. 56.

9. Clarkson, op. cit., II, p. 252 (in US 1836 edition).

10. Ibid., p. 251.

11. Ibid., p. 58.

12. Linda Colley, *Britons: Forging the Nation 1707–1837* (New Haven, Conn., 1992), p. 278.

13. Anna Maria Falconbridge (ed. Christopher Fyfe), *Narrative of Two Voyages to the River Sierra Leone During the Years 1791–1792–1793* (Liverpool, 2000), pp. 24–40.

14. Ibid., pp. 24–40.

15. 例如，他曾为朗诺尔的普莱姆利一家做过，据凯瑟琳，咖啡“闻起来特别好”。

16. PRO CO 217/63; Ellen Gibson Wilson, *The Loyal Blacks* (New York, 1976), p. 186.

17. Ellen Gibson Wilson 所著的 *John Clarkson and the African Adventure* (London, 1980, pp. 15–42) 当中，详细罗列了约翰 · 克拉克森本有可能见证及参与的海战。

18. Ibid., p. 30. 此事发生于 1779 年 11 月，当时约翰 · 克拉克森在“普洛塞庇娜号”上服役，正在蒙特色拉特岛附近。

19. Ibid., p. 53; Plymley, op. cit., SRO 567.

20. Wilson, op. cit., *Loyal Blacks,* pp. 186–87.

21. 托马斯 · 克拉克森对约翰的教导，产生了 18 世纪末最棒的自白式文件之一，也就是约翰的三卷日记：“Mission to America” (JCAM) 和 “Mission to Africa” (JCAF)。其后代梅纳德家族存有一套全稿，曾被 Ellen Gibson Wilson 在她那本杰出的历史著作中引用 (op. cit., *Loyal Blacks*)。他的女儿们为前两卷制作了两本复制本，其中一份被妥善保存在 NYHS，也是我这本书后面几章内容的主要参考资料。还有一本复制本存于伊利诺伊大学芝加哥分校图书馆。第三卷有很大一部分曾刊登于 *Sierra Leone Studies,* 8 (1927)。

22. 托马斯 · 克拉克森致约翰 · 克拉克森的信，28th August 1791, Clarkson Papers, BL Add. MS 1262A, vol. 1, 41262–41267。

23. Wilson, op. cit., *Loyal Blacks,* p. 198; 威尔伯福斯致克拉克森的信，8th August 1791, Clarkson Papers, BL Add. MSS 41, 262A。

24. John Clarkson, “Mission to America” (以下简称 JCAM), MS, NYHS, 6th October 1791.

25. 该指示被抄录在 JCAM 中。

26. Ibid., pp. 47–48.

27. Ibid., pp. 51 ff.

28. Ibid.

29. Ibid.

30. James W. St G. Walker, *The Black Loyalists: The Search for a Promised Land in Nova Scotia and Sierra Leone 1783–1870* (Halifax, 1976), p 84.

31. “Memoirs of the life of Boston King, a Black Preacher, written by himself during his residence at Kingswood-School,” *Methodist Magazine,* XXI (1798), p. 213.

32. JCAM, p. 41.
33. Ibid., p. 57.
34. Ibid., p. 65.
35. Ibid., pp. 65–82.
36. Ibid., p. 82.
37. Wilson, op. cit., *Loyal Blacks*, p. 217.
38. Ibid., pp. 95–96.
39. Ibid., pp. 86–87.
40. Ibid., p. 93.
41. Ibid., p. 204.
42. JCAM, p. 113.
43. Ibid., p. 186.
44. Ibid., pp. 136–37; 克拉克森在日志中写道，自己在温莎路上看到的“毫无规律的自然景色”要比“艺术里那种生硬、有规律的美”高级得多——专门花时间来谈论这种平常事，可见克拉克森有多浪漫。
45. Ibid., p. 198.
46. Ibid., p. 131.
47. Wilson, op. cit., p. 217.
48. Wilson, op. cit., pp. 191–92.
49. Falconbridge, op. cit., pp. 54 ff.
50. Falconbridge, pp. 53–68, 69.
51. Sharp Papers, NYHS.
52. Falconbridge, op. cit., p. 69.
53. Prince Hoare, *The Memoirs of Granville Sharp Esq. Composed from his own Manuscripts*, 2 vols. (London, 1828), II, p. 167.
54. 克拉克森致威尔伯福斯的信，27th November 1791, Clarkson Papers, BL Add. MSS。
55. JCAM, pp. 188–89.
56. Ibid., p. 247.
57. Ibid.
58. Ibid., p. 262.
59. Ibid., p. 250.
60. Ibid., p. 290.
61. Ibid., p. 341.
62. Ibid., pp. 387 ff.
63. Ibid.
64. Ibid., p. 203.

65．Wilson, op. cit., *Loyal Blacks,* p. 224.

66．Wilson, op. cit., *Loyal Blacks,* p. 226.

67．Wilson, op. cit., *Loyal Blacks,* p. 228.

第十章

1．有关航行的实际情况和克拉克森自己的身体状况，均参考了其日记的续篇“Mission to America”（JCAM）。他生了重病后，私人日志基本上变成了简略的航海日志，不过里面倒是有许多气象和海洋状况的生动记录。身体好一些后，克拉克森只能根据他人所述，来了解自己身上究竟发生了什么，这些人包括他的医生萨缪尔·威克姆、查尔斯·泰勒，以及——直到其去世前——“卢克丽霞号”的船长乔纳森·考芬上校。

2．“Memoirs of the life of Boston King, a Black Preacher, written by himself during his residence at Kingswood-School,” *Methodist Magazine,* XXI (1798), pp. 262–63.

3．Ellen Gibson Wilson, *John Clarkson and the African Adventure* (London, 1980), p. 76.

4．JCAM, p. 417. 克拉克森根据考芬在去世前的讲述，拼凑出了 1 月 29 日所发生事件的全部经过。

5．Ibid., p. 422.

6．Ibid.

7．Ibid., p. 430.

8．Ibid., p. 433.

9．Ibid., p. 436.

10．“An Account of the life of Mr David George, from Sierra Leone in Africa, given by himself in a Conversation with Brother Rippon in London and Brother Pearce of Birmingham,” *Annual Baptist Register* (1793), pp. 483–84.

第十一章

1．圣歌的确认和描述，来自 J. B. Elliott, *Lady Huntingdon's Connexion in Sierra Leone: A Narrative of its History and Present State* (London, 1851), pp. 14–15; Elliott 则是听他父亲 Anthony Elliott 讲的（1792 年 3 月时，他已十三岁）。See also Christopher Fyfe, *Sierra Leone Inheritance* (Oxford, 1964), p. 120; Ellen Gibson Wilson, *The Loyal Blacks* (New York, 1976), p. 233.

2．Mary Louise Clifford, *From Slavery to Freedom: Black Loyalists after the American Revolution* (Jefferson, North Carolina), p. 25.

3．John Clarkson's journal, vol. I, “Mission to America” (JCAM), 24th March 1792; 弗兰克·彼得斯后带着妻子南希和他母亲回到了老家，但因被指控从事巫术，最后还是回到了弗里敦生活。

4．Ibid., p. 452.

5. Ibid., p. 446.

6. Ibid., p. 447.

7. Ellen Gibson Wilson, *John Clarkson and the African Adventure* (London, 1980), pp. 79–80.

8. Ibid., p. 80.

9. JCAM, p. 455.

10. Ibid., p. 458.

11. Ibid., p. 461.

12. Ibid., p. 477.

13. Ibid., p. 165.

14. "Memoirs of the life of Boston King, a Black Preacher, written by himself during his residence at Kingswood-School," *Methodist Magazine,* XXI (1798), pp. 262–63.

15. Anna Maria Falconbridge (ed. Christopher Fyfe), *Narrative of Two Voyages to the River Sierra Leone During the Years 1791–1792–1793* (Liverpool, 2000), p. 82.

16. Wilson, op. cit., *Loyal Blacks,* p. 247.

17. John Clarkson's journal, vol. II, "Mission to Africa" (JCAF), p. 37.

18. Ibid., p. 48.

19. Ibid., p. 7.

20. Christopher Fyfe (ed.), *Our Children Free and Happy: Letters from Black Settlers in Africa in the 1790s,* with contribution by Charles Jones (Edinburgh, 1991), p. 24.

21. JCAF, p. 20.

22. Ibid., p. 21.

23. 彼得斯致邓达斯的信，April 1792, PRO CO 267/9; Wilson, op. cit., *Loyal Blacks,* p. 232。

24. JCAF, p. 81.

25. Ibid., p. 82.

26. Ibid., p. 84.

27. Ibid., p. 89.

28. Ibid., p. 91.

29. Ibid., p. 95.

30. Ibid., p. 108.

31. Ibid., p. 110.

32. Ibid., pp. 112–13.

33. Ibid., p. 114.

34. Ibid., p. 138.

35. Ibid., p. 145.

36. Ibid., p. 154.

37. Ibid., p. 157.

38. Ibid., p. 163.
39. Ibid., p. 165.
40. Fyfe, op. cit., *Our Children,* pp. 25–26, 其中有洋泾浜英语原文。在该书中，Charles Jones 的文章也为黑人语言和措辞的特点提供了一份宝贵指南。
41. Ibid., p. 26. 原件收藏于伊利诺伊大学芝加哥的“克拉克森文件”中。
42. JCAF, p. 324.
43. Ibid., p. 325.
44. Wilson, op. cit., *John Clarkson,* p. 105.
45. 这是 1792 年 8 月 5 日的日记 (JCAF II, p. 17)，指的是庭审记录，被刊发于 *Sierra Leone Studies*, 8 (1927), pp. 1–114。
46. Ellen Gibson Wilson, *Loyal Blacks* (New York, 1976), p. 264.
47. JCAF II, p. 51 (21st September 1792).
48. Quoted in Wilson, op. cit., *Loyal Blacks,* p. 275.
49. JCAF II, p. 100 (12th November 1792).
50. Ibid., p. 102.
51. 有关两份请愿书，见 Fyfe, op. cit., *Our Children,* pp. 28–29.
52. Wilson, op. cit., *Loyal Blacks,* p. 277.
53. Wilson, op. cit., *John Clarkson,* p. 117.
54. Falconbridge, op. cit., p. 95.
55. Wilson, op. cit., *John Clarkson,* p. 124.
56. Ibid., p. 126.
57. 原件收藏于伊利诺伊大学芝加哥的“克拉克森 / 塞拉利昂文件”中 ; see also Fyfe, op. cit., *Our Children,* pp. 30–32。

第十二章

1. Clarkson Papers, BL, Add. MS 41263, ff 1–17; also reproduced in Anna Maria Falconbridge (ed. Christopher Fyfe), *Narrative of Two Voyages to the River Sierra Leone During the Years 1791–1792–1793* (Liverpool, 2000), pp. 134–35.
2. Falconbridge, op. cit., p. 172.
3. Ellen Gibson Wilson, *The Loyal Blacks* (New York, 1976), p. 354.
4. John Clive, *Macaulay: The Shaping of the Historian* (New York, 1974), p. 4.
5. Ibid.
6. Falconbridge, op. cit., p. 105.
7. Journal of DuBois, 6th February 1793; Falconbridge, op. cit., p. 182.
8. Falconbridge, op. cit., p. 113.

9. Ibid.

10. Journal of DuBois, 7th February 1793, p. 183.

11. 克拉克森致杜布瓦的信，1st July 1793, BL, Add. MS 41263; Falconbridge, op. cit., "Editor's Comment," p. 126。

12. Ellen Gibson Wilson, *Thomas Clarkson: A Biography* (York, 1989), p. 81.

13. Ibid., p. 82.

14. See "Editor's Comment," Falconbridge, op. cit., p. 126。

15. Wilson, op. cit., *Loyal Blacks,* p. 288.

16. Falconbridge, op. cit., p. 129, n. 110.

17. 科兰卡蓬致克拉克森的信，13th June 1793, in Christopher Fyfe (ed.), *Our Children Free and Happy: Letters from Black Settlers in Africa in the 1790s,* with contribution by Charles Jones (Edinburgh, 1991), p. 33。

18. Wilson, op. cit., *Loyal Blacks,* p. 289.

19. Fyfe, op. cit., *Our Children,* p. 37.

20. Ibid., pp. 38–39.

21. Falconbridge, op. cit., p. 144.

22. 珀金斯、安德森致克拉克森的信，30th October 1793, in Fyfe, op. cit., *Our Children,* p. 40。

23. 珀金斯、安德森致克拉克森的信，9th November 1793, in Fyfe, op. cit., *Our Children,* p. 41。

24. Falconbridge, op. cit., pp. 146–48.

25. Ibid., p. 148.

26. Ibid., p. 150.

27. 威廉·道斯于那年早些时候回到了英国，然后在1795—1796年，当麦考莱再次休假时，又回去当了一届总督。但自那之后，无论结果好坏，断然用自己的权威给塞拉利昂打上印记的人是麦考莱，直到他1799年卸任。

28. Wilson, op. cit., *Loyal Blacks,* p. 319.

29. Fyfe, op. cit., *Our Children,* p. 43.

30. Ibid., pp. 49–50, 53.

31. "Memoirs of the life of Boston King, a Black Preacher, written by himself during his residence at Kingswood-School," *Methodist Magazine,* XXI (1798), p. 264.

32. Wilson, op. cit., *Loyal Blacks,* pp. 340–41.

33. Ibid., p. 340.

34. Ibid., pp. 329–30.

35. James W. St G. Walker, "Myth, History and Revisionism: The Black Loyalists Revisited," *Acadiensis,* XXIX, no. 1 (Autumn 1999), p. 232.

36. Wilson, op. cit., *Loyal Blacks,* p. 393; 有关起义的完整介绍，见 PRO CO 270/5.

37. Fyfe, op. cit., *Our Children,* p. 65.

结束，开始

1. Robin Blackburn, *The Overthrow of Colonial Slavery* (London, 1988), p. 313.
2. Ibid., p. 314.
3. Ellen Gibson Wilson, *Thomas Clarkson: A Biography* (York, 1989), p. 118.
4. Rosalind Cobb Wiggins (ed.), *Captain Paul Cuffe' s Logs and Letters 1808–1817,* (Washington, D. C., 1996), p. 119. See also Sheldon H. Harris, Paul Cuffe, *Black America and the African Return* (New York, 1972); Lamont D. Thomas, *Rise to Be a People: A Biography of Paul Cuffe* (Urbana, Illinois, 1986); Henry Noble Sherwood, "Paul Cuffe," *Journal of Negro History,* VIII (1923), pp. 153–229.
5. Wiggins, op. cit., p. 145.
6. Ibid., p. 225.
7. 有关夏普晚年的岁月及其去世，见 Hoare, op. cit., pp. 311–21；有关他在美国的声望，见美国出版的第一本夏普传记，Charles Stuart, *A Memoir of Granville Sharp* (New York, 1836)。斯图尔特从第 71 页开始，对塞拉利昂的事业和美国殖民协会的工作、利比里亚的事业进行了鲜明对比。他认为，把自由黑人从他们自己的国家赶到利比里亚，是一种非常邪恶的行径。
8. Hoare, op. cit., pp. 275–76.
9. Ibid., p. 313.
10. Ibid., p. 315.
11. Thomas Clarkson, *Interviews with the Emperor Alexander I at Paris and Aix-la-Chapelle in 1815 and 1818* (London, nd); Ellen Gibson Wilson, *John Clarkson and the African Adventure* (London, 1980), pp. 169–70.
12. Wilson, op. cit., *John Clarkson,* pp. 159–70.
13. 麦卡锡致卡夫的信，6th February 1816, Wiggins, op. cit., p. 40。
14. Stuart, op. cit., p. 75.
15. Wilson, op. cit., *John Clarkson,* p. 178.
16. 这个说法来自托马斯。
17. Wilson, op. cit., *John Clarkson,* p. 183.
18. *The History of Mary Prince, Related by Herself* (London, 1987), pp. 83–84.
19. Blackburn, op. cit., p. 455.
20. Wilson, op. cit., *Thomas Clarkson,* p. 165.
21. Ibid., p. 178, p. 255, n. 77.
22. Ibid., p. 189.
23. Philip Foner (ed.), *The Life and Writings of Frederick Douglass,* vol. 1, *The Early Years, 1817–1849* (New York, 1950), p. 230.
24. 有关哈钦森四重唱组合的巡回表演，以及道格拉斯在"坎布里亚号"上、在英国期间，他们扮演了怎么样的角色，参见 J. W. Hutchinson (ed. Charles E. Mann), *Story of the*

Hutchinsons (*Tribe of Jesse*) (Boston, 1896), pp. 142 ff。

25. 道格拉斯致加里森的信，1st September 1845, Foner, op. cit., p. 115。

26. Ibid., p. 117.

27. Hutchinson, op. cit., pp. 146–47.

28. Foner, op. cit., p. 12.

29. Ibid., pp. 231–32.

30. Ibid., p. 207.

31. Ibid., p. 23.

32. Ibid., p. 171.

33. Ibid., p. 235.

延伸阅读

黑人保皇党、奴隶制和独立战争

过去半个多世纪中，许多历史学家的开创性研究让这段在美国独立战争和英国历史上不被人重视的“插曲”，变成了某种接近范式转移的东西。本书便是以他们的研究为基础，深蒙其惠。这些重要作品包括：Sylvia R. Frey 所著的 *Water From the Rock: Black Resistance in a Revolutionary Age* (Princeton, 1991)；Graham Russell Hodges 编辑的 *The Black Loyalist Directory* (New York and London, 1996)；以及同前，*Root and Branch: African Americans in New York and East Jersey 1613–1683* (Chapel Hill, North Carolina, and London, 1999)；John W. Pulis 编辑的 *Moving On: Black Loyalists in the Afro-Atlantic World* (New York and London, 1999)；Benjamin Quarles 的经典著作 *The Negro in the American Revolution* (Chapel Hill, North Carolina, 1996) 一书，附有 Gary B. Nash 撰写的全新（且重要的）导读；James St G. Walker 所著

的 *The Black Loyalists: The Search for a Promised Land in Nova Scotia and Sierra Leone 1783–1870* (New York, 1976)；以及著述颇丰的 Ellen Gibson Wilson 那些通俗易懂的著作，尤其是细节详尽的 *The Loyal Blacks* (New York, 1976)。

奴隶制问题与美国革命

要想了解奴隶制和独立革命这对令人痛苦的悖论，首先要读的书依然是 David Brion Davis 所著的 *The Problem of Slavery in the Age of the American Revolution* (Ithaca, New York, 1973)。不过，了解亲历历史的人如何面对相关的思想和道德问题也很重要，此类作品有 Ira Berlin 所著的 *Generations of Captivity: A History of African-American Slaves* (Cambridge, Massachusetts, 2003)；Sidney Kaplan 和 Emma Nogrady Kaplan 所著的 *The Black Presence in the Era of the American Revolution*, revised edition (Amherst, Massachusetts, 1989)；另见 Henry Wiencek 所著的 *An Imperfect God: George Washington, His Slaves and the Creation of America* (London, 2005)。Elizabeth A. Fenn 所著的 *Pox Americana: The Great Smallpox Epidemic of 1775–1782* (New York, 2001) 介绍了战争期间的天花流行，但涉及的内容要远超书名表面所暗示的话题，是一本叙事与批评分析俱佳的杰作。

英国的反奴隶贸易运动：夏普和克拉克森兄弟

与此相关的文献现在很丰富，且在不断增加。对全球反奴隶贸易运动的概述，见 Robin Blackburn 的 *The Overthrow of Colonial Slavery, 1776–1848* (London and New York, 1988)，和 Hugh Thomas

的 *The Slave Trade: The Story of the Atlantic Slave Trade 1440–1870* (New York and London, 1997)。David Eltis 与 James Walvin 合编的 *Abolition of the Atlantic Slave Trade: Origins and Effects in Europe, Africa and the Americas* (Madison, Wisconsin, 1981)，也是一份重要的文集。另见 Walvin 所著的 *England Slaves and Freedom 1776–1838* (Jackson, Mississippi, 1986)；同前，*Black Ivory: A History of British Slavery* (London, 1992)；Adam Hochschild 所著的 *Bury the Chains: Prophets and Rebels in the Fight to Free an Empire's Slaves* (New York, 2004)，在本书完稿后出版，其中也对本书涉及的一些历史事件和人物进行了精彩介绍，不过全书主要关注的还是英国国内的运动情况。Deidre Coleman 所著的 *Romantic Colonization and British Anti-Slavery* (Cambridge, 2005)，讨论的内容也一样，但出版时我已交稿，故未能全面参考。另一些出版相对较近且十分重要的著作还有，David Eltis 所著的 *Economic Growth and the Ending of the Transatlantic Slave Trade* (Oxford, 1987)；Judith Jennings 所著的 *The Business of Abolishing the British Slave Trade 1783–1807* (London and Portland, Oregon, 1997)；J. R. Oldfield 所著的 *Popular Politics and British Anti-Slavery: The Mobilization of Public Opinion against the Slave Trade* (Manchester and New York, 1995)；David Turley 所著的 *The Culture of English Anti-Slavery 1780–1860* (London and New York, 1991)。与个人有关的研究包括：Kevin Belmonte 所著的 *Hero for Humanity: A Biography of William Wilberforce* (Colorado, 2002)，但此书取代不了 John Pollock 所著的 *William Wilberforce* (London and New York, 1977)；Folarin Shyllon 所著的 *James Ramsay, the Unknown Abolitionist* (Edinburgh, 1977)；Ellen Gibson Wilson 所著的 *Thomas Clarkson: A Biography* (York, 1980)。

革命前后在伦敦的黑人

这方面的重要著作有 Stephen J. Braidwood 所著的 *Black Poor and White Philanthropists: London's Blacks and the Foundation of the Sierra Leone Settlement 1786–1791* (Liverpool, 1994)。现在还有许多关于黑人在英国经历的综述性历史作品，如 Peter Fryer 所著的 *Staying Power: The History of Black People in Britain*(London, 1984)，和 James Walvin 所著的 *Black and White: The Negro and English Society 1555–1945* (London, 1973)；另见 Gretchen Holbrook Gerzina 所著的 *Black London: Life Before Emancipation* (London and New Brunswick, New Jersey, 1985)。Norma Myers 所著的 *Reconstructing the Black Past: Blacks in Britain 1780–1830* (London and Portland, Oregon, 1996)，是一本重要作品，批判地分析了黑人历史资料的来源（尤其是刻板印象）。相关文化和文学议题的讨论，可参见 David Dabydeen 所著的 *Hogarth's Blacks: Images of Blacks in Eighteenth Century Art* (Kingston-upon-Thames, 1985)，以及他的黑人作品选集 *Black Writers in Britain, 1760–1890* (Edinburgh, 1991)。Vincent Carretta 所著的 *Equiano the African: Biography of a Self-Made Man* (Athens, Georgia, 2005)，是有关欧拉达 · 伊奎亚诺的人生和作品最近也是最棒的一本评论介绍。

新斯科舍和黑人

除了 James St G. Walker 的重要研究外，Robin Winks 所著的 *The Blacks in Canada: A History* (Montreal, New Haven and London, 1971)，也用两章内容详细介绍了战争影响及保皇党移民（黑、白人都有）。值得注意的是，Barry Cahill 在新斯科舍出版的历

史杂志 *Acadiensis* (Autumn 1999) 上发表过一篇文章，挑起了有关新斯科舍地区黑人保皇党“神话”的激烈讨论，James Walker 对此给予了同样激烈（且在我看来很有说服力）的回应。有关新斯科舍的情况，见 Marion Robertson, *King's Bounty: A History of Early Shelburne* (Halifax, Nova Scotia, 1983)。

塞拉利昂和黑人保皇党

Christopher Fyfe 是这方面的权威，尤其是 *History of Sierra Leone*(Oxford,1962) and *Sierra Leone Inheritance*(Oxford, 1964)。他编辑的 *Narrative of Two Voyages to the River Sierra Leone During the Years 1791–1792–1793* by Anna Maria Falconbridge (Liverpool, 2000) 和 *Our Children Free and Happy: Letters from Black Settlers in Africa in the 1790s* (Edinburgh, 1991)，包含了丰富的学术信息和批判评论。Ellen Wilson Gibson 的 *John Clarkson and the African Adventure* (London, 1980)，是这位作者的又一部精彩叙事，笔者从中获益良多、不胜感谢。

致 谢

本书的缘起，是我的老朋友（以及我所知的最聪明的历史学家之一）、时任纽约总领事的汤姆 · 哈里斯爵士（Sir Tom Harris）同我在哥伦比亚大学的"特许状厅"（得名于乔治二世国王签名盖章、批准设立国王学院的特许状）吃午饭时，说我肯定很了解独立战争末期时纽约数以千计的黑人的经历以及他们后来的命运吧。事实是，我当时根本不知道他在说什么。不过，很快我便知道了。当然，这本书虽说是由他而起，但其中的不足绝不能由他来承担责任。

我最优秀的研究助理凯特 · 爱德华兹（Kate Edwards）是我在图书馆和档案馆的第二双眼睛，若没有她的帮助，这本书是写不出来的。丽贝卡·格伦沃尔德（Rebecca Grunwald）在"'宗号'惨案"及其对废奴运动的影响方面，为我提供了研究帮助；萨曼莎 · 厄尔（Samantha Earl）则协助查阅了相关文献。我非常感谢 T. K. 亨特（T. K. Hunter）允许我在萨默塞特一案及其对美国的影响方面，使用她哥伦比亚大学博士论文中的相关材料。三个国家的图书馆员和档案管理员都特别友好，为我提供了特别大的帮助，他们分别来自英国伦敦的公共档案馆、格林威治国家航海博物馆下属的艾伦图书馆；美国纽约公共图书馆；加拿大哈利法克斯的新斯科舍公共档案馆（巴里·凯希尔［Barry Cahill］尤其对我帮助甚大，虽然他对整个黑人保皇党现象持怀疑态度）；加拿大谢尔本历史学会图书馆和档案馆；不过，我最要感谢的人，还要数纽约历史学会手稿与珍本部那些热情的图书馆员，他们给予了我莫大的帮助；我尤其要谢谢他们没有让我看微缩胶片，而是允许我直接阅读保藏在那里的两卷约翰·克拉克森日志原稿——这是一份极其珍贵的礼物。

哥伦比亚大学的两位教务长乔纳森·科尔（Jonathan Cole）和艾伦·布林克利（Alan Brinkley）十分大度地批准了我的休假申请，让我有时间来做研究，并撰写这本书。艾丽西亚·霍尔·莫兰（Alicia Hall Moran）是我在哥伦比亚大学办公室的中流砥柱，她为我提供了各种各样的帮助，尤其是在寻找那些鲜为人知的绝版二手资料方面。

我在新斯科舍按黑人保皇党的足迹沿途寻访期间，卡尔文·特里林（Calvin Trillin）用许多的鸡油菌、热情的款待、真正好笑的笑话，好心地让我在学术工作之余得到了放松。

对于迈克尔·卡莱尔（Michael Carlisle）、詹姆斯·吉尔（James Gill）、迈克尔·西森斯（Michael Sissons）、爱丽丝·舍伍德（Alice Sherwood），我既要道歉，也要感谢。虽然本书的写作过程十分坎坷，但我很感谢他们欣然阅读了本书不同阶段的手稿，并提供了总是充满了帮助和鼓励的意见。和往常一样，正是有了彼得、弗雷泽和邓洛普公司（Peters, Fraser & Dunlop）的罗斯玛丽·斯库拉（Rosemary Scoular）、索菲·劳里莫尔（Sophie Laurimore）、乔·福肖（Jo Forshaw）、萨拉·斯达巴克（Sara Starbuck）的帮助，我才没有在那些纪录片拍摄、脚本撰写、核正校样同时进行的日子里直接疯掉。此外，我还要感谢汤姆·斯托帕德（Tom Stoppard）慷慨地允许我借用他的书名。

我特别要感谢克里斯托弗·法伊夫（Christopher Fyfe），他好心地为本书勘误，帮我避免了许多骇人的差错。肖恩·威伦茨（Sean Wilentz）、埃里克·福纳（Eric Foner）、詹姆斯·巴斯克（James Basker）则大度地审读了书中有关美洲的内容。当然，书中若还有错误，只能怪我。

我在 Ecco 出版公司的编辑丹·哈尔彭（Dan Halpern）堪称宽容、慷慨、热情、才智过人的典范——尤其是考虑到《风雨横渡》的成书并不完全符合他当初委托我写作时的初衷。我还要感谢 E. J. 范拉伦（E. J. van Laren）料理本书在美国的出版事宜，并且要感谢吉尔·伯恩斯汀（Jill Bernstein）和简·贝恩（Jane Beirn）将此书推向大众。

我那长期任劳任怨的家人金妮、克洛伊、加布里埃尔（Ginny, Chloe and Gabriel），不得不忍受了这场横渡中最艰难的那些部分——换言之，在这段特殊的文学旅程中，他们像往常一样，在波涛汹涌的海面上为作者助威“加油”，忍受着作者的暴躁行为。他们帮我把这本书安全停泊在港口，我着实感激不尽。格斯是个大好人。

哈佛大学历史与文学委员会、伦敦玛丽王后学院这两所机构的朋友们，盛情邀请我就本书涉及的观点和历史做演讲。他们的反馈，尤其是哈佛大学的霍米·巴巴（Homi Bhabha）、斯蒂芬·格林布拉特（Stephen Greenblatt）的评论，帮助我澄清了一些历史。还有一些好朋友和同事，如艾伦·布林克利、埃里克·福纳、黛博拉·加里森（Deborah Garrison）、斯特拉·蒂利亚德（Stella Tillyard），都认为这段历史本身值得大书特书，根本不应该只占本书四分之一的内容。但在这个问题上，态度最坚定的人是邀请我到玛丽王后学院演讲的丽莎·雅尔丁（Lisa Jardine），她是一位学者，也是我的好友；

她几乎对我在历史这一行中进行过的所有特别的冒险，都一直保持了率真、坦诚、睿智与忠诚的态度。她对这个写作项目的热情极具感染力，让我丝毫不敢表现出怯懦之情或犹豫之心。因此，我怀着敬意，将这本书献给她：她的勇气、才华以及浑身散发出的人道精神，都令我肃然起敬。

索 引

C

J

K

M

理想国译丛

imaginist [MIRROR]

001 没有宽恕就没有未来
[南非]德斯蒙德·图图 著

002 漫漫自由路：曼德拉自传
[南非]纳尔逊·曼德拉 著

003 断臂上的花朵：人生与法律的奇幻炼金术
[南非]奥比·萨克斯 著

004 历史的终结与最后的人
[美]弗朗西斯·福山 著

005 政治秩序的起源：从前人类时代到法国大革命
[美]弗朗西斯·福山 著

006 事实即颠覆：无以名之的十年的政治写作
[英]蒂莫西·加顿艾什 著

007 苏联的最后一天：莫斯科，1991 年 12 月 25 日
[爱尔兰]康纳·奥克莱利 著

008 耳语者：斯大林时代苏联的私人生活
[英]奥兰多·费吉斯 著

009 零年：1945，现代世界诞生的时刻
[荷]伊恩·布鲁玛 著

010 大断裂：人类本性与社会秩序的重建
[美]弗朗西斯·福山 著

011 政治秩序与政治衰败：从工业革命到民主全球化
[美]弗朗西斯·福山 著

012 罪孽的报应：德国和日本的战争记忆
[荷]伊恩·布鲁玛 著

013 档案：一部个人史
[英]蒂莫西·加顿艾什 著

014 布达佩斯往事：冷战时期一个东欧家庭的秘密档案
[美]卡蒂·马顿 著

015 古拉格之恋：一个爱情与求生的真实故事
[英]奥兰多·费吉斯 著

016 信任：社会美德与创造经济繁荣
[美]弗朗西斯·福山 著

017 奥斯维辛：一部历史
[英]劳伦斯·里斯 著

018 活着回来的男人：一个普通日本兵的二战及战后生命史
[日]小熊英二 著

019 我们的后人类未来：生物科技革命的后果
[美]弗朗西斯·福山 著

020　奥斯曼帝国的衰亡：一战中东，1914—1920

[英]尤金·罗根 著

021　国家构建：21世纪的国家治理与世界秩序

[美]弗朗西斯·福山 著

022　战争、枪炮与选票

[英]保罗·科利尔 著

023　金与铁：俾斯麦、布莱希罗德与德意志帝国的建立

[美]弗里茨·斯特恩 著

024　创造日本：1853—1964

[荷]伊恩·布鲁玛 著

025　娜塔莎之舞：俄罗斯文化史

[英]奥兰多·费吉斯 著

026　日本之镜：日本文化中的英雄与恶人

[荷]伊恩·布鲁玛 著

027　教宗与墨索里尼：庇护十一世与法西斯崛起秘史

[美]大卫·I. 科泽 著

028　明治天皇：1852—1912

[美]唐纳德·基恩 著

029　八月炮火

[美]巴巴拉·W. 塔奇曼 著

030　资本之都：21世纪德里的美好与野蛮

[英]拉纳·达斯古普塔 著

031　回访历史：新东欧之旅

[美]伊娃·霍夫曼 著

032　克里米亚战争：被遗忘的帝国博弈

[英]奥兰多·费吉斯 著

033　拉丁美洲被切开的血管

[乌拉圭]爱德华多·加莱亚诺 著

034　不敢懈怠：曼德拉的总统岁月

[南非]纳尔逊·曼德拉、曼迪拉·兰加 著

035　圣经与利剑：英国和巴勒斯坦——从青铜时代到贝尔福宣言

[美]巴巴拉·W. 塔奇曼 著

036　战争时期日本精神史：1931—1945

[日]鹤见俊辅 著

037　印尼 Etc.：众神遗落的珍珠

[美]伊丽莎白·皮萨尼 著

038　第三帝国的到来

[英]理查德·J. 埃文斯 著

039　当权的第三帝国

[英]理查德·J. 埃文斯 著